그래도 살아야 했다

이 도서는 2009년도 정부(교육과학기술부)의 재원으로 한국연구재단의 지원을 받아 출판되었음(NRF-2009-362-A00002).

중국관행
자료총서
08

그래도 살아야 했다

悲慘回憶

지은이
왕용진
옮긴이
송승석
감 수
왕칭더

學古房

『중국관행자료총서』 간행에 즈음하여

한국의 중국연구가 한 단계 심화되기 위해서는 무엇보다 중국사회 전반에 강하게 지속되고 있는 역사와 전통의 무게에 대한 학문적·실증적 연구로부터 출발해야 할 것이다. 역사의 무게가 현재의 삶을 무겁게 규정하고 있고, '현재'를 역사의 일부로 인식하는 한편 자신의 존재를 역사의 연속선상에서 발견하고자 하는 경향이 그 어떤 역사체보다 강한 중국이고 보면, 역사와 분리된 오늘의 중국은 상상하기 어렵다. 따라서 중국문화의 중층성에 대한 이해로부터 현대 중국을 이해하고 중국연구의 지평을 심화·확대하는 연구방향을 모색해야 할 것이다.

근현대 중국 사회·경제관행의 조사 및 연구는 중국의 과거와 현재를 모두 잘 살펴볼 수 있는 실사구시적 연구이다. 그리고 이는 추상적 담론이 아니라 중국인의 일상생활을 지속적이고 안정적으로 제어하는 무형의 사회운영시스템인 관행을 통하여 중국사회의 통시적 변화와 지속을 조망한다는 점에서, 인문학적 중국연구와 사회과학적 중국연구의 독자성과 통합성을 조화시켜 중국연구의 새로운 지평을 열 수 있는 최적의 소재라 할 수 있을 것이다. 중층적 역사과정을 통해 형성된 문화적·사회적·종교적·경제적 규범인 사회·경제관행 그 자체에 역사성과 시대성이 내재해 있으며, 관행은 인간의 삶이 시대와 사회의 변화에 역동적으로 대응하는 양상을 반영하고 있다. 이 점에서 이러한 연구는 적절하고도 실용적인 중국연구라 할 것이다.

『중국관행자료총서』는 중국연구의 새로운 패러다임을 세우기 위한 토대 작업으로 기획되었다. 객관적이고 과학적인 실증 분석이 새로운 이론을 세우는 출발점임은 명확하다. 특히 관행연구는 광범위한 자료의 수집과 분석이 결여된다면 결코 성과를 거둘 수 없는 분야이다. 향후 우리 사업단은 이 분야의 여러 연구 주제와 관련된 자료총서를 지속적으로 발간할 것이며, 이를 통하여 그 성과가 차곡차곡 쌓여 가기를 충심으로 기원한다.

2017년 1월
인천대학교 중국학술원
중국 · 화교문화연구소(HK중국관행연구사업단)
소장(단장) 장정아

자유가 아니면 죽음을 달라!

중국 산동성山東省 롱청현榮成縣에서 태어난 내게 부모님은 왕용진王永晉이란 이름을 주셨다.

어느새 나이를 먹다보니 올해로 일흔하고도 여섯을 더 먹은 늙은이가 되어 버렸다.

민국民國 21년(1932년), 난 중화민국 외교부에 입사했다. 외교부 명으로 조선에 파견되어 첫 해외근무를 시작하게 된 것은 1937년(민국26년)의 일이다. 난 그곳에서 한성총영사관에 이어 원산영사관에서 영사업무를 맡아보았다.

그러던 중 1945년 해방을 맞았다. 한반도 북쪽에는 곧바로 소련군이 진주했다.

당시 원산에 있던 난 소련군으로부터 중국공산당에 참여할 것을 강요받았다. 거부했다. 그들의 뜻을 거스른 덕분에 그해 바로 체포되어 소련의 하바롭스크에 있는 전범수용소로 압송되었다.

그리고 1950년 중국공산당에 인계되어 동북지방 푸순撫順[1]에 있는 전범수용소로 이감되었다가 1957년 석방되어 고향으로 돌아왔다.

조선에서 소련군에 체포될 당시, 내게는 아내와 네 명의 자녀가 영사관 내에 그대로 남아 있었다. 아니, 정확히 말하면 한 명의 자식이 더 있었다. 당시 아내는 9개월 만삭인 상태였던 것이다. 복중 태아까지 더하면 다섯 명의 자식이 있었던 셈이다.[2]

---

1) 지금의 랴오닝성(遼寧省) 소재.

공산주의에 대한 거부감과 자유에 대한 갈망이 그 어느 누구보다 강했던 나는 그 긴긴 세월 내내 국민당정부의 품에 안길 날만을 손꼽아 기다렸다.

1958년, 드디어 그 첫 번째 기회가 찾아왔다. 조그만 배 한 척을 빌려 발해를 건너 한국으로, 거기서 다시 자유중국 타이완의 품으로 돌아갈 심산이었다. 하지만 도중에 뜻하지 않은 일로 계획은 수포로 돌아가고 말았다. 결국 공산당에 다시 체포되어 무기징역을 선고받고 재수감되었다.

그로부터 6년 뒤인 1964년, 무기징역이던 형은 징역 18년으로 감형되었다.[3]

1977년 중국공산당은 국민당전범에 대한 제2차 특사조치를 단행했다. 그 덕에 난 결국 석방되었다. 재수감된 지 햇수로 20년 만에 바깥세상의 빛과 마주하게 된 것이다.[4]

출소한지 한 달여가 지났을 즈음부터 가능한 한 모든 지인들과 줄기차게 서신연락을 시도했다. 목적은 오로지 지난 36년간 헤어져 지낸 해외의 처자식들을 만나기 위함이었다.

뜻이 있으면 곧 길이 있다고 했던가! 비로소 해외에 사는 친척 및 벗들과 어렵게 연락이 닿을 수 있었다.

그리고 얼마 후, 나의 생사를 묻는 한 통의 편지가 일본을 거쳐 내게로 날아들었다. 발신인은 내가 한 번도 본 적 없는 막내아들 왕칭더王清德로 되어 있었다. 난 곧바로 답장을 보냈다. 막내아들은 누이와 형들의 어릴 적 이름을 적어서 보내달라는 편지를 다시 보내왔다. 그래야 아버지가 아직 살아있고 내가 자신의 아버지임을 증명할 수 있다는 것이었다. 난 지체 없이 아들에게 답신을 띄웠다. 이번엔 막내아들이 편지와 함께 약간의 돈을 부쳐왔다. 이것으로 우리는 한 가족임이 입증된 셈이었다. 이때부터 30년 넘게 헤어져 있던

---

2) 실제로 왕용진 본인에게는 중국에 살고 있는 실명한 딸까지 포함하면, 도합 여섯 명의 자식이 있었다.
3) 무기징역에서 18년형으로 감형을 선고한 판결문은 책 말미에 수록된 〔자료1〕을 참조바람. 이 자료에 따르면, 감형된 연도가 1966년으로 되어 있다.
4) 이와 관련된 판결문과 석방증명서는 〔자료2〕와 〔자료3〕을 참조바람.

처자식들과의 연락이 시작되었다.

난 지난 30여 년간 떨어져 살던 처자식들과 홍콩에서라도 만날 수 있게 해달라고 중국공산당 정부당국에 지속적으로 청원하고 탄원했다.

노력의 결실은 1980년 5월 10일에서야 이루어졌다.

난 그날, 30여 년의 영어생활과 강제노역의 고통에서 영원히 벗어날 수 있었다. 동시에 그동안 품어왔던 오랜 숙원을 풀 수 있었다. 그토록 갈망하던 자유조국 타이완으로 돌아가게 된 것이다.

옛말에 '몸은 조조曹操의 병영에 있지만 마음은 한漢에 있다.'5)고 했던가? 내가 바로 그 신세였던 것이다.

결국 난 자유를 얻었다!

현재는 '슈랑조기회秀朗晨操會'회원으로, 그 어느 때보다도 자유롭고 건강하고 행복한 삶을 누리고 있다.

앞으로도 그럴 수 있기를 간절히 바란다.

(원제 : 不自由毋寧死—我終於獲得自由了)6)

姓名	王永晉
原籍	中華民國 山東省 榮成縣 俚島鎭 林村集
出生	中華民國 前7年(1905年) 1月 14日 榮成縣 黃家莊林
經歷	中華民國 21年 8月 初 南京 外交部 入社
入黨	中華民國 22年 3月 初 國民黨 入黨

5) 후한(後漢) 말 유비(劉備)가 조조(曹操)에게 패했을 때, 유비의 부인과 함께 조조 진영에 잡혀 있던 관우가 하루속히 유비에게 돌아갈 날만을 고대하고 있었던 고사를 빗댄 것이다.
6) 회고록 서문에 해당하는 이 글은 저자가 중국대륙에서 특사로 석방되어 타이완으로 돌아온 해인 1980년에 쓴 것으로 보인다. 왜냐하면, 1905년생인 그의 당시 나이가 76세였다고 밝히고 있기 때문이다. 이렇게 볼 때, 왕용진 본인은 타이완 생활을 시작하면서부터 곧바로 자신의 회고록 집필을 시작했다고 볼 수 있다.

아버지와 나

어렸을 적, 어머니가 창밖으로 달을 바라보며 나지막이 흥얼거리던 노래가 있었다. 곡명은 기억이 잘 나지 않지만, 이런 내용의 노랫말이었다.

달이 참 밝구나. 달이 참 밝아.
휘영청 밝은 달 어쩜 그리도 아비의 얼굴과 꼭 닮았을까?
달을 볼 때면 아비를 만나는 듯도 하다.
오늘밤도 달을 보며 돌아오지 않는 아비를 그린다.

그때는 잘 몰랐지만, 이제 와 생각하면 아버지를 그리워하는 어머니의 심정이 이해가 간다.

1980년 7월 중순, 난 타이완으로 가 아버지를 뵈었다. 36년 만의 첫 부자상봉이었다.

솔직히 그때는 아무런 느낌이 없었다. 다만, 나를 아래위로 유심히 훑어보던 아버지의 시선이 약간은 어색하게 느껴질 뿐이었다.

마침 옆에 계시던 어머니가 그 어색함을 슬쩍 비집고 들어오셨다.

"여보, 이 아이가 당신이 붙잡혀 끌려갔을 때, 뱃속에 있던 칭더淸德예요. 우리 막내아들 칭더!"

타이완의 여름은 생각보다는 훨씬 무더웠다.

어느 날 난 외출했다가 돌아오자마자 땀범벅이 된 끈적끈적한 몸에 연신 물을 끼얹었다. 조금이나마 더위를 식힐 요량이었다. 그런데 갑자기 뒤편에서 아버지의 카랑한 음성이 들려왔다.

"요즘 애들은 도통 물 아까운 줄 몰라. 중국대륙에 한 번 가봐야 물이 얼마나 귀한 줄 알지, 원!"

뒤를 돌아보니, 아버지가 영 마뜩찮다는 표정으로 나를 바라보고 계셨다.

아버진 하루도 빠짐없이 밖에 나가 운동을 하셨다. 그런데 돌아오실 때면 아버지의 손에는 어김없이 종이박스들이 들려 있었다.

대륙에서의 근검한 생활습관이 몸에 밴 탓이리라.

1993년 12월 16일, 부모님은 한국으로 돌아오셨다.

정신적으로나 육체적으로 힘겨웠던 10여 년의 타이완 생활을 접고 한국에 영구 정착하시기 위함이었다.

한국에서의 첫 거주지는 큰형이 살고 있던 영종도였다. 영종도는 공기도 좋고 조용해서 두 노인네가 살기에는 안성맞춤이었다. 게다가 큰형 내외가 곁에 살면서 살뜰히 보살펴주는 덕에 내심 안심이 되기도 했다.

그곳에서 부모님은 여러 해를 사셨다.

아버지는 대륙에서의 생활이 몸에 밴 탓인지 규칙적으로 움직이는 시계추처럼 반복된 하루하루를 보내셨다.

밤 9시만 되면 어김없이 잠자리에 드셨고, 무슨 일이 있더라도 이튿날 새벽 4시에는 자리에서 일어나 아침운동을 나가셨다. 이는 비가 오나 눈이 오나 한결같았다. 어머니 말씀으로는, 젊었을 때 아버지는 사냥도 좋아하셨고, 스케이트, 테니스, 당구 심지어는 춤도 가끔씩 추셨단다.

점심을 드시고 잠깐 낮잠을 즐기시는 것도 거르지 않으셨다. 또 저녁을 드실 때에는 당신이 손수 담근 고량주를 반주 삼아 꼬박꼬박 드셨다. 하지만 절대로 두 잔 이상은 하지 않으셨다. 지금 생각해보면, 나름 건강을 지키기 위한 당신만의 철칙이셨던 모양이다.

신문을 꼼꼼히 챙겨보시는 것도 당신의 중요한 하루일과 중의 하나였다. 지난 신문이든 당일 신문이든 가리지 않고 보고 또 보셨다.

그리고는 틈나는 대로 짬짬이 회고록을 쓰셨다.

그러나 노년의 나이에도 불구하고 비교적 강건하셨던 부모님도 흐르는 세월을 이기지는 못하셨다. 어머니는 향년 86세를 일기로 작고하셨고, 아버지는 그로부터 3년 후인 2006년에 기이지수(期頤之壽, 만 100세)를 채우시고 이승과

11

영영 이별을 고하셨다.

아버지가 세상을 떠나시면서 우리에게 남겨놓은 유일한 유산이 바로 이 회고록이다.

하지만 과문한 탓에 소중한 아버지의 유산을 제대로 보관치 못하고 오랫동안 책상서랍에 처박아놓는 우를 범하고 말았다. 그 바람에 원고는 어느새 누렇게 색이 바랬고, 필사된 글자는 겹겹이 쌓인 두터운 먼지를 감당치 못하고 희미한 흔적으로만 남았다.

그러던 차에 평소 잘 알고 지내던 인천대학교 중국학술원 송승석 교수와 우연한 술자리를 갖게 되었다. 술자리 화제는 어느새 아버지에 대한 이야기로 옮아가게 되었고 자연스럽게 '회고록' 이야기도 나왔다. 사실, 난 남들 앞에서 아버지 이야기하는 걸 즐겨하는 편은 아니었다. 자주 어울리는 화교 벗들조차도 내 아버지에 대한 세세한 정황까지는 잘 알지 못한다. 그도 그럴 것이나 자신도 이 회고록을 읽어보기 전까지는 아버지가 지난 세월을 어떻게 살아오셨는지 아는 게 별로 없었을 뿐더러 본의 아니게 민감한 정치적 격변에 얽혀 지내오신 아버지의 과거 행적이 내게는 내내 뭔지 모를 심리적 압박감으로 다가왔기 때문이다.

그날 송 교수와 함께 했던 자리는 그래서 더욱 우연이었다. 그동안 그와는 격의 없이 지내는 편이었지만 아버지 아니 아버지의 회고록 이야기까지 하게 될 줄은 정말 꿈에도 몰랐다. 그는 회고록 이야기를 듣고는 대번에 그것을 출판해보자고 제의해왔다.

"출판은 무슨? 그걸 누가 본다고!"

술자리에선 그렇게 능치고 넘어가기는 했지만, 집에 돌아와 생각해보니 송 교수의 재촉이 그리 무리한 요구는 아닌 듯싶기도 했고 한편으로는 땅속에 계신 아버지도 그래주길 바랄 것 같기도 했다. 송 교수가 나에게 새로운 고민거리를 하나 던져준 셈이었다.

사흘 후, 송 교수가 다시 나를 찾아왔다. 이번엔 동료교수인 이정희 선생과 함께였다. 첫 만남이었지만, 난 이 교수가 매우 진지한 학자라는 걸 느낄 수 있었다. 우리 셋은 다시 아버지를 화제로 이야기를 시작했고, 그 와중에 이 교수가 내게 아버지 함자가 어떻게 되느냐고 물었다. 왕ㅇㅇ라고 하자, 이 교수는 곧바로 아버지에 관한 새로운 소식을 전해주었다.

"왕 선생님, 제게 선생님 부친과 관련된 자료가 있는 것 같습니다."

그 말을 듣고 난 내심 놀랍고 반갑기는 했지만, 곧이곧대로 믿기지는 않았다. 그런데 며칠 후, 이 교수가 정말로 아버지에 관한 자료를 들고 나를 찾아왔다. 난 도저히 불가능했을 법한 일이 가능하게 된 것처럼 뛸 듯이 기뻤다. 그가 내민 자료는 두 개였다. 하나는 쇼와昭和 17년(1942년) 외무부에서 펴낸 「영사관표관계철領事館表關係綴」이었고, 다른 하나는 현재 타이완 국사관國史館에 소장되어 있는 외무부 편 「한국교무안韓國僑務案」(1946년)이었다. 그 안에 아버지에 대한 기록이 있었던 것이다. 이것들은 생전에 아버지가 그토록 심혈을 기울여 찾고자 했고 자나 깨나 갈망하셨던 소중한 자료들이었다.

'만일 아버지가 지금껏 살아계셨다면 이걸 보고 얼마나 기뻐하셨을까!'[7]

여기에 생각이 미치니 새삼 자식 된 자로서 자괴감이 몰려왔다. 그렇지만 반대로 자신감도 생겼다.

'그래, 이 회고록을 한 번 출판해보자!'

결국 난 결심을 굳히고, 필사로 된 아버지의 회고록 원고를 일일이 컴퓨터로 쳐 넣는 작업을 시작했다. 아버지의 기록을 영구히 보존하기 위함이었고, 아버지가 흘려 쓴 손 글씨를 하나하나 판독해가며 번역하고 있을 송 교수의 수고를 조금이라도 덜어주기 위함이었다.

훗날 난 송 교수에게 이렇게 농을 쳤다.

---

7) 왕용진은 자신이 과거 중화민국 외교부에 근무했다는 것을 증명할만한 자료들을 찾고자 애썼다. 그가 중국대륙에서 석방되어 타이완에 갔을 당시, 타이완 중화민국정부는 그의 과거 행적을 입증할 자료가 없다는 이유로 그의 외교부 근무 경력을 전혀 인정하지 않았다.

13

"그때는 내가 술기운 탓에 잠시 정신 줄을 놓은 모양이야. 아버지 회고록까지 자네한테 넘겨주게 될 줄은 정말 몰랐어."

그러나 지금은 송 교수와 이 교수의 그 집요함이 외려 고맙고 천만다행이란 생각이 든다.

그래 이 자리를 빌려 다시 한 번 송 교수에게 감사를 드리고 싶다. 물론, 이 교수한테도 말이다. 이 두 사람의 지지와 격려가 없었다면 지금까지도 아버지의 이 소중한 유산은 캄캄한 서랍 속에 그대로 처박힌 채, 세상의 빛과는 한참 거리를 두고 있었을 게 분명하다. 무엇보다 두 사람은 내게 한국사회와 당당히 마주할 용기를 주었다. 그 고마움은 평생 잊지 못할 것이다.

"감사합니다."

끝으로, 구천에 계신 아버지께 고하고 싶다.

"아버지, 아버지가 그토록 간절히 원하시던 소원을 제가 이루었습니다. 아버지, 이제 안심하시고 편히 쉬십시오."

인천차이나타운 어느 골방 책상 앞에서
王淸德 씀.

왕칭더王淸德 선생님과 내왕한 지는 꽤 오래되었다. 그에게서 수업을 들었던 젊은 화교 친구들의 말을 빌자면, 화교학교 교사 시절의 선생님은 그야말로 '호랑이 선생님'이셨단다. 그렇지만 내게는 언제나 한없이 정도 많고 호탕한, 말 그대로 '산동따한山東大漢'이셨다. 산동사나이답게 선생님은 약주도 꽤나 즐기셨다. 일흔의 나이에도 불구하고 술로 그를 이길 장사가 근방에는 없을 정도이다. 간혹 선생님 댁으로 초대를 받아 고량주를 앞에 놓고 대작을 할라치면, 어느새 얼근해진 나를 살갑게 챙겨주시는 선생님의 얼굴이 어렴풋한 취중에도 설핏 어른거렸던 기억이 종종 있다.

평생을 화교학생들과 생활하신 탓인지 선생님은 한국말이 서툴다. 그래서일까? 차이나타운을 무대로 영업을 하는 여느 화교 사장님들과는 달리, 선생님이 상대하는 한국 사람들은 비교적 제한되어 있는 편이다. 개중에 내게도 조금은 맘을 열어주신 것이 새삼 고맙다.

연전에 인천화교사회가 간직하고 있던 소중한 자료들을 조사한답시고 화교협회나 화교학교를 들쑤시고 돌아다닌 적이 있다. 그때마다 선생님은 불평한마디 없이 내 요구를 다 들어주셨다. 판독이 안 되는 글자라도 있으면 냉큼 선생님을 찾아갔고, 아예 자료를 통으로 맡겨 컴퓨터로 쳐주십사 한 것도 한두 번이 아니었다.

그러던 차에, 선생님의 선대인께서 남기신 회고록 원고를 접할 기회가 있었다. 사실, 내가 눈치만 좀 빨랐다면 수년 전에 이미 그 원고를 볼 수 있었을게다. 돌이켜보면, 선생님은 몇 번인가 당신의 서랍에서 그 원고를 꺼냈다가

15

다시 거두어들이셨던 기억이 난다. 그때는 그게 뭔지 딱히 궁금하지도 않았고 별 관심도 없었기에 원고 표지에 기재된 '悲慘回憶'이란 네 글자도 미처 확인치 못했다. 연구자로서의 태만함이란 게 바로 이런 것이리라.

선생님께서 내미신 그 회고록 원고를 처음 받아들었을 때, 난 새로운 자료의 출현에 조금은 설렜다. 그러나 한 장 한 장 원고를 넘겨보면서, 애초에 가졌던 그 가벼운 설렘은 어느새 무거운 충격으로 바뀌었다. 선생님 부친의 삶은 특별했고 생경했다. 원고 전체를 일람했을 때, 난 한 편의 대하드라마를 본 것 같은 기분이었다. 그것도 아주 처절한 비극의 드라마를. 사람이 어찌 이렇게 살 수 있었을까? 아니 어떻게 그 모진 삶을 용케 버텨낼 수 있었을까? 그렇게라도 살아야만 했던 것일까? 그렇다면 도대체 무엇 때문에? 연이어 드는 생각이 한동안 나를 옥죄고 괴롭혔다.

선생님의 부친은 '공산주의는 안 된다!'는 생각을 평생의 신조처럼 품고 사셨다. 그것이 교육을 통해서든 개인의 체험에 의해서든 그는 여지없는 '반공주의자'였다. '반공'이란 두 글자가 낙인처럼 회고록 전반을 관통하고 있는 것도 이 때문이다.

그런데 나는 이 회고록을 읽는 내내, 나도 모르게 이 두 글자를 순간순간 뇌리 속에서 잊곤 했다. 내게는 적어도 이 회고록이 그다지 이념적으로 읽히지 않은 탓이다. 그는 오로지 자신의 맡은 바 소명을 다하려고 노력했고 그것이 곧 하루하루의 삶을 충실히 채워나가는 것이라 생각했다. 다만, 격변의 시대와 연이은 동란이 그를 제자리에 그냥 놓아두지 않았을 뿐이다. 식민주의, 전쟁, 분열을 거치면서 간헐적으로 혹은 습관적으로 그의 뇌리 속에 끼어들곤 하는 이념적 소회나 상념들이 이 글의 근간처럼 생각되지 않는 것도 그 때문이다.

그는 평생 자유를 갈구했다. 그래서 고향인 공산주의 '조국'(중국대륙)을 등지고 이념을 따라 자본주의 '정권'(타이완 국민당정부)을 택했다. 그럼, 그는 생을 마치면서 자신의 선택이 여전히 옳았다고 확신했을까? 진단컨대, 이는 결코 장담할 수 없는 일이다. 그는 물리적 고향인 중국도 등졌고 끝내는 이념적 정권이 소재한 타이완도 떠날 수밖에 없었다. 어쩌면 그가 갈망했던 자유는 이념이나 국가 따위에서 찾을 수 있었던 게 아니었을지도 모를 일이다. 가족이 있는 곳이라면, 그들과 함께 살 수 있는 곳이라면 바로 그곳이 그에게는 자유의 땅이고 고향이었을지 모른다. 참으로 기묘한 운명을 살아야 했던 그는 결국 아들이 있는 한국에서 생을 마감했다.

이 책을 내면서 무엇보다 왕칭더 선생님께 고마움을 표해야 할 것 같다. 아버지의 유일한 유품이라 할 수 있는 이 회고록을 내게 내어주시기까지에는 당신 나름대로 고민이 없지 않았을 것이다. 아마도 그 고민의 근저에는 회고록이 공개됨으로써 몰고 올 예기치 않은 파장과 그에 따른 개인적 곤경에 대한 걱정도 자리하고 있었을 게다. 그럼에도 불구하고 나를 믿고 선뜻 출판을 허락하신데 대해 정말 감사를 드린다. 회고록이 활자화되어 일반에 공개되는 날, 거하게 약주 한 잔 대접해드려야 할 것 같다.

이정희 선생께도 감사를 드리고 싶다. 선생께는 늘 신세만 지는 기분이다. 그렇지만 앞으로도 염치불구하고 계속 괴롭혀드려야 할 것 같다.

원고에 대한 꼼꼼한 교정과 조언을 아끼지 않은 안치영 선생께도 특별히 감사를 드린다. 이밖에도 중국학술원의 모든 선생님들께도 심심한 사의를 표한다. 감사합니다.

2016년 12월
송승석 삼가 씀

17

목 차

1

난징국민정부南京國民政府 외교부 시절

01 9·18사변[1]

1931년 9월 18일, 일본은 중국의 동북삼성東北三省[2]을 침략했다. 그러나 이 사건이 일어나기 훨씬 전부터 일본은 뤼순旅順과 다롄大連 그리고 만주철로滿洲 鐵路[3] 등 중국의 동북지역을 사실상 통치하고 있었다. 따라서 이 지역은 일본 의 반半식민지 상태나 다름없었다.

당시 난 다롄에 있는 야마토호텔大和旅館에서 8년째 근무하고 있었다. 야마 토호텔에 처음 입사한 게 열아홉 살 때였으니까 그때 나이 스물일곱이었다.

그즈음 일본관동군關東軍[4] 군정軍政 수뇌부들은 야마토호텔에서 '금요만찬

---

1) 일명 '만주사변'
2) 중국 동북지역의 헤이룽장(黑龍江), 지린(吉林), 랴오닝(遼寧) 등 3개의 성(省)을 아우 르는 지리적 명사이다. 명대에는 관동(關東), 청대에는 동삼성(東三省)이라 불렸고, 우리가 익히 아는 만주(滿洲)가 바로 이 지역이다.
3) 제정러시아가 건설한 중동철로(中東鐵路)의 일부. 러일전쟁 후, 일본이 차지하게 되 면서 남만철로(南滿鐵路)로 개칭.
4) 1919년부터 1945년까지 중국의 동북지역에 주둔해 있던 일본육군부대이다. 이 부대 는 1945년 8월 동북에 진주한 소련 홍군(紅軍, Red Army)에 패해, 8만 여명이 죽었고

회'金曜餐會란 저녁모임을 만들어 수시로 회동하곤 했다. 난 식사시중을 들면서 그들 간에 오가는 말들을 일부 들을 수 있었다. 가령 이런 것들이다. 어떻게 하면 자신들에게 사사건건 시비를 거는 장줘린張作霖5)을 내리고 고분고분한 장징훼이張景惠6)를 올릴 수 있을지 혹은 '대동아공영권大東亞共榮圈'을 구체화시키기 위해서는 차제에 장줘린을 아예 제거해버려야 한다든지 등등.

관동군에 파견된 전 헌병대위 아마카스 마사히코甘粕正彦7)가 동북지방의 류탸오후柳條湖8)에서 철로를 폭파하고 중국인 여러 명을 총살했음에도 오히려 각 언론에는 이와는 정반대로 중국의 '비적土匪'들이 만주철도를 파괴하고 일본인을 살해한 것으로 보도되었다. 이를 빌미로 일본관동군사령부는 동북지방에 거주하는 일본인의 생명과 재산을 보호하기 위해 '비적을 토벌'한다는 황당무계한 논리를 내세워 중국의 동북삼성을 침략했던 것이다.

이른바 '9 · 18사변'은 이렇게 시작되었다.

사실, 일본제국주의는 단지 동북삼성 점유에만 그치는 것이 아니라 중국 전체를 점령한 뒤 곧바로 남진해 종국에는 '대동아공영권'을 구축하는 것이 목적이었다.

9 · 18사변이 발발하자, 중국 주재 일본 언론사들은 일제히 호외를 발행해 방방곡곡에 뿌려대기 시작했다. 그러나 정작 베이다잉北大營9)에 주둔해 있던

약 60만 명이 포로로 잡혀 시베리아에서 강제노동을 했다.
5) 20세기 전반기 중국의 동북지역을 사실상 통치했던 이른바 펑톈(奉天)군벌이다. 당시 사람들은 그를 동북왕(東北王) 혹은 장원수(張大帥)라 불렀다. 장쉐량(張學良)이 그의 아들이다.
6) 장줘린의 충실한 오른팔이었으나 9 · 18사변 이후, 일본에 투항해 만주국 국무총리를 역임했다.
7) 일본헌병 출신의 특수비밀요원으로 1931년 중국동북에 파견되어 9 · 18사변을 사실상 기획했다. 사실상 만주국경찰의 최고수뇌로, 1945년 일본이 패망하자 스스로 목숨을 끊었다.
8) 류탸오후는 중국 랴오닝 선양(沈陽)에 있는 지역으로 류탸오거우(柳條溝)로 불리기도 한다. 1931년 9월 18일 이 지역에서 일어난 철로폭파사건을 류탸오후사건이라 하는데 이것이 곧 9 · 18사변의 시작이다.

장쉐량張學良의 군대는 제대로 한 번 싸워보지도 못하고 물러났다. 국민당정부도 파병과 같은 일체의 지원조치를 취하지 않았다. 이 사실은 뤼순과 다롄에 살던 중국인들로부터 직접 들은 얘기이다.

그들 말로는, 일본통치 하에서는 억울하고 분한 일이 수도 없이 많았지만 그렇다고 감히 대들거나 함부로 떠벌이지는 못했다고 한다. 반면, 뤼순과 다롄에 거주하는 일본인들의 경우에는 한때의 승리에 도취되어 그 오만방자함이 하늘을 찌를 듯했다는 게 그들의 전언이다.

난 당시 일본 수뇌부들의 회식자리에 관한 자료들은 미처 정리하지 못했지만 나머지 다른 자료들은 상세히 정리해 지난 수년 동안 보관하고 있었다. 사실, 일본이 중국을 침략한 것에 대한 이야기는 무궁무진할 것이다. 하지만 안타깝게도 국민당정부가 그에 대해 어떻게 대응했는지에 대해서는 미처 신경을 쓰지 못했다. 그래서 내가 알고 있는 일본의 중국침략에 대한 이야기는 단편적일 수밖에 없다. 그마저도 세월이 오래 흘러 기억에서 지워진 부분도 많이 있다.

일본이 동북삼성을 침략하고 얼마 후, 동북의 보황파保皇派[10]인 정샤오쉬鄭孝胥[11] 부자父子, 시치아熙洽[12], 장스이臧式毅[13] 등은 뤼순과 다롄에서 빈번한 회합을 가졌다. 이 사람들 역시 야마토호텔의 단골손님들이었다. 특히, 그 중에는 가와시마 요시코川島芳子란 여인이 있었는데, 그녀는 관동군사령부를

---

9) 펑톈 북쪽 외곽에 위치한 곳으로 장쉐량이 이끄는 동북군 군영이 이곳에 주둔해있었다. 중국과 일본의 군대가 처음으로 충돌한 곳이다.
10) 청말 캉여우웨이(康有爲), 량치차오(梁啓超) 등을 중심으로 입헌군주제를 주장하던 단체로 보황당(保皇黨)이라고도 한다. 정식명칭은 '保救大淸光緖皇帝公司'이다.
11) 청나라 말기, 광시변방대신(廣西邊防大臣), 후난포정사(湖南布政使) 등을 지냈으며, 1932년 만주국 총리대신 겸 문교총장(文敎總長)을 역임했다.
12) 신해혁명 시기, 종사당(宗社黨)의 복벽(復辟)운동에 참여해 청조의 복원을 획책한 인물로, 9·18사변 후에는 모두의 반대를 무릅쓰고 창춘(長春)으로 직접 나가 일본군을 영접했다.
13) 장쭤린 부자의 인정을 받아 동삼성보안총사령부 참모장과 랴오닝성 정부주석 등을 역임했고, 9·18사변 이후에는 만주국 네 명의 거두 중의 한 명이었다.

제집처럼 드나들 정도로 일본 측과 교분이 두터웠다. 나중에 안 사실이지만, 이 여자는 본래 만청滿淸 황족의 딸이었는데 가와시마란 일본 낭인浪人의 양녀로 입양되어 그 뒤로 가와시마 요시코라 불리게 되었다고 한다. 앞서도 말했지만, 그녀는 관동군과 아주 친했다. 간혹 그녀는 관동군 소령 군복을 입고 나타나기도 했는데, 여자임에도 불구하고 이처럼 남장을 즐긴 여인이었다. 하지만 9·18사변이 일어나면서 그녀는 더 이상 우리 앞에 모습을 드러내지 않았다.

9·18사변 당시, 푸이溥儀14), 푸제溥杰15) 등은 야마토호텔에 묵고 있었다. 정샤오쉬 부자, 시치아 등은 주로 선양沈陽, 뤼순, 다롄 등 세 지역을 빈번히 오가면서 회동했다. 그러나 이들의 회합에서 푸이를 보았다는 사람은 없었다.

여하튼 이것이 바로 9·18사변 이후 만주국16) 성립의 한 징조임에는 틀림없을 것이다.

(원제 : '九一八'事件簡略)

---

14) 청나라 마지막 황제인 선통제(宣統帝)이자, 일본제국주의 주도 하에 건국된 만주국(滿洲國)의 초대 황제이자 마지막 황제.
15) 푸이의 친동생.
16) 만주국은 1932년 일본이 푸이를 황제로 내세워 중국의 동북삼성을 비롯해 내몽골 동부와 허베이성(河北省) 북부를 아우른 지역에 세운 정권이다. 그래서 중국에서는 일본의 괴뢰정권이란 의미로 속칭, '위(僞)만주'라 칭하기도 한다. 1945년 일본의 패망과 함께 몰락했다.

02 국제연맹조사단

    난 신문지상을 통해, 당시 국민당정부가 국제연맹에 일본이 중국의 영토인 동북삼성을 침략한 사실에 대해 제소를 했고, 국제연맹총회에서 영국인 리튼 Lytton을 대표로 하는 국제조사단을 중국 동북지방에 파견해 일본의 침략행위에 대해 조사를 벌이기로 하는 결의안이 만장일치로 통과되었다는 사실을 알게 되었다.

    그리고 얼마 후, 국제연맹조사단이 일본의 중국 침략에 대한 죄상을 조사하기 위해 실제로 동북 다롄에 왔다.

    이번 조사단에 중국대표단이 포함되어 있다는 사실을 알게 된 것도 신문보도를 통해서였다. 중국 측 단장은 구웨이쥔顧維鈞[17]이라는 사람이었다. 당시 일본은 다롄 내 각 신문을 통해 다음과 같이 발표했다.

---

17) 1919년 파리강화회의, 1945년 샌프란시스코 유엔창설회의 등에 참가해 중국의 국제적 권익과 위상 제고를 위해 애쓴 일명 '중화민국 최고의 외교관'으로 불린 인물이다.

중국대표 구웨이쥔이 다롄에 오는 것을 불허한다. 그에게 닥칠 만일의 사태에 대해 우리 일본은 책임질 수 없다. 그럼에도 불구하고 생명의 위험을 무릅쓰고서라도 온다면 그에 따른 전적인 책임은 중국 측에게 있음을 고지한다.

그러나 중국대표단은 일본의 경고에도 불구하고 예정대로 다롄에 도착해 야마토호텔에 투숙했다. 이튿날 각 신문지상에는 위와 거의 똑같은 보도가 재차 실렸다.

중국대표단 구웨이쥔이 동북에 오는 걸 용인할 수 없다. 동북에는 '비적匪賊' 이 매우 많아 생명의 안전을 담보할 수 없으며 이에 대해 당국은 어떠한 책임도 질 수 없다. 모든 책임은 전적으로 그 자신에게 있음을 알리는 바이다.

일본은 왜 언론을 통해 이 같은 소식을 연일 보도한 것일까? 그 속셈이 어디에 있는지는 당시로서는 아무도 몰랐다.

그런데 정작 이해가 되지 않았던 것은 조사단의 행보였다. 하루라도 빨리 중국의 동북삼성 현지로 와서 일본이 동북 각지에서 군대와 무기를 철수시켰는지 등등에 관한 모든 침략행위에 대해 조사를 벌이는 것이 마땅함에도 불구하고, 왜 일본에 먼저 가서 조사를 벌인 것인지, 대체 그곳에서 무엇을 조사한 것인지 나로서는 도무지 수긍이 되지 않았다. 혹시 분권分權이니 균점均霑이니 하며 함부로 나불댄 것은 아닐까?

또 일본 조사 후에는 중국에 있는 대도시들을 조사하겠답시고, 상하이上海, 난징南京, 한커우漢口, 쥬장九江, 이창宜昌, 충칭重慶 등을 돌아다녔다고 한다. 다들 알다시피, 이 여섯 개 도시는 동북삼성과는 한참 떨어진 중국의 본토에 있는 지역들이다.

그래 일본이 중국 본토를 침략했다는 말인가? 아니면 조만간 일본이 이들 지역을 침략할 것에 대비해 미리 조사를 벌였다는 것인가? 아무리 생각해도 당시 조사단의 행동은 도저히 납득이 되지 않았다.

혹여 국제연맹이 국제조사단을 파견해 일본을 조사하고 중국 대도시를 조사하겠다는 건 그저 그들에게 관광이나 시켜줄 목적은 아니었을까? 문외한인 나로서는 그렇게 밖에 생각이 들지 않았다. 분명히 말하지만, 당시에는 일본이 아직 중국 내지를 침략하지도 않은 시기였다.

조사단이 묵고 있는 야마토호텔은 당시 내가 근무하던 직장이었다. 그런데 난 수년 간 그곳에서 일하면서 일본의 동북지역 개척과 침략에 관한 자료들을 수집해놓고 있던 차였다.

'혹시 그것들이 조사하는데 도움이 되지 않을까?'

문득 이런 생각이 들었다. 그래서 난 중국조사단이 야마토호텔에 묵었을 당시, 구顧 대표와 직접 만나 이야기를 나눌 수 있기를 고대했다. 하지만 조사단이 호텔에 투숙한 바로 그날부터 호텔 안팎은 일본 헌병들과 형사들이 물샐 틈없이 에워싸고 있었다. 따라서 조사단의 모든 행동은 일본당국에 의해 철저히 통제되었다. 자유로이 행동할 수 있는 여지는 전혀 없어보였다. 나는 매일같이 구 대표가 식사를 하러 식당에 들러주기만을 학수고대했다.

드디어 그 기회가 왔다. 구 대표가 아침을 먹으러 식당으로 들어오는 것이 보였다. 그날은 마침 내가 아침식사 당번이었다. 나는 얼른 문 쪽으로 다가가 구 대표를 맞아들였다. 그리고는 그를 볕이 잘 드는 동남향의 구석진 일인용 테이블로 안내하고는 메뉴판을 내밀었다. 구 대표는 아침식사로 몇 가지 음식을 주문했다. 그가 한창 식사를 하고 있는 중에, 나는 그에게 다가가 조심스럽게 말을 건넸다.

"일본이 우리나라를 침략한 사실에 대해 조사하러 오셨다고 들었습니다. 그런데 일본당국이 조사단의 일거수일투족을 일일이 통제하고 감시도 삼엄해서 행동에 많은 제약이 있을 줄로 압니다."

구 대표는 약간 놀라는 표정으로 나를 올려다보았다.

"자네, 중국인인가?"

"네. 그렇습니다."

"어디 출신인가?"

"산동성 롱청현이 제 고향입니다."

"그래, 여기 다롄에는 오래 있었나?"

"한 10년 정도 됩니다. 그런데 제가 일본이 우리나라를 침략한 것에 관한 자료들을 일부 가지고 있는데 혹시 그게 대표님께 도움이 될 수 있을까요?"

"그래? 그것 참 잘 됐네. 그걸 내 방으로 가져다줄 수 있겠나?"

"물론입니다."

"혹시 모르니까 매사 조심해야 되네. 내 방은 301호일세. 밤 느지막이 은밀히 갖다 주게."

"알겠습니다."

난 저녁 퇴근하기 전에 빵집에서 큰 빵을 사면서 봉투 몇 장과 노끈을 얻었다. 그리고는 혼자 기거하는 숙소로 돌아와 얼른 안에서 문을 걸어 잠그고는 본격적으로 작업을 시작했다. 우선, 빵을 잘라 속을 파내고 자료를 그 안에 밀어 넣은 다음 다시 잘라낸 빵의 윗부분을 덮고는 그 위에 풀을 발랐다. 그리고 그것을 다시 봉투에 담고 노끈으로 단단히 동여맸다.

방을 나와 직원전용 승강기를 타고 3층으로 올라갔다. 오늘 3층 안내데스크 당직은 다다多田였다. 난 그에게 반갑게 인사를 건네며 말했다.

"다다 상, 빵을 배달하러 왔어요."

"그래? 그럼 가봐."

그는 아무렇지 않게 대답했다. 난 잰 걸음으로 301호 앞에 가서 문을 두드렸다. 안에서 들어오라는 대답이 들려왔다. 문을 열고 들어가니 웬 낯선 사람이 서 있었다. 그가 대뜸 내게 물었다.

"가져왔나?"

난 엉겁결에 그에게 가져온 빵을 건넸다. 그러자 그는 그것을 받아들고는 안에 있는 또 다른 방으로 들어갔다. 얼마 후, 그가 다시 나왔다.

"자료가 꽤 훌륭해. 자, 여기 300위안元일세. 이건 구 대표께서 주시는 거니 받아두게."

"아닙니다. 전 여기서 받는 월급만으로도 충분합니다. 마음만 받겠습니다. 전 절대 돈을 바라고 이 위험한 일을 자처한 게 아닙니다. 저도 중국인의 한 사람입니다. 물론 지금은 식민지에서 일하면서 힘들게 살고는 있지만 나랏일에 귀천이 따로 있겠습니까? 감사하지만 돈은 절대 받을 수 없습니다."

나는 한사코 그가 건네는 돈을 마다했다.

그가 다시 안으로 들어가고 이번에는 구 대표가 직접 밖으로 나왔다.

"자네의 애국심은 정말 훌륭해. 자네가 돈을 받지 않겠다고 하니 더 이상 강권하지는 않겠네. 훗날 내게 도움을 청할 일이 있으면 베이핑北平[18) 티에스즈후퉁鐵獅子胡同[19)으로 찾아오게."

구 대표와의 첫 만남은 여기까지였다. 난 그에게 인사를 하고 자리를 물러났다. 숙소로 돌아와서도 흥분이 가라앉지 않아 계속해서 가슴이 쿵쾅거렸다.

'그런데 구 대표와 함께 있던 사람은 도대체 누구지?'

난 서둘러 데스크에 내려가 투숙객 명단을 살펴보았다. 그제야 그가 중국 대표단 비서인 류충졔劉崇傑라는 걸 알게 되었다.

난 자료를 건네기 전에 뒷일을 걱정하지 않은 건 아니었다. 만에 하나 헌병이나 형사들에게 발각되었다면 난 그 즉시 죽음의 길로 접어들었을 것이다. 일제 파시스트의 형벌은 세계적으로도 잔인무도하기로 유명했다. 하지만 지난 수년 간 일본이 중국을 침략한 온갖 죄상을 밝혀내는 일에 조금이라도 보탬이 된다면 지금 죽어도 여한이 없을 거라 생각했다.

'그래. 그런 일이라면 난 언제든 죽음을 감수할 용의가 있어!'

국제연맹조사단은 다롄에 도착해 야마토호텔에 짐을 풀었다. 그런데 그들은 이틀이 지나도록 전혀 문밖출입을 할 생각을 하지 않았다.

---

18) 지금의 베이징(北京)이다.
19) 티에스즈후퉁은 베이징에서 가장 오래된 후퉁(일종의 골목) 중의 하나이다. 이 좁은 골목에 철로 된 사자상이 한 쌍 있다고 해서 붙여진 이름이다.

드디어 사흘째 되던 날, 관동군은 국제연맹 조사단 일행을 다롄의 저우쉐이 周水댐으로 데려갔다. 명목은 일본이 동북을 침략한 정황에 대해 조사한다는 것이었지만, 이 저우쉐이댐은 관광지였다.

호텔 측에서도 점심식사 준비 차 열다섯 명의 식당직원을 저우쉐이댐에 파견했다. 물론 나도 그 안에 포함되었다. 우리는 총 60인분의 냉채 위주의 점심을 마련했다. 우리 호텔직원들은 중국대표단과는 멀리 떨어져 있어 접근이 거의 불가능했다.

그런데 이게 과연 일본의 중국침략 행위를 조사하러 온 조사단인지 아니면 일본이 만든 댐을 구경하러 온 관광객인지 통 구분이 되지 않았다. 정말 울 수도 그렇다고 웃을 수도 없는 한심하고 어처구니없는 일이었다.

우리는 저우쉐이댐에 도착하자마자, 테이블을 설치하고 그 위에 테이블보를 깔았다. 그 다음엔 테이블 위에 나이프와 포크, 접시 등을 차례로 세팅했다. 열두 시가 조금 지나 조사단 일행이 속속 도착해 점심을 먹기 시작했다. 이놈의 코쟁이들은 아주 태평스럽게 일본인들과 시시덕거리며 담소를 나누고 있는 반면, 중국대표단만은 다들 심각한 표정으로 말없이 자리에 앉아 있었다.

총 5, 60명에 달하는 조사단 일행은 세계 각국에서 모여든 탓인지 저마다 다른 피부색과 생김새를 지니고 있었다. 점심식사 후에 그들은 숙소인 야마토호텔로 돌아갔다. 이튿날 아침, 조사단 일행은 기차를 타고 동북 선양沈陽으로 떠났다. 그들이 선양에서 묵은 곳도 역시 야마토호텔이었다.

리튼은 선양에 도착하자마자, 관동군 참모장 하시모토 모라노스케橋本虎之助와 이타가키 세이시로板垣征四郎 대좌大佐[20] 그리고 푸이溥儀를 소환해 야마토호텔에서 면담을 진행했다.

조사단은 선양에서 며칠을 더 묵고 다시 다롄의 야마토호텔로 돌아왔다. 그리고 이튿날 바로 다롄을 떠났다. 그 다음 행선지가 어디인지는 나도 모른다.

---

20) 이 둘은 이른바 '9·18사변'을 획책한 핵심 주모자로 유명하다.

뒤에 자세히 설명하겠지만, 난 조선의 원산영사관에서 소련군에 체포되어 소련의 하바롭스크에 있는 45호 전범수용소에서 수형생활을 한 바 있다. 거기서 뜻하지 않게 푸이 일행과 5년을 함께 지내게 되었다.

그때 난 푸이 본인과 그를 보필했던 신하들에게서 당시 국제연맹조사단의 선양에서의 조사활동에 대해 자세히 들을 수 있는 기회가 있었다. 이에 그들과의 대화내용을 여기에 옮겨보도록 하겠다.

리튼이 푸이를 소환하자, 하시모토와 이타가키는 면담 전에 푸이에게 다음과 같이 주의를 주었다.

"리튼이 왜 동북에 왔느냐고 물으면, 나는 원래 만주인이고 조업祖業을 회복하기 위해 동북에 왔다고 말하십시오. 그리고 만주인민들의 요구로 이곳에 만주국을 건립하려 한다고 대답하십시오."

면담 당일, 하시모토와 이타가키는 푸이를 대동한 채 야마토호텔 로비에 도착했다. 로비에는 많은 사람들이 모여 있었다. 개중에는 외국인들도 있었지만 중국인들도 중간에 끼어 있었다.

내가 푸이에게 물었다.

"그 사람들이 누구였는지 혹시 아세요?"

푸이가 대답했다.

"누군지 알아볼 기회가 없었어. 나는 리튼과 간단하게 악수를 하고 자리에 앉았지. 내 왼쪽에는 하시모토가 앉고 오른쪽엔 이타가키가 앉았어. 그 두 놈들 사이에 내가 끼어 앉은 꼴이지. 리튼은 전에도 한 번 본 적이 있는 사람이야. 난 그 사람한테 나를 딴 곳으로 데려다 줄 수 있느냐고 묻고 싶었어. 그렇지만 차마 물을 수가 없었지. 혹시나 그럴 수 없다고 하면 어떡해? 게다가 양쪽에 앉아 있는 그 두 놈들이 어떻게 나올지 몰라 도저히 말을 못 하겠더라고. 난 내가 동북에 와서 일본 놈들 꼭두각시가 될 줄은 정말 꿈에도 생각 못 했어. 어쨌든 난 주인이 시키는 대로 그 놈들이 명령하는 대로 리튼에게 대답해주었지, 뭐. 면담이 끝나자 다들 샴페인을 마시며 서로의 건강을 빌었어. 또 기념사진도 찍었어. 난 그렇게 리튼과 이별의 악수를 하고 하시모토와 이타가키를 따라 돌아왔어. 그 놈들이 그러더군. '폐하, 잘 하셨습니다.' 라고. 난 속으로 그랬지. '그래, 오늘 일은 꼭 기억해두마.' 난 돌아와서 정샤오쉬鄭孝胥, 장스이臧式毅, 시치아熙洽 등에게 리튼과 했던 애기를 해주었어."

그때 리튼은 푸이에게 이렇게 말했다고 한다.

"만주국을 건립하면 문호를 개방하십시오."

푸이의 말은 계속 이어졌다.

"국제연맹조사단이 다롄으로 돌아가는 날, 나는 하시모토, 이타가키와 함께 역까지 나가 배웅했어. 리튼이 내 손을 꽉 잡으며 아주 작게 영어로 그러더군. '새로운 만주국 건립을 축하드립니다. 하루빨리 건국하셔서 장대한 발전을 이룩하십시오.'"

결국 이렇게 보면, 국제연맹조사단은 일본이 중국의 영토를 침략한 사건을 조사하러 온 것이 아니었다. 어쩌면 국제연맹총회의 결의안은 만주국 성립을 축하해주기 위해 영국인 리튼을 대표로 한 조사단을 중국 동북에 파견한 것이었을지 모른다. 적어도 난 그런 생각이 들었다.

만주국이 성립되면 문호를 개방하라는 것은 무슨 뜻이겠는가? 영국이 만주에서 떡고물이라도 챙기겠다는 심산 아니겠는가? 세계의 모든 약소국들은 항시 제국주의침략의 대상이었다. '약소국은 외교가 없다.'는 말도 있지 않은가? 겉으로는 강대국과 약소국이 외교적으로 평등한 것처럼 보이지만 실제로 국가 간의 모든 일에 있어서 약소국은 강대국의 지시에 따라가기 마련이다.

우리 중국인들은 과거 강대국이었던 중국이 왜 이렇게 식민지 내지 반식민지로 전락해버렸는지를 깊이 성찰해보아야 할 것이다. 이를 반면교사로 삼아 국민 전체가 국가의 강성을 위해 노력하는 것이 필요하다. 아시아의 병부病夫라는 오명은 이제 쓰레기통에 버리고 세계 강대국으로 우뚝 서자. 그래서 평화를 사랑하는 세계 각국과 단결해 공존공영 하는 아름다운 대동大同 세상을 건설하자!

(원제 : 國際聯盟調查團來到大連)

03 구사일생

정확한 날짜는 기억나지 않지만, 어느 날 같은 팀에서 함께 일하던 일본인 여직원 야스코保子가 내게 물었다.

"왕王 상, 형사들이 주방장한테 당신에 대해 꼬치꼬치 캐묻고 갔어요. 왜 그런 거예요?"

그 말을 듣자, 난 드디어 올 것이 오고야 말았구나 하는 불길한 생각에 휩싸였다.

"글쎄요. 나도 잘 모르겠는데요. 하지만 내가 특별히 잘못한 게 없는데요, 뭘! 야스코 상, 걱정하지 마요."

난 아무렇지 않은 듯 야스코를 안심시켰다. 그래도 야스코는 의심이 가시지 않는지 재차 물었다.

"그런데 왜 형사들이 당신에 대해 조사하는 건데요?"

"걱정할 것 없다니까! 야스코 상, 내가 뭘 잘못할 사람처럼 보여요? 아무 것도 아니니까 신경 쓰지 마세요."

하지만 속으로는 죽음의 그림자가 조금씩 내게 다가오고 있음을 직감할 수 있었다. 이제 더 이상은 마냥 이대로 있을 수만은 없다는 생각이 불현듯 스치고 지나갔다.

그날 밤, 난 가방 하나만을 달랑 들고 부둣가로 나가 곧바로 톈진天津으로 가는 일본선박 제21호 교도마루共同丸에 몸을 실었다.

그런데 공교롭게도 배에 오르자마자, 야마토호텔에서 함께 일하다가 지금은 뱃일을 하고 있는 류밍장劉銘江과 마주쳤다. 그는 나를 보고는 놀라 물었다.

"라오왕老王, 여긴 웬 일이야? 어디 가는 거야?"

"어, 톈진에 좀 가보려고."

"톈진에는 왜?"

난 순간 뭐라고 대답을 해야 할지 망설여졌다. 그는 동북사람이기는 했지만 일본교육을 받은 사람이었다. 그래서일까? 그에게는 솔직히 말하기가 꺼려졌다.

"톈진에 친척 결혼식이 있어서."

나는 대충 그렇게 얼버무렸다. 그가 재차 추궁해왔다.

"휴가라도 며칠 받았나보지? 며칠 받았어?"

"어, 일주일…"

그는 친절하게도 나를 자기 침실에 묵게 해주었다.

이튿날 새벽 눈을 떴을 때는, 배는 이미 바다 한가운데 있었다. 그제야 난 죽음의 길에서 탈출한 것 같아 조금은 마음이 놓였다. 그러나 이제부터가 걱정이었다.

'앞으로 어떻게 살아가야 하지? 당장 어디로 가야하나? … 그래, 일단 베이핑으로 가보자. 거기 가서 구 대표를 찾아보자.'

이런 생각을 하는 순간, 갑자기 누군가 "왕용진!"하고 부르는 소리가 들렸다. 고개를 들고 뒤를 돌아보니, 고향친구인 양웬린楊元琳이 천천히 이쪽으로 걸어오고 있었다. 우리는 반가운 마음에 악수를 하고 서로 그동안 살아왔던 얘기를 나누었다. 얘기 중에 난 지금 도망을 가는 중이라고 솔직하게 고백했다. 사정 얘기를 한참 듣던 양웬린이 대뜸 이렇게 말했다.

"자넨 정말 하늘이 도운 거야. 구사일생으로 살아난 거라고. 까딱 잘못했어봐. 그냥 개죽음 당했을 걸? 그러지 말고, 괜찮으면 나하고 같이 감세. 아버지가 베이핑 셴위커우鮮魚口21)에 있는 볜이팡便宜坊22)에서 부지배인으로 일하고 계시거든."

"정말 그래도 되겠나?"

염치가 좀 없기는 했지만, 난 그의 호의를 마다할 형편이 아니었다.

우리는 배에서 내리자마자 곧바로 기차역으로 가 베이핑 행 열차에 올라탔다. 난 당분간만이라도 그곳 볜이팡에서 지내는 게 좋겠다고 생각했다.

베이핑에 도착한 다음날, 나는 곧바로 구 대표 공관公館으로 전화를 걸었다. 그런데 돌아온 대답은 구 대표가 베이다이허北戴河23)로 피서를 갔다는 것이었다. 난 전화를 받는 사람에게 내가 오게 된 연유와 도주하게 된 경위를 말해주었다. 그는 구 대표가 돌아오면 저간의 사정에 대해 고해주겠노라 했다. 난 그에게 내 주소와 전화번호를 남기고 전화를 끊었다.

닷새 후, 구 대표 공관에서 전화가 왔다. 구 대표가 돌아왔으니, 내일 오전 10시에 공관으로 오라는 것이었다.

이튿날 양웬린이 나를 티에스즈후퉁에 있는 구 대표 공관으로 데려다 주었다. 난 구 대표를 보자마자, 내가 도망칠 수밖에 없었던 이유를 상세히 고했다. 사정얘기를 다 듣고 난 구 대표의 첫 마디는 조금은 의외였다.

"그래, 도망친 건 아주 잘한 일이야. 일단은 베이핑에 왔으니, 여기저기 만청滿淸의 고적古跡들이나 구경하게나."

---

21) 베이징의 대표적인 후퉁의 하나로, 첸먼(前門) 일대의 전통적인 상업지구이다.
22) 베이징의 유명한 카오야(烤鴨) 전문식당으로, 1416년에 창업한 대표적인 중화라오즈하오(中華老子號)이다.
23) 허베이성(河北省) 친황다오(秦皇島)에 있는 중국의 유명한 피서지

나는 다급함에 단도직입적으로 말했다.

"대표님, 여기 혹시 제가 일할 자리가 없을까요?"

"뭐, 그렇게 조급해 할 거 없어. 우선, 우리 스施 비서와 이야기해보게."

그렇게만 말하고 구 대표는 응접실을 나가는 것이었다. 약간은 힘이 빠졌다.

잠시 후, 스 비서라는 사람이 안으로 들어왔다. 난 다시 그에게 일본경찰에 쫓겨 이곳까지 도망치게 된 경위를 반복해서 말해야 했다. 그런데 그로부터 돌아오는 대답은 구 대표의 그것과 하나도 다를 게 없었다.

"그곳을 탈출할 수 있었던 건 정말 천만다행한 일입니다. 기왕 베이핑에 오셨으니, 만청의 유지遺址나 두루두루 돌아보시지요. 그리고 여기 500위안입니다. 일단 받아두세요. 이건 우리 구 대표가 베이핑에 있는 동안 쓰시라고 드리는 겁니다. 숙박비라 생각하시면 될 것 같네요."

"아닙니다. 돈이라면 저도 좀 있습니다. 이건 받을 수 없으니 그냥 넣어두십시오."

이어지는 스 비서의 말은 나를 조금은 안심시켰다.

"이건 구 대표의 명령입니다. 당신은 국가에 공로가 있는 분입니다. 그러니 응당 우리가 보살펴드려야지요. 받아두십시오. 혹시 무슨 일이 생기면 전화로 연락을 드리겠습니다."

난 500위안짜리 지폐를 받아들고는 볜이팡으로 돌아왔다.

그 뒤로 며칠 간 양웬린을 따라 천지단天地壇24)이며 고궁古宮 등지를 구경 삼아 돌아다녔다. 봉건왕조의 사치와 부패로 점철된 호화로운 삶은 일반백성의 그것과는 그야말로 천양지차였다. 한마디로, 백성들의 삶은 황족들의 개돼지보다 못했다. 국부(國父, 孫中山)가 만청을 멸하고 중화민국을 건국하지 않았다면 과연 어찌되었을 것인가? 다행히 온 나라 백성들이 만청의 억압에서 해방되어 푸른 하늘을 볼 수 있게 되었으니, 이는 지금 생각해도 천우신조가

---

24) 지금의 천단공원(天壇公園)을 말한다.

아닐 수 없는 일이다. 중화민국의 국기인 청천백일만지홍靑天白日滿地紅은 바로 이것을 의미하는 것이 아니겠는가?

지금도 내 가슴속에선 국부의 삼민주의三民主義가 깊이 뿌리를 내리고 싹을 틔우고 있다. 난 삼민주의야말로 곧 중국의 미래임을 믿는다.

(원제 : 我的逃亡)

04 난징국민정부25) 외교부

1932년 8월 초, 구 대표 측에서 만나자는 연락이 왔다. 이튿날 아침, 양웬린과 함께 바로 구 대표 공관으로 갔다. 공관에서 우리를 맞이한 것은 예의 그 스 비서였다.

"구 대표께서 이 서신을 전해주라고 하셨습니다. 이걸 가지고 난징南京 외교부에 가서 류총제劉崇傑 차장을 찾으시면 됩니다."

편지를 받아든 난 스 비서에게 재삼 고맙다는 말을 전하고는 공관을 빠져나왔다. 숙소로 돌아오자마자, 양웬린에게 난징 행 기차표 한 장을 사달라고 부탁했다. 그리고는 당일 바로 난징으로 가는 밤기차에 올랐다. 난징은 나로서는 처음 가보는 도시였다.

---

25) 1927년 4월 장제스(蔣介石) 중심의 국민당 우파에 의해 난징(南京)에 성립된 국민당 정부. 동년 9월 좌파 계열의 우한(武漢) 정부와 통합되면서 국민당 유일 정권이 되었다. 중일전쟁 발발 후에는 충칭(重慶)으로 근거지를 옮겼다. 이는 1940년 왕징웨이(汪精衛)가 일본의 지원 하에 세운 '난징국민정부'와는 다른 것이다.

기차는 다음날 아침 8시 병부蚌埠에 도착했다. 열차에서 내려 사람들을 따라 다시 강가로 가서 증기선을 타고 사관구下關區로 갔다. 그리고 배에서 내려서는 곧바로 인력거를 한 대 잡고는 인력거부에게 외교부 근처에 있는 여관으로 데려가 달라고 부탁했다. 인력거부는 "잘 알겠습니다."라는 대답과 함께 인력거를 몰고 항구를 빠져나갔다. 그가 내려준 곳은 구러우구鼓樓區의 싱가오여관興皋旅館 앞이었다.

다음날 외교부 경비실에 가서 찾아온 연유를 설명했다. 경비는 이층에 있는 어느 사무실로 데려다주었다. 사무실 문패에는 상무차장실이라고 되어 있었다. 노크를 하고 안으로 들어갔다. 사무용 책상 앞에 앉아 있는 이는 이전에 다롄 야마토호텔 301호실에서 만난 적이 있던 바로 그 류총제라는 사람이었다. 한눈에 보아도 그는 관료다운 티가 역력했다. 그에게 다가가 꾸벅 인사를 했다.

"류 차장님 안녕하세요."

대답이 없었다. 구 대표의 서신을 그에게 내밀었다. 그는 편지를 뜯어 한참을 읽더니만 이내 책상 위에 있던 벨을 눌렀다. 그리고는 내게 물었다.

"이곳에 온 지 며칠 되었나?"

"이틀 되었습니다."

그의 태도는 야마토호텔에서 보았을 때의 그것과는 사뭇 달랐다. 마치 전혀 딴 사람처럼 보였다. 사람의 처지가 변했다고 이렇게 달라질 수가 있을까?

잠시 후, 마흔이 조금 넘어 보이는 사람이 사무실 안으로 들어왔다. 류 차장은 그에게 나를 가리키며 말했다.

"이 친구는 왕용진이라고 하는데, 자네가 데리고 가서 적당한 일자리 하나 찾아봐주게."

"알겠습니다."

나는 그를 따라 아래층으로 내려갔다. 그를 따라 들어간 곳에는 총무사장실總務司長室[26]이란 명패가 걸려 있었다. 그는 나더러 앉으라고 하고는 책상

위의 벨을 눌렀다. 이윽고 삼십 대 가량의 사람이 들어왔다. 이 사람은 총무과장으로 이름이 비샹더畢尙德였다. 그가 이 비畢 과장이란 사람에게 지시하듯 말했다.

"이 친구는 왕용진이라고 하는데, 차장이 소개한 사람이니까 적당한 자리 하나 내주게."

비 과장이 나보고 따라오라고 했다. 함께 들어간 곳은 서무과였다. 서무과에는 총 다섯 명의 직원이 있었다. 비 과장은 간단히 내 과거 이력에 대해 묻더니만 이렇게 말했다.

"오늘부터 자네는 여기 서무과 문서수발부에서 일하게. 자네가 할 일은 열다섯 대의 차량에 대한 관리와 부서 내 위생업무야. 알겠나?"

난 비 과장에게 문서수발은 솔직히 자신이 없다고 했다. 그러자 비 과장이 말했다.

"뭐, 별로 어렵지 않아. 중학교 정도만 졸업하면 다 할 수 있는 일이야."

직원들은 매주 토요일이면 국제사무 관련 교육에 참여했다. 이것은 외교부에서 일하려면 당연히 거쳐야 할 초보적인 과정이었다.

난 근무시간 틈틈이 상무차장 류총제가 부르면 그의 공관에 가서 청소도 해주었다. 그 덕분인지 훗날 그가 독일공사로 발령이 났을 때, 내게 이런 제안을 했다.

"나를 따라 독일에 가겠나?"

"공사님을 따라가고 싶기는 합니다만, 고향에 노모가 계셔서 힘들 것 같습니다. 모실 사람이 없어서요."

나는 그가 관료 티가 너무 난다는 생각이 재차 들었다.

"그래? 그럼 할 수 없지. 알았네. 그럼 자네는 그냥 여기에 있게. 성실히 근무하고 공부도 열심히 하게."

---

26) 사장(司長)은 우리의 국장급에 해당한다.

나는 공사의 호의가 고마웠다.

외교부에서 근무한 지 2년째 되던 해 3월, 난 정보사情報司 제6과 과장 판한성范漢生과 서무과 뤼샤오저우呂小舟의 추천으로 중국국민당에 입당하게 되었다.

당시는 왕징웨이汪精衛[27])가 외교부장을 겸임하고 있던 시절이었는데, 마침 그 즈음에 국민당 3중전회三中全會가 개최되었다. 회의 장소는 중앙당부中央黨部였던 것으로 기억되는데, 정확한 개최일자는 잊었다.[28]) 당시 난 외교부 명으로 각 부部에서 모여든 차량의 관리책임자로 당부黨部에 파견되었다. 회의 참석자는 고하를 불문하고 누구나 정문에서 신분증명서를 발급받아야 했고, 그들이 타고 온 차량은 전부 서쪽 광장에 주차해야 했다. 또 각 부나 원院에서 온 참석자들은 모두 동쪽에 있는 동대원東大院에 숙소를 정해 묵었다. 회의 참석자들은 매우 많았다. 왕징웨이, 샤오리즈邵立子[29]), 장쉐량張學良, 옌시산閻錫山[30]) 등등 거물급 수뇌들도 대부분 참석했다. 그들의 단체사진을 찍는 일도 내 일이었다. 이때 장蔣 위원장[31])은 회의에 참석하러 왔다가 대원大院이 아주 혼란스러운 것을 보고 바로 위층으로 올라갔다. 전언에 따르면, 비서장을 불러 회의장의 무질서함을 질책했다고 한다.

그런데 당시 매우 충격적인 사건이 일어났다. 머리에 검은 두건을 두른 사진사가 단체사진을 찍을 준비를 한창 하고 있을 때였다. 사진사 오른쪽에 있던 이십대 남자 한 명이 사진을 찍기 위해 도열해 있던 사람들을 향해 갑자

---

27) 왕징웨이(汪精衛)는 필명이고, 본명은 왕자오밍(汪兆銘)이다. 동맹회(同盟會) 시절부터 쑨원(孫文)을 보좌했고, 쑨원 사후에는 국민당 우파인 장제스(蔣介石)에 맞선 국민당 좌파의 지도자로 행세했다. 중일전쟁시기, 사실상 일본에 투항해 이른바 일본괴뢰 정권인 '난징국민정부'를 수립해, 장제스의 '충칭국민정부'에 맞섰다. 지금도 중국의 대표적 친일파(漢奸)하면 가장 먼저 떠오르는 인물이다.

28) 필자는 국민당 3중전회로 기억하고 있지만, 역사적으로 보면 이 시기에 열린 대회는 국민당 4기 6중전회이고, 개최일자는 1935년 11월 1일이다.

29) 당시 국민당 5기 중앙감찰위원이었다.

30) 이른바 산시(山西) 군벌로, 정치가이자 군인.

31) 장제스(蔣介石)를 일컫는다.

기 총을 발사한 것이다. 왼쪽 겨드랑이에 외투를 끼고 있던 그는 오른손으로 외투 속에서 총을 빼내 무리의 정중앙을 향해 세 발의 권총을 발사했다. 왕징웨이는 총에 맞아 바닥에 고꾸라졌고, 옌시산은 재빨리 몸을 피해 요행히 총알을 피할 수 있었다. 총소리에 놀란 나머지 사람들은 혼비백산 도망을 가거나 바닥에 납작 엎드렸다. 회의장은 일시에 아수라장이 되었다. 그 혼란한 와중에 장쉐량이 과감히 저격범에게 달려들어 그를 때려눕히고 권총을 빼앗았다. 그와 거의 동시에 왕징웨이의 경호원이 달려와 바닥에 쓰러져 있는 저격범에게 두 차례 총격을 가했다. 총에 맞은 범인은 그 자리에서 즉사했다.

범인의 몸을 뒤져 나온 신분증에는 '난징신보南京晨報' 기자라고 되어 있었다. 우리는 곧장 신보사晨報社로 들이닥쳤다. 그러나 정작 신보사에 도착했을 때는 이미 모두 도망을 가고 사무실은 텅 비어 있었다. 단지 소각한 서류뭉치만이 한 움큼의 재로 남아 있을 뿐이었다.

이번 사건은 그 뒤로도 제대로 규명되지 못한 채 미제로 남아 흐지부지되고 말았다. 총에 맞은 왕징웨이는 치료 차 독일로 갔다. 소문에 의하면, 그의 허리 쪽에는 그때 맞은 탄환이 여전히 박혀 있다고 한다. 물론, 그게 정말 사실인지는 확인할 길이 없다.

나는 외교부에서 5년 넘게 근무했다. 우리 서무과 직원은 총 일곱 명이었는데, 그 가운데 내 직위는 명목상 녹사錄事[32]였다. 그런데 지난 5년 동안 난 한 번도 진급을 못했고 봉급도 전혀 오르지 않았다. 무엇 때문인지는 나도 알 수 없었다.

외교부에 근무하면서 난 총 네 명의 외교부장을 모셨다. 제1대 외교부장은 뤄원간羅文幹이었고, 그 다음은 행정원장을 겸임하고 있던 왕징웨이였다. 제3대 부장은 장췬張群이었다. 장췬은 부임할 당시, 총 열다섯 명의 경호원을 데리고 들어왔다. 그런데 이유는 알 수 없지만 훗날 그 경호원 중에 한 명이

---

32) 서기(書記)를 말한다.

총으로 자살을 했다. 이 일은 밖으로 알려지지 않은 채, 우리 서무과에서 은밀히 처리했다. 그의 후임인 제4대 외교부장은 왕총훼이王寵惠였다.

장췬이 외교부장으로 막 취임했을 당시였다. 당시 외교부 내에는 신임 부장이 대대적인 감원태풍을 일으킬 것이란 소문이 사실처럼 나돌고 있었다. 지위 고하를 막론하고 외교부 직원들은 다들 노심초사했다. 물론 나도 예외가 아니었다. 사실, 수장 교체기에 벌어지는 인사 조치는 관료사회라면 어디에나 있을 법한 일종의 관행이기도 했다. 그즈음 구 대표는 정부로부터 프랑스대사로 임명되었다. 그래서 그는 임지인 프랑스로 떠날 채비를 위해 마침 난징에 와 있던 차였다. 그가 샤관下關에 있는 양즈楊子호텔에 묵고 있다는 소식을 접한 나는 호텔로 구 대표를 찾아갔다. 나는 그에게 외교부의 돌아가는 상황을 보고했다. 구 대표가 말했다.

"쓸데없는 생각 말고 돌아가서 열심히 근무나 하고 있게. 내가 기회를 봐서 장張 부장한테 지난 날 자네가 얼마나 국가에 큰 공을 세웠는지 말해놓을 테니까. 걱정 말고 돌아가게나."

소문은 소문일 뿐이었다. 장 부장이 취임한 뒤, 정작 해고된 사람은 그리 많지 않았다. 우리 서무과에서는 쑨孫 선생이 해고되었고, 정보사와 아주사亞洲司에서 세 명이 잘렸다. 그러나 그것 말고는 소문으로 나돌던 대대적인 감원 태풍은 일어나지 않았다.

난 외교부에서 장 부장으로부터 가장 많은 질책을 받은 사람 중에 하나였다. 이유는 간단했다. 매주 토요일 장 부장은 부서 전체의 위생 상태를 조사했는데, 공교롭게도 내가 외교부 내 위생 전반을 관리하는 책임자였기 때문이다. 부장이 매주 토요일 위생 상황을 조사할 때, 난 항시 곁에서 그를 수행해야 했다. 특히, 보일러실은 매번 위생 상태가 불량하다는 지적을 받았다. 그때마다 난 이렇게 대답했다.

"앞으로 주의하겠습니다."

하지만 마음속으로는 결코 그의 지적과 힐책에 승복할 수 없었다.

'아니, 어떻게 보일러실에 석탄재가 전혀 없을 수 있단 말인가?'

그래서 부장 앞에서 뇌까리는 '앞으로 주의하겠습니다.'란 말은 한낱 기계적이고 형식적인 언사일 뿐이었다.

(원제 : 到南京外交部工作)

05 구라모토藏本 실종사건

외교부 정보사장情報司長 리디쥔李迪俊은 중국 언론사절단을 이끌고 일본을 친선 방문했다. 일본 언론계의 반응은 매우 뜨거웠고 그에 따른 융숭한 환영과 대접은 당연지사였다. 중국 언론사절단이 일본방문을 마치고 귀국한 지 얼마 후, 일본도 그에 대한 답방 형식으로 대규모 언론사절단을 조직해 중국을 방문했다. 이에 외교부 정보사장은 일본 언론사절단을 외교부 대강당으로 초대해 성대한 연회를 베풀었다. 연회의 초청인사에는 주駐난징 일본총영사 스마須磨와 부영사인 구라모토藏本 등도 포함되었다.

그런데 연회 당일 밤, 다른 초청손님들은 모두 참석했는데 유독 구라모토 부영사만이 도착하지 않았다. 리李 사장司長은 내게 일본총영사관에 전화해 어찌된 일인지 경위를 파악하도록 했다. 일본총영사관 측 답변은 이랬다.

"부영사님은 이미 총영사관을 출발하셨습니다."

이튿날 아침 9시 30분에 일본총영사 스마가 외교부에 전화를 걸어왔다.

"본 관館의 구라모토 부영사가 실종되었습니다. 귀측에서 책임지고 일주일

안에 찾아내십시오. 만약 일주일 내에 구라모토 부영사를 찾지 못한다면, 저회 일본으로서는 샤관에 정박해 있는 해군함정의 해병대를 곧바로 샤관에 상륙시켜 난징 전역을 점령할 것입니다."

외교관으로서는 도저히 할 수 없는 비외교적 언사였고 그야말로 난데없는 협박이었다. 그럼에도 불구하고 외교부는 구라모토 일본부영사를 찾기 위해 각 기관원은 물론 난징 시민을 총동원해 시 전체를 샅샅이 수색했다.

외교부에서는 나와 뤼샤오저우呂小舟, 옌자오성顔兆省 등 세 명이 파견되었다. 우리는 주로 중산링中山陵33) 등지를 뒤지고 다녔다. 그러나 닷새가 되도록 구라모토의 모습은 발견되지 않았다.

엿새째 되는 날이었다. 그날 오전 중산링 경비대 대원 한 명이 담배를 사러 밍샤오링明孝陵34) 앞에 있는 구멍가게에 들렀다. 그런데 가게 주인할머니가 그에게 국화 문양의 커프스단추 한 쌍을 꺼내 보이며 이렇게 물었다.

"젊은 양반, 이거 진짜로 금단추 맞겠지?"

경비대원은 대번에 그것이 진짜 금단추임을 알아채고는 노파에게 물었다.

"이거 어디서 났어요?"

"글쎄, 어떤 남자가 타오쑤桃酥35) 한 홉을 사고는 돈이 없다면서 이걸 대신 놓고 갔지 뭐야."

이 대원은 곧바로 경비대로 복귀해 상술한 정황을 상부에 보고했다. 이윽고 부대원들이 총동원되어 즈진산紫金山에 있는 랑동狼洞으로 들이닥쳐 동굴 주변뿐만 아니라 동굴 안까지 샅샅이 조사했다. 어이없게도 구라모토 부영사는 그 동굴 안에서 발견되었다. 부대원 앞에 선 그의 첫마디는 이랬다.

"저는 중국인에게 죄를 지었습니다."

경비대원들은 흥분된 그의 마음을 겨우겨우 진정시킨 뒤, 그를 데리고 산을

---

33) 난징에 있는 쑨중산(孫中山)의 무덤
34) 명나라 태조 주원장(朱元璋) 부처(夫妻)의 합장묘
35) 중국인들이 즐겨먹는 간식거리의 일종

내려왔다. 하산하자마자, 경비대는 곧바로 그를 외교부로 압송했다.

외교부는 그를 심문하기에 앞서 장 부장 사무실에 녹음기 등의 기자재를 설치했다. 일단 부장실에서 식사를 먼저 하게 한 뒤, 곧장 심문에 들어갔다. 기밀유지를 위해 심문에는 외교부장, 정보사 사장과 차장 이렇게 셋 만이 입회했다. 따라서 심문내용은 밖으로 알려지지 않았다. 다만 사무실 밖으로 구라모토 부영사의 울음소리만이 간간히 들려왔을 뿐이다.

나중에 비공식적 경로를 통해 들은 바로는, 일본총영사관이 외교부 연회에 초대받은 것을 기화로 총영사 스마가 구라모토 부영사에게 일본천황을 위해 자살할 것을 명령했다고 한다. 그렇게 되면 이를 중국 측에 뒤집어 씌워 사관에 정박해 있는 군함의 해병대를 상륙시켜 난징을 점령할 계획이었다는 것이다. 물론, 이상은 비공식적인 전언에 따른 것이다.

외교부는 심문내용을 모두 녹음한 후, 오후 네 시경 일본총영사관에 전화를 걸었다.

"귀 영사관 부영사 구라모토를 찾았으니 데려가기를 바랍니다."

일본총영사 스마가 직접 외교부에 와서 구라모토 부영사를 데려갔다. 구라모토는 다음날 바로 본국으로 송환되었다.

이 사건에 대해서는 어떠한 발표도 외부에 공개되지 않았고, 구라모토 부영사의 이후 행적에 대해서도 전혀 알려진 바가 없다.

(원제 : 日本駐南京總領事館藏本副領事失蹤案)

06 군사훈련

1936년 장蔣 위원장은 동북의 빼앗긴 땅을 수복하고자 난징에서 대대적인 군사훈련을 실시했다. 여기에는 난징의 각 기관 및 단체는 물론이고 일반 백성들까지 동원되었다. 외교부 직원들도 예외는 아니었다. 공교롭게도 내가 그 책임을 맡게 되었다. 나는 매일 외교부 직원들을 데리고 훈련장으로 가서 군사훈련을 받도록 했다. 우리 외교부에서 훈련에 참가한 수는 총 50명이었고 훈련교관은 파여우슝發由熊이라는 사람이었다. 우리는 매일 오전에 그곳에서 세 시간씩 훈련을 받고 오후에는 외교부로 돌아와 사격훈련을 받았다. 훈련의 마지막 일정은 훈련에 참여한 전 인원을 대상으로 한 군부대견학이었다. 심지어 부녀자들까지 방공훈련을 받아야 했다. 총 두 달에 걸친 이번 군사훈련은 장 위원장의 입회하에 진행된 사열식을 끝으로 모든 일정을 소화했다.

(원제 : 軍事訓練)

07 시안西安사건

　1936년 12월 장제스蔣介石 국민정부군사위원회 위원장은 비행기로 시안西安에 가서 그곳의 군사시설을 시찰했다. 그런데 예상치 못한 일이 발생했다. 양후청楊虎城, 장쉐량 두 사람이 전 중국의 인민을 배신하고 장 위원장을 시안에 억류하는 사건이 일어난 것이다.

　이 소식은 삽시간에 중국 전역에 퍼지게 되었고, 위 두 사람에 대한 중국인들의 분노로 전국이 들끓었다. 난징에서도 양楊·장張 두 사람의 반역행위에 대한 응징과 토벌을 요구하는 가두시위가 대대적으로 일어났다. 시위에 참가한 사람들은 하나같이 노기충천해 있었다. 동시에 국군의 전 부대가 이곳 샤관으로 속속 집결하기 시작했다. 결국, 이 사건은 장 위원장의 부인 송메이링宋美齡, 외국인고문 도날드(William Henry Donald), 송즈원宋子文[36] 이렇게 세 사람이 시안에 가서 장 위원장을 난징으로 모시고 오는 것으로 끝이 났다.

---

36) 송메이링의 오빠이자, 장제스의 손위처남

여기에는 장쉐량도 동행했다.

장 위원장 일행이 난징에 도착하자, 시민들은 일제히 거리로 몰려나와 '장 위원장 만세'를 불렀다. 만세소리도 끊이지 않았고, 환호하는 시민들이 터뜨리는 폭죽소리도 그칠 줄 몰랐다. 장 위원장에 대한 난징시민들의 존경과 사랑이 얼마나 대단했는지를 알 수 있는 장면이다.

난 난징 외교부에서 5년 넘게 일하는 동안, 크고 작은 일들을 많이 겪었다. 앞서 언급한 큰 사건들 외에도 하나의 사건이 더 있다.

당시는 왕징웨이가 행정원장과 외교부장을 겸하고 있던 시절이었다. 왕징웨이는 외교부 주변의 낡은 전통가옥들을 강제로 허물고 그 자리에 새로운 외교부 건물을 신축했다. 이른바 수도 한 가운데 위치하게 되는 현대적인 신식 빌딩인 셈이다. 그리고 빌딩 앞 광장 맞은편에는 외교부장 공관을 새롭게 마련했다. 그런데 유감스럽게도 건물 낙성식 후, 광장에 깃대를 세우는 과정에서 사고가 발생했다. 원래 깃대는 빌딩 앞 광장의 동쪽과 서쪽에 나란히 세워질 예정이었다. 하지만 동쪽 깃대가 다 세워지고 서쪽 깃대가 80도 정도 올라갔을 때, 갑자기 깃대가 무너지며 그만 세 동강이 나고 말았던 것이다. 당시 이 광경을 바라보던 사람들은 하나같이 두려움과 놀람에 어쩔 줄 몰라 했다. 조사결과, 깃대의 쇠고리가 무너져 내리는 바람에 그랬다는 것이다. 깃대는 이튿날 다시 상하이上海에서 가져와 무사히 세워졌다. 하지만 사람들 중에 상당수는 이것이 뭔가 불길한 전조를 상징하는 것이 아닐까 의심했다. 심지어 내 동료 중의 한 명인 뤼샤오저우는 이런 말까지 했다.

"이건 필시 우리 외교부 요인 중에 누군가가 흉한 일을 당하거나 죽게 될 거란 징조야."

난 그 말을 듣고 너무 어이가 없어 이렇게 쏘아댔다.

"그건 다 미신일 뿐이야."

"그래 자넨 믿지 못하겠다는 거야?"

그도 지지 않고 대들었다.

"난 그 따위 미신, 절대 안 믿어."

그러나 그 일이 있고 한 달쯤 후, 외교부 상무차장常務次長 탕여우런唐有壬이 상하이에 있는 자신의 집으로 돌아가는 길에 총에 맞아 사망하는 일이 발생했다. 뤼샤오저우가 말했다.

"라오왕老王, 깃대가 채 세워지기 전에 땅에 떨어져 세 동강이 났을 때 내가 외교부 요인 중에 죽는 사람이 반드시 생길 거라고 그랬잖아. 자네는 안 믿었지만. 그런데 봐. 오늘 탕唐 차장이 암살되었잖아? 이래도 못 믿겠어?"

"그러게 말이야. 정말 자네 말대로 되었네."

난 그저 쓴웃음만 짓고 말았다.

(원제 : 西安事件)

2

조선영사관 시절

08 조선한성총영사관 부임

1937년 3월 초, 제4대 외교부장으로 취임한 왕총훼이王寵惠는 나를 주한성중국총영사관駐漢城中國總領事館[1]으로 발령을 냈다. 나의 조선에서의 삶은 이렇게 시작되었다.

당시 한성총영사관의 총영사는 판한성范漢生이었고 영사는 린만셔우林曼壽, 부영사는 수위췬蘇馭群이었다. 그리고 주사主事로는 나를 포함해 예쥔카이葉俊愷, 예용칭葉永青, 왕젠궁王建功, 위안위탕袁毓棠, 천좡陳莊, 장원덩張文登, 장원잉張文英 등 총 여덟 명이었다.

당시 한성총영사관은 조선의 수도 한복판 금싸라기 땅에 자리하고 있었다. 물론 소유권은 중국정부에 있었다. 이외에도 조선 각 지방에 다섯 개의 영사관이 더 있었다. 지역 영사관에 대해 간단한 소개를 붙이자면 이렇다. 인천영사관은 영사가 청광쉰曾廣助이고 토지와 건물은 정부소유였다. 부산영사관은

---

1) 주경성중국총영사관(駐京城中國總領事館)을 말한다.

영사가 천주칸陳祖侃이고 토지와 건물은 정부소유였다. 진남포영사관은 영사가 장이신張儀信이고 토지와 건물은 정부소유였다. 원산영사관은 영사가 마용파馬永發이고 토지와 건물은 정부소유였다. 그리고 마지막으로 신의주영사관은 영사가 천××(陳××)이고 토지는 임대한 것이었다.

내가 한성총영사관에 부임한 것은 1937년 3월이었다. 그런데 공교롭게도 그 해 7월 7일, 일본이 중일전면전의 서막을 알리는 루거우차오사건蘆溝橋事件을 일으켰다. 이른바 중일전쟁이 발발하게 된 것이다.

당시 일본은 6개월이면 중국 전역을 일본군 휘하에 둘 수 있다고 장담했다. 다시 말해, 중국 전체를 차지할 수 있다는 것이었다.

그러나 결과는 어떠했는가? 중국 전체 인민은 장제스 위원장의 영도 하에, 8년에 걸친 기나긴 항전을 승리로 이끌었고, 일본은 결국 전 세계에 무조건항복을 선언하는 것으로 끝이 났다.

(원제 : 政府派我到(朝鮮)中國駐朝鮮漢城總領事館工作)

09 7·7사변

일본제국주의의 다년간에 걸친 중국침략 계획은 1937년 7월 7일 현실화되었다. 루거우차오사건에서의 총격도발이 전면적인 항일전쟁으로 폭발한 것이다.

중일전쟁이 발발하자, 당시 일본의 모든 언론은 다음과 같이 보도했다. '일본군이 전 중국의 영토를 점령하는 데에는 단 6개월의 시간이면 충분하다.' 그러나 중국의 국민은 장 위원장의 영도 하에 끝까지 항전했고 그 결과 최종의 승리는 중국인민의 것이었다. "최후의 승리는 중국인민의 것이다."라는 장 위원장의 말이 결국 실현된 것이다. 전 중국 인민의 희생을 무릅쓴 항전은 결국 일본제국주의를 물리쳤고, 일본제국주의의 다년간에 걸친 침략의 단꿈은 중국에 대한 무조건 항복으로 끝이 났다.

7·7사변 속에서 조선 각지의 중국영사관은 완전히 일본 헌병경찰憲警의 포위와 감시 하에 놓이게 되었다. 사복차림의 헌병경찰들은 주야를 가리지 않고 총영사관 주위를 떠나지 않았다. 관원들이 출입할 때는 항시 한두 명의 사복형사들이 미행을 했다. 영사관을 다녀간 교민들 중에는 암암리에 체포되

어 구금되기도 했고 심지어 개중에는 모진 고문 끝에 죽은 이들도 있었다. 이런 경우는 지방이라고 예외는 아니었다. 이 때문에 교민들은 감히 영사관을 출입하지 못했다. 그야말로 영사관은 염불하지 못하는 중의 신세나 다름없었다.

지난날 일본이 동북을 점령하게 되자, 조선인들은 살 길을 찾아 옌지延吉로 모여들기 시작했다. 조선 각지에서 모여든 조선인들의 상당수는 그곳에 새로운 거처를 정하고 정착했다. 이때부터 조선인이 중국인의 토지를 무단으로 차지했다는 소문도 도처에서 심심치 않게 들을 수 있었다. 급기야 새로이 정착한 조선인들이 논에 물을 대기 위해 중국농민의 전답 내에 무리하게 물길을 내다가 충돌이 일어났고, 그 바람에 쌍방 간에 사상자가 발생하는 일이 벌어지고 말았다. 일본제국주의는 각 신문지상을 통해, 중국인이 조선인을 무참히 살해했다는 허무맹랑한 기사를 대대적으로 보도했다. 이에 격분한 조선인들은 인천을 시작으로 중국화교가 경영하는 각 점포와 상점에 쳐들어가 살인과 약탈 등의 폭력행위를 자행하기 시작했다. 당시 살인과 약탈, 방화 등으로 인해 죽임을 당한 화교의 수가 천 명을 넘었다. 이러한 참살행위는 조선 각지로 퍼져나갔다. 이번 학살사건에서 살해당한 교민이 가장 많았던 곳은 평양이었다.[2]

그런데 지금은 그때와 비교해 상황이 훨씬 심각했다. 오늘의 전쟁은 국지전이 아니라 일본과 중국의 전면전인 것이다. 조선에 거주하는 15만여 명의 우리 교민 중에는 생명의 위협을 느껴 국내로 돌아가려는 자들이 증가하기 시작했다. 개중에는 아예 가산은 돌보지 않고 맨몸으로 귀국을 서두르는 이들도 있었고, 조선인 지인에게 자신의 재산을 대신 관리하도록 위탁하고 떠날 준비를 하는 이들도 있었다.

난리를 피해 귀국하려는 교민들은 전부 인천항에 집결했다. 그들의 대부분

---

2) 이상은 1931년 7월에 발생한 이른바 '완바오산사건(萬寶山事件)'을 일컫는다.

은 인천항을 경유해 웨이하이웨이威海衛3)나 옌타이煙台 등으로 가고자 하는 이들이었다. 그러나 일본이 인천항을 전면 봉쇄하는 바람에 그마저도 여의치 않았다. 아니, 아예 불가능해졌다고 볼 수 있다. 그 바람에 조선 각지에서 인천항으로 모여든 교민 약 7천명이 배를 구하지 못해 귀국하지 못하는 사태가 발생했다.

당시 총영사관에서 교민업무를 담당하고 있던 나는 린만서우 영사에게 이렇게 건의했다.

"지난 날, 완바오산사건萬寶山事件으로 얼마나 많은 교민들이 죽임을 당했습니까? 그런데 지금은 상황이 그때보다도 훨씬 엄중합니다. 일본이 우리나라와 전면전을 벌이는 형국 아닙니까? 교민들도 상당히 불안에 떨고 있습니다. 심지어 도망치듯 귀국해버리는 교민들이 속출하고 있는 상황입니다. 영사님, 지금이야말로 우리 총영사관에서 각지에 관원을 파견해 교민들을 위무하고 진정시켜야 할 때라고 생각됩니다. 그렇게 함으로써 그동안 교민들이 영사관에 대해 갖고 있던 갖은 오해들도 불식시킬 수 있으리라 봅니다. 교민들이 영사관에 와서 제일 많이 듣는 말이 뭔지 아십니까? 이런 말이랍니다. '심각한 사안은 영사가 처리할 수 없고, 사소한 일은 교민 스스로 처리하는 게 영사관이 나서 처리하는 것보다 낫다.' 이게 말이나 되는 소리입니까? 차제에 이런 관행을 완전히 혁파해야 합니다. 지금은 시대가 바뀌었습니다. 일제가 우리나라를 침략하는 상황 속에서 교민들이 느끼는 불안과 공포는 필연적인 현상입니다. 그러니 우선적으로 교민들을 진정시키는 게 우리 영사관의 역할 아니겠습니까?"

린만서우 영사는 한참을 듣더니만 내 말에 수긍했다.

"그래, 맞아. 자네 의견에 일리가 있네. 내가 판한성 총영사님과 진지하게 상의해보겠네."

---

3) 지금의 웨이하이(威海)를 말한다.

얼마 후, 린林 영사가 판范 총영사에게 이 건에 대해 보고했다. 그런데 뜻밖에도 총영사 방에서 두 사람이 싸우는 소리가 밖에까지 크게 들려왔다. 상황이 예기치 않은 방향으로 흘러가는 것이 분명했다. 우리 같은 아랫사람들이 윗사람들끼리의 다툼에 끼어들 수도 없는 일이고 해서 그저 손 놓고 지켜보는 수밖에는 다른 도리가 없었다. 더욱이 처음 제안을 한 나로서는 좌불안석이 따로 없었다.

이번 일로 두 사람이 크게 싸우고 난 후 꼭 일주일 만에 외교부로부터 린 영사의 소환을 명하는 전문이 날아들었다. 우리 영사관 직원들은 판 총영사가 외교부에 린 영사에 대한 보고서를 올렸다는 사실을 이미 알고 있었다. 보고서 내용은 '린만서우 영사와 조선총독 미나미 지로南次郞의 비서 오다小田가 은밀히 내통하고 있다.'는 것이었다. 한마디로, 린 영사가 일본의 스파이라는 것이다. 여하튼 외교부는 곧바로 린만서우 영사를 본국으로 소환했다.

나중에 전보원電報員으로부터 판 총영사가 자신의 휴대용 비밀전보코드로 외교부에 전보를 보냈다는 말을 듣고 우리 영사관 전체 직원들은 크게 분노했다. 그렇지만 감히 입 밖으로 분노를 표출하지는 못했다.

사실, 적어도 나만큼은 린만서우 영사가 미나미 총독의 비서인 오다와 내통해 간첩활동을 벌였다는 것이 사실무근임을 확실히 알고 있었다. 린 영사가 교민업무 차 오다와 상의하러 조선총독부에 갈 때면 항시 내가 그를 수행했다. 다만 오다와 린 영사가 공교롭게도 똑같은 취미를 가지고 있었다는 게 문제라면 문제였을 것이다. 둘은 모두 새 키우는 것을 취미로 하고 있었다. 때문에 오다가 총영사관에 들를 때면, 둘은 항시 새 키우는 것에 대해 이야기했고 서로의 경험을 나누기도 했다. 그뿐이었다. 간첩행위라니! 그건 정말 말도 안 되는 일이다.

이번 일은 중국 관료사회가 얼마나 썩어 있는지를 새삼 깨닫게 되는 하나의 계기가 되었다. 국내든 해외영사관이든 기관의 수장이 가지고 있는 권력은 그야말로 무소불위였다. 중국정부 전체가 온갖 연고와 파벌 관계로 얽혀져 있어 중앙에 인맥이 없으면 벼슬자리 하나 얻기가 무지 힘들었다. 연고와 파벌, 이것이야말로 중국정부가 부패하게 된 최대의 원인이 아닐까? 이처럼 파벌이나 연고 관계로 얽혀 있는 관리들끼리 서로 비호하거나 눈감아주는 일이 비일비재하다보니 중국이 강해질리 만무하다.

따지고 보면, 이건 작금의 일만은 아니다. 중국은 예로부터 이런 일들이 허다하게 벌어져왔다. 그러니 어찌 강성한 국가를 만들 수 있었겠는가? 이제 정말 정치적으로나 경제적으로 일대 혁신이 필요한 시점이 되었다고 생각한다. 물론, 이건 내 개인적인 생각일 뿐이다. 국내문제에 대해서는 가타부타 얘기하지 않겠다. 해외외교관의 경우만 보더라도 정말로 조직의 기강과 규율을 강화할 필요가 있었다. 무엇보다 해외영사관에 파견된 수장이 개인적 연고가 있는 사람이나 친척 혹은 지인들을 사적으로 동행한 채 부임하는 일은 앞으로 절대 있어서는 안 된다. 외교부 내에서 정당하게 선발된 직원들이 파견되는 것이 맞다. 특히, 회계담당자만이라도 회계부서에서 직접 파견해야 한다. 그리고 책임자인 수장은 감독권만 갖고 지배권은 행사하지 말아야 한다. 그런데 작금의 현실은 어떤가? 자칫 영사관 수장의 눈에 벗어나기라도 하면 그 즉시 상부에 전보 한통을 보내 인사 조치를 감행하고 있다. 이런 일은 다시는 없어야 한다. 중앙정부도 마찬가지이다. 영사관 수장의 말 한마디로 능력 있는 외교관을 바로 전보 조치하는 일은 없어야 한다. 이런 잘못된 관행은 필히 후환을 낳기 마련이다. 우선은 사실 정황을 면밀히 조사하고 그 결과를 바탕으로 신중하게 거취문제를 결정해야 할 것이다. 다시 말하지만, 영사관 수장이 부임하면서 사적으로 좋아하는 사람이나 개인적 연고가 있는 사람을 대동하는 일은 정말로 근절해야 할 악폐이다. 이는 내가 한성총영사관에 있으면서 실제로 겪었던 체험을 바탕으로 내린 결론이다.

근 10년에 걸친 조선에서의 외교관생활에서 내가 또 하나 깨달은 게 있다면, 그것은 바로 해당지역 기관원들과의 긴밀한 관계를 유지해야 한다는 점이다. 대부분의 관원들은 자신이 맡은 업무에만 신경을 쓰는 게 보통이다. 그러나 교민업무를 원만히 해결하기 위해서는 그 지역 정부 관리나 유지들과 활발한 교류를 갖는 게 무엇보다 필수적이고 중요하다. 예를 들면, 이런 경우이다.

하루는 인천영사 청광쉰으로부터 전화가 걸려왔다.

"지금 귀국을 서두르는 교민들이 조선 각지에서 인천으로 집결하고 있습니다. 현재 그 수가 거의 7천 명에 이릅니다. 그런데 정작 이 사람들이 귀국할 수 있는 배가 없어요. 일본이 인천항을 비롯해 육해공의 모든 교통을 봉쇄한다고 선포했기 때문입니다. 그동안 옌타이나 웨이하이로 교민을 실어 나르던 리통하오利通號4)도 인천항에 정박한 채 꿈쩍도 못하고 있는 상황입니다. 사실상 억류되어 있다고 보시면 됩니다. 그러니 인천항에 발이 묶인 채 이러지도 저러지도 못한 채 발만 동동 구르고 있는 이 7천여 명의 교민을 어떻게 하면 좋겠습니까? 이 사람들, 정말 고생이 말이 아닙니다. 제 생각엔, 하루라도 빨리 판 총영사가 조선총독부에 가서서 뭔가 해결책을 강구해주셔야 할 것 같습니다."

난 전화를 끊고 총영사에게 달려가 인천의 상황을 보고했다. 사태의 심각성을 느낀 판한성 총영사는 나를 대동하고 총독부 외사과外事課에 가서 이 문제에 대한 교섭을 진행했다. 그러나 소득은 없었다. 그렇다고 예서 말 수는 없었다. 총영사는 그날로 바로 기차를 타고 인천으로 내려갔다. 물론, 내가 그를 수행했다. 인천에 도착하자마자, 우리는 인천부仁川府로 가서 부윤府尹을 예방하고 리통하오 억류의 건과 7천여 명의 교민 거류문제를 논의했다. 장시간 논의 결과, 인천부윤은 이렇게 결론을 내렸다.

"일단 배가 항구를 출발할 수 있도록 해주겠소. 그러나 현재 군부軍部가 육해공 봉쇄령을 내린 상황이라 원칙적으로 선박항행이 불가능하다는 것은 다들 알거요. 그러니 배를 운행하되, 선장과 1등 항해사는 일본인이 맡는 게

---

4) 조선의 화상(商華)들이 공동출자해 만든 리통윤선유한공사(利通船輪有限公司)가 경영하던 선박으로 주로 인천에서 웨이하이, 옌타이, 다롄 등지를 운항했다. 중일전쟁 시기에는 인천화상 푸샤오위(傅紹禹)가 선주였다.

좋을 것 같소."

"화교들의 배인데 왜 일본사람이 선장과 1등 항해사를 맡아야 하는 겁니까?"

우리는 바로 반박을 했다.

"그건 우리 일본이 그렇게 규정한 거요. 규정에 의하면, 그것이 설사 중국인 배라 하더라도 다롄, 옌타이, 웨이하이 그리고 조선의 인천 이렇게 네 곳을 항행하고자 하는 모든 화물선 및 여객선은 반드시 일본인이 선장과 항해사를 맡도록 되어 있소. 그래야 배가 항구를 빠져나갈 수 있는 거요."

우리는 이해가 되지 않았지만 수긍할 수밖에 없었다.

그런데 항구에 나가보니, 정작 배를 운행하기로 한 일본인 선장과 1등 항해사가 운행을 거부하고 나섰다.

"어떤 배도 바다로 나갈 수 없소. 우리는 절대 이 배를 운행하지 않을 거요."

그리고는 배에서 내려버리는 것이었다.

우리는 다시 부윤을 찾아가 그 일본인 선장과 항해사를 설득해줄 것을 부탁했다. 그러나 그들은 부윤 앞에서도 한사코 운행을 할 수 없다는 말만 반복했다. 육해공이 완전 봉쇄되어 배를 항행할 수 없다는 것이었다. 우린 마지막으로 부윤에게 간청했다.

"그럼, 우리 중국인이 직접 운행할 수 있게 해주십시오. 부탁입니다. 7천이 넘는 우리 교민의 생사가 걸린 문제입니다."

그러나 부윤은 난색을 표했다.

"이건 내가 함부로 결정할 수 있는 문제가 아니오. 안타깝지만 우리로서는 더 이상 방법이 없소. 당신들이 알아서 배를 띄우든 어떻게 하든 하시오."

결국 우리는 아무런 소득 없이 인천부에서 물러나와 인천영사관으로 돌아와야 했다. 영사관으로 돌아온 우리는 화교들과 회의를 거친 끝에, 직접 배를 띄우기로 결정했다. 우선, 리통하오에 사람을 보내 2등 항해사와 전보원을 영사관으로 오도록 했다. 그들과 출항문제를 상의할 생각이었다. 조금 지나 두 사람이 영사관으로 왔다. 그런데 그 중에 전보원이 내 고향 소학교 동창인 양원푸楊文福였다. 여기서 고향친구를 만날 줄은 꿈에도 생각지 못했다. 우리는 잠시 반갑게 인사를 나누고 지난 일을 얘기했다. 그리고는 바로 본론에 들어갔다.

판 총영사가 그들 두 사람에게 물었다.

"일본인 선장과 1등 항해사가 없어도 출항할 수 있겠나?"

"항무국港務局에서 배를 항구 밖까지만 인도해주면 웨이하이까지 가는 데에는 문제가 없을 것 같습니다."

그 말에 힘을 얻은 우리는 곧바로 항무국에 가서 자세한 정황을 설명했다. 다행히 항무국은 우리의 요구를 받아주었다. 그렇게 해서 우리는 7천 명이 넘는 교민들을 리퉁하오에 태울 수 있었다. 난 출항에 앞서 양원푸에게 당부 하나를 했다.

"배가 웨이하이에 도착하면 '일(一)'자 하나만 적어서 전보로 보내주게. 그러면 우린 자네들이 안전하게 웨이하이에 도착했다고 알겠네."

우리는 리퉁하오가 출항하는 것을 직접 눈으로 보고 인천영사관으로 돌아왔다. 돌아와서는 바로 조선 각지의 화교단체에게 다음과 같은 내용의 서한을 발송했다.

귀국을 원하는 교민들에게 알린다. 앞으로는 인천에서 배를 탈 수가 없다. 따라서 귀국하고자 한다면 신의주를 경유해 압록강을 건너 다롄에 갔다가 거기서 다시 옌타이로 가는 수밖에 없다.

이렇게 일을 마무리하고, 판 총영사와 나는 다시 한성총영사관으로 돌아왔다. 너무 무리한 탓인지 판 총영사는 한성으로 돌아오자마자 몸져누웠다.

나중에 비공식적인 경로를 통해, 다롄에서 옌타이로 가는 배도 안전하지 않다는 소식을 들었다. 여객선 한 척이 미군 어뢰에 격침되었다고 하는데, 그 배 안에 우리 교민이 탑승했는지는 확인할 길이 없었다.

조선 각 지역에 있는 영사관은 일본 헌병경찰의 포위와 감시를 받고 있었다. 심지어 영사관 내의 전파도 교란을 받아 전보코드도 제대로 파악되지 않았다. 그래서 외교부에 전보를 보내는 것도 또 답신을 받는 것도 불가능했다.

더군다나 중앙정부가 충칭重慶으로 옮겨간 뒤로는 총영사관의 업무도 사실상 마비되었다. 전보국에서 충칭에 보내는 전보도 불통되어 거부되기 일쑤였다. 이제는 총영사관의 운영경비와 관원들의 봉급까지 제대로 줄 수 없는 형편이 되고 말았다. 돈이 없었던 것이다. 총영사 판한성은 관원 전체가 모인 자리에서 솔직하게 사정얘기를 했다.

"정부에서 돈을 보내오지 않고 있다. 따라서 총영사관 운영비는 물론이고 제군들의 봉급도 몇 달째 밀리고 있다. 이런 사태는 당분간 계속될 것 같다. 봉급도 제대로 줄 수 없는 내 고충을 제군들이 충분히 이해해주었으면 좋겠다."

얼마 후, 판 총영사는 주일중국대사 쉬스잉許世英에게 연락해 조선의 영사관 철수와 영사관원의 귀국에 관한 사안을 충칭 외교부에 전달해줄 것을 요청했다. 그러나 일본으로부터는 아무런 회신이 없었다. 하는 수 없이 판 총영사는 우리에게 이렇게 고백했다.

"제군들의 생계는 제군들 스스로 방법을 마련해야 할 것 같다. 정 없으면 교민들에게 생활비라도 빌려보는 수밖에 없지 않을까 생각한다."

이제 총영사관은 아무런 역할도 할 수 없었다. 염불도 외지 않고 타종도 하지 않는 망해가는 절 신세가 따로 없었다. 국내 사정도 여기와 다를 바 없었다. 중국 전 지역 중에 삼분의 이는 이미 일본군과 팔로군八路軍5)의 손에 점령되었다. 그러니 고향에 돌아간다는 건 적지로 들어가는 거나 진배없었다. 그렇다고 멋대로 직무를 이탈할 수도 없었다. 혹여 나중에 일본이 물러가기라도 하면 그땐 여지없이 반역죄로 몰릴 게 뻔했기 때문이다. 그야말로 오도 가도 못하는 신세가 되어버린 것이다. 이렇듯 사방이 적들에 포위된 진퇴양난 속에서 우리가 할 수 있는 거라곤 항전에서 승리하기를 바라는 수밖에 다른

---

5) 중국공산당의 항일부대로 중국인민해방군의 전신이다.

도리가 없었다.

지금 당장은 가족의 생계를 위해 생활비를 구하는 것이 급선무였다. 나는 교민회장인 딩웬간丁元幹에게 조선 돈 2만원을 빌려 당장의 급한 불은 껐다. 그런데 난 이 빚을 영영 갚지 못했다. 내가 타이완으로 건너왔을 때, 딩웬간 회장은 이미 작고한 상태였다. 설사 생존해 있었다 하더라도 나는 갚을 수 없었을 것이다. 그때 난 사실상 빈털터리였다. 이제 그건 모두 마음의 빚으로 남았다. 딩丁 회장껜 정말 송구한 마음뿐이다.

(원제 : 七七事變後的變化)

10 영사관 최대의 위기

정부가 충칭으로 천도하고 얼마 후부터, 총영사관에 대한 일제의 감시와 간섭은 훨씬 더 주도면밀해졌다. 낮에는 대놓고 영사관 업무에 사사건건 간섭하기 시작했고, 밤에 이루어지는 내밀한 감시는 마치 어둠 속에서 서서히 포위망을 좁혀오듯 숨이 턱턱 막힐 지경이었다. 난 시국이 뭔가 잘못된 방향으로 흐르고 있음을 직감했다.

난 은밀히 경비실 장원잉張文英에게 당부했다.

"자넨 국기가 떨어지지 않게 깃대에 단단히 매달아 두게. 청천백일만지홍기青天白日滿地紅旗[6]가 조선 땅에서 밤낮으로 펄럭일 수 있도록."

당시는 베이징임시괴뢰정부[7]가 성립된 지 얼마 안 되었을 때였다. 린만셔우 영사가 외교부로 소환되어 가는 바람에 현재 총영사관에서는 판한성을

---

6) 중화민국의 국기
7) 1937년부터 1940년까지 중일전쟁 기간 중에 탄생한 일본제국의 괴뢰정권. 정식명칭은 중화민국임시정부이다.

제외하면 그 다음으로 높은 관원은 부영사인 수위췬蘇馭群이었다. 나머지는 나를 포함한 주사와 고용직들이었다.

하루는 새벽에 일어나 운동장에서 운동을 하고 있는데 신문이 배달되어왔다. 조선일보였다. 이리저리 신문을 뒤적이며 한참을 읽어 내려가던 난 기사 한 대목에서 숨이 콱 막혀왔다. 거기에는 '중화민국 조선총영사 판한성, 베이징임시정부 참여'라고 큰 글씨로 쓰여 있었다. 순간 너무도 놀라 혹시 내가 잘못 읽은 건 아닐까 의심이 들 정도였다. 난 곧바로 부영사인 수위췬의 관사로 달려가 문밖에서 그를 불렀다. 잠시 후, 그가 밖으로 나왔다.

"라오왕老王, 이른 아침부터 무슨 일인가?"

"좋지 않은 소식입니다."

그러면서 난 가져온 신문을 그에게 내밀었다.

"이 신문을 좀 보십시오. 총영사님이 베이징임시괴뢰정부에 참여한다는 기사가 실렸어요. 이게 어떻게 된 거죠?"

부영사 수위췬은 판한성이 부임할 때, 데려온 사람이기 때문에 그와 비교적 가까운 사이였다. 그럼에도 불구하고 그에게도 이 기사는 가히 충격적이었던 모양이다.

"이건 도저히 있을 수 없는 일이야. 라오왕, 자넨 어서 가서 전체 관원들에게 모두 내 집으로 오라고 연락하게."

난 즉시 집집마다 돌아다니며 관원들을 소집했다. 부영사 집에 모인 관원들은 예줜카이, 예용칭, 왕젠궁, 위안위탕, 천챵, 장원덩 등이었다. 부영사는 그들에게 총영사 판한성이 베이징괴뢰조직에 참여한다는 기사가 실렸음을 알렸다. 다들 도저히 믿기지 않았던지 신문기사를 다시 들여다보았다. 개중에 누군가 대뜸 부영사에게 물었다.

"부영사님, 부영사님은 어떻게 하실 작정이세요?"

부영사의 대답을 듣기도 전에 내가 먼저 선수를 치듯 끼어들었다.

"우린 괴뢰조직을 반대합니다. 부영사님은 찬성입니까, 반대입니까?"

"나도 괴뢰조직에 참여하는 건 반대네."

부영사가 대답했다.

거의 동시에 모두가 이구동성으로 말했다.

"저희들도 반대입니다."

결국 우리는 모두의 동의를 거쳐 총영사 판한성에게 정말로 조선일보기자에게 베이징임시괴뢰정부에 참여하겠노라고 말했는지 따져 묻기로 했다. 부영사 수위췬을 선두로 우리는 총영사 관사로 몰려갔다. 그는 아직 일어나지 않은 상태라 우리는 어쩔 수 없이 침실 밖에서 잠시 기다려야 했다. 이윽고 안으로 들어오라는 소리가 들렸다. 침실로 들어가자마자, 부영사가 판 총영사에게 신문을 내밀며 물었다.

"이게 대체 어떻게 된 일입니까? 총영사님."

"신경 쓰지 말게."

총영사는 의외로 차분했다. 총영사의 대답에 실망한 부영사가 울분에 겨워 다시 따지듯 말했다.

"총영사님, 이럴 수는 없습니다. 우리는 모두 중화민국에서 파견된 관리들입니다. 설령, 총영사님이 한간(漢奸[8])이 된다고 해도 우리까지 똑같이 한간이 될 수는 결코 없습니다."

이때 다시 내가 끼어들었다.

"혹시 조선일보 기자가 총영사님 말씀을 잘못 곡해하고 근거 없는 기사를 실은 건 아닙니까? 만일 그렇다고 한다면 제가 바로 각 신문사에 전화해 오보라고 말하겠습니다. 아니, 아예 기자들을 영사관으로 불러 반박자료를 발표하겠습니다."

"그럴 필요 없어."

판 총영사는 여전히 태연했다.

---

8) 매국노라는 뜻이다.

부영사가 다시 대들 듯 말했다.

"총영사님, 총영사님이 우리 모두를 한간으로 만들 수는 없습니다. 아니, 우린 총영사님이 괴뢰조직에 참여하는 것 자체를 반대합니다. 저희 의견에 동의하지 않으신다면 지금 즉시 총영사관을 나가주십시오."

이어서 내가 총영사에게 말했다.

"나가시기 전에 먼저 총영사님이 가지고 계시는 휴대용 비밀전보 책자를 반납해주십시오. 그게 적들의 수중에 들어가면 우리 전체가 곤란해집니다. 제가 찢어서 태워버리겠습니다."

그러자 마침 전보를 관리하는 예용칭 주사가 거들고 나섰다.

"라오왕 말이 맞아요. 이참에 아예 제가 가지고 있는 공공기관 비밀전보 책자도 같이 태워버려야 할 것 같아요."

그러더니 예용칭은 부리나케 아래층에 내려가 비밀전보 책자를 가지고 다시 올라왔다. 총영사도 어쩔 수 없었던지 자신의 첩에게 휴대용 비밀전보 책자를 가져오라고 시켰다. 예용칭이 전체 관원들 앞에서 비밀전보 책자 두 권을 가위로 잘게 잘라 석탄난로 안에 던져 넣었다.

이번엔 천쫭이 총영사에게 물었다.

"총영사님, 총영사님이 베이징임시정부에 참여하신다면 우리는 고국으로 돌아가겠습니다. 적어도 우리가 귀국하는데 도움을 주실 수는 있으시겠지요? 그렇게 해주시겠습니까?"

그러나 판 총영사는 선뜻 그러겠다고 대답하지 못했다.

"일단 내가 총독부에 가서 상의해 보겠네. 그 뒤에 다시 말하세."

"그래요. 일단 총영사님이 총독부에 다녀오시면 그때 다시 논의하기로 합시다."

수燧 부영사가 말했다. 하지만 모두들 판한성이 과연 총독부에 가서 적극적으로 교섭에 나서줄 지에 대해서는 의구심을 품고 있었다.

우리는 일단 아래층에서 대기하며 판한성이 총독부에서 돌아오기만을 기다렸다. 오전 10시에 총독부에 간 그는 오후 4시가 다 되어서야 돌아왔다. 그러나 그가 회의를 소집하기만을 이제나 저제나 기다렸지만 그로부터는 아무런 연락이 없었다. 다만 고용직인 위안위탕과 장원덩만이 이층 총영사 방으로 불려갔다.

초저녁 즈음, 장원덩이 은밀히 내 집으로 찾아왔다.

"오늘밤 총영사님이 베이징으로 떠날 겁니다. 그런데 저희 두 사람한데 같이 가자고 했습니다. 위안위탕은 서기로, 저는 보좌역으로 데려가겠답니다."

"그래? 몇 시에 출발하는데?"

"7시 기차입니다."

'그런데 그는 왜 내게 와서 이 사실을 알려주는 것일까? 내가 같은 고향사람이기 때문일까?'

난 즉시 부영사에게 가서 상세한 정황을 설명했다.

"이거 참! 나로선 정말 어떻게 해야 할지 도통 모르겠어. 우리도 귀국을 해야 할 텐데 상부에선 아무런 지시도 없고, … 주일대사관의 쉬스잉 대사는 우리에 대해선 전혀 관심도 없고 말이야. 그렇다고 외교부에서 어떤 지시나 명령이 있는 것도 아니고, 상부 지시가 없으니 함부로 떠날 수도 없는 일이고, … 어떻게 해야 할지 나도 정말 모르겠네."

정말로 난감한 표정을 짓던 부영사가 말을 이었다.

"게다가 내가 일본어 한 마디라도 할 줄 알면 총독부에 직접 찾아가 어떻게 얘기라도 한 번 해볼 텐데 그럴 수도 없고, … 라오왕, 자네도 알다시피 난 라오판老范⁹⁾이 데려온 사람이야. 하지만 나도 중국인인데 누가 한간이 되고 싶겠는가? 안 그래?"

"라오판은 아마 지금쯤은 기차역에 도착했을 겁니다. 아니, 어쩌면 세 사람은 이미 베이징으로 떠났을지도 몰라요. 그리 되면 앞으로 총영사관의 모든

---

9) 판한성(范漢生)을 말한다.

업무는 부영사님이 전적으로 책임지셔야 할 겁니다."

"라오왕, 지금 자네가 나한테 명령하는 건가? 어쨌든 좋아, 좋다고! 근데 내가 일본어를 할 줄 알아야지? 그 놈의 일본어 한 마디 모르니까 매일 같이 형사들이 찾아와도 뭐라고 얘기를 할 수 있어야지. 정말 창피해 죽겠어! 자네가 생각하기에도 내가 얼마나 곤란하겠나?"

"그건 걱정하지 마세요. 앞으론 헌병경찰들이 찾아오면 제가 책임지고 통역을 해드릴게요. 부영사님은 정부에 여기의 어려움을 전달할 수 있는 방법만 강구해주세요. 관원들이 화교들한테 돈을 빌려 생활한다는 게 말이 되는 일입니까? 아무리 생각해도 이건 정말 좋은 방법이 아니에요."

"나도 돈이 거의 다 떨어졌어."

수 부영사가 말했다.

"제가 생각할 때, 판한성이 베이징에 가서 다시 돌아오지 않는 게 우리 영사관으로선 제일 좋습니다. 부영사님이 중화민국 주일대사관에 사람을 보내 이 두 가지에 대해 도움을 청하십시오. 우선, 여기 인원 전원이 고국으로 철수할 수 있도록 정부에 전보를 보내달라고 요구하십시오. 둘째로 만일 철수할 수 없다면 이곳에 별도로 총영사를 파견해 달라고 하십시오."

부영사는 그마저도 어떻게 해야 할지 잘 모르는 것 같았다. 그래서 난 그를 조금이라도 안심시켜야겠다는 생각을 했다.

"그럼, 이렇게 하시지요. 예斄 주사가 영어를 좀 할 줄 아니까 일단 그에게 영국영사관에 전화를 걸어 우리의 요구를 전달하도록 하시지요. 그게 어떨까요?"

부영사는 예쿼카이 주사에게 영국영사관에 전화를 해서 이런 상황을 설명하도록 했다. 그러나 영국영사관으로부터 돌아온 대답은 자신들도 어쩔 수 없다는 것이었다. 이왕 이렇게 된 이상 우리로서도 잠자코 가만있을 수만은 없었다. 우선, 조선총독부에 판한성을 더 이상 총영사로 인정할 수 없다는 우리의 의견을 분명히 전달할 필요가 있을 것 같았다. 그래서 내가 직접 총독부 외사과에 전화를 걸었다.

"판한성은 엄연히 중화민국에서 주한성총영사관 총영사로 파견한 자입니다. 그럼에도 불구하고 그가 베이징임시정부에 참여한다고 하니, 우리는 더이상 그를 본 관館의 총영사로 인정할 수 없습니다. 이는 우리 정부의 뜻이기도 합니다. 고로 오늘부로 그를 총영사직에서 파면함과 동시에 범죄자로 지명수배를 내리고자 합니다."

외사과의 대답은, 이 일은 너희들 일이니 우리는 간섭하지 않겠다는 것이었다. 하지만 이 말은 허울뿐이었다. 그날부터 총영사관에 대한 일본 헌병경찰들의 감시는 훨씬 강화되었다. 아니, 이제는 총영사관을 자신들의 놀이터쯤으로 생각하는지 아예 안에다 진을 칠 정도가 되었다.

'도대체 왜 이런 불행한 사태가 벌어지게 된 것일까?'

내 나름대로 원인에 대해 고민하고 분석해보았지만 명확한 결론을 내릴 수 없었다. 다만, 이런 정도까지는 생각이 들었다.

'혹시 총영사관이 반년 넘게 정부와 연락이 완전히 두절되어 기본적인 경비조차 조달할 수 없게 되자, 판한성이 괴뢰정부에라도 도움을 요청하기 위해 어쩔 수 없이 참여하게 된 것은 아닐까? 하지만 아무리 총영사관이 유명무실한 기관이 되어버렸다고 해서 자진해서 한간의 길을 걷는다는 게 말이 되는가?'

나중에 경비실 장원잉으로부터 이런 말을 들었다.

"언젠가 조선일보 기자 한 명이 경비실에 찾아와서 판 총영사를 뵙게 해달라고 했어요. 그래서 저는 아무 생각 없이 이층 총영사님 방에 그의 명함을 전달했어요. 잠시 후, 판 총영사님이 기자를 올려 보내라고 하더군요. 그래서 제가 그 기자를 데리고 총영사님 방으로 갔어요. 그런데 그 기자가 총영사님한테 대뜸 이렇게 묻더라고요. '총영사님도 참여하실 생각인가요?' 그러자 총영사님이 그 기자에게 그러더군요. '그러니까 기자 양반 얘기는 내가 베이징임시정부에 참여할 의향이 있는지를 묻는 거지요? 난 임시정부 지도자인 왕커민王克敏[10], 왕이탕王揖唐[11]과는 아주 막역한 사이입니다.' 기자가 재차 물었어요. '그럼, 총영사님께서는 참여하시겠다는 거지요?' 그랬더니 총영사님이 이렇게 말씀하셨어요. '글쎄요. 앞으로 시국이 어떻게 변하는지 상황을 좀 두고 봅시다.'"

아마도 이게 판한성이 괴뢰조직에 참여하게 된 계기를 보여주는 한 대목이 아닐까?

관원들 대부분은 이렇게 생각했다. 만일 란만셔우 영사가 외교부로 소환되지 않았다면 이런 일은 결코 발생하지 않았을 것이라고.

한간 판한성이 베이징으로 떠난 뒤로, 총영사관을 상시 출입하는 유일한 '단골 방문객'은 헌병대장 다나카田中를 필두로 한 헌병대 형사들이었다. 매번 그들이 올 때마다 그들을 접대해야 하는 것은 모두 내 몫이었다. 국제관례에 따르면 타국에 주재하는 영사관에 헌병경찰들이 함부로 들어오는 것은 결코 용납될 수 없는 일이었다. 그럼에도 그들은 판한성이 괴뢰조직에 참여한 뒤로는 무시로 영사관을 출입했다. 헌병대장은 올 때마다 부영사 수위촨을 찾았다. 부영사는 일본인 더욱이 헌병대 경찰들을 만나는 걸 너무도 버거워했다. 그래서 내가 헌병대장에게 부영사는 지금 와병 중이라 누구도 만날 수 없다고 거절한 적도 있었다. 하루는 부영사가 나에게 하소연하듯 말했다.

"라오왕, 저 놈의 헌병대 경찰들이 오면 도대체 내가 어떻게 해야 하는 건가? 난 정말 어떻게 대처해야 할지 통 모르겠어."

"부영사님, 매국노 라오판이 베이징으로 떠나버렸으니, 지금은 부영사님이 여기 총영사관의 최고 지도자십니다. 그러니 의연하게 대처하십시오. 지금 무엇보다 중요한 건 그게 아닙니다. 일단 관원들 전부를 충칭이나 그게 불가능하면 중화민국 주일대사관에라도 데리고 가시는 방안을 생각하는 겁니다.

10) 일찍이 돤치루이(段祺瑞) 정권에서 중국은행총재와 재정부장을 역임했다. 1937년 중일전쟁 후에는 중화민국임시정부 행정위원장을 지냈고, 왕징웨이 정권 시기에는 화북정무위원회(華北政務委員會) 위원장이 되었다.
11) 중일전쟁 기간에 이른바 '친일파'가 되었다. 전쟁이 끝나고는 국민당정부에 체포되어 민족반역죄로 총살당했다.

언제까지 화교들한테 빌붙어 생활할 수 있겠어요? 염치없는 일이기도 하고요."

"라오왕, 정부의 지시도 없는데 내가 어떻게 관원들을 데리고 귀국한다는 말인가? 아무 보고도 없이 함부로 여기를 떠난다는 건 한마디로 무단이탈이고 직무유기야."

"그럼, 일단 사람들을 모두 소집해 각자의 의견을 한번 들어보시는 게 좋지 않을까요?"

"그래, 그게 좋겠네. 자네가 사람들을 전부 불러오게."

잠시 후, 부영사 관사에는 예쿼카이, 예용칭, 왕젠궁, 천챵, 장원잉 등 총 일곱 명이 모였다. 먼저 수 부영사가 말을 꺼냈다.

"자네들도 모두 알다시피, 라오관은 괴뢰조직에 참가하러 베이징에 갔네. 자네들은 나한테 영사관을 철수해서 귀국하자고 하는데, 난 정부의 명령 없이 함부로 이곳을 떠날 수 없네. 도저히 그렇게 할 수 없을 것 같아. 게다가 지금 대륙의 삼분의 이가 일본군이나 팔로군 손에 떨어져 버려서 교통도 여의치 않잖아, 안 그런가? 그간 대사관에도 계속 연락해봤네. 근데 저 놈의 쉬스잉인가 뭔가 하는 대사 놈은 도통 연락이 없어. 가타부터 뭐라고 한마디는 해줘야 할 거 아냐? 그래야 우리도 어떻게 좀 해보지. 아무튼 이런 상황이니, 자네들도 의견을 좀 내보게. 그래서 오늘 보자고 한 거야."

먼저 학습원學習員인 천챵이 앞으로 나섰다.

"더 이상 '수주대토守株待兎'[12]하고 있을 일은 아닌 것 같습니다. 언제까지 이렇게 손 놓고 있을 수만은 없는 것 아닙니까? 저라도 직접 주일대사관으로 가서 쉬스잉 대사를 만나보겠습니다. 그래서 뭐라고 하는지 듣고 오겠습니다."

모두들 그게 좋겠다고 맞장구를 쳤다. 지금으로선 천챵이 일본으로 가는 게 유일한 길이요, 희망이라고 생각한 것이다. 천챵은 그날로 일본으로 떠났다. 그런데 그는 한번 가서는 통 연락이 없었다. 그야말로 함흥차사였다. 대사

---

12) 어떤 착각에 빠져 되지도 않을 일을 공연히 고집하는 어리석음을 비유하는 말이다.

에게 전화하려고 해도 불통이었고, 전보를 보내려 해도 우체국에서는 '불통'이라는 회신만 왔다. '혹시 천창이 도중에 무슨 사고라도 당한 게 아닐까?' 하는 생각도 해보았다. 우린 어쩔 수 없이 영국대사관에 다시 전화를 걸어 도움을 청해보았다. 하지만 대답은 역시 'no'였다. 총독부에도 전화를 걸었지만 돌아온 대답은 '이건 너희들 내부의 일이니 우리가 간섭할 수 없다.'는 것이었다. 우리가 강구할 수 있는 방법은 모두 시도해보았지만, 별 무소득이었다.

이제 남은 유일한 방법은 모두가 총영사관을 사수하는 길뿐이었다. 우선, 긴급한 상황이 발생하면 바로 화교학교 교사들과 공동으로 총영사관의 안전을 지키기로 결정했다. 학교에도 이에 대해 동의를 구했다. 그럼에도 만에 하나 비상사태가 발생할 경우에는 바로 종을 쳐서 부영사 집에 집결하기로 했다. 그리고 만일의 경우를 대비해 모일 때에는 각목이라도 하나씩 들고 올 것을 당부했다. 그리고 집결 후에는 모두 학교 교사인 황黃 선생의 지시에 따라 움직이기로 했다. 이상에 대해 합의하고 그날은 일단 모두 집으로 돌아갔다.

이제는 각 지방 영사관과의 연락도 제대로 되지 않았다. 따라서 지역상황을 파악하는 것도 거의 불가능했다. 그러던 차에 간신히 부산영사 천주칸과 연락이 닿을 수 있었다. 천주칸이 우리 쪽으로 전화연락을 해온 것이다.

"쉬스잉 대사한테서 연락이 오는데, 나더러 한성총영사관의 대리총영사로 가라는 거야. 그러니 일단 바로 서울로 올라가겠네."

그런데 얼마 후, 천陳 영사로부터 다시 전화가 왔다. 방금 기차역에 도착했는데, 헌병대가 가지 못하게 막고 있다는 것이었다. 그의 말로는 헌병대가 이렇게 말했다는 것이다.

"미나미 총독의 명령이다. 당신은 한성총영사관으로 갈 수 없다. 현재 그곳 관원들이 극도로 흥분상태여서 당신이 한성총영사관에 가면 생명이 위험할 수도 있다. 그러니 안전을 위해 부산영사관으로 돌아가라."

천 영사는 "여기서는 또…"라고 말하다가 갑자기 전화가 끊겼다. 더 이상 말이 없었다.

이제 총영사관의 상황은 극히 심각한 방향으로 치닫기 시작했다. 난 제일 먼저 국기가 걱정되었다. 그래서 장원잉에게 달려가 굵은 철사와 못을 가져다가 국기를 깃대에 단단히 고정하도록 재차 당부했다.

"우리나라 국기가 이 조선반도에 영원토록 펄럭이게 하는 게 무엇보다 중요하네. 명심하게."

하루는 헌병대장이 부영사를 만나러 총영사관에 왔다. 난 수 부영사에게 헌병대장이 찾아왔다고 보고했다. 그런데 부영사는 한사코 헌병대장을 만나기 싫다는 것이었다. 난 하는 수 없이 다나카 대장에게 대충 둘러댈 수밖에 없었다.

"부영사님이 감기에 걸리셔서 오늘은 만나실 수가 없을 것 같습니다."

그러자 다나카 대장이 버럭 소리를 질렀다.

"베이징에 있는 판 총영사가 나한테 전보를 보내왔단 말이야. 부영사를 만나보라고 말이야."

나는 다시 부영사한테 보고를 하지 않을 수 없었다. 그러자 부영사는 되레 나에게 물었다.

"라오왕, 내가 뭐라고 대답해야 하나?"

"그냥 당당하게 말씀하십시오. 다나카는 중국어를 못 알아들어요. 그러니까 부영사님이 어떻게 말하든 제가 중간에서 적당히 얼버무려 통역을 할 테니까요."

부영사가 접견실로 나와 다나카를 만났다. 쌍방이 마주앉자마자, 다나카 대장이 먼저 입을 열었다.

"판 총영사가 베이징에서 전보를 보내왔는데, 일단 영사관에 걸린 청천백일기를 내리고 홍·황·남·백·흑(紅·黃·藍·白·黑) 오색기五色旗로 바꿔달라고 했소."

부영사가 대답했다.

"절대 그렇게는 할 수 없소. 누구든 청천백일기를 함부로 내릴 수는 없을 것이오. 만일 일본정부가 강제로 그렇게 한다면 이는 우리 중화민국 주조선한 성총영사관의 존재를 인정하지 않는 것으로 간주하겠소. 그럼, 중국과 일본 간의 외교관계는 단절되는 것이오. 아니, 우리가 먼저 외교관계 단절을 선포하고 그 즉시 총영사관을 폐쇄하고 귀국하겠소."

그러더니 갑자기 부영사는 가슴을 부여잡고 고통스러워했다. 지병인 심장병이 발작한 것이다. 내가 얼른 다나카에게 말했다.

"부영사님은 심장병이 있습니다. 혹시라도 무슨 사고가 생기면 큰일 아닙니까? 그러니까 오늘은 그만하시지요."

그날의 코미디는 이렇게 해서 끝이 났다.

며칠 후, 다나카 대장이 내게 전화를 걸어왔다. 미츠코시三越백화점 안에 있는 식당에서 식사나 하자는 것이었다. 이런 식사초대는 으레 어떤 의도가 있기 마련이다. 나는 부영사에게 보고했다.

"다나카 대장이 미츠코시백화점에서 밥을 먹자고 합니다."

수 부영사가 걱정스럽게 말했다.

"라오왕, 가지 말게나. 내가 보기엔 좀 위험할 것 같아."

난 부영사를 안심시켰다.

"너무 걱정 마십시오. 만일 제가 돌아오지 못하면 오히려 그게 우리에겐 호재일지도 몰라요. 정말 제가 안 오면 그 즉시로 각 신문사에 이렇게 발표하십시오. '본 관 직원이 헌병대장으로부터 식사초대를 받았는데 실종되었다.' 이렇게요."

난 제 시간에 맞춰 미츠코시로 갔다. 식당 안에는 다나카 대장 외에도 사복차림의 세 사람이 더 있었다. 내가 자리에 앉자, 다나카 대장이 말했다.

"왕 상, 오늘 내가 부른 건 판 총영사의 경성 귀환에 대해 상의하고 싶어서요. 왕 상이 청천백일기를 내리고 오색기로 바꿔다는 일을 맡아주시오. 그래야 판 총영사도 안심하고 돌아올 수 있소. 그렇게만 해준다면, 왕 상이 베이징임시정부에서 중요한 보직을 맡을 수 있도록 해주겠소. 이건 절대 그냥 하는 소리가 아니오. 내가 확실히 보증하리다."

나도 모르게 피식 웃음이 나왔다.

"대장님, 전 중화민국에서 파견 나온 말단관리입니다. 제가 어찌 감히 조국을 배반하겠습니까? 아무리 높은 자리를 주신다 하더라도 전 우리 국민을 배신하는 일은 결코 할 수 없습니다. 상황을 바꾸어 생각해보십시오. 대장님이 일본천황의 관리일진대, 대장님 입장이라면 그렇게 하실 수 있겠습니까? 일장기를 내리고 오색기로 바꿔 다실 수 있으시겠어요?"

다나카는 설핏 웃음을 흘리더니만 더는 아무 말도 하지 않았다. 우리는 어색하고 불편한 채로 자리를 파하고 각자 집으로 돌아갔다.

나는 돌아와 부영사에게 보고했다.

"정말 잘 했네."

"아닙니다. 근데 싸움은 이제부터 시작입니다. 부영사님도 앞으로 단단히 마음먹으셔야 합니다."

나는 부영사에게 이렇게 다짐을 두었다.

1939년 겨울 어느 날이었던 것으로 기억된다. 총영사관 관원들 모두 응접실에 모여 충칭에서 전해오는 방송에 귀를 기울이고 있었다. 그때였다. 베이징으로부터 판한성의 전보가 도착했다는 연락이 왔다. 전보의 내용은 이랬다.

중화상회中華商會, 화교학교僑校 교사들과 학생들 그리고 내 조카딸과 조카사위 판여우성潘有聲에게 통지한다. 난 오늘밤 9시에 한성에 도착할 예정이다. 마중을 나오기 바란다.

우리는 전보내용을 보고 너무도 기가 막혀 그냥 난로에 던져버렸다. 대신 판여우성潘有聲에게만 알려주었다. 기차역으로 마중을 나간 이는 헌병대장 다나카와 판여우성 부부였다. 밤 열 시경, 판한성을 따라 베이징에 함께 갔던 위안위탕과 장원덩이 총영사관으로 돌아왔다. 판한성은 총영사관에 오지 않왔다. 위안위탕은 자기 숙소로 들어가서는 밖으로 얼굴을 내비치지 않았다. 대신 장원덩이 날 찾아왔다.

"베이징에서는 내내 판 총영사님 댁에서 묵었어요. 총영사님이 베이징임시 정부로 왕커민, 왕이탕을 만나러 갔을 때에는 저희 둘이 수행했어요. 전 건물 안으로 들어가지 않고 차 안에서 대기했고, 대신 위안위탕이 총영사님을 모시고 들어갔어요. 위안위탕 말로는 왕커민이 우리 총영사님께 이렇게 말했대요. 조선에서 그냥 편안히 총영사 직이나 수행하고 있지 여기 베이징에는 왜 온 거냐고요. 그러면서 라오판을 크게 나무라셨답니다. 라오위안老袁은 자세한 내용에 대해선 저한테도 잘 말해주지 않았어요. 게다가 전 총영사가 누굴 만날 때는 대개 운전기사와 차 안에서 대기하고 있어서 … 아무튼 내밀한 상황은 저도 잘 모르겠지만, 확실한 건 라오판이 베이징에서 그다지 환영을 받지 못했다는 거예요. 그래서 조만간 조선으로 그냥 돌아가겠구나 싶었어요."

"근데 라오판은 왜 자네들이 총영사관에 돌아올 때 함께 오지 않은 거야?"

"다나카 대장이 총영사님은 그냥 호텔에 묵으라고 하던데요."

"그건 왜?"

"다나카 대장 말이 총영사관에 아직 청천백일기가 걸려 있으니까 들어가서는 안 된다고 했어요."

장원덩과의 대화는 여기가 끝이었다.

그가 돌아가고 밤 열두 시가 조금 넘은 시각, 경비실 장원잉이 부리나케 나를 찾아왔다. 판한성한테 전화가 와서 수 부영사한테 연락을 했더니, 부영사가 자신은 통화하기 싫다고 대신 나한테 전화를 받으라고 했다는 것이다.

"그럼, 나도 받을 수 없어. 그냥 자네가 라오판에게 당신 전화는 아무도 받고 싶어 하지 않는다고 말해. 그리고 자넨 일단 현관 철문을 단단히 걸어 잠그게. 아무도 못 들어오게 말이야."

그리고 새벽 1시 쯤 되었을까? 누가 다급하게 내 집 문을 두드렸다.

"누구세요?"

"날세. 라오수老蘇."

"부영사님, 무슨 일이세요? 이 늦은 시간에…"

"라오왕, 지금 라오판이 내 집에 있어."

"어떻게 들어왔대요?"

"담을 넘어 들어왔어."

난 어이가 없어 헛웃음이 나왔다.

"아니, 그 높은 담장을 어떻게 넘었대요?"

"암튼 그건 그렇고. 라오판이 우리한테 할 말이 있다니까, 자네가 가서 영사관원 전체와 교사들을 불러오게."

난 대충 옷을 걸치고 집집마다 찾아가 사람들을 소집했다.

잠시 후, 부영사 집에는 위안위탕 한 사람을 제외하고는 모두 모였다.

이윽고 라오판이 입을 열었다.

"이제 더 이상 우리끼리 싸우는 일은 없었으면 하네. 난 처음부터 조국을 배반하려고 했던 것은 아니야. 다만 우리가 처한 상황이나 조건이 너무 열악해서 어쩔 수 없이 이 길을 택할 수밖에 없었던 것이네. 이유는 단지 그것뿐이야. 자네들도 알다시피, 정부와 연락이 완전히 두절되는 바람에 영사관 운영경비는 물론이고 자네들 봉급까지도 줄 수 없는 형편 아닌가? 그래서 지금도 모두들 교민들한테 돈을 빌려 생활하고 있지 않나? 그런데도 대사라고 하는 작자는 우리가 어떻게 되든 통 관심이 없고 말이야. 그리고 난 베이징으로 가는 도중에 우리 국민들이 일본군과 팔로군의 총칼 아래에서 말 그대로 사경을 헤매고 있는 걸 직접 목도하고 체험했네. 아무튼 설사 내가 조국을 배반한 배신자로 낙인찍힌다 해도 모든 건 내가 전적으로 책임을 지고 가겠네. 자네들한텐 털끝만큼도 피해가 가지 않도록 할 거야. 믿어주게. 그러니까 우리 더 이상 이렇게 싸우지 말자고. 부탁이네. 내 이러한 고민과 고충을 제군들이 널리 양해해주기를 진심으로 바랄 뿐이야. 다시 약속하지만, 우리 조국이 최후의 승리를 거두는 날, 이 모든 죄와 형벌은 나 혼자 짊어지고 갈 거야."

한간 판한성의 볼을 타고 한없는 눈물이 흘러내렸다. 그러나 그의 절규에 가까운 울부짖음에 아무도 응답하지 않았다. 그의 말이 끝나자마자, 모두들 결연히 자리를 박차고 일어났다.

이튿날 잠에서 깨어 밖으로 나가보니, 국기게양대에선 여전히 청천백일기가 힘차게 펄럭이고 있었다. 기쁘기도 했고 한편으로는 안심이 되기도 했다. 그러나 기쁨과 안도는 오래가지 않았다. 오전 아홉 시경, 경비실 장원잉이 헐레벌떡 내 집으로 들이닥쳤다.

"라오왕, 큰일 났어요. 지금 라오판이 오색기를 게양대 쪽으로 갖고 가고 있어요."

난 급히 부영사에게 상황을 보고했다. 그는 어떻게 해야 할지 몰라 안절부절만 하고 있었다. 더 이상 이대로 시간만 지체할 수는 없었다.

"부영사님, 어서 사람들을 소집하세요."

"어어, 알았네. 자네가 가서 종을 치게."

종소리를 들은 관원과 교사들이 속속 모여들었다. 역시나 위안위탕은 오지 않았다.

우리가 게양대쪽으로 몰려갔을 땐 판한성이 단단히 묶인 철사를 풀어내느라 낑낑 매고 있는 중이었다. 그는 우리가 몰려온 것을 보고 하던 짓을 멈추었다.

"라오판, 지금 당신 대체 뭐하는 짓이야? 당장 그만 둬!"

이제 부영사의 입에선 저절로 반말이 터져 나왔다.

누군가 거들고 나섰다.

"판한성 당신은 한간이 되고 싶은지 모르겠지만 우린 절대 아니야."

"그래 맞아. 우린 절대 매국노 한간이 될 수 없어."

모두들 저마다 악다구니를 쳐댔다. 분위기가 점점 험악해진다고 생각했는지, 판한성이 한발 물러났다.

"알았네, 알았어. 오늘은 그냥 돌아가겠네."

이때 부영사 수위췬이 구호를 선창했다.

"중화민국 만세!"

그러자 모두들 구호를 따라했다.

"중화민국 만세!"

"국민당 만세!"

"국민당 만세!"

"장 위원장 만세!"

"장 위원장 만세!"

연이은 구호소리가 영사관 앞마당에 울려 퍼졌다.

누군가 이렇게 구호를 외쳤다.

"한간 판한성을 타도하자!"

"한간 판한성을 타도하자!"

그제야 잠자코 구호를 듣고 서 있던 판한성이 자리를 떠나면서 혼잣말처럼 주절거렸다.

"그래! 내가 매국노야. 내가 한간이라고!"

판한성이 이층 자신의 집무실로 올라가는 것을 보고서야 모두들 해산했다.

얼마 후, 경비실 장원잉이 내게 와서 말했다.

"라오판이 방금 차를 타고 영사관을 나갔습니다."

난 부영사에게 그대로 보고했다.

"그럼 됐어. 더 이상 신경 쓸 것 없겠네."

"아니오, 그렇지 않습니다. 오늘은 그냥 갔지만 나중에 어떻게 나올지 모르는 일입니다. 아마 모르긴 몰라도 도와줄 후원자를 찾아갔을 겁니다. 그러니까 우리도 단단히 대비해야 합니다."

난 곧바로 모두에게 상황 설명을 했다. 다들 라오판이 미나미 총독과 헌병대장을 찾아가 원군을 부탁했을 것이라며 노심초사하는 눈치였다. 누군가 말했다.

"신경 쓸 것 없어. 그 놈들이 오면 한판 멋지게 붙어보지 뭐."

모두들 집에 돌아가고 나도 점심을 먹고 있을 즈음이었다. 장원잉이 다시 날 찾아왔다.

"큰일 났어요. 누가 청천백일기를 내리고 오색기를 달았어요."

난 들고 있던 숟가락을 내려놓고 허겁지겁 부영사 집으로 달려갔다.

"결국 일이 터졌습니다. 라오판이 사람을 시켜 국기를 오색기로 바꿔달았답니다."

부영사는 서둘러 사람들을 소집했다. 이번에도 위안위탕을 제외하고 모두 모였다. 저마다의 손엔 각목 하나씩이 들려 있었다. 우린 곧장 게양대 있는 쪽으로 달려갔다.

게양대 아래에는 조선인 복장을 한 세 명의 헌병들이 서 있었다. 부영사를 선두로 한 우리는 대오를 지어 그들 앞에 섰다. 학교 교사인 둥董 선생은 각목 대신 카메라를 들었다.

"이건 당신들 일본정부가 명백히 국제법을 위반하고 있는 것이오."

세 사람이 답했다.

"우린 그딴 건 모르고 위에서 명령을 받았을 뿐이야."

일단 국기를 빼앗아야겠다는 생각에 나를 선두로 모두들 일제히 게양대로 올라가 그들에게 달려들었다. 서로들 한 덩어리가 되어 밀고 당기고 하는 과정에 현장은 삽시간에 아수라장으로 변하고 말았다.

결국 쌍방은 크고 작은 피해를 당했다. 나도 어느새 머리가 깨졌는지 얼굴로 피가 흘렀다. 왕젠궁도 얼굴을 다쳤고 나머지 다른 사람들도 정도의 차이는 있지만 다들 상처를 입었다. 청천백일기를 빼앗고 오색기를 내린다고 서로들 치고받는 혼란의 와중에, 매국노 판한성과 헌병대장 다나카가 무장헌병들을 대동하고 유유히 총영사관에 진입했다. 그걸 보고 부영사가 서둘러 싸움을 말렸다.

"그만! 이제 그만해! 다들 떨어져."

그런데 판한성과 다나카는 무장헌병들에게 다짜고짜 우리를 전부 체포하라고 명령했다. 우린 강제로 트럭 두 대에 나누어 헌병대로 끌려갔다.

헌병대에 도착하자마자, 그들은 우리 중에 부상한 사람들을 의무실로 데려가고 나머지는 모두 감옥에 가두었다. 둥 선생의 카메라는 그들에게 압수되었다. 이튿날 주방장인 라오황老黃과 꽃 장사만이 풀려났다. 예융칭은 회계인 탓에 체포되는 것을 면했다.

내 머리에 난 상처는 지금도 남아있다. 당시 상황을 돌이켜보면, 헌병들이 총을 겨눈 채 강제로 트럭에 실려 가는 우리의 모습은 마치 형장에 끌려가는 사형수와 다를 바 없었다.

그 일이 있고 열흘 째 되는 날이었다. 중화상회中華商會 회장인 왕공원王功溫, 저우선쥬周愼九와 이사장인 딩웬간, 스즈밍司子明 등이 헌병대로 우리를 면회 왔다. 왕王 회장 등은 우리를 설득했다.

"여러분들의 행동에 대해 우리도 공감하고 찬성합니다. 하지만 여러분들은 여러분들의 가족들을 먼저 생각해야 합니다. 지금 중국 국내는 일본군 아니면 팔로군 세상이 되었습니다. 여러분들은 모두 처자식이 있지 않습니까? 경제도 어려운데 이렇게 헌병대에 잡혀 있는 건 방법이 아닌 것 같습니다. 더구나 육, 해, 공 모두 봉쇄되었는데 어떻게 떠날 수 있겠어요? 중국 땅 절반 이상이 일본과 팔로군의 수중에 있습니다. 그러니 여러분들이 돌아간다고 해도 일본과 팔로군의 손에 들어가는 게 아니겠습니까? 자칫하면 목숨을 부지하기도 힘들 겁니다. 무엇보다 아이들을 생각하세요."

그들이 돌아가고 나서 우리끼리 상의를 해보았지만 명확한 결론을 내릴 수가 없었다. 개중에는 솔직히 귀국하려고 해도 여비가 없고 충칭에 간다고 해서 승진한다거나 더 나은 삶을 보장받을 수 있는 건 아니지 않느냐는 비관적인 전망까지 내놓는 사람도 있었다. 일단 우리는 중화상회 회장이 다시 찾아오면 그때 그의 말을 들어보고 결정하자고 하고는 그날 회의를 마쳤다.

이틀 후, 왕 회장 일행이 다시 면회를 왔다.

"판 총영사가 교통이 회복되는 대로 여러분들을 귀국시켜주겠다고 약속했

조선영사관 시절 • 87

습니다. 단, 영사관으로 돌아가시면 전과 같은 말썽을 절대 일으켜서는 안 됩니다. 무조건 판 총영사의 지휘와 명령에 따르셔야 합니다."

일단 우리는 그들의 말에 동의할 수밖에 없었다.

닷새가 더 지나 헌병대장과 왕 회장이 다시 왔다. 다나카 대장이 내게 말했다.

"왕 상, 진작 내 말을 들었으면 지금 이렇게까지 되었겠소?"

나는 말없이 웃기만 했다.

"곧 석방시켜줄 테니까 다들 돌아가서 업무에 전념하도록!"

헌병대장은 우리에게 큰 선심이라도 쓰듯 이렇게 말하고는 돌아갔다.

우리는 결국 판 총영사에게 지고 만 것이다. 그때 누군가 아주 작은 소리로 중얼거리듯 말했다.

"그래, 돌아가면 새끼 매국노 짓이라도 하지 뭐!"

그에 맞장구치듯 또 누군가가 이렇게 속삭였다.

"새끼 매국노가 되는 게 어쩌면 소련의 사냥개가 되는 것보다는 나을지 몰라."

이는 모두가 스스로를 합리화하고자 하는 말일 게다. 이제 우리에게 남은 유일한 희망이라곤 일본이 하루속히 항복하는 길 뿐이었다.

며칠 후 아침 열 시가 조금 넘은 시각, 우리는 석방되었다. 헌병대장은 우리를 풀어주며 말했다.

"자, 다들 어서 차에 타! 총영사관으로 돌아가야지."

헌병대장은 유독 나를 지목하며 앞으로는 절대 말썽을 피우지 말라고 당부하듯 떠벌였다. 난 그냥 웃고 넘어갔다. 우리는 끌려올 때처럼 트럭을 나눠 타고 총영사관으로 돌아갔다.

총영사관에 도착하자, 판한성이 우리를 접견실에서 기다리고 있었다.

"이렇게 돌아와 정말 반갑네. 다들 다른 건 신경 쓰지 말고 업무에만 전념해주게. 약속한대로 교통만 여하히 좋아지면 귀국시켜줄 테니까 그건 걱정하지 말고. 내가 여러 번 말한 바 있지만, 난 결코 한간이 되고 싶은 게 아니네. 다만 지금은 조선 내 영사관 전부를 일본 군경이 완전 장악한 채 폐쇄시켜버리는 바람에 옴짝달싹 할 수 없는 상황이야. 무턱대고 철수할 수도 없는 일이고. 제군들도 알다시피, 우린 정부와 모든 연락이 두절된 상황이라 영사관 운영비도 없고 자네들 월급도 주지 못하고 있네. 그런데도 대사는 수수방관하고 있고. 우리가 언제까지 교민들한테 돈을 빌려 생활할 수도 없는 일이고, 그야말로 생계를 걱정하지 않을 수 없는 절박한 상황이야. 나도 지금 돈이 한 푼도 없네. 그렇다고 무턱대고 항일을 한다고 해서 우리가 승리할 수 있다는 보장도 없지 않은가? 그래서 내가 생각해낸 게 나라도 베이징임시정부에 참여해 영사관 경비와 자네들의 생활비라도 해결해야겠다는 것이었네. 훗날 일본이 패하면 그때는 내가 국가와 정부에 대한 모든 책임을 전적으로 지겠네. 정부가 어떠한 처벌을 내리든 나 혼자 달게 받겠다는 말이야. 절대 여러분에겐 조금의 피해라도 없게 하겠다고 약속하네. 그러니까 제군들은 업무에만 전념해주기를 바래. 지금 벌써 6, 7만 명의 교민들이 귀국했네. 그렇지만 아직도 그만큼의 교민들이 이곳에 남아 있어. 따라서 우리가 철수해버리면 그들은 누굴 믿고 생활하겠나? 이게 내가 자네들이 말하는 괴뢰조직에 참여하게 된 이유이네. 제군들도 한 번 생각해보게. 우린 모두 국민당당원이야. 그런데 누가 나라를 배신한 매국노가 되고 싶겠나? 사방이 적으로 둘러싸인 현 상황에서 정부는 밖에서 아무런 지시도 내리지 못하고 있고 경제적으로 조금의 지원도 하지 못하고 있어. 이게 작금의 현실이야. 그렇다고 그저 손 놓고 죽기만을 기다릴 수는 없지 않은가 이 말이야! 다시 한 번 당부하지만, 나중에 벌어질 일은 나중에 생각하고 지금은 각자의 업무에 충실해주기를 바라네."

그러나 당시까지만 해도 중화민국 주조선한성총영사관의 간판은 그대로 걸려 있었다. 지방의 다섯 개 영사관 간판도 이름을 새로 바꾸지 않았다.

총영사관의 업무가 원상 복귀되자마자, 첫 번째 행사로 판 총영사는 영사관 회의를 소집했다. 그러나 각 영사관의 영사 자리에는 이미 빈자리가 많았다.

인천영사관 영사 청광쉰은 언제부터인지는 몰라도 영사관을 폐쇄하고 행방을 감추었다. 부산영사관 영사 천주칸 역시 영사관을 폐쇄한 채 행방이 묘연해졌다. 신의주영사관 영사 ○○○ 또한 마찬가지였다. 영사 중에 제일 처음으로 판한성을 지지한 이는 진남포영사관의 장이신張義信이었다. 원산영사관 영사 마용파馬永發도 그대로 남았다.

판 총영사는 이번 회의를 통해, 영사를 포함한 각 직급에 대한 대대적인 인사이동을 단행했다. 우선, 신의주영사에는 마용파를, 원산영사에는 장이신을 각각 발령하고, 부산영사에는 새로 위안위탕을 임명했다. 그리고 왕젠공은 진남포 영사관 주임으로 발령을 받아 가게 되었고, 나는 인천영사관 주임으로 전보되었다. 모두가 괴뢰정부 괴뢰영사관의 영사이자 주임인 셈이었다.

난 인천에서 일 년여를 근무하다가 총영사관에 교민업무를 전담할 사람이 없다는 이유로 다시 총영사관으로 자리를 옮겼다.

당시 왕징웨이는 충칭을 탈출해 베트남 하노이로 가 일본제국주의에 몸을 의탁하고 있는 상황이었다. 그곳에서 그는 일본과 이른바 '화평和平'을 선언하고 일본으로 건너가 새로운 친일정부 수립에 착수했다. 결국, 1940년 난징南京을 중심으로 한 왕징웨이 괴뢰정부가 수립되면서 베이징임시정부도 자체해산을 선언하고 그 산하로 편입되었다. 조선 전역을 포함한 일본 각지의 대사관과 영사관도 자연스럽게 왕징웨이 괴뢰정권의 통치 하에 놓이게 되었다. 이때부터 대사관과 각 영사관에는 청천백일기 대신 오색기가 내걸리게 되었다.

사실 돌이켜보면, 그동안 총영사관에는 총 여섯 차례에 걸쳐 국기가 바꿔 걸렸던 것 같다. 제일 처음엔 청나라 국기인 황색대룡기黃色大龍旗가 걸렸다. 두 번째에는 중화민국 초기의 국기인 홍·황·남·백·흑의 오색기가 걸렸고 세 번째는 역시 중화민국의 청천백일기가 내걸렸다. 그러나 네 번째에는 다시 오색기가 게양대에 걸렸다. 이때에는 백색 부분에 '건국화평建國和平'이란 글자가 덧붙여졌다. 이것이 바로 베이징임시정부의 국기인 오색기이다. 그리고 다섯 번째로 왕징웨이 괴뢰정부의 국기인 청천백일기가 내걸렸다. 이 깃발은 기존의 청천백일기와는 다소 차이가 있었다. 깃발 상단에 '화평반공건국和平反共建國'이란 여섯 글자가 박힌 삼각형의 노란 천이 덧대어진 것이었다. 이는 아마도 충칭정부의 청천백일기와 구별하기 위함이었던 것 같다. 마지막으로 총영사관 게양대에서 펄럭였던 국기는 이 노란 천을 제거한 본래의 청천백일만지홍의 깃발이었다.

이제 각 영사관을 포위하고 있던 헌병대 경찰들도 전부 철수했고 그들이 사용하기 위해 총영사관 정문 앞에 설치한 목조건물도 사라졌다. 그렇게 되면서 교민들도 자유롭게 영사관을 들고 날 수 있었다. 덩달아 교민업무도 많아졌다. 특히, 산동으로 돌아갔던 교민들이 속속 원 교거지僑居地로 귀환하게 되면서 각 지역에서는 현지인들과의 각종 민사사건이 빈발해졌다. 이 때문에 나는 조선 각지를 정신없이 돌아다녀야 했다.

이를테면, 교민들이 귀국을 하면서 건물이며 논밭을 조선인 지인에게 관리를 위탁하고 떠났는데, 돌아와 보니 그 조선인 위탁관리자가 그것들을 은근슬쩍 자기 소유로 명의를 변경해 놓아버린 경우도 있었다. 가령, 진남포에 사는 교민 차오즈팡喬治芳의 경우에는 일본이 중국침략을 감행하자, 생명의 위험을 느껴 서둘러 논밭과 토지, 가옥 등 자신의 전 재산을 조선인 친구 박 모에게 관리를 대신 부탁하고 귀국했다. 이후, 일본이 조선으로 귀환하는 화교들에 대한 규제를 풀게 되면서, 다시 진남포로 돌아왔다. 그런데 돌아와 확인해보니, 토지와 건물은 이미 위탁한 친구 박 모 명의로 돌려져 있었다. 다시 돌려달라고 했지만 그 박 모라는 친구는 막무가내였다. 하는 수 없이 그는 영사관에 도움을 청했다. 이런 일들은 모두 내 소관이었다. 그래서 나는 그에게 황지홍黃吉宏 변호사를 소개시켜주고 나 또한 직접 여러 차례 평양법원으로 가서 그를 위해 법정 증언대에 서기도 했다. 일 년 넘게 소송에 매달린 끝에 결국 우리는 승소했고 그는 자신의 전 재산을 돌려받을 수 있었다. 이외에도 산동에서 새로 이주해오는 자들이 안동安東13)을 거쳐 압록강을 도강하게 되면서 발생하는 문제도 많았고, 원산이나 장전에서는 해산물을 둘러싼 문제들도 꽤 많았다.

어쨌든 왕징웨이 괴뢰정부가 성립된 이후, 교민의 귀환이나 새로운 이민자들에 대한 일본당국의 규제가 완화되기 시작하면서 조선 내 중국인들의 수는 다시금 점증하게 되었다.

(원제 : 想不到的大災難臨頭)

---

13) 지금의 단동(丹東)을 가리킨다.

11 제2차 세계대전

일본제국주의는 왜 진주만을 공습했을까?

첫째, 대동아공영권의 구현을 위해서는 미국의 태평양함대를 궤멸시켜야만 했다. 둘째, 중국을 포위하기 위해서는 홍콩, 베트남, 필리핀, 인도네시아 등으로 남진해 우선적으로 미국의 해군력을 소멸할 필요성이 있었다.

일본이 미 해군의 근거지라 할 수 있는 진주만을 공습한 것은 바로 이러한 이유에서였다. 그러나 일본은 진주만 공습 이전부터 국내경제가 거의 붕괴상태에 있었기 때문에 군수물자가 태부족이었다.

진주만 공습 직전에 일본의 외교대신 마스오카 요스케松岡洋右는 독일을 방문해 히틀러와 동맹조약을 체결했다. 이 조약은 일본은 블라디보스토크로부터 북진해 소련의 모스크바를 침공하고, 독일은 서진해 소련의 모스크바로 진격한다는 일종의 밀약이었다. 그런데 마스오카 요스케는 귀국길에 모스크바에도 들렀다. 이때 소련의 스탈린은 친히 기차역까지 나와 마스오카 요스케를 영접했다. 둘은 이곳에서 최소 5년을 기한으로 한 상호불가침조약을 체결했다.

그러나 마스오카가 일본에 돌아온 뒤, 일본의 육군과 해군 사이에는 공격의 대상과 방향을 둘러싸고 대립했다. 육군은 블라디보스토크에 상륙해 모스크바로 진격하자고 했고, 해군은 남쪽으로 방향을 돌려 태평양의 소국들을 침략하자고 했다. 해군이 이처럼 남진을 주창한 데에는 다음과 같은 목적이 있었다. 첫째, 대동아공영권의 실현이었다. 둘째, 남진전략을 통해 각종 풍부한 물자를 일본으로 운반해오는 것이었다. 반면, 육군이 북상하고자 했던 것은 독일과 공동으로 소련을 침략하고자 함이었다. 따라서 쌍방 간에는 이견이 명확했고 그에 따른 논란도 끊이지 않았다. 결국 결정은 히로히토 일황의 몫이었다. 히로히토는 북진을 반대하고 남진을 선택했다. 이유는 남진이 일본에 이득이 되고 여러모로 유리한 반면, 소련 침공은 얻을 수 있는 이득이 없다는 것이었다. 그러나 해군이 남진하기 위해서는 우선적으로 미국 해군기지가 있는 진주만을 공습하고, 그 후에 더 남쪽으로 진격해 홍콩과 베트남 등을 점령하는 것이 필요했다. 이것이 바로 제2차 세계대전의 시작이다.

세계대전이 발발하기 직전, 미국은 자국의 폐철이나 고물들을 전부 일본에 팔았다. 일본은 그것을 이용해 중국을 침략하기 위한 무기를 제조했다.

세계대전이 일어나자, 왕징웨이 괴뢰정권은 두목격인 일본의 뜻에 따라 미국에 선전포고를 했다. 청천백일기에 달려 있던 노란 천 조각이 사라지게 된 것도 바로 이때부터이다. 본래의 진정한 청천백일만지홍기가 총영사관 게양대에서 펄럭이게 되었지만, 그 깃발 아래 모인 이들은 전부 한간 매국노들뿐이었다.

얼마 후, 난징괴뢰정부 외교부에서 전보가 날아왔다. 한간 판한성을 일본 요코하마 총영사관 총영사로 임명하고 대신 주조선한성총영사관 총영사로는 타이완 출신 린위껑林宇耕을 파견한다는 내용이었다. 린위껑은 총영사로 부임하면서 별도로 인원을 대동하고 왔다. 이를테면, 영사 펑馮○○, 부영사 황黃○○, 수습영사 멍칭푸孟慶福, 주사 쉐薛○○, 고용직 왕웨이王偉 등이었다.

나는 1980년 5월 10일 대륙에서 석방되어 타이완으로 왔다. 그때, 어느

지인의 결혼식장에서 그 옛날 동료였던 고용직 왕웨이를 만난 적이 있었다. 그 즈음, 그는 타이완 외교부에서 일하고 있었다. 하지만 그가 구체적으로 어떤 일을 하고 있는지에 대해서는 아예 묻지 않았다. 다만 속으로는 좀 의아해했던 게 사실이다.

'옛날 왕징웨이 괴뢰정권에서 해외영사관직원으로 있던 자가 어떻게 타이완외교부에서 근무하고 있을 수 있는 거지?'

그동안 외부와의 교류가 거의 차단된 채 폐관되다시피 했던 총영사관은 린위경이 총영사로 부임하게 되면서 점차 활기를 띠기 시작했다.

총영사가 새로 부임하고 석 달 정도 지났을 즈음, 외교부는 나를 부산영사관 수습영사로 발령을 냈다. 교무업무를 위해 나를 전보조치한 건 이번이 처음이었다. 당시 부산영사관 영사는 왕징웨이의 수행비서 저룽샹周隆祥의 동생 저우지런周濟人이었다.

내가 부산에 도착했을 때는 부산에서 교민들이 운영하는 만두집 열일곱 개가 밀가루가 없어 이미 휴업을 한 상황이었다. 나는 가자마자, 부산시 정부와 협상을 벌여 교민들의 집집마다 매달 밀가루 두 포대를 지급할 수 있도록 했다. 그나마 이 정도라도 있어야 기본적인 생활을 꾸려나갈 수 있겠다는 생각이었다. 밀가루는 달마다 영사관 직원이 시에 가서 수령해오면, 교민들이 영사관에 와서 받아가는 식이었다.

부산영사관에서 1년 조금 넘게 근무한 뒤, 나는 진남포영사관 부영사로 파견되었다. 나는 그곳에서 1년 8개월을 근무했다. 그리고 외교부는 다시 나를 원산영사관 영사로 발령을 냈다. 영전 아닌 영전인 셈이었다.

난징괴뢰정부 외교부는 왜 날 이토록 여기저기로 파견한 것일까? 여기에는 각지 교민들의 요구가 크게 작용했다. 교민들이 보기에, 교민업무와 관련해서는 조선 내에서 나만큼 적합한 인력이 없을 것이라 생각했던 것이다. 그도 그럴 것이 조선에 거주하는 교민들의 99%는 산동 출신이고 나 역시 그랬다. 고향이 같아서인지 우린 서로 호형호제하며 집안 대소사까지 시시콜콜 이야기 할 수 있을 만큼 허물이 없었다. 사실 그동안 교민들은 영사관직원들에게 항상 불만을 갖고 있었다. 그래서 날 만날 때면 늘 이렇게 불평을 늘어놓으며 본인들의 억울함을 호소하곤 했다.

"옛날에 영사관에 가면 관원들이 우리한테 뭐라고 했는지 알아요? 이렇게 말해요. '큰일은 우리가 할 수 없고, 작은 일은 당신들이 우리보다 더 잘 할 수 있어.' 그게 무슨 뜻이겠어요? 부탁하러 왔으면 그만큼 자기들한테 뭐라도 내놓으라는 거 아니냐고? 그렇지 않으면 아무 것도 안 해주겠다는 식이지. 할 수 있어요? 그 사람들한테 가서 부탁이라도 하나 할라치면 거하게 식사대접이라도 해야지. 그러면 겨우 들어줄까말까 하고."

그렇지만 지금은 교민들 입에서 더 이상 그런 말은 나오지 않았다.

언젠가 난 저우선쥬周愼九 회장에게 이렇게 말한 적이 있다.

"교민들이 억울함을 호소하는 건 이해가 됩니다. 하지만 영사관직원들도 나름 고충이 있을 거예요. 경우에 따라서는 영사관 차원에서 처리할 수 없거나 해결할 수 없는 일도 있거든요."

"저도 알아요. 우리 같은 약소국이 외교력이라는 게 어디 있어요?"

"맞습니다. 제대로 된 국가라면 경제력도 있고 군사력도 있고 기술력도 있어야 하는 건데, 우리한테는 뭐 하나 내세울만한 게 없잖아요? 그러니까 늘 제국주의의 먹잇감이 되는 거 아니겠어요? 지난 수천 년에 걸친 우리 중국의 봉건통치를 돌이켜봐도 그래요. 특히, 만청시대에 얼마나 많은 식민지 조계가 들어섰어요? 도처에 널려 있는 게 조계지잖아요? 홍콩은 영국이 통치하고 있고, 마카오는 포르투갈이 통치하고. 약소국에는 외교란 게 없다는 회장님의 말씀은 정말 맞는 말씀입니다. 또 그게 엄연한 현실이고요."

나는 원산영사관 영사로 발령을 받아 임지로 떠났다. 원산은 나로서는 초행길이었다.

원산에 도착하자마자, 난 교민들의 실태조사에 나섰다. 우선, 함경북도 일대를 돌아다니며 화교들의 분포상황과 자녀교육 실태를 조사했다. 함경북도에는 원산, 함흥, 청진, 회령 등 총 네 곳에 화교소학이 있었다. 교사들은 모두 동북지방에서 초빙되어 온 사람들이었고, 교재는 난징괴뢰정부 화교위원회가 제공한 것을 사용하고 있었다. 학생들에겐 종이 값 조로 매달 1인당 1엔씩을 거두었다. 일종의 학비인 셈이었다.

일본이 중국을 침략하게 되면서, 일본경제는 거의 붕괴상태에 직면하게 되었다. 전국적으로 전면배급제가 실시된 것도 바로 이 때문이다. 그나마도 배급되는 쌀 중의 30%는 콩깻묵과 도토리가루로 채워졌다. 함경북도 화교의 80%는 동북출신이었다. 그들은 대부분 요릿집이나 채마전에서 일을 했다. 옛날에는 함경북도 전역에 2만8천 명 가량의 교민들이 살고 있었다고 하는데, 왕징웨이 괴뢰정권이 들어선 지금은 교민 수가 외려 5만여 명으로 늘었다. 이들은 주로 포목점, 농업, 음식점, 이발소, 수산업 등에 종사했다. 그런데 이 가운데 대부분은 그런대로 유지되었지만 유독 포목점만이 물화부족으로 도산하거나 문을 닫는 경우가 많았다.

(원제 : 第二次世界大戰暴發了)

12 미군의 원산 공습

만청시대에 건립된 원산영사관은 원산항 옆 작은 산자락에 위치해 있었다. 영사관 부지는 정부 소유였다. 영사관 부근에는 중화상회中華商會와 화교소학 華僑小學이 자리하고 있었다.

하루는 정오를 기해 급하게 사이렌이 울렸다. 영사관 밖으로 나가 산 아래를 내려다보니, 수많은 조선인들이 거리로 쏟아져 나와 북적대며 구경하는 모습이 보였다. 나는 그들에게 큰 소리로 물었다.

"미군전투기가 원산을 폭격하려 하고 있는데 왜 다들 구경만 하고 방공호로 대피하지 않는 거요?"

그들 중에 누군가가 외쳤다.

"미군 비행기는 우리를 폭격하는 게 아니에요."

"아니, 하늘 높이 떠있는 폭격기가 어떻게 일일이 조선인들이라는 걸 알아본다는 거요?"

"보세요. 우린 다 하얀 옷을 입고 있잖아요."

과연 그래서였을까? 원산 상공을 날던 미군 폭격기 두 대는 두어 번 선회하더니만 내처 남쪽으로 방향을 트는 것이었다. 곧이어 일본 전투기가 나타났다. 그런데 일본 전투기는 미군 전투기만큼 높이 날 수 없었는지 B29 폭격기 아래에서만 이리저리 날고 있었다. 마치 독수리와 참새 같았다.

며칠 후, 다시 사이렌소리가 들렸다. 이번에는 한밤중이었다. 아홉 시나 열 시쯤 되었을까? 그날은 마침 강풍을 동반한 폭우가 억수같이 쏟아지던 날이었다. 우리는 영사관 마당에 있는 방공호 안으로 급히 몸을 피했다. 이내 두 대의 전투기가 하늘에 나타났다. 그러나 폭격소리는 들리지 않았다. 얼마 후, 경보가 해제되었다. 우리는 다들 안심하고 집에 돌아가 잠을 청했다.

이튿날 아침, 텐田 회장으로부터 전화가 걸려왔다.

"영사님, 저희 집 마당에 폭탄 하나가 떨어졌어요. 어떻게 해야 하는 겁니까?"

나는 부리나케 그의 집으로 달려갔다. 마당 한가운데 아주 커다란 타원형 폭탄 하나가 박혀 있었다. 자세히 보니 신형 어뢰였다. 어뢰는 땅 속에 삼분의 일쯤 박혀 있었다. 밖으로 노출된 꼬리부분에는 네 줄의 밧줄로 연결된 낙하산이 매달려 있었다. 그때 난 직감했다. 미군이 원산항을 봉쇄하고자 한다는 것을. 그런데 안타깝게도 항구 안에는 처음부터 군함이 한 대도 없었다. 본래 이곳 원산항은 어선만이 출입이 허용되고 있었던 것이다. 나는 텐 회장에게 말했다.

"회장님, 어서 빨리 경찰에 알리십시오."

경찰이 도착해서 어뢰를 산간지역으로 옮겨갔다. 그곳에는 이미 두 개의 어뢰가 더 있었다. 이것들은 근처 산에 떨어진 것이었다. 경찰은 이 총 세 개의 어뢰를 현장에서 바로 폭발시켰다.

이런 어뢰는 바다에 떨어지면 꼬리부분의 낙하산은 바닷물에 닿자마자 바로 용해되어버리고 어뢰만이 수면 위로 떠올라 바다 위를 부유하고 있다가 군함이 지나가는 소리가 들리면 자동적으로 그 군함을 향해 돌격한다고 한다.

이 얘기는 관계자한테 들은 것이기는 하지만, 정말 그런지는 직접 눈으로 보지 않아 확인할 길이 없다.

(원제 : 美國B29轟炸機空元山)

13 소련의 대對일 선전포고

국제적으로 나라와 나라 사이에는 이른바 우호조약을 맺거나 상호불가침 조약을 체결한다. 그러나 조약의 모든 조항이 정해진 기한 중에 어떠한 상황 하에서도 시종 변하지 않고 지켜진다고는 장담할 수 없다. 따라서 반드시 쌍 방이 협의해 해결하고 어떤 일이 있더라도 어느 일방이 체결된 조약을 일방적 으로 파기할 수 없도록 해야 한다고 생각한다. 그런데 독일은 소련과 상호불 가침조약을 체결한지 얼마 지나지 않아 바로 조약을 파기하고 소련을 침공했 다. 소련도 일본과 5년 기한의 상호불가침조약을 체결했지만 1년 만에 일본에 선전포고를 하고 중국의 동북삼성과 한반도 이북을 차지했다. 이것만 보더라 도 국가와 국가 사이에 체결된 조약은 전혀 믿을 수 있는 것이 아니다. 국가 간의 조약은 이득이 있으면 그대로 지켜지지만, 이득이 없다고 생각되면 언제 든 파기되기 마련이다. 독일과 소련 그리고 일본과 소련의 사례에서 보듯, 국제적 조약은 결코 믿을 수 없다.

또 하나의 실례가 있다. 본래 유엔 안전보장이사회 상임이사국은 미국, 영국, 프랑스, 중국, 소련 이렇게 5개국이었다. 그런데 중국에서 내전이 벌어져 중국공산당이 중국을 통치하게 되고 국민당은 대륙에서 축출되어 타이완으로 철수하게 되었다. 국민당이 이끄는 중화민국의 판도는 이제 타이완으로 좁혀 지게 된 것이다. 이렇게 되자, 유엔은 결국 1971년에 창립당사국 중의 하나인 중화민국을 유엔에서 강제 퇴출시키고 대신 중화인민공화국으로 하여금 그 자리를 대신하게 했다. 유엔은 왜 중화민국을 축출하고 중화인민공화국을 대 신 가입시켰을까? 도대체 이유가 무엇일까? 유엔이 진정으로 세계유일의 국 제조직이라면 이에 대해 세상 사람들에게 분명하게 설명해야 하는 것이 아닐 까? 유엔이 제창하는 본질적 의미는 과연 무엇일까? 아니, 그것이 있기는 한 것일까?

(원제 : 蘇聯向日本宣戰)

14 일본의 무조건항복

소련이 일본에 선전포고를 하고 며칠 안 되어, 일본은 무조건항복을 선언했다. 자연스레 동북지역의 만저우리滿州里, 수이펀허綏汾河, 투먼圖們 그리고 조선의 38선 이북지역은 소련의 차지가 되었다. 소련군은 동쪽으로는 원산항을 통해 진주했고, 서쪽으로는 안동安東을 통해 평양 등지를 점령했다.

이제 조선에 남아있던 일본군은 오갈 데 없이 이리저리 떠돌아다녀야 하는 상갓집 개 신세가 되고 말았다. 당시 나는 일본인의 참상을 직접 목도했다. 그러나 과거 중국인들이 일본에 의해 잔인무도하게 살해된 것에 비하면, 이건 아무 것도 아니었다.

소련군이 원산에 진주하게 되면서 밤마다 끊이지 않고 총성이 들려왔다. 마치 새해 첫날에 중국에서 터뜨리는 폭죽소리와 같았다. 이튿날 아침이 되면, 도로 곳곳에는 끊어진 전선들이 어지러이 흩날렸고, 한낮이 되어도 거리에선 인적을 찾을 수가 없었다. 유일하게 거리를 활보하고 다니는 족속들은 총을 멘 소련군 병사들뿐이었다.

미처 일본이나 남조선으로 도망을 가지 못한 일본인들은 모두 소련군이 관할하는 창고에 구금되었다. 조선인들에 의해 죽임을 당하는 것을 방비하겠다는 게 그 명목이었다. 일본여자들 중에는 아이를 등에 업거나 혹은 아이의 손을 자신의 손과 단단히 동여맨 채 바닷가 잔교棧橋에서 뛰어내려 자살하는 이들도 적지 않았다. 또 나진, 청진, 회령 등지에서 원산으로 피난을 온 일본 부녀자들 중에는 머리를 빡빡 민 채 쌀부대를 몸에 두른 이들이 꽤 있었다. 쌀부대를 뒤집어 쓴 채 머리와 손발만 밖으로 내밀고 있는 그들을 보면 정말 가관이었다. 나는 하도 궁금해 그중에 한 여인에게 이유를 물어보았다.

"대체 왜 그러고 다니는 거요?"

그녀의 답은 이랬다.

"머리를 밀고 쌀부대를 옷 대용으로 입고 다니는 건, 소련군한테 강간을 당하지 않기 위해서예요."

그러고 보니, 난 그제야 그 사람이 여자라는 것을 알아챘다.

내가 말했다.

"그러지 말고, 내가 옷을 줄 테니 갈아입어요."

"아니요, 필요 없어요."

그녀는 완강했다.

지금 생각해 보면, 일제가 중국을 침략했을 때는 이보다도 더 참혹했던 것 같다. 이 또한 인과응보이리라.

소련군이 38선 이북에 진주해서 가장 먼저 한 일은 각지에 있는 조선은행을 장악하는 것이었다. 그 바람에 원산 조선은행 앞에는 돈을 인출하려는 사람들로 매일같이 장사진을 이루었다. 개중에는 화교도 있었고 조선인도 있었다. 어떤 이는 아예 예금통장을 높이 치켜든 채 자신의 돈을 달라고 애원하기도 했다. 그렇지만 총을 든 소련군들이 은행 정문 앞을 가로막고 접근 자체를 원천차단하고 있었기 때문에 이마저도 별무소용이었다.

영사관도 조선은행에 30만 엔円 넘게 저축액이 있었지만 완전히 무용지물이 되었다. 수습영사인 우예싱吳業興의 수천 엔도 거품처럼 사라졌다.

어느 날인가에는 영사관 정문 앞에 주차해 놓았던 관용차량이 쥐도 새도 모르게 사라졌다. 아니, 관용차뿐만이 아니라 개인용 차량도 모두 몰수되었다. 부둣가 근처 식당이나 상점의 각종 설비나 물자 심지어 개인물품들까지 죄다 소련군들이 가져갔다. 기계류 같은 것들은 전부 해체해서 블라디보스토크로 가는 배에 실어 보냈다. 한바탕 회오리바람이 휩쓸고 지나간 듯, 시내의 모든 것들은 말끔히 시야에서 사라졌다. 남은 거라곤 집과 그 집을 이고 있는 땅뿐이었다.

소련군 소위 한 명이 항의하는 조선인에게 말했다.

"38선 이북의 모든 물자는 우리 소련의 전리품이야. 그리고 이건 모두 위대하신 우리 스탈린 서기장의 명령에 따른 것이야. 알았나?"

이렇게 해서 38선 이북의 모든 물자 그 중에서도 특히, 기계류나 차량은 전부 소련으로 옮겨졌다.

하루는 집에서 점심을 들고 있다가 갑자기 항구 쪽에서 폭발음이 들려 현장으로 가보았다. 소련군 수송선 한 척이 미군 어뢰에 맞아 두 동강이 난 채 바다에 가라앉고 있었다. 내가 도착했을 때는 선미와 뱃머리만 겨우 남긴 채 선체는 이미 바다 속으로 가라앉은 지 오래였다. 나뿐만 아니라 부둣가에는 구경나온 조선인들이 꽤 많았다. 그들은 이구동성으로 '그것 참 고소하다.'며 박수를 치고 환호를 보냈다.

소련군이 처음 원산항에 진주했을 때, 항구에서는 매일같이 어뢰수색이 이루어졌다. 아마도 일주일은 족히 그랬을 성 싶다. 항구에서 어뢰를 폭발시키는 소리가 7, 8일 동안 연이어 들려왔던 것이다. 이후 어뢰수색은 한동안 이루어지지 않았었는데, 이번에 예기치 않게 수송선이 미군 어뢰에 맞게 되면서 어뢰제거작업은 다시 재개되었다.

(원제 : 日寇無條件投降的情況)

15 소련군의 38선 이북 진주

일본제국주의가 연합군에 패해 무조건항복을 선언한 뒤, 소련군이 38선 이북에 진주하게 된 것은 연합군의 규정에 따른 것이었다.

1945년 8월 15일 이후 소련군이 들어오게 되면서, 이전에 정치범으로 몰려 형무소에 수감되어 있던 조선인들은 전부 석방되었다. 이들은 출옥하자마자 곧바로 인민위원회나 민경대民警隊 같은 단체를 조직해, 저마다 38선 이북의 치안은 자신들이 유지하겠다고 나섰다. 원산에서는 소련군을 따라 들어온 '이주하'라는 인물을 중심으로 공산당총부가 조직되었다. 이 때문에 영사관도 교민업무를 원활히 처리하기 위해서는 앞으로 이들과 상대할 필요가 있다는 생각에, 나는 통역으로 조선인 이 모라는 사람을 고용했다.

얼마 후, 난 소련군 위수사령부를 방문해 관계자와 이야기를 나누었다. 난 그에게 분명히 내 뜻을 전했다.

"만일 귀측에서 우리 영사관을 접수할 생각이라면, 우리는 곧바로 귀국하겠소."

관계자로 나와 있는 소련군 소령이 내 말을 듣고 펄쩍 뛰었다.

"그건 안 돼. 내 명령 없이는 한 사람도 여기를 떠날 수 없어. 일단은 돌아가 현상을 유지한 채 대기하고 있어. 나중에 다시 얘기하자고."

그러더니 그는 대뜸 우리보고 소련군의 식사문제를 맡아달라는 것이었다.

"좋습니다. 저희가 맡겠습니다."

도저히 거절할 수 없다는 생각에 난 선뜻 그의 요구에 응했다.

"그런데 준비해야 할 식사 분량은 하루에 어느 정도 됩니까?"

"자세한 건 인민위원회에서 파견 나온 사람이 있으니까 그 자한테 물어봐. 우리 식사는 전부 인민위원회가 담당하고 있거든."

"예, 알겠습니다."

영사관으로 돌아오는 도중에 난 겸사겸사해서 민경대 총부와 공산당 당부까지 방문했다. 어쨌든 앞으로 화교사무를 여하히 처리하려면 이런 사람들과 관계를 터놓을 필요가 있겠다는 생각이었다. 그러나 서기인 이주하14)와 직접 대면한다는 건 여간 힘든 일이 아니었다. 네 군데 부서를 거쳐야 겨우 한 번 만날 수 있을 정도였으니 말이다.

사흘 후, 소련군의 식사제공 건에 대해 상의하고자 인민위원회에서 우리 영사관에 사람을 파견했다. 나는 농회農會 회장 청즈즈成之智와 비서 츄용창邱永昌에게 전화를 걸어 영사관으로 오도록 했다.

인민위원회에서 나온 사람이 말했다.

"매일 근당 2원 5전으로 양배추 2천 근, 근당 2원 5전으로 당근 2천 근, 근당 3원으로 양파 1천근을 인민위원회에 보내주시면 됩니다. 대금은 우리 인민위원회가 지불하겠습니다."

쌍방은 이에 대한 계약서를 체결했다.

(원제 : 蘇聯匪軍進駐三八線情況)

---

14) 일제강점기 사회주의 독립운동가로 주로 원산을 무대로 노동운동을 함. 해방 후에는 원산에서 조선공산당 함경남도지구위원회와 인민위원회를 결성해 활동.

16 한성漢城에 가다

38선 이북 지역에서 소련군 병사들에 의한 약탈과 강간이 자행되고 있어 월남하는 사람들이 계속해서 늘고 있다는 소문이 곳곳에서 들려왔다.

그 즈음 나는 충칭의 라디오방송국 보도를 통해, '중국기자가 미군을 따라 인천에 상륙했다.'는 소식을 접했다. 그래 그 중국기자를 만나러 한성에 가야겠다고 마음먹었다. 그런데 문제는 내가 영어를 할 줄 모른다는 것이었다. 그래서 난 수습영사 우예싱吳業興을 데려가기로 했다. 그는 한성 각국영사관 내에 있는 구락부에서 태어난 사람이라, 영어는 물론 조선어, 일본어까지 두루 능통했다. 한성에 같이 가겠느냐고 하자, 그는 선뜻 그러겠다고 했다. 그러나 그가 한성에 가려는 목적은 사실 딴 데 있었다. 그는 원산 조선은행에 예치되어 있는 자신의 예금이 소련군 때문에 찾을 수 없게 되자, 통장을 들고 한성 조선은행에 가보자는 심산이었던 것이다. 물론, 나도 그런 생각이 아예 없었던 것은 아니다. 그렇지만 무엇보다 나는 그 기자를 통해 외교부에 조선 각지 영사관의 실상과 변화 그리고 소련군이 38선 이북에서 자행하고 있는 약탈과 강간에 대한 자세한 정황을 전달하고 아울러 조선에 있는 총 여섯 개의 영사관에 사람을 증파해달라고 요구할 생각이었다.

우리는 관련 문건을 정리해 원산역으로 나갔다. 기차는 철원역까지만 운행되는 열차였다. 기차역은 월남하려는 사람들로 인산인해였다. 우예싱이 매표 창구에서 기차표 두 장을 사가지고 왔다. 기차를 타려고 플랫폼으로 나갔는데, 열차객실은 물론이고 열차지붕 위에까지 사람들로 빼곡했다. 한눈에도 무척 위험해보였다. 더군다나 원산에서 철원까지 가는 데에는 터널도 많고 그 길이도 상당했다.

'저러다간 정말 큰일이 나고 말지!' 이런 생각을 하며, 객실 안으로 들어섰다. 사람들로 꽉 들어찬 객실 안을 이래저래 비집고 들어가 간신히 우리 좌석을 찾아냈다. 객실 내에는 민경대원도 있었고 소련군도 꽤 있었다. 민경대원들은 자리 곳곳을 돌아다니며 일본인을 찾아내려고 혈안이 되어 있었다. 여기저기서 일본인들의 비명소리가 들렸고 그들을 욕하고 때리는 민경대원들의 모습도 보였다. 주먹질에 발길질 게다가 '개새끼' 소리까지 더해지는 객실 안은 그야말로 아수라장이었다.

지난 36년간 일본인들은 조선인의 머리꼭대기에 올라탄 채 온갖 권세를 다 부려왔다. 반대로 조선인들은 그 갖은 모욕을 감내한 채 지난 세월을 힘겹게 버텨온 것이다. 아마도 일본인들은 자신들에게 오늘과 같은 말로가 있을 줄은 꿈에도 상상하지 못했을 것이다. 흠씬 얻어맞은 일본인들은 코가 시퍼렇게 멍들고 얼굴이 퉁퉁 붓고 피를 철철 흘렸다. 그러나 그것으로 끝난 게 아니었다. 철원역에 도착하자마자, 그들은 차에서 강제로 끌려 내려와 바닥을 질질 기어 다녀야 했다. 그 뒤로 그 일본인들은 어떻게 되었을까? 모를 일이다. 하지만 이 또한 제국주의 침략자의 당연한 말로가 아니겠는가!

철원역에서 한성으로 가는 데에는 두 가지 길이 있었다. 하나는 기차를 타는 것이고 하나는 도로를 이용하는 것이었다. 그러나 이 두 가지 길을 통과하는 데에는 반드시 소련군 초소를 거쳐야 한다는 점에서는 같았다. 자칫 잘

못하면, 소련군 보초한테 가지고 있는 걸 모두 빼앗기거나 아예 통과하지도 못할 판이었다. 그걸 피한답시고 샛길이나 산길 혹은 개천이나 강 등을 택한다면 초행길에 길을 잃기 십상이었다. 게다가 나는 내가 중국인이라는 걸 보여주기 위해 청천백일기를 품에 지니고 있기까지 했다.

기차역 곳곳에 각양각색의 포목들이 산더미처럼 쌓여있는 것을 바라보며 우리는 기차역을 빠져나왔다. 소련군 병사들만이 거리를 활보하고 다닐 뿐, 길가의 상점들은 전부 문을 닫은 채였다. 우예싱이 문을 닫은 한약방 한 곳을 골라 문을 두드렸다. 잠시 후, 노인 한 명이 얼굴을 빠끔히 내밀었다. 우예싱이 우리의 신분과 온 뜻을 전하자, 노인이 우리를 안으로 들였다. 그 노인은 성이 김가라고 했다.

노인이 대뜸 우리에게 물었다.

"중국이 일본을 물리쳤는데 왜 군대를 파견하지 않는 건가요?"

우예싱이 답했다.

"이건 연합국 차원의 일이라 중국 단독으로 결정할 수 있는 문제가 아닙니다. 우리도 어떻게 될지 모르겠습니다."

그러자 노인의 한탄이 이어졌다.

"소련군들이 도처에서 약탈을 일삼고 있어요. 가져갈 수 있는 건 다 가져갔어요."

이번에도 우예싱이 대꾸를 했다.

"죄는 지은대로 가고 덕은 닦은 대로 가는 법이라고 하지 않습니까? 저 놈들도 언젠가는 그 대가를 톡톡히 치르게 될 날이 올 겁니다. 다만 지금은 때가 무르익지 않았을 뿐이지요. 이미 일본도 망하지 않았습니까? 소련도 멀지 않았습니다."

그 말에 우리 셋은 일제히 웃음을 터뜨렸다.

나는 그 김 노인에게 한성으로 가려는데 어느 길이 가장 안전하냐고 물었다.

"글쎄요. 내 생각으로는 철도나 도로나 다 안전하지 않아요. 오늘은 여기서 쉬고 내일 내가 직접 다른 길로 안내하리다. 그 길로 한성으로 가려는 사람들이 꽤 있어요."

이튿날 아침 7시, 우린 김 노인을 따라 어느 큰 저택으로 갔다. 그 집에는 이미 서른 명 넘는 사람들이 모여 있었다. 모두 동행할 사람들이었다. 개중에는 한성으로 가는 길을 잘 아는 사람들이 꽤 있었다.

처음엔 강변길이었지만 이내 구불구불한 산길이 나타났다. 새벽에 떠난 길이었지만 울퉁불퉁한 산길을 오르락내리락하다보니, 점심때쯤 38선 이남의 미군초소에 다다를 수 있었다.

나는 청천백일기를 손에 든 채, 우예싱을 앞세워 미군초소로 다가갔다. 우예싱이 보초를 서고 있는 미군병사에게 뭐라고 얘기를 했다. 그러자 초병은 초소 안을 가리키며 들어가 보라고 했다. 우예싱이 막 초소 안으로 들어가려는데 마침 안에서 장교 한 명이 밖으로 나왔다. 우예싱이 다시 우리가 오게 된 경위를 그에게 설명해야 했다. 장교는 한참을 듣더니만 이내 우리를 통과시켰다.

초소를 통과한 우리는 바로 연수역으로 갔다. 역 안에는 한 명의 병사도 보이지 않았다. 다만, 역 밖에 곤봉을 든 병사 두 명이 있었다. 그들은 북조선에 있는 소련군병사들처럼 떠들거나 소란을 피우지도 않았다. 남조선은 평시와 마찬가지로 조용했다.

38선 이북과 이남은 완전히 다른 세상이었다. 38선 이북이 약탈과 강간이 횡행하는 지옥이라면 38선 이남은 평화로운 천국 그 자체였다. 진영 간의 사회적 제도의 차이가 이처럼 완전히 다른 두 개의 사회를 만들어내고 있었던 것이다. 이는 직접적인 경험을 통해 내가 터득한 깨달음이다.

우리는 차표를 사고 기차에 올랐다. 기차 안에는 사람이 많지 않았다. 미군들도 보이지 않았다. 우리는 무사히 서울에 도착할 수 있었다.

기차에서 내려 역 밖으로 나오니, 역시 곤봉을 든 미군 두 명이 역 주위를 왔다 갔다 하고 있었다.

'왜 병사들이 거의 보이지 않는 거지? 북조선 같으면 소총을 든 소련병사들이 기차역을 온통 헤집고 다닐 텐데.'

거리로 나섰지만 역시 미군들은 보이지 않았다. 간혹 서로 다른 피부색을 지닌 군인들을 태운 군용트럭만이 한가로이 지나갈 뿐이었다.

서울은 준전시상황이라고는 믿기지 않을 만큼 번화했고 달리는 차들도 많았다. 물자도 과거에 비해 훨씬 풍부해보였고, 대로변이나 골목은 노점상들로 넘쳐났다. 그들이 파는 물품들은 옛날에는 보지 못했던 것들이 대부분이었다.

'이런 것들은 모두 어디에서 온 것일까?'

조선은행도 보통 때처럼 정상영업을 하고 있었다.

나는 우예싱과 함께 조선은행에 가서 돈을 인출할 수 있는지를 알아보기로 했다. 창구로 다가가 은행직원에게 자초지종을 이야기하자, 그는 우리의 원산 조선은행통장을 받아들고는 미국인 관리자에게 물어보겠다고 하며 3층으로 올라갔다. 잠시 후, 그가 다시 돌아와서는 상황을 설명했다.

"죄송합니다. 이 통장으로는 여기서 예금을 인출할 수 없답니다."

우리는 실망했다. 특히, 우예싱이 느낀 실망감은 더했다. 은행을 나오는 길에, 그 은행직원은 38선 이남지역의 모든 은행들은 정상영업을 하고 있다든지, 일본이 남겨놓고 간 적산敵産들은 모두 조선인과 자선기관에 나눠주었다든지 하는 우리가 묻지도 않은 말을 자세히 해주었다.

우리는 총영사관으로 발길을 돌렸다. 총영사관은 지금 핑원슝憑文雄이란 사람이 대리총영사를 하고 있었다. 우리는 그에게 원산영사관의 운영경비를 지급해달라고 요청했다. 그는 우리의 요구를 단칼에 묵살했다. 난 어이가 없어 그에게 따졌다.

"아니, 무슨 말씀이세요? 제가 전화상으로 여기 잔취엔관詹泉官 수습영사로부터 분명히 들었습니다. 본인이 난징 외교부15)에 직접 가서 각 영사관 경비

---

15) 장제스는 일본 패망 이후, 1946년 5월 국민정부의 수도를 충칭에서 다시 난징으로 옮겼다. 따라서 여기서 말하는 난징 외교부는 왕징웨이 정권의 외교부가 아니라 장제스

를 수령해왔다고요."

핑원슝이 잔취엔관을 불러 물었다. 그런데 그 잔취엔관이란 자가 전화로 내게 했던 말을 그 자리에서 번복할 줄은 꿈에도 생각 못했다. 더 이상 따지는 것도 무의미하다는 생각이 들었다. 그렇다고 주지 않을 돈을 줄 리는 만무했다. 핑원슝이라는 이 대리총영사 놈이 지방에 있는 다섯 개 영사관의 2년 치 운영비를 혼자서 다 먹어치울 심산이었던 모양이다. 그렇지 않고서야 어찌 이렇게 막무가내로 나올 수 있단 말인가?

"알겠소. 그럼 나중에 귀국하면 제대로 정산이 된 건지 그때 다시 한 번 따져봅시다."

이 핑원슝이란 놈은 어미가 일본인이고 아비가 광동 출신인 튀기 놈이었다. 들리는 소문에 의하면, 그 놈은 신의주에서 수습영사로 있으면서 그 지역 화상華商의 딸과 결혼했는데, 나중에 1957년인가 안동安東에 있는 자신의 장인 집으로 도망을 갔다고 한다.

우리가 한성에 온 목적 중에 두 가지는 이미 소득 없이 끝이 났다. 이제 우리에겐 최후의 가장 중요한 임무만이 남았다. 조선호텔에 가서 그 중국기자를 만나는 것이었다.

호텔로 가기 위해 총영사관을 나오다가 우연히 딩丁 회장과 마주쳤다. 그는 놀람과 반가움에 내게 인사를 건넸다.

"왕 영사, 이게 얼마 만이요? 근데 한성에는 무슨 일로? 아니, 대체 어떻게 온 거요? 가족들은 안 데려왔어요?"

"저만 살자고 교민들을 버릴 수야 있나요? 아직도 원산에는 우리 교민들이 많습니다. 그 사람들이 못 가게 하는데 어떻게 제 가족들만 데리고 올 수가 있겠어요?"

딩 회장이 말했다.

정권의 외교부이다.

"왕 영사는 학교 운동장에 있는 천막들 못 보았소?"

"그건 소학교 학생들 천막 아닙니까?"

"아니오. 그것들은 일본에서 귀국한 광부들이 임시로 기거하는 천막이에요. 왕 영사도 알다시피, 일본이 중국을 침략했을 때, 얼마나 많은 중국인들이 일본으로 끌려갔소? 그 사람들 다 일본 광산 같은 데에서 중노동에 시달리다가 일본이 망하고 나서야 이렇게 겨우 살아서 돌아온 거요. 다 미군이 석방해 준 거지. 고향에 돌아가겠다고 여기 온 건대 배도 없지, 기차도 없지. 어떻게 해? 그냥 다들 한성에 발이 묶여 있는 거지. 그래서 내가 대리총영사한테 가서 저 사람들 묵을 수 있는 빈 집이 있으면 몇 채 빌려달라고 했소. 근데 씨알도 안 먹히는 거야. 아예 거들떠보지도 않더라고. 내 원 참! 그래 할 수 있어요? 내가 학교 운동장에 스무 개 정도 천막을 쳐준 거지. 산동회관山東會館에도 한 팔십 명 정도 더 있어요. 다들 우리 동포 아니요? 난민들이고 말이야. 저 사람들 말로는, 아직도 많은 사람들이 한성으로 올라오고 있다는 거요. 다들 기차 타고 안동으로 가겠다고 말이지. 근데 그게 되겠소? 기차는 판문점까지밖에 못 가. 안동으로 가는 건 꿈도 꿀 수 없어. 지금 급한 건 저 사람들이 묵을 거처하고 먹는 문제요. 근데 대리총영사란 작자가 저러고 있으니, 원! 왕 영사, 왕 영사가 좀 도와주면 안 되겠소? 마침 여기 있으니 먹는 문제라도 좀 해결을 해주시오. 부탁합니다."

"글쎄요. 전 한성을 떠난 지 너무 오래돼 놔서… 게다가 전 미군이 38선 이남에 진주하고 난 뒤의 상황에 대해서는 전혀 모르지 않습니까?"

그런데도 딩 회장은 다급했는지 막무가내로 내게 부탁을 했다.

"그래도 어떻게 안 되겠소? 왕 영사가 나서주면 해결이 좀 될 것 같은데…."

"어디 한번 해봅시다."

좀 전에 은행직원이 일본의 적산이 자선단체에 기부되고 있다고 한 말도 생각나고 해서 선뜻 이렇게 말은 해버렸지만, 사실 자신이 있는 것도 아니고 그렇다고 딱히 어떤 대책이 있는 것도 아니었다. 그렇다고 이왕 뱉어놓은 말을 다시 주워 담을 수는 없었다.

"여기 우_吳 수습영사도 함께 왔으니, 내 한번 알아보겠습니다. 이 사람은 영어도 잘 하니까요."

딩 회장과 헤어진 뒤, 우리는 바로 조선호텔로 갔다. 마침 호텔 문 앞에 미군 장교 한 명이 서 있는 것이 보였다. 우예싱이 그에게 다가가 영어로 말했다.

"우린 중국에서 온 신문기자를 찾고 있습니다."

장교는 아주 예의바른 태도로 우리를 호텔로비로 안내했다. 우리는 잠시 로비에 있는 소파에 앉아 이층으로 올라간 그 장교가 내려오기만을 기다리고 있었다.

얼마 후, 그는 중국에서 온 종군기자와 함께 내려왔다. 우리는 그와 간단히 인사를 나누고 바로 본론으로 들어갔다. 우선, 나는 그 기자(이름은 기억나지 않는다.)16)에게 조선에 있는 총 여섯 개에 달하는 영사관의 변화된 상황에 대해 대충 설명했다. 그리고 본격적으로 소련군이 38선 이북에 진주한 뒤의 혼란상에 대해 비교적 소상하게 말해주었다. 마지막으로 외교부에 전달할 문건을 그에게 내밀었다.17) 내가 기자에게 말하는 동안, 우예싱은 그 미군장교에게 북조선에서의 소련군 약탈상황을 영어로 길게 설명해주고 있었다. 이것으로 우리가 할 일은 모두 끝난 셈이었다. 이젠 결과를 기다릴 수밖에.

한성에 와서 해야 할 용무를 모두 마친 우린 내처 시청에도 한 번 가보기로 했다. 딩 회장과 했던 약속을 지키기 위함이었다. 이 시정부 건물은 옛날에 내가 자주 방문하던 곳이기도 했다. 시청에 들어서자, 우예싱이 안내데스크로 다가가 조선인 직원에게 식량배급을 담당하는 부서가 어느 과_課인지를 물었다. 그 직원은 우리를 삼층에 있는 어느 사무실로 안내했다. 문 앞에서 노크를

---

16) 타이완 국사관(國史館)에 소장되어 있는 『한국교무안(韓國僑務案)』에는 왕용진 본인이 이 중국인 기자에게 전달한 공문이 수록되어 있다. 이에 따르면, 이 중국인 기자의 이름은 정언보(曾恩波)이다. 이 책 말미의 〔자료5〕참조바람.
17) 『한국교무안(韓國僑務案)』 자료 〔자료4〕와 〔자료5〕 참조바람.

했지만 안에서는 대답이 없었다. 우리는 그냥 문을 밀고 안으로 들어갔다. 우리를 맞이한 것은 미군 중령이었다. 난 우예싱에게 우리가 오게 된 경위를 이 장교에게 설명하라고 했다. 한참을 듣던 그 중령은 대뜸 우예싱에게 나를 가리키며 이 사람은 누구냐고 물었다.

"네. 이 분은 원산의 왕 영사님이십니다."

그 중령은 우예싱에게 몇 가지 더 묻고는 우리에게 메모 한 장을 건네며 시청 건너편에 있는 미츠코시백화점 삼층으로 가보라고 했다. 우리는 장교에게 고맙다는 인사를 전하고 바로 미츠코시 삼층으로 갔다. 여기에도 사무실이 있었다. 우리는 사무실 문을 두드리고 안으로 들어갔다. 그곳에도 똑같은 계급의 미군장교가 있었다. 우예싱은 바로 그 중령 앞에 아까 받아온 메모지를 내놓았다. 메모를 읽어본 중령은 병사 한 명을 불렀다. 우리는 그 장교에게 "땡큐!"하고는 병사를 따라 밖으로 나왔다. 병사가 우리에게 영어로 물었다.

"트럭이 있습니까?"

우예싱이 내게 통역해주었다.

"우리한테 트럭이 있느냐는 데요?"

내가 말했다.

"보게. 여기 미츠코시 광장 앞에만도 버스나 트럭이 백 대가 넘어. 쌔고 쌘 게 차야, 안 그래? 일단 있다고 하게."

우리 셋은 일층으로 내려와 바로 광장으로 나갔다. 우예싱이 차를 빌리려고 하자, 광장 주변에 있던 트럭기사며 버스기사들이 한꺼번에 꼬여들었다. 난 우예싱에게 지시했다.

"자네가 직접 확인해보고 오게. 5톤 트럭이면 충분해."

잠시 후, 트럭이 도착하자 그 미군병사가 길을 안내했다. 트럭은 육군창고 정문 앞에 정차했다. 정문 밖에는 네 명의 미군 초병이 서 있었다. 두 명은 백인이고, 나머지는 황인과 흑인이었다. 우리와 같이 온 미군병사가 그들과 잠시 이야기를 나누고는 트럭을 다시 출발시켰다. 부대 안에선 군인들이 테이블과 의자를 밖에 내놓고 청소와 소독을 하고 있는 중이었다.

트럭이 멈추고, 미군병사가 어느 장교에게 종이쪽지 한 장을 건네는 것이 보였다. 이내 트럭은 일렬로 죽 늘어서 있는 창고들 앞에 섰다. 이곳에는 창고 말고도 공터 곳곳에 식량이며 각종 물품들이 산처럼 쌓여 있었다. 예의 그 미군병사가 우리에게 말했다.

"필요한 게 있으면 가져가시오."

우예싱이 내게 무엇이 필요하냐고 물었다.

"일단 쌀부터 가져 가세나."

우린 쌀부대를 트럭에 싣고 총영사관으로 돌아왔다. 딩 회장과 핑원숭이 밖으로 달려 나왔다. 핑원숭이 딩 회장에게 말했다.

"일단 여기 쌀들을 전부 영사관에 있는 큰방으로 옮깁시다."

그러자 딩 회장이 핑원숭에게 따지듯 말했다.

"아니, 전에 우리 난민동포들이 머물 수 있는 방을 내달라고 했을 때는 없다고 하더니, 이제 쌀이 생기니까 없던 방이 새로 생겼답니까? 어떻게 이러실 수가 있어요?"

둘 사이의 대화를 듣고 있던 난 우예싱에게 말했다.

"트럭기사한테 차를 돌리라고 하게."

그리고는 딩 회장에게 말했다.

"이거 전부 산동회관으로 가져가세요."

그러자, 대리총영사라는 작자가 말했다.

"아니, 왕 영사. 당신이 어떻게 이럴 수가 있소?"

내가 말했다.

"당신은 이 일에 관여할 권리가 없어요. 아니, 각 지역 영사관 경비까지 다 독식해놓고 아직도 부족하단 말이오?"

쌀은 산동회관 앞마당에 부렸다. 쌀이 도착하자, 난민동포들이 일제히 달려 나와 쌀, 밀가루, 군용담요, 의복 등을 내리는 것을 도왔다. 그런데 트럭기사가 내게 슬며시 다가와 이렇게 말하는 것이었다.

"저, 부탁이 하나 있습니다. 찻삯은 받지 않을 테니까 대신 여기 있는 물건을 좀 가져가면 안 되겠습니까?"

나는 그러라고 했다. 그는 담요 몇 장과 군복을 챙겨갔다. 이번엔 미군병사가 내게 와서는 이 중의 일부를 교회 두 곳에 후원하는 형식으로 보냈으면 한다고 했다. 그래서 그러자고 했다. 짐을 다 부린 후, 상회商會는 그 미군병사를 중국식당에 데려가 거하게 식사를 대접했다.

대충 일이 마무리될 시점에 난 학교운동장으로 가서 동포들이 기거하는 천막을 살펴보았다. 천막 안에는 볏짚이 깔려 있었고, 덮는 이불은 군용담요였다.

누군가 내게 말했다.

"저희들은 어떻게 해서든 귀국해서 고향에 돌아갈 겁니다. 그래서 일단 기차를 타고 평양까지 가서 다시 거기서 차를 타고 신의주로 갔다가 또 거기서 다시 압록강을 건너 안동으로 가고 다시 대련으로 가서 배를 타고 산동으로 돌아갈 생각입니다."

나는 그들에게 그 길은 이미 막혔다고 일러주었다. 그렇지만 그들은 한사코 믿지 않는 눈치였다. 실제로 개중에 팔구 명이 그 길을 통해 귀국을 시도했다. 그들은 일단 차편으로 판문점으로 간 다음 도보로 소련군초소로 갔다. 결과가 어떠했겠는가? 그들 모두 가져간 물품을 전부 빼앗기고 간신히 몸만 빠져나왔다.

나는 우예싱과 다시 총영사관으로 갔다. 그런데 영사관 정문 앞에 원산농회 회장 청즈즈와 비서 츄용창이 우리를 기다리고 있는 게 아닌가! 그들은 우리를 보자마자 잔뜩 흥분해서 하소연부터 늘어놓았다.

"아이고, 왕 영사님. 이제야 만났네요. 영사님, 텐 회장이 우리 두 사람을 이곳으로 보냈습니다. 영사님을 원산으로 모셔가려고요. 지금 바로 가서야 합니다. 흥남에서 우리 교민 부부와 네 살 된 아들 이렇게 일가족 세 명이 동북에서 돌아온 조선인들한테 살해되었어요."

그 참담한 소식에 난 그만 말을 잃고 말았다. 너무도 안타까운 일이 벌어진 것이다. 그래서 난 당일 밤차로 원산으로 돌아가기로 했다. 그런데 문제가 하나 생겼다. 우예싱이 원산으로 돌아가지 않겠다는 것이었다.

"영사님, 전 안 돌아갈래요."

"왜?"

"전 일 년 넘게 봉급 한 푼 못 받았어요. 안 돌아갈 겁니다. 전 그냥 여기 한성에서 다른 일자라나 찾아볼 게요."

"그건 다 마찬가지 아닌가? 그렇다고 우리마저 교민보호를 안 하면 어떻게 하겠나? 그러지 말고 함께 가세나."

청成 회장도 거들고 나섰다.

"우吳 영사님, 우리와 함께 돌아갑시다. 돌아가서서 왕 영사님을 도와 교민들을 보호합시다."

내가 재차 설득했다.

"그럼, 원산에 있는 자네 부친과 처자식은 도대체 어떻게 할 건가? 다 필요 없다는 말이야? 자, 그러지 말고 같이 가게. 태평성대에만 영사가 필요한 게 아니야. 오늘 같은 이런 난세에 더 영사가 필요한 걸세."

그러나 한번 돌아선 그의 마음은 다시 돌아오지 않았다.

난 청 회장에게 말했다.

"오늘 밤 열 시에 역에서 만나지요."

딩 회장이 내가 원산으로 돌아간다는 말을 듣고 내게 찾아와 며칠만이라도 더 머물러달라고 간청했다. 그렇지만 난 그의 부탁을 도저히 들어줄 수가 없었다.

"지금 흥남에서 교민 일가족 세 명이 살해되는 사건이 발생했답니다. 가봐야 할 것 같아요. 그리고 여기는 핑원숭 대리영사가 있지 않습니까?"

딩 회장이 버럭 했다.

"그 작자 얘기는 더 이상 하지 마요. 그 사람 얘기만 나오면 다들 고개를 절레절레 흔들어요."

나는 청 회장 일행과 차를 타고 곧바로 연수역으로 갔다. 역에 도착해서는 청천백일기를 손에 든 채 미군초소로 달려가 원산으로 가겠다는 뜻을 전했다. 초병이 손을 흔들어 우리를 통과시켰다. 이제 길 하나만 건너면 거기서부터는 소련진영이었다. 문제는 과연 소련초소를 무사히 통과할 수 있는가 하는 것이었다. 철길로 가면 여지없이 소련군 초병과 맞닥뜨릴 것이고 통과도 장담할 수 없을 것이다. 그렇다고 샛길을 택하자니 그건 일부러 먼 길을 택하는 격이었다. 우리 셋은 어느 길로 행로를 잡을지를 상의했다.

청즈즈가 말했다.

"그래도 철길로 가는 게 더 가깝지 않을까요? 내가 이럴 줄 알고 일부러 술 한 병을 준비해왔어요. 이걸로 어떻게 관문을 통과해보지요."

결국 우린 철길을 선택했다. 소련초소 앞에 이르자, 소련군 병사 두 명이 우리 앞을 가로막았다.

내가 먼저 러시아말로 말했다.

"하라쇼!"

난 '실례합니다.'라는 뜻으로 말한 건데, 정확한지는 모르겠다.

그와 동시에 옆에 있던 청 회장이 손에 든 술병을 그들 앞에 들어 보이며 한 모금 마셨다. 난 전방을 가리키며 다시 러시아말로 말했다.

"빠이좀!"

내 나름대로는 '통과하겠다.'는 뜻을 전한 것이다.

청 회장이 조금은 흥분된 소리로 말했다.

"보세요. 두 놈이 술을 마셔요."

우리가 먼저 몇 모금 마셔서 술 안에 독이 없다는 것을 확인시켜주자, 그제야 병사들도 안심하고 술을 마신 것이다.

그렇게 해서 우리는 무사히 관문을 통과해 철원역으로 갈 수 있었다.

원산으로 가는 기차는 아직 도착하지 않았다. 열차 도착시간까지는 시간이 조금 남아 있어서 우리는 잠시 역 밖으로 나와 주변을 배회했다. 중간에 음식점이 하나 있었지만 장사는 하지 않는 듯했다. 문이 조금 열려 있어 안으로 슬쩍 들어가 보니, 볏짚들만 여기저기 그득그득 쌓여 있는 게 아닌가? 조선인 주인장에게 이게 대체 뭐냐고 물었다. 처음엔 우물쭈물하며 응대를 하려하지 않더니 우리가 물러서지 않고 꼬치꼬치 캐묻고 들자, 그제야 겨우 대답을 해주었다. 대답인즉슨, 그 볏짚 안에 포목들을 숨겨놓았다는 것이다. 볏짚 윗부분을 거두어내고 한복판 깊숙이 포목을 깔아놓은 다음 다시 덮으면 감쪽같이 숨길 수 있다는 것이다. 이렇게 은밀히 포목을 숨겨놓은 것은 소련군이 몰수해가지 못하도록 하기 위함이었다. 그러고 보니, 기차역 플랫폼에서 포목들이 산처럼 쌓여있던 것을 보았던 것 같다. 필시 그것들은 전부 이런 조선인 포목상들한테서 몰수한 것이리라.

우리는 기차에 올랐다. 기차에는 승객이 거의 없었다. 그러나 원산에 무사히 도착해 기차에서 내렸을 때는, 역 안은 무슨 도떼기시장처럼 수많은 사람들로 어수선했다. 소련군 병사들의 소란도 여전했다.

기차역에 도착한 우리 셋은 일단 각자 집에 돌아가 좀 쉬기로 했다. 다음날 아침, 영사관 관사로 주사인 장원잉이 찾아와 흥남에서 벌어진 살인사건에 대해 소상히 보고했다. 장원잉이 돌아가자, 이번엔 집사람이 하소연을 하기 시작했다.

"여보, 그동안 우리가 얼마나 힘들게 살았는지 당신은 모를 거예요. 소련군 놈들은 밤마다 무턱대고 담 넘어 들어와서는 다짜고짜 술 내놔라, 이건 몰수다 하면서 횡포란 횡포는 다 떨지. … 영사관에 있는 가구며 커튼이며 전부 다 뜯어갔다니까요. 그나마 우吳 선생이라도 없었으면 무슨 경을 쳤을지 몰라요. 우 선생이 그때그때 놈들을 어찌어찌 달래서 보내고 했으니 망정이지… 나중엔 하도 견딜 수가 없어서 아이들을 데리고 청稈 주사 부인하고 산으로 피신해 살기까지 했어요."

교민업무상 필요해서 난 중국어를 할 줄 아는 조선사람 한 명을 매달 4백원을 주기로 하고 고용했다. 이 모라는 사람이었는데, 항상 나를 따라다니며 통역을 해주었다. 난 그를 대동하고 장전, 흥남, 청진, 회령 등을 돌아다니며 교민상황을 시찰했다. 지역의 민경대를 방문하기도 했고, 교외 외딴집에 살고 있는 교민이 있으면 안전을 위해 시내로 이사할 수 있도록 도움을 주기도 했다. 요즘처럼 시국이 불안한 상황에서는 일단은 시내에 함께 모여 살도록 하는 게 여러모로 안전하고 관리도 쉬울 것이란 생각에서였다. 지역 민경대의 생각도 크게 다르지 않았고 교민들도 그래주기를 원했다.

지방시찰을 마치고 돌아와서는 동북에서 돌아온 교민문제를 처리하기 위해 통역인 이 씨와 원산 민경대로 갔다. 이 문제에 관해 민경대장과 한창 논의를 하고 있는데, 갑자기 민경대원 한 명이 헐레벌떡 회의실로 들어왔다.

"대장님, 소련군 장교가 병사 십여 명을 끌고 송도산松島山으로 올라가 그곳에 있던 대포를 철거하고 있습니다. 우리가 안 된다고 막았지만 막무가내였습니다. 그 소련군 장교 말이, 스탈린 서기장의 지시라면서 옛날 대포는 다 철거하고 현대화된 새 대포로 교체한다는 것입니다."

그러나 민경대장은 크게 개의치 않는 눈치였다.

"크게 신경 쓸 것 없어. 그냥 하는 대로 내버려둬. 우리가 통제할 권리도 없는데 뭐. 그 놈들이 다 가져간 데도 어쩔 수 없어. 그 놈들이야 뭐, 움직이는 거 움직이지 않는 거 상관해? 그냥 모조리 쓸어가는 게 그 놈들 하는 짓인데 뭐! 내비 둬!"

소련군이 38선 이북에 진주하면서, 각 시, 군, 농촌 할 것 없이 없는 것 있는 것 모조리 그들에 의해 약탈되었다.

(원제 : 到三八線以南漢城去)

17 이주하

난 영사관 차원에서 연회를 마련해 소련 위수사령부 사령관, 이주하 민경대장 등을 초대했다. 교민업무의 원활한 처리를 위해서는 이들과 좋은 관계를 유지할 필요가 있다는 생각에서였다. 난 그 자리에 톈 회장과 농회 회장인 청 회장도 함께 배석하도록 했다. 공산당 서기인 이주하는 사복차림의 무장대원을 대동하고 왔다. 연회에서는 주로 교민업무와 관련해 이야기를 나누었다. 주로 내가 얘기하는 편이었다. 일본의 중국침략과 일본의 무조건항복에 대해서도 잠시 이야기가 오갔다. 그런데 연회 말미에 소련군 장교 가운데 한 명이 난데없이 나에게 이런 질문을 던졌다.

"마오쩌둥毛澤東을 잘 아시오?"

"만나보지는 못했지만 이름은 들어 알고 있습니다."

"마오쩌둥은 우리 스탈린 서기장과는 아주 막역한 사이요. 마오쩌둥이 중국을 잘 이끌어 일본제국주의를 물리치지 않았습니까? 제 말이 맞지요?"

"글쎄요. 그래도 원자폭탄이 투하되지 않았다면 일본이 항복을 했겠습니까?"

우리 둘 간의 대화는 이주하가 통역을 하고 있었는데, 통역을 하다 말고 대뜸 내게 질문을 던졌다.

"영사께서는 공산당에 가입하셨습니까?"

"아니오. 저는 국민당원입니다. 공산당에 대해서는 잘 모릅니다."

그러자 이주하가 다시 말했다.

"앞으로 전 세계가 공산화될 것입니다. 내 장담합니다."

"글쎄요. 세상은 세상 사람들 것이니, 어느 한 나라가 맘대로 좌지우지할 수 있겠습니까? 제 생각엔 그렇게 되기는 힘들지 않을까 생각합니다. 세상 사람들이 스스로 자신들의 미래를 결정하지 않을까요?"

연회가 마무리되고 다들 돌아갈 즈음, 이주하 민경대장이 내게 다가왔다.

"앞으로 당신 나라 교민들에게 무슨 일이라도 생기면 영사께서 나한테 바로 연락을 주세요."

"대장님, 정말 감사합니다. 앞으로도 우리 교민들 일을 많이 도와주십시오."

연회는 그렇게 끝이 났다.

(원제 : 宴請蘇聯衛戎司令, 李舟河民警隊長)

18 소련군 군표軍票

소련군은 38선 이북에 진주하자마자, 각종 물자뿐만 아니라 각지에 있는 조선은행을 모두 접수했다. 대신 소련 홍군紅軍의 군표軍標를 발행해 통용시켰다. 홍색과 녹색이 서로 엇갈려 있는 이 홍군 군표는 액면이 10원, 50원, 100원짜리였다. 소련군들은 이 군표를 들고 조선인 상점에 가 물품을 구매했다. 조선 사람들은 울며 겨자 먹기로 군표를 받기는 했지만, 사실 그들이 원한건 조선은행에서 발행하는 화폐였지, 그따위 군표는 아니었다. 만에 하나 군표 받기를 거부하면, 소련군들은 그냥 물건을 가져가버렸다. 그러니 조선 사람들로서는 물건을 공짜로 빼앗길 바에야 군표라도 받아두어야 했다. 조선인 상점이나 노점상들은 그걸 모았다가 어떻게든 환전하려고 애를 썼다. 상황이 앞으로 어떻게 변할지 모르는 마당에 소련군이 38선 이북에서만 발행해 유통시키는 군표만 쌓아놓고 있다가는 훗날 큰 낭패를 볼 수도 있었기 때문이다.

(원제 : 蘇聯軍發行紅軍軍用標)

19 화교 민원民願

청진중화상회 회장 류총원劉崇文과 함흥중화상회 회장 왕쉐훙王學宏이 교민 업무 차 영사관을 찾아왔다. 우리는 원 거류지로 다시 돌아온 교민들의 건물 과 거류 등의 문제를 어떻게 처리할지 상의했다. 두 사람은 내가 직접 자기들 지역에 와서 그러한 문제들을 해결해주길 원했다. 특히, 골칫거리 중의 하나 는 동북지역에서 일본에 부역하다 조선으로 건너 온 교민들을 정부 차원에서 어떻게 처리할 것인가 하는 문제였다. 이 문제는 사실 신중히 접근해야 할 사안이라 나로서는 매우 조심스러울 수밖에 없었다.

"제 개인적으로는, 적이 통치하는 지역에서 일제에 부역하기는 했지만 그렇 다고 사람을 죽이거나 하는 심각한 범죄를 저지르지 않은 경우에는 정부도 함부로 어떻게 하지는 못할 것이라 생각됩니다. 크게 보아 정부도 어느 정도 는 이해하고 넘어가지 않을까 생각합니다. 그리고 앞서 말씀하신 소유권문제 나 거류문제에 관해서는 회장님들 말씀대로 제가 직접 현장으로 가서 조사해 보도록 하겠습니다."

그들의 하소연은 여기서 끝나지 않았다.

"들리는 소문에 의하면, 소련군은 동북삼성에서도 여기서처럼 물자란 물자는 모조리 빼앗아갔다고 합니다. 오죽하면, 땅, 건물, 바위 빼고는 다 가져갔다는 말이 돌겠습니까? 심지어는 평만豊滿과 샤오평만小豊滿의 발전소 설비도 다 해체해서 가져갔답니다. 회오리도 이런 회오리가 없습니다. 게다가 저 놈들이 저렇게 할 수 있는 데에는 팔로군이 뒤에서 도와주고 있기 때문이랍니다."

(원제 : 淸津中華商會和咸興中華商會會長來訪)

20 김일성

1945년 8월, 일본 군국주의자들이 무조건 항복을 선언하자, 원산항은 일순간 38선 이북 각지에서 무리지어 모여든 사람들로 인산인해를 이루었다. 사람들은 저마다 각양각색의 피켓과 깃발 그리고 플래카드 등을 들고 있었다. 플래카드 중에는 '조선인은 해방되었다. 조선인은 공산당을 원하지 않는다. 우리는 민주를 원한다. 민주주의 만세'라고 적힌 것도 있었다. 이번 시위에는 언뜻 봐도 2만 명은 족히 넘는 조선인들이 참가했다.

아침 11시 경, 시위대는 원산역 광장에 설치된 연단 아래에 모두 집결했다. 연단 위에선 공산당 서기 이주하를 필두로, 인민위원회 위원, 소련군 장교 등 대략 서른 명 정도가 자리에 앉아 시위행렬이 몰려드는 것을 지켜보고 있었다. 드디어 연단에 자리하고 있던 소련군 중령이 일어나 연설을 시작했다. 연설은 옆에 있던 소련군 장교 한 명이 조선말로 통역했다. 나는 거의 알아들을 수 없었다. 그런데 연설 중간에 연단 아래에 있는 군중들 속에서 갑자기 큰 소리가 들렸다.

"공산주의를 타도하자. 우리 조선인은 공산사회를 원하지 않는다."

일시에 장내가 소란스러워지자, 이를 무마하려는 듯 서둘러 공산당 서기인 이주하가 자리에서 일어났다. 그러나 그의 말이 시작도 되기 전에, 군중들의 고함소리가 터졌다.

"조선인은 공산당을 원하지 않는다. 공산주의를 타도하자."

이번엔 조금 전보다 소리가 훨씬 컸다. 이제 군중들은 금방이라도 연단 위로 쏟아져 올라갈 기세였다. 사태가 여의치 않다고 생각했는지, 소련군 장교들을 비롯해 연단 위에 있던 사람들은 급히 역장실 안으로 대피했다. 연이어 소총소리가 들렸다. 소련군 병사들이 시위대를 해산시킬 요량으로 발포를 한 것이다. 총소리에 놀란 시위대는 삽시간에 대오가 무너지며 사방으로 흩어졌다.

이상은 38선 이북 원산에서 있었던 해방경축 군중시위의 상황이다.

얼마 후, 김일성 일행이 중국 안동에서 압록강을 건너 신의주를 거쳐 평양으로 들어갔다는 소문이 들리기 시작했다. 그 소문은 이내 사실로 판명되었다. 소련공산당 서기장 스탈린은 평양에 진주해있던 소련군사령부에 김일성이 평양에 조선공산주의 정권을 조직할 수 있도록 적극적으로 지원하라고 명령했다. 이에 소련군사령부는 38선 이북 각 시·군 책임자들에게 평양에서 회의를 소집한다고 통지했다. 이 회의에서는 김일성을 조선의 유일한 지도자임을 확인하고 이를 만방에 선포했다. 그러나 평양의 각 학교와 민주인사들을 중심으로 소련공산주의 노선을 추종하는 김일성에 반대하는 움직임들이 곳곳에서 벌어졌다. 특히, 각 전문학교와 사범대학의 교수와 학생들이 전면에 나서 이러한 움직임을 주도했다. 소련은 주동자들을 전부 체포해 소련에 있는 노동교화소로 보냈다. 여기에는 남녀의 구분이 따로 없었다. 김일성은 이처럼 소련의 지원 하에 공산주의노선을 반대하는 걸림돌을 하나하나 제거해나간 끝에 결국 38선 이북에 공산주의정부를 수립했다.

김일성의 공산주의정부가 수립되면서, 38선 이북의 영사관 세 곳은 모두 폐쇄되었고 나를 포함해 그곳에서 일하고 있던 모든 관원들은 소련군에 체포되었다. 체포되고 얼마 후, 난 평양법원 로비에서 진남포의 수습영사로 있던 양샤오취엔楊紹權을 만났다.

그가 말했다.

"평양에서 김일성을 만난 적이 있었는데, 그때 그러더군요. 38선 이북에 있는 우리 세 개 영사관은 앞으로 중조친목회中朝親睦會로 바뀌게 될 거라고요. 나중에 진남포로 돌아가서 영사님이 계시는 원산으로 전화를 걸었는데, 연락이 되지 않았어요. 그래서 다시 신의주에도 연락해보았는데 역시 불통이었어요. 그래서 결국 저도 더 이상 연락하는 걸 포기하고 말았어요. 만일에 그때 통화가 되었다면 영사님은 이것에 동의하셨을까요?"

"아니요. 전 절대 동의하지 않았을 겁니다."

이런 게 우려가 되어서 김일성은 소련군에 우리를 체포하라고 한 것일까?

(원제 : 朝鮮人民慶祝解放大遊行)

3

소련 전범수용소 시절

21 영사관 폐쇄

소련군이 38선 이북에 진주한 것은 1945년 9월 12일이다. 그날은 유난히 바람이 세차게 불었다. 그 세찬 바람 때문이었을까? 그날 이후, 38선 이북의 각 시·군은 말할 것도 없고 작은 농촌마을에서까지 소련군이 자행하는 약탈의 회오리바람은 너무도 거세게 몰아닥쳤다. 앞서도 말했듯이, 무엇보다도 소련군이 첫 번째 타깃으로 삼았던 건 조선은행이었다. 조선은행이 소련군에 의해 장악되면서 조선 사람들은 은행에 예금한 돈을 한 푼도 찾을 수 없었다. 30여만 엔에 달하던 우리 영사관의 예금도 전부 압류되었다.

1945년 12월 12일, 소련무장대원들이 두 대의 군용트럭에 나눠 타고 영사관으로 들이닥쳤다. 그들은 영사관에 도착하자마자, 주변을 단단히 포위했다. 곧이어 소련군 대위 한 명이 소총으로 무장한 사병 다섯을 대동하고 영사관 안으로 진입했다. 그 뒤로는 통역으로 조선인 한 명이 따라붙었다. 그들은 영사관원들을 모두 접견실에 불러 모았다.

소련군 대위가 통역을 통해 물었다.

"서기가 누구야?"

서기인 우란루吳蘭如가 앞으로 나섰다.

"제가 서기인데요."

병사 중의 한 명이 우란루를 내 집무실인 영사실로 데려가더니, 한참 만에 다시 나왔다.

다시 통역이 물었다.

"왕용진이 누구야?"

"네, 접니다."

그가 손짓으로 나를 앞으로 불렀다. 나는 그를 따라 내 집무실로 들어갔다.

내 의자에는 대위가 앉아 있었다. 그는 내게 과거 행적에 대해 몇 가지 물었다. 기억은 잘 나지 않지만, 난 약간 긴장한 탓인지 질문에 두서없이 대답을 했던 것 같다.

그들은 영사관을 떠나면서 가져갈 수 있는 것들은 모두 가져갔다. 전화나 사무용품은 물론 사무실 집기까지 남김없이 들어 내갔다. 영사관에서 다년간 보존해오던 각종 서류 및 공문서들도 예외는 아니었다. 심지어 그들은 내 집무실에 있던 현금, 당원증, 의복, 일용품, 카메라, 무선라디오 게다가 집사람의 외투까지 집어갔다. 그것도 모자라 그들은 영사관원들 집까지 샅샅이 수색해 개인물품들을 쓸어갔다. 수습영사의 아내도 코트와 전기재봉틀을 빼앗겼다. 그 와중에 아주 곱상하게 생긴 소련군 병사 한 명과 대위 간에 작은 말다툼도 있었다. 그래서 내가 그 김성이라고 하는 조선인 통역에게 물었다.

"저 사람들은 대체 무엇 때문에 싸우는 거요?"

그러자 이 못된 놈이 퉁명스럽게 말하는 것이었다.

"넌 상관 마!"

마지막으로 소련군은 우리 중에 여자와 아이를 뺀 남자 여섯 명을 자신들이 타고 온 미군 군용트럭에 강제로 태워 시내에 있는 어느 여관으로 끌고 갔다. 사실상 우리는 그곳에 감금된 셈이었다.

이튿날인 12월 13일, 우리 여섯은 함흥에 있는 어느 별장으로 끌려갔고 그곳에서 하루를 더 묵고 다음날 다시 기차역으로 가 열차에 태워졌다. 우리는 객실도 아닌 화물칸에 실렸다. 우리를 호송한 것은 영사관에 왔던 그 대위와 통역인 김성 그리고 사병이 하나 더 있었다. 또 영사관에서 압수한 모든 문건들이 두 개의 궤짝에 담겨 우리와 함께 실렸다. 날은 매우 추웠고 밖에는 큰 눈까지 내렸다. 내가 통역에게 물었다.

"도대체 우리를 어디로 끌고 가는 거요? 그리고 대체 소련의 무슨 법을 어겼기에 영사관을 폐쇄하고 우리를 잡아가는 것이오?"

"나도 몰라."

"아무리 생각해도 우리가 소련의 법을 위반한 것 같지는 않아요. 아니 그리고 서류나 물건이 무슨 사람이요? 법을 위반하게? 근데 왜 죄다 빼앗아 가느냐 말이요?"

김성은 그저 웃기만 할 뿐 아무대답도 하지 않았다.

열차는 아주 천천히 움직였다. 차창 밖으로는 큰 함박눈이 쉼 없이 흩뿌리고 있었다. 난 다행히 모피코트를 입고 있었기에 그다지 추위를 느끼지는 않았다. 그런데 이 김성이란 못된 조선 놈이 내 코트를 보더니, 탐이 났는지 자꾸 자신의 것과 바꾸자고 거의 윽박지르다시피 하는 것이었다. 그 놈이 입고 있던 건 일본군들이 입는 얇은 솜 외투였다. 하지만 난 그 놈의 겁박에 눌려 어쩔 수 없이 외투를 바꿔 입어야 했다. 기차는 너무 느렸다. 함흥역을 출발해 하루를 꼬박 달리고 나서야 겨우 평양역에 도착할 수 있었다.

평양역에 도착해서 처음으로 마주한 이들은 비참하기 짝이 없는 몰골의 소련군들이었다. 그들은 사실 비렁뱅이 거지라 해도 크게 틀리지 않을 정도로 행색이 너무도 초라했다. 머리에 쓴 털모자는 구멍이 숭숭 난 일제 겨울모자였고, 그마저도 쓰지 못한 채 빡빡머리를 그대로 노출한 이들도 꽤 있었다. 몸에 걸친 외투는 다 떨어진 일제 외투였는데, 개중에는 그것도 없어 일제군용담요나 일본 민간인들의 것으로 보이는 더러운 이불을 그대로 둘러쓴 병사들도 군데군데 보였다. 군화는 더욱 가관이었다. 헤지기는 했지만 그래도 털부츠를 신었다면 그나마 다행이었다. 대부분은 그 추운 날에 고무장화를 신고 있었던 것이다. 그래도 그들은 하나같이 몸에 걸친 그 더럽고 낡은 것들이 행여나 바람에 날아갈세라 꽁꽁 언 두 손으로 단단히 틀어쥐고 있었다. 행색이나 몰골이 그러할진대, 그들에게 제대로 된 대오나 구령을 기대할 수 있겠는가? 꽁꽁 언 새우처럼 군데군데 몰려있는 그들은 한마디로 오합지졸 그자체였다.

김성에게 물었다.

"소련군은 원래 다들 저렇소? 거지라 해도 믿겠소. 날이 이렇게 추운데 소련당국은 군인들한테 군복도 제대로 내어주지 않는 모양이오?"

이 빌어먹을 놈이 말했다.

"저것들은 시베리아에서 독일한테 패하고 이쪽으로 도망 온 것들이야. 그러니 군복이며 무기 같은 게 제대로 있기나 하겠어?"

역 플랫폼에 오들오들 떨며 서 있는 그 병사들은 한눈에 보아도 족히 2백 명은 넘어보였다.

우리는 열차에서 내리지도 못한 채 두 시간 넘게 그대로 대기하고 있어야 했다. 이윽고 낡은 트럭 한 대가 도착하더니, 우리를 태우고 출발했다.

평양은 내게는 아주 익숙한 곳이다. 트럭은 평양지방법원 쪽으로 방향을 잡고 있었다. 속으로 지방법원에서 우리를 재판할 모양이라 생각하고 있는데 아니나 다를까, 트럭은 지방법원 안으로 들어서고 있었다.

차에서 내리자마자, 우린 법원 회의실로 끌려갔다. 회의실 안에는 우리 말고도 사람들이 더 있었다.

'아니, 왜 이렇게 사람들이 많은 거야? 다들 우리처럼 끌려온 걸까?'

개중에는 신의주영사관 직원들도 있었다. 영사인 저우관난周冠南, 수습영사 취여우청曲有成, 추밍푸初銘璞, 무쉬건穆緒根, 정춘청鄭春成. 그리고 진남포 수습영사인 양샤오취엔楊紹權도 그 안에 포함되어 있었다. 그러고 보니, 38선 이북

세 개 영사관 사람들이 전부 모인 꼴이었다. 서로의 이야기 속에서, 김일성이 소련군에게 우리를 체포해달라고 했다는 사실을 확인할 수 있었다. 신의주영사관의 통역으로 있는 정춘청은 평양중화상회의 통역이기도 했다. 그래서인지 이곳에 있는 조선인들 중엔 그가 알고 있는 이들이 꽤 있었다. 이들 대부분은 김일성의 공산주의노선을 반대해 소련군에 체포되어 끌려온 사람들이었다. 그들 말에 따르면, 여기 끌려온 사람들은 전부 소련에 있는 노동교화소로 가게 될 것이라고 했다. 난 그것이 사실이 아니기를 바랐다.

다음날, 소련군 장교 한 명이 나를 밖으로 불러냈다. 난 그를 따라 기다란 복도를 지나 어느 방으로 갔다. 그 방에는 소령 한 명이 앉아 있었고, 그 옆에는 중국어를 할 줄 아는 대위 한 명이 서 있었다.

먼저 소령이 물으면 그것을 받아 대위가 통역했다.

"자네 혹시 왕수의라는 조선 놈을 알고 있나? 중국어를 아주 잘 한다고 하던데?"

"모릅니다."

"원산영사관에 여러 번 갔었다고 하던데?"

"영사관에는 우리 교민뿐만 아니라 다른 사람들도 아주 많이 옵니다."

"그 놈은 김일성과 공산당을 반대한 놈이야. 근데 그 놈이 자네 소개장을 들고 남조선으로 갔다는 거야."

"결코 그런 일이 없습니다."

"그래? 그럼 자넨 공산당원인가?"

"아닙니다."

"가족은 있나? 어디에 사나?"

"지금은 원산영사관 내에 그대로 남아 있습니다."

뜬금없는 질문은 계속되었다.

"자네 마오쩌둥은 알지?"

"이름은 들었지만 만나지는 못했습니다."

얘기 중에 슬쩍 방안을 둘러보았다. 그런데 공교롭게도 그곳엔 우리 영사관뿐만 아니라 다른 영사관에서 압수한 각종 서류와 문서 그리고 전기제품들이 산더미처럼 쌓여있었다.

　질문이 끝나자, 난 다시 원래 있던 곳으로 보내졌다. 모두들 궁금했던지 내게 뭘 묻더냐고 물었다. 난 소련군 소령이 내게 물었던 질문들을 모두에게 죽 설명해주었다.

　이곳으로 온 지 엿새 째 되던 날이었다. 우린 다시 소련군의 낡은 트럭에 올라 시 외곽에 있는 어느 산골짜기로 들어갔다. 이곳은 원래 일본군의 병영이 있던 곳이었다. 우린 그 병영 철조망 밖에 있는 허름한 판잣집 안으로 끌려갔다. 집안으로 들어서자, 소련군 보초 몇 명이 서성이고 있었다. 안에는 큰 방이 두 개 있었다. 우리가 들어간 방에는 이층침대가 몇 개 있었다. 갑자기 옆방에서 남녀가 말하는 소리가 들렸다. 말을 들어보니, 일본인이었다. 변소는 집밖에 있었는데, 흙벽으로 둘러쳐져 있었다. 그리고 그 변소 정면으로 도랑이 하나 있었고 그 양쪽은 모두 논이었다. 나중에 알게 된 사실이지만, 옆방에는 팔구 명의 남자와 네 명의 여자가 있었는데 모두 만주국 일본대사관 직원들과 그 가족들이었다. 일본이 무조건항복을 선언하면서, 만주국에 있던 일본 관원들과 민간인들은 기차를 타고 신의주, 평양, 철원, 한성을 차례로 거쳐 부산에 도착해 거기서 다시 배를 타고 일본으로 가는 게 일반적이었다. 개중에 똑똑한 일본인들은 히로히토가 성명을 발표하자마자 연합군에 투항해 가족을 데리고 기차로 남하하기도 했다. 여기에 있는 이 만주국 주재 일본대사관직원들은 필시 미처 남쪽으로 도망가지 못했거나 도주하다가 실패한 사람들일 게다. 실제로 그들은 소련군이 동북삼성과 38선 이북에 진주하자, 급히 남하하려다가 38선에 가로막혀 평양에 발이 묶여 있다가 체포된 사람들이었다. 미소 양국에 의해 임의로 그어진 이 38선은 사실상의 국경선이었다. 따라서 열차가 38선을 넘어 한성으로 간다는 건 애초부터 불가능했다. 그 상황을 제대로 몰랐던 이 일본대사관 직원들은 무작정 기차로 평양까지 왔다가 뒤늦게 한성으로 갈 수 없다는 것을 알고 우왕좌왕하다 소련군에 발각되어 이곳으로 끌려오게 된 것이다.

이곳에서의 식사배식은 일본군 포로들이 맡았다. 아침엔 된장국과 무채가 나왔고, 점심과 저녁에는 장아찌 같은 간단한 밑반찬과 함께 자반이 나왔다. 밥은 쌀밥이 아니라 잡곡밥이었다. 일본여자들 중에 몇몇은 소련군 병사들의 성적 노리개가 되어 있었다. 변소는 남녀가 구분되어 있지 않아서 일본여자들은 변소에 갈 때면 항상 짝을 이루어 가곤 했다.

하루는 소련군 병사 하나가 우예싱의 부친을 밖으로 불러냈다. 우예싱은 나와 함께 한성으로 갔다가 원산으로 돌아가기를 원하지 않아 한성에 그대로 남았던 바로 그 수습영사 우예싱이다. 이는 여기 있는 사람들 모두 이미 알고 있는 사실이었다. 그런데 우예싱은 원산영사관이 폐쇄되고 영사관 직원들이 이곳으로 압송되었는데, 개중에 자신의 아버지도 포함되어 있다는 소식을 듣게 된 것이다. 그래서 급히 한성에 있는 소련영사관에 가서 자신의 아버지를 한성으로 모셔올 수 있도록 부탁했던 것이다. 소련군 병사에게 불려나갔던 그의 부친은 잠시 후 다시 돌아오더니 서둘러 짐을 꾸리기 시작했다. 모두들 그에게 다가가 어디로 가는 것이냐고 물었다.

"소련 한성영사관 영사가 지금 평양에 와 있는데, 그 사람이 나더러 한성에 같이 가자고 하네요. 그 영사는 내가 한성 각국영사관 구락부에서 일할 때부터 잘 알던 사이예요."

그랬다. 그는 한성 각국영사관 구락부에서 일을 했었고 그의 아들 우예싱은 그때 그곳에서 태어난 것이었다. 아무튼 우예싱의 부친이 이곳을 벗어나 한성으로 가게 되었다는 소식에 모두들 그에게 축하의 말을 건넸다.

어느 날 소련군 병사가 나를 호출했다. 그가 데려간 곳은 언덕 위에 있는 허름한 가옥이었다. 집안으로 들어가자, 소련군복을 입은 사람이 나를 맞이했다. 직감적으로 그가 조선인이라는 것을 알았다. 그는 중국어가 아주 능숙했다. 내가 자리에 앉자, 다짜고짜 이렇게 물었다.

"자네 고향집엔 키우는 가축이 몇 마리나 되나? 소나 말이 있나? 거위나 오리는? 또 땅은 좀 가지고 있나?"

난 그 질문에 정말 답을 해야 하는 건지 순간 당황했다. 질문 자체도 우스꽝스러웠지만, 내게 이런 걸 묻는 의도가 도대체 뭔지 궁금했기 때문이다.

'설마 이놈들이 산동에 있는 내 고향까지 가서 내 재산을 공산화하려고 하는 건 아니겠지?'

당시 소련은 동북삼성과 조선의 38선 이북은 점령했지만 산동까지는 아직 손이 미치지 못하고 있던 상황이었다. 또 그럴 가능성도 없었다. 도대체 이따위 것을 왜 묻는 건지 이해가 되지 않았지만 어떻게든 대꾸는 해야 할 것 같았다.

"왜 그런 걸 묻는지는 모르겠지만, 정 궁금하면 직접 내 고향집에 가서 조사해보세요. 그럼 알 거 아니오? 나도 잘 모르겠소."

"이건 다 스탈린 서기장의 명령을 받고 조사하는 거야."

"아니 그럼, 그 스탈린이란 사람더러 직접 가서 조사해보라고 하시던가."

난 약간은 신경질적으로 답했다.

이 한심한 코미디는 그렇게 끝이 났다.

우리가 이곳에 온 지도 어느덧 석 달이 넘었다. 하루는 미제 트럭 한 대가 우리 숙소 앞에 멈추었다. 소련군 장교가 숙소 안으로 들어오더니 어서 짐을 꾸려 밖으로 나오라고 했다. 다시 우리를 딴 곳으로 데려갈 모양이었다. 우린 트럭을 타고 처음에 들렀던 그 법원으로 다시 끌려왔다. 왜 또 여기로 온 걸까?

차에서 내리자, 처음 우리가 이곳에 왔을 때 나를 심문했던 소련군 소령과 대위가 차 앞에 대기하고 있었다. 대위가 유독 나를 지목하며 따라오라고 했다.

"자네, 공산당에 참여할 의향이 있나?"

"아니오. 없습니다."

내 대답은 단호했다.

"자네 가족들은 지금 어디에 있나?"

"당신들이 처음 우리를 잡아온 곳 바로 그곳에 있습니다."

소령이 대위에게 내보내라는 손짓을 했다.

"가자."

대위가 말했다. 밖으로 나오면서 방안을 둘러보니, 각 영사관에서 압수한 물품이나 서류들은 어느새 사라지고 없었다. 난 대위를 따라 다시 타고 온 트럭에 올랐다. 트럭은 법원을 빠져나와 기차역 쪽으로 방향을 틀었다. 역 앞에는 꽤 많은 화교들이 나와 있었다. 그들은 열심히 손을 흔들며 누군가에게 이별을 고하고 있었다.

'고향으로 돌아가는 화교들인가? 그래서 이 조선 땅에 작별인사를 하는 것일까?'

정확히는 모르겠다.

우리는 트럭에서 내려 미리 역 뒤편에 대기하고 있던 왜건 한 대에 옮겨 탔다. 왜건은 한 눈에 보아도 죄수들 호송용임을 알 수 있었다. 왜건 안은 두 개의 층으로 구분되어 있었다. 이층엔 우리가 탔고, 아래층은 나이 지긋한 소련군 중위와 두 병의 병사가 탔다. 아까 들렀던 방에서 사라졌다고 생각했던 영사관의 물품들과 문서들은 바로 그곳에 있었다. 우리가 탄 이층에는 작은 문 하나가 나 있었는데, 병사 둘이서 문 앞을 교대로 감시했다.

'도대체 우리가 소련의 어떤 법을 위반해서 이 꼴을 당하고 있는 것일까? 난 정말 모르겠다. 오직 하늘만이 알겠지!'

우리는 왜건에서 내려 다시 기차에 올랐다. 기차 안은 객실이고 화물칸이고 할 것 없이 온통 약탈물자로 가득했다. 기차는 아주 느리게 달렸다. 혹한의 날씨였다. 기차는 하루를 꼬박 달려 밤이 되어서야 훈춘暉春 역에 닿았다. 역 밖 여기저기엔 약탈물자가 산처럼 쌓여 있었다. 우린 기차에서 내려 다시 미제 화물트럭으로 갈아탔다. 우리 트럭 뒤로는 또 다른 대형트럭이 뒤따르고 있었다. 그 트럭들에는 영사관에서 압수한 물품들과 서류들이 실려 있었다.

도중에 트럭이 전복될 뻔한 아찔한 상황도 있었다. 내 생각에 트럭은 중국의 옌츄燕秋 쪽으로 가는 것 같았다. 출발한 지 한 시간쯤 지나 트럭이 멈추고, 나이 든 중위가 차에서 내려 누군가와 열심히 이야기를 했다. 필시 중소국경의 초소병과 얘기를 나누는 것일 게다. 늙은 중위가 다시 차에 오르자, 차는 다시 출발했다. 다시 한 시간쯤 더 지났을 즈음 차가 멈추었다. 소련군 병사가 하차를 명했다. 밖은 한 치 앞도 분간할 수 없을 만큼 칠흑의 밤이었다.

'여기가 어디일까?'

나로선 전혀 종잡을 수가 없었다. 멀지 않은 곳에 작은 불빛이 보였다. 병사는 그 불빛이 반짝이는 아담한 건물 안으로 우리를 데려갔다. 안에는 총들이 아주 많았다. 갑자기 병사가 집게손가락을 입에 대며 조용히 하라는 시늉을 했다.

"마담 꺼삐딴 쓰빠찌!"

여군 장교가 잠을 자고 있으니 떠들지 말라는 뜻이다. 그 소련군 병사는 자신도 지쳤는지 풀썩 쓰러지듯 바닥에 누워버렸다. 우리도 빈자리를 찾아 구석에 앉았다.

날이 밝았다. 눈은 떴지만 간밤에 잠자리가 불편했던 탓인지 몸이 찌뿌둥했다. 우리를 압송해 온 소련군 중위와 병사들의 호출에 간신히 몸을 일으켜 밖으로 나왔다. 이내 우리는 우수리스크로 가는 기차의 시발역인 옌츄역으로 끌려갔다. 역 주변에는 동북과 북조선에서 약탈해온 물자들이 곳곳에 산처럼 쌓여 있었다.

우리를 기다리고 있는 것은 30여 칸으로 된 아주 긴 열차였다. 이 기차는 본래 소련의 노동자나 하층민들이 주로 이용하는 것이었다. 열차는 컴파트먼트 형식의 객실과 화물칸으로 나누어져 있었는데, 화물칸에는 각종 차량과 기계설비 같은 것들이 실려 있었다. 우리는 소련군 중위의 명령에 따라 객실 안으로 들어갔다. 탑승객은 예상외로 많았다. 그러나 일반 승객들은 별로 없고 대개가 철도노동자들이었다. 그런데 이상한 건 노동자들의 대다수가 여자라는 사실이었다. 기차가 출발해 달리기 시작하면서 객실 안은 점점 소란스러워지기 시작했다. 소련사람들의 떠드는 소리, 웃음소리 심지어 노랫소리까지 조금씩 들리는가 싶더니 어느새 옆에 앉은 사람의 말소리조차 들리지 않을 정도로 시끄러워졌다. 언제부터였는지 컴파트먼트는 문이 아예 떨어져 나간 상태였고 바닥에는 볏짚이 깔려 있었다. 우리가 타기에 앞서 영사관에서 가져온 각종 문서나 서류들이 먼저 실렸다.

열차를 타고 가는 길에는 마을도 없었고 논밭도 보이지 않았다. 그저 끝없이 펼쳐진 초원과 간혹 보이는 작은 구릉들뿐이었다. 중간 중간 역에 서기는 했지만 정차시간은 기껏해야 일이 분 정도로 아주 짧았다. 그래서인지 용변이 급한 사람들은 기차가 역에 정차하기 무섭게 차에서 내려 어디로인가 부리나케 달려갔다. 남자들이야 대충 아무데서나 해결하고 오면 그만이었지만, 여자들의 경우에는 좀 달랐다. 여자들은 풀숲이라도 찾아 들어가려고 이리저리 헤매느라 시간을 허비하기 일쑤였다. 한번은 열차가 역에 정차하자, 여자노동자 한 명이 용변이 급했던지 얼른 차에서 내려 풀밭 쪽으로 냅다 달리기 시작했다. 그런데 일분이나 지났을까? 기적소리가 울리는 것이었다. 기적소리에 놀란 여자는 하도 급했던지 바지도 미처 올리지 못한 채 허겁지겁 달려왔다. 하지만 야속하게도 기차는 그녀를 기다려주지 않았다. 제대로 추스르지도 못한 바지를 양 손에 부여잡은 채 뒤뚱뒤뚱 기차를 쫓아오는 여인의 모습이 정말 안쓰러웠고 한편으로는 우습기도 했다. 그래도 다행인 것은 어떤 남자가 밖으로 손을 내밀어 그녀를 끌어올려주는 바람에 무사히 기차에 오를 수 있었다는 사실이다. 하지만 차에 올라탄 그녀의 모습은 다시 한 번 사람들의 웃음을 자아내고 말았다. 바지를 추키지 못해 그녀의 하복부가 그대로 드러나 있었기 때문이다. 우리도 웃었고, 우리를 끌고 온 소련군들도 웃었다. 나중에 안 사실이지만, 이런 일은 소련에서 기차를 타면 종종 볼 수 있는 풍경이란다. 그럼, 만약 기차를 놓쳐버리면 어떻게 하지? 그때는 하는 수 없이 드넓은 초원에 홀로 남아 다음 기차가 올 때까지 하염없이 기다리는 수밖에 다른 도리가 없다는 것이다.

　아침에 출발한 기차는 밤이 돼서야 도착했다. 우리는 차에서 내려 한참을 역에서 대기했다. 드디어 화물트럭 한 대가 우리 앞에 섰다. 차를 타고 반시간쯤 달렸을 것이다. 한 치 앞도 분간할 수 없는 캄캄한 밤에 어디인지도 모르는 곳에서 우리는 내렸다. 소련군장교가 우리를 어느 건물로 데리고 갔다. 건물 복도에 서 있자니 또 다른 장교 한 명이 나와 개인별로 본인들의 짐을 챙겨 방으로 들어가라고 명령했다. 그 와중에 물품을 검사해 칼 같이 날카로운 것들은 전부 몰수했다. 우리가 끌려들어간 곳은 아주 큰 방이었다. 방은 텅 빈 채 아무 것도 없었고 단지 바닥에 널빤지만 깔려 있을 뿐이었다. 처마 밑에는 밖을 내다볼 수 있는 아주 조그만 창문 하나가 있었다. 우린 이곳이 바로 소련의 형무소라는 걸 직감할 수 있었다.

　이튿날 아침, 소련군 병사가 수수죽과 손가락만한 굵기의 호밀 빵 한 조각을 각자에게 나누어주었다. 수수죽 안에는 소금에 절인 연어 몇 덩이가 들어있었다. 아침을 먹고 잠시 숨을 돌리고 있을 즈음이었다. 소련군 사병 한 명이 우리가 있는 감옥에 수감되었다. 물론, 우리는 그가 어떤 죄를 짓고 들어왔는지 모른다.

　아침 10시 경, 장교 한 명이 우리더러 짐을 챙겨 밖에 있는 트럭에 타라고 명령했다. 다른 곳으로 가려는 모양이다.

　'이번엔 또 어디로 가는 걸까?'

　트럭은 우수리스크를 빠져나와 외곽도로로 접어들었다. 가는 내내 인가는 전혀 보이지 않았다. 한참을 달리는가 싶더니, 드넓은 광야 한가운데 새카만 형체가 저 멀리 보이기 시작했다. 언뜻 보면 탄광 같기도 했고 또 어찌 보면 소나 말 같기도 했다. 그러나 둘 다 아니었다. 트럭이 그곳과의 거리를 조금씩 좁혀갈수록 형체는 점차 분명해졌다. 그것은 모두 차량들이었다. 소련군이 중국의 동북과 조선의 38선 이북에서 빼앗아온 각종 차량들이 전부 이곳에 쌓여 있었던 것이다. 그때 갑자기 저우관난이 소리쳤다.

"우리 차가 여기 있어."

"어 그러네. 우리 것도 여기 있네!"

나였다. 실제로 내가 타고 다니던 차도 여기 있었다.

이번엔 추밍푸가 끼어들었다.

"야, 이거! 아무리 못해도 3, 40만 대는 넘을 것 같은데."

그 순간, 하늘에 비행기가 지나가는 것이 보였다. 그 비행기는 아주 저공비행을 하고 있었다.

'근처에 비행장이 있나?'

그랬다. 트럭의 최종 목적지는 근처에 있는 비행장 외곽이었다. 이곳엔 이층 건물들이 죽 늘어서 있었고 그 외부는 철조망으로 둘러쳐져 있었다. 트럭은 철조망 사이에 있는 정문 앞에 정차했다. 소련군 장교가 차에서 내려 보초병과 몇 마디 주고받더니 트럭기사에게 정문 안으로 차를 몰고 들어오라는 신호를 보냈다. 건물 앞 운동장에선 일본군 복장을 한 사람들이 햇볕을 쬐고 있었다. 이들은 다롄 등 동북지방에서 끌려와 이곳에 수감되어 있는 일본군 포로들이었다. 개중에는 만주괴뢰국의 헌병사령관 두 명도 끼어있었다. 한 명은 궈뤄린郭若霖이라는 자였고, 다른 한 명은 관청산關成山이라는 자였다. 둘 다 중장이었다. 이외에도 만주국 일본대사관 관원들도 있었고 다롄 주재 독일총영사관 총영사와 그 관원들도 무리에 섞여 있었다.

우리는 이층 감방에 수감되었다. 옆방에는 독일총영사관 소속 여직원 세 명이 갇혀 있었다. 그녀들 중에 우즈라는 여인은 중국어를 아주 잘 했다. 또 한 명은 러시아어에 능통했고 나머지 한 명은 젊은 아가씨였다. 그녀들 말로는 자기들 외에도 독일총영사관 소속 남자 관원이 한 명 더 있는데, 그는 이곳 소장의 식사를 담당하고 있단다. 그러나 그녀들은 자신들의 총영사까지 이곳에 잡혀 온 것은 아직 알지 못하고 있는 눈치였다. 아무튼 그녀들은 우리와 함께 지내는 걸 아주 기꺼워했다.

비행장은 수이펀허와 아주 가까웠다. 그래서인지 매일 같이 동북과 조선

방향으로 가는 비행기가 이착륙을 반복했다. 우리 감방은 본래 비행장 직원들의 가족용 숙소였다. 그곳에 철조망을 둘러 감옥으로 사용하고 있는 것이다.

우리는 매일 같이 이십여 대의 미제군용트럭이 대포 같은 무기류나 식사조리용 대형 솥 따위를 싣고 수이펀허 쪽으로 달려가는 것을 볼 수 있었다. 트럭에 실린 대포는 모두 미제였다. 이는 필시 소련이 국민당과 내전을 벌이고 있는 공산당을 지원하기 위한 조치 중의 하나일 게다. 아니, 이건 단순한 추측이 아니라 사실상 확신이었다.

이곳에서의 생활은 사실 굶주림과의 전쟁이었다 해도 과언이 아니다. 우리는 배불리 먹을 수 없었다. 우리에게 주어진 하루식사는 손가락 굵기의 호밀빵 세 조각에 수수죽 한 주걱 그리고 소금에 절인 자반 한 덩이가 전부였다. 수수죽은 국 숟가락으로 대여섯 번 떠먹으면 끝이었다. 메뉴는 매번 똑같았다. 주방을 장악하고 있는 것은 일본포로들이었다. 그러나 그들조차도 연일 계속되는 배고픔에 아우성을 쳐대기는 매한가지였다. 배고픔을 잊기 위해 이곳 포로들이 할 수 있는 거라곤 매일 같이 운동장에 나가 햇볕을 쐬거나 운동장 구석 풀밭에서 민들레 뿌리를 캐와 숨겨놓은 미제 통조림에 넣어 끓여먹는 것 정도였다.

하루는 독일여자들이 우리 쪽에 와 이렇게 말했다.

"총영사관에 같이 있던 남자 동료 하나가 소장 밥을 해주고 있는데, 그 사람 말이 소장 식탁에는 매일 같이 미제 통조림과 소시지, 고기 같은 게 올라간다고 하네요. 또 어떨 때는 소장이 부하한테 창고에서 호밀 빵을 가져다가 인근 마을의 농민 자류지自留地[1]에 가서 감자와 바꿔오라 시키기도 한데요. 그래서 자기도 창고에 가서 소장한테 줄 거라고 대충 눙치고는 그걸 받아다가 멋대로 음식을 해먹는다는 거예요. 그것도 아주 배부르게."

들고 보니, 이건 그야말로 포로에게 줄 배급양식을 멋대로 착취하는 것이란

---

1) 사회주의 국가에서, 농민에게 집단 농장에서의 공동 작업 외에 개인적으로 경영할 수 있도록 인정한 경지를 말한다.

생각이 들었다.

우즈 부인이 말했다.

"우리도 이렇게 맥 놓고 가만있을 수는 없잖아요? 억울하잖아요? 다 같이 가서 처우를 개선해달라고 요구해요."

그렇지만 난 상황을 좀 더 보고 나중에 다시 이야기하자고 하고는 그녀를 돌려보냈다.

(원제 : 蘇聯匪軍把三八線以北三個僞領事館封鎖頭)

22 헌병사령부

우리가 이곳에 오고 얼마 안 되어 평양 교외에 숨어있던 만주국 일본대사관 관원들도 모두 체포되어 이곳으로 끌려왔다.

그리고 다시 석 달이 조금 지났을 때였다. 하루는 박스형 호송차량 한 대가 운동장 안으로 들어섰다. 소장이 다짜고짜 나보고 그 호송차량에 타라는 것이었다. 차에 타고 나서야 '아뿔싸!' 뭔가 크게 잘못되고 있다는 걸 직감했다. 이 차는 다름 아닌 죄수 압송을 위해 특수 제작한 차였던 것이다. 말로는, 소련의 과학자가 오랜 연구 끝에 개발한 것이라 한다.

'왜 하필이면 이 차에 내가 탄 거지?'

차내 중앙통로는 겨우 한 사람이 지나갈까 말까할 정도로 매우 비좁았다. 그래서 안으로 들어갈 수는 있지만 몸을 돌려 다시 나오기는 아예 불가능하도록 설계되어 있었던 것이다. 군이 빠져나오려고 한다면 통로 입구까지 계속 뒷걸음질 쳐서 나올 수밖에 없었다. 통로 양쪽으로는 각각 다섯 개의 칸막이 공간이 있어 도합 열 명의 죄수를 태울 수 있도록 되어 있었다. 그런데 공교롭게도 그날만큼은 나 혼자였다. 나는 안으로 들어가지 않고 그냥 의자 등받이에 기댄 채 맨바닥에 주저앉았다. 차가 출발했다. 차가 심하게 덜컥거리는 바람에 가는 내내 머리가 떵하고 어질어질했다.

차가 목적지에 도달하자, 차 밖에서 누군가 차문을 열고 나를 끌어내렸다. 그제야 나는 이곳이 어디인지 알 수 있었다. 여기는 일전에 내가 하루 정도 갇혀 있었던 헌병사령부 바로 그곳이었다. 나를 호송해온 장교가 나를 전에 있었던 감방으로 다시 끌고 갔다. 감방에 들어서자, 안에는 많은 중국인들과 조선인들이 있었다. 나중에 안 사실이지만, 그들도 조선 이북과 동북에서 잡혀온 사람들이었다.

중국인 중에는 동북 무린현穆林縣에서 임시 현장縣長을 맡아 인민의 안전과 사회의 안정을 유지하기 위해 애쓴 사람도 있었다. 그들은 하나같이 국민당군대가 올 줄 알았지 소련군과 팔로군이 올 줄은 꿈에도 생각하지 못했다고 했다. 한편, 조선인들은 김일성의 공산주의노선에 반대했다는 이유로 소련군에 의해 끌려온 사람들이었다. 그들이 우리에게 은밀히 들려준 바에 따르면, 조선에서 잡혀온 사람 중에 상당수는 강제노동수용소로 끌려갔다고 했다. 이밖에도 세 사람의 소련 죄수들이 함께 수감되어 있었는데, 이들은 낮에 나가 하루 종일 노동을 하고 밤이 돼서야 감방에 돌아와 잠만 잤다. 그렇지만 배급되는 식사만큼은 이곳이 비행장 쪽보다 훨씬 나았다. 수수죽의 양도 많았고 호밀 빵이나 자반도 덩어리가 더 컸다.

우리에게는 하루 세 번의 자유시간이 주어졌다. 가벼운 산보도 할 수 있었고 변소도 갈 수 있었다. 변소는 야외에 흙벽으로 대충 쌓아올린 곳에 마련되어 있었는데, 이곳은 동북 출신 죄수들 간에 서로 정보를 주고받는 유일한 장소이기도 했다. 그 덕분인지 그들은 소련군과 팔로군의 상황에 대해 비교적 소상하게 알고 있었다. 간혹 야외 운동장에서 만나지 못할 때도 있는데 그럴 때면 누군가 지정된 담장의 작은 구멍에 메모한 종이를 찔러 넣고 가면 다른 사람이 그곳에 가 메모지를 꺼내와 돌려보는 식으로 정보를 공유했다.

하루는 형무소 동쪽에 있는 어느 이층집 민가에서 노파와 어린 여자 아이가 호밀 빵을 들고 나와 암소에게 먹이는 모습이 보였다. 누군가 이렇게 말했다.

"저건 우수리스크 헌병사령관 관사야. 그런데 왜 저 집 마당에는 중국인들 관이 저렇게 많은 거야?"

다른 누군가가 나서 답을 했다.

"저건 다 동북에서 가져온 거야. 땔감으로 아주 좋거든."

어느 날 소련군 장교가 나를 불러냈다. 그는 나를 어느 건물로 데려갔다. 건물 안으로 들어서니 마침 변소가 눈에 들어왔다. 나는 그 소련군 장교에게 부탁했다.

"저, 소변을 좀 보았으면 하는데요."

그가 고개를 끄덕이기 무섭게 나는 바로 변소로 달려갔다. 그런데 제기랄! 이 건물 안 변소는 밖에 있는 공동변소보다도 훨씬 더 더럽고 형편없었다. 더러운 휴지들이 여기저기 굴러다녔고, 하얀 벽은 마치 손가락으로 지도를 그려놓기라도 한 것처럼 온통 똥칠한 흔적으로 가득했다. 난 어쩔 수 없이 변소 입구에 서서 안에 대고 오줌을 갈겼다. 볼일을 보고 밖으로 나오자 장교가 나를 데리고 어느 방으로 들어갔다. 그곳에는 소령 한 명이 사무용 책상 앞에 앉아 있었다. 그는 중국어를 할 줄 아는 모양인지 대뜸 나에게 중국어로 물었다.

"자네, 세기야마關山라는 일본사람 아나?"

"전 중국인인데, 어떻게 일본사람을 알겠습니까?"

그러자 그가 다시 말했다.

"여기 그 자 사진이 있으니 한번 보게."

"볼 것도 없습니다. 전 일본사람은 전혀 모릅니다."

"그 자는 자네를 알고 있다고 하던데?"

"그럼, 잘 되었네요. 그 사람을 불러주십시오."

"그 놈은 간첩이야."

"제가 일본 간첩을 어떻게 알겠습니까? 저와는 전혀 상관이 없습니다. 설마 소련이 각국 영사관에서 스파이 행위를 한 것까지 저에게 묻지는 않으시겠지요?"

마지막 말이 그 소령의 화를 돋우었는지 그가 갑자기 책상서랍 안에서 권총을 꺼내들었다. 그가 권총을 꺼내는 것을 보고 나도 덩달아 화가 치밀어 지지 않고 대들었다.

"왜요? 날 쏘시려고요? 자, 여기에요! 여기를 쏘세요."

나는 되레 가슴을 앞으로 내밀며 손가락으로 두어 번 쿡쿡 찔러대며 대거리를 했다.

"각국에 있는 소련영사관 사람들이 얼마나 많이 추방되었는지 내가 말해줄까요? 다른 나라 신문들을 좀 보세요. 당신들이 얼마나 환영받지 못하는 사람들인지 곳곳에 실려 있으니까."

"이 새끼가 뭔 헛소리야!"

"그럼, 다른 나라 신문들이 다 거짓말을 하고 있단 말입니까? 일본 놈이 간첩 질을 했는데 왜 일본 놈들한테 가서 묻지 않고 나한테 묻느냐 이거요?"

소령은 더 이상 대꾸할 말이 없었던지 들고 있던 권총을 슬그머니 다시 서랍 안으로 밀어 넣었다.

"당신들 소련군이 원산에 있을 때, 우린 당신들 군대의 식사문제까지 다 해결해주고 여러모로 협조를 많이 했어요. 근데 이렇게 우리를 잡아들이다니, 이게 말이 됩니까? 이건 그야말로 도적들이나 하는 짓 아니요? 난 소련군의 그 어떤 일도 방해한 적이 없어요. 이건 정말 적반하장이고 은혜를 원수로 갚는 일입니다. 당신들 공산주의 소련이 정말 도리를 안다면 이렇게 하면 안 되는 것입니다."

소령의 목소리는 한층 더 작아졌다.

"이건 다 우리 스탈린 서기장 명령에 따라 하는 일이야."

이야기 중에 중위 한 명이 들어와 소령에게 말했다.

"오늘은 설탕을 배급하겠습니다."

소령이 중위에게 손가락을 까딱이며 나를 데려가라는 시늉을 했다.

"빠이좀!"

나는 그를 따라 나와 다시 감방 안으로 돌아왔다. 모두들 소련군이 무슨 일 때문에 불렀느냐고 물었다. 나는 방금 전 소령과 있었던 일을 사람들 앞에서 죽 읊어댔다. 임시 현장이라고 했던 그 마馬씨 성을 가진 이가 말했다.

"국민당 군대가 왔어야 하는 건데, 도적놈 같은 소련군이 왔으니, 원! 옛날에 일본을 위해 스파이 노릇을 했던 동북 사람들은 이번에 전부 체포되어 소련의 강제수용소로 끌려갔어. 우리가 소련군한테 잡혀온 것도 다 그 놈의 팔로군 놈들이 개수작을 부려서일 거야."

이상은 나의 두 번째 헌병사령부에서 있었던 일이다.

하루는 소련군 장교가 와서 나더러 석방되었으니 나가도 좋다고 말했다. 형무소 밖으로 나오자, 처음 나를 이곳으로 데려왔던 그 소련제 현대화된 호송차량이 그곳에서 나를 기다리고 있었다. 나는 그 '과학화'된 호송차량에 올라 역시 전처럼 의자에 앉지 않고 차문 옆 바닥에 주저앉아 꼼짝 않고 있었다. 이윽고 차가 출발했다.

나는 원래 있던 그 비행장으로 돌아왔다. 차에서 내리자, 마당에서 햇볕을 쐬고 있던 영사관원들이 달려와 꼬치꼬치 캐묻기 시작했다. 옆방의 그 독일여자들도 다가와 이것저것 물으며 관심을 보였다. 이층으로 올라와 나는 헌병사령부에서 있었던 일을 처음부터 끝까지 그들에게 말해주었다. 그러자 독일여자들이 맞장구를 쳤다.

"처음에 우리를 잡아왔을 때에도 그런 식으로 물어봤어요."

난 배급되는 식사에 관해서도 차이가 있더라는 얘기도 들려주었다.

"그쪽 감옥의 배급량이 여기보다 많았어요."

독일여자 우즈가 다시 끼어들었다.

"우리도 이참에 사령부에 얘기해서 이런 문제들에 대해 건의해보는 게 어때요? 이를테면 주방에 중국인 요리사가 필요하니 배치해 달라든지, 포로들에게 하루에 배급되는 물품이 얼마나 되는지 창고에 대한 실사를 해달라든지, 저울이 정확한지 철저히 조사해달라든지 등등이요."

다들 이 말에 동의하고 나섰다. 그래서 소장에게 사령부에 할 이야기가 있으니 사령부에서 사람을 파견해 줄 수 있도록 해달라고 부탁했다.

"할 얘기가 있으면 다 나한테 말해!"

"사령부에서 사람이 안 나오면 우리도 말할 수 없습니다."

"좋아. 그럼 상부에 이야기해볼 테니 가서 기다려!"

며칠 후, 교도소 측에서 소장실로 오라는 통보가 왔다. 우즈와 러시아 말을 할 줄 아는 여인 그리고 나 이렇게 셋이서 소장실로 갔다. 방에는 중령 한 명과 소령 한 명이 앉아 있었다. 우리 세 사람은 자리에 앉았다. 우즈가 러시아 말을 하는 여인에게 대략적인 내용을 이야기하자, 그 여인이 통역을 했다. 그런데 그녀의 통역은 거의 10여 분이 넘게 계속되었다. 중령과 소령 두 사람은 눈을 휘둥그레 뜬 채 물끄러미 바라보며 듣고만 있었다. 이 러시아 말을 통역하는 여인은 우리와 마찬가지로 배고픔의 고통을 알고 있었기 때문에 말이 많았던 것이다. 다 듣고 나서 소령이 말했다.

"너희들의 요구는 알겠다. 그럼 주방에 중국인을 배치해 감독하도록 하겠다."

이번엔 중령이 중국어로 말했다.

"모든 사람이 빵을 먹을 수 있도록 하는 게 바로 우리 러시아혁명이야. 배불리 먹게 하는 것 그게 바로 혁명이라는 말이다. 따라서 앞으로 우리 정부는 너희 포로들이 생활하는데 있어 불편함이 없도록 하루 1인당 호밀 빵 300그램, 잡곡 300그램 그리고 육류와 어류도 배급해주도록 하겠다. 아울러 중국인 정춘청을 주방에 보내 감독하도록 하고, 우리도 창고에 가서 조사를 해보도록 하겠다. 창고에는 매일 수령되는 호밀 빵과 잡곡, 자반 말고는 육류 같은 건 전혀 없다. 저울도 재조사를 해서 과연 정확한지 아닌지 검사해보겠다."

내친 김에 그는 바로 창고관리 병사를 불러 물었다.

"왜 저울이 정확하지 않다는 말이 자꾸 나오는 건가?"

그리고는 그 자리에서 병사에게 저울 위에 호밀 빵 한 조각을 올려놓아보라고 명령했다. 결과는 예상한대로 전혀 맞지 않았다. 저울을 제대로 맞추게 한 후, 중령은 병사에게 앞으로 저울이 맞지 않으면 그 즉시 바로바로 교정하라고 한바탕 혼을 냈다. 우리는 두 장교에게 감사하다는 뜻을 전하고 감방으로 돌아왔다. 이때부터 정춘청이 주방에 들어갈 수 있게 되었다. 얼마 후, 일본인들이 우리에게 다가와 고맙다고 했다.

"교섭을 정말 잘 하신 것 같아요. 덕분에 생활하는 게 이전보다 훨씬 나아졌어요."

정춘청은 매일 창고에 가서 직접 식자재를 수령해왔다. 그때마다 창고를 관리하는 병사와 부딪힐 수밖에 없었다. 그래도 정춘청은 전혀 주눅 들지 않고 그와 언쟁을 마다하지 않았다.

"당신이 배급을 정량대로 주지 않으면 우리는 바로 사령부에 보고하겠습니다."

병사는 하는 수 없이 고분고분 우리의 말을 따랐다.

(원제 : 到憲兵司令部去坐監)

23 누명

밥 먹는 문제와 관련해 소련 당국에 우리의 의견을 일정부분 반영한 뒤로 그동안 주방과 창고에서 벌어졌던 각종 횡령이나 착복의 문제가 하나하나 불거지게 되었다. 그 바람에 주방을 맡고 있던 일본인들과 창고를 관리하던 병사들이 우리에게 갖는 불만이 이만저만이 아니었다.

하루는 아직 기상시간도 되지 않은 이른 새벽이었는데, 갑자기 식량배급을 담당하던 병사와 위병 두 명이 우리 방으로 들이닥쳐 다짜고짜 우리를 깨우기 시작했다. 우리는 처음에는 다른 곳으로 이감되려나보다 생각했다. 그러나 아니었다. 이 세 명의 병사는 방안을 샅샅이 수색하더니 아무 것도 나오는 게 없자, 이번에는 침대 밑과 짐 보따리를 뒤지기 시작했다. 우리로서는 영문을 몰라 그들이 하는 짓을 그저 바라보고 있을 수밖에는 없었다. 나는 이것은 아니다 싶어 우즈와 러시아말을 할 줄 아는 여인을 찾아가 우리 방으로 와서 대관절 무슨 일인지를 병사에게 물어봐달라고 부탁했다. 말인즉슨, 주방에 병사용으로 남겨놓은 빵이 없어졌는데 그것을 우리 소행으로 의심하고 있다는 것이었다. 우리는 너무도 어이가 없었다.

"주방문 밖에 병사들이 늘 보초를 서고 있고 주방 창문에도 철조망이 쳐져 있는데 우리가 무슨 수로 그걸 훔친다는 거야? 창문이나 문을 뜯고 들어갔다는 거야, 뭐야? 그럼, 보초서는 놈들은 무슨 허깨비야?"

러시아말을 하는 여인이 병사 한 명에게 이런 내용으로 통역을 했다. 그러자 나머지 두 명의 병사가 사용하지 않던 옛날 주방으로 가서 뒤지기 시작했다. 얼마 후, 그곳에 방치된 채 있던 부뚜막 아궁이 안에서 빵 세 조각이 나왔다. 그들은 빵을 집어 들고는 빵 밑으로 식지와 중지를 넣어 이상한 손짓을 했다. '빨리 꺼져!'라는 표시라고 한다.

"너희 중국 놈들이 이 빵을 훔치지 않았으면 이것들이 제 발로 여기까지 왔겠어?"

우리는 병사들의 손짓이 하도 괴상해 킥킥대고 웃었다. 러시아말을 하는 독일여자가 병사에게 항의하려던 찰나에 소장이 안으로 들어섰다. 그녀와 우즈가 소장에게 버럭 소리를 치며 화를 냈다.

"당신 소련 병사들은 전부 좀도둑이에요."

세 명의 병사 중에 한 명은 창고를 관리하는 병사였다.

독일 여인이 소장에게 말했다.

"창고를 관리하는 당신네 병사가 숨겨놓은 걸 왜 중국 사람들이 훔쳤다고 하는 겁니까? 주방의 문이며 창문 앞에는 당신네 병사들이 전부 감시하고 있잖아요? 그래 그 병사들은 허깨비라는 말입니까? 이건 당신네 병사들이 결코 해서는 안 되는 창피한 일을 한 겁니다. 자기네들이 도둑질을 해놓고 중국인에게 뒤집어씌우다니 이게 말이 되는 겁니까? 이건 분명히 지난 번 식량문제로 우리가 사령부에 고발한 걸 두고 병사들이 우리한테 앙갚음하려고 하는 겁니다. 소장님, 생각해보세요. 병사들이 지키고 서 있는데 어떻게 중국인들이 주방에 들어갈 수 있겠습니까?"

소장은 다 듣고 나더니 병사들에게 욕을 하며 어서 꺼지라고 했다. 병사

셋은 빵을 겨드랑이에 끼고 줄행랑을 치듯 사라졌다. 나는 우즈에게 말했다.

"소장에게 말해주세요. 소련군의 이런 치사하고 더러운 짓은 정말 수치스러운 일이고 이게 공산주의냐고요?"

소장은 우즈에게 알았으니 그만 하라는 듯 손을 내젓더니 도망치듯 그 자리를 피했다. 이 우스꽝스런 일은 그렇게 끝이 났다.

이곳에는 의무실이 없었다. 당연히 의사도 없었다. 흰 가운도 걸치지 않은 여자 간호사 하나만이 있을 뿐이었다. 두통이 나면 아스피린 한 알이면 그만이었고, 상처가 나면 옥도정기를 바르는 게 끝이었다. 다른 약들은 아예 없었다. 그렇게 우리는 이곳에서 1년을 넘게 갇혀 있었다. 간혹 중국을 오가는 비행기가 이착륙하거나 수이펀허 방향으로 대포를 실어 나르는 미제 대형트럭이 다니는 것 외에는 아무 것도 볼 수 없었다. 그저 하루하루를 산보하는 것으로 소일했다.

(원제 : 我們成了蘇聯的小偷了)

24 러시아어

만주괴뢰국 헌병사령관이었던 궈러린郭若霖은 수용소에서 러시아말을 하는 만주국 일본대사관 관원에게 러시아말을 배웠다. 그리고 그것을 공책에 깨알같이 적어놓았다가 틈날 때마다 꺼내서 공부하곤 했다. 하루는 소련당국이 그의 이불을 뒤지다가 러시아말이 적힌 공책들을 발견했다. 소련당국은 열흘 넘게 매일같이 그를 소장실로 불러다가 러시아말을 배우는 목적이 도대체 무엇이냐고 물었다. 라오궈老郭는 러시아말을 모르니까 일상생활이 불편해서 배우고 있다고 말했지만 소련군장교는 그 말을 곧이곧대로 믿지 않았던지 계속 진짜 목적이 무엇인지를 캐물었다. 그는 소련에서 러시아말을 배우는 게 이렇게 큰 문제가 되는지 전혀 생각지 못했을 것이다.

(원제 : 在蘇聯學蘇聯話有麻煩)

25 집단농장

하루는 창이 없는 버스 두 대가 운동장 안으로 들어왔다. 소장은 우리와 세 명의 독일여자들에게 명령조로 말했다.

"짐 챙겨서 아래로 내려와!"

아래층에 내려와 보니, 평양에서 온 사람들과 만주국 일본대사관 사람들이 마당에 줄지어 서 있었다. 우리도 그들 뒤에 섰다. 우리는 만주국 일본대사관 직원과 그 가족들인 여자 세 명, 남자 세 명과 함께 뒤차에 탔다. 버스가 출발한 지 십분도 안 되어 여자 셋은 갑갑함에 멀미를 느끼는 것 같았다.

"속이 너무 안 좋아."

이 말이 끝나기가 무섭게 그녀들은 자리에 쓰러지듯 누워버렸다. 차 안에 있는 사람들 전부가 공기가 전혀 통하지 않는 버스 안에서 갑갑함을 느꼈다. 나도 숨을 제대로 쉴 수가 없었다. 모두들 앞으로 몰려가 운전사 뒤편의 판자로 된 차단막을 두드리기 시작했다. 이윽고 차가 멈추어 섰다. 차문이 열리자 그제야 사람들은 제대로 숨을 쉴 수가 있었다. 그러나 여자 셋은 아직도 버스

바닥에 누워있었다. 일본인 남자들이 소련군 소령에게 집단적으로 항의를 했다.

"아니, 정말 숨이 막혀서 견딜 수가 없소!"

"이건 우리 소련이 만든 게 아냐. 이건 중국 동북에서 가져온 거라고."

하지만 일본사람들은 계속해서 소련군장교에게 대들었다.

"이건 우리 일본이 만든 거요. 여기엔 절대 사람이 타지 않소. 이건 오로지 짐만 싣는 거란 말이오."

일본사람들의 항의는 여기서 끝나지 않았다.

"빼앗아 왔으면 그게 사람을 태우는 건지 짐을 싣는 건지 검사라도 해보고 태워야 할 거 아니요? 정말 우릴 죽일 셈이오?"

양측 간에 한참동안 대거리가 이어졌다. 일본인 중에 한 명이 중얼거리듯 말했다.

"소련이 가난하다보니 동북에서 가져올만한 건 몽땅 쓸어왔군 그래."

"뭐야? 이건 엄연히 전리품이야. 우리 소련 소유라고."

그러자 그 일본인의 목소리가 더욱 커졌다.

"그래 맞아! 그러니까 네 놈들은 다 도둑놈들이라고!"

우리도 가만있을 수 없어 끼어들었다.

"우리 동북에 가서 몽땅 쓸어온 것도 모자라 조선 이북에서도 탈탈 털어오지 않았소?"

흥분한 사람들의 위세에 눌렸는지 소련군장교는 더 이상 아무 말도 못했다. 그는 그냥 문을 닫으려고 했다. 우리는 그가 문을 닫지 못하도록 했다. 하는 수 없이 그는 운전수 옆에 슬그머니 앉더니 차를 출발시켰다.

드디어 목적지에 도착했다. 그곳은 언덕 위에 있는 허름한 병영이었다. 사방은 철조망으로 둘러쳐져 있었다. 일단의 사람들이 창문이 없는 우리 버스 쪽으로 오는 것이 보였다. 우리가 차에서 내리자마자 그들은 우리에게 왜 이제야 도착했느냐고 물었다.

"하마터면 이 버스 안에서 꼼짝없이 죽을 뻔 했어요."

도중의 일을 죽 이야기하니, 그들은 그제야 사태가 파악되었다는 듯 고개를 끄덕였다.

여기서 우리 중국인들은 독일여자들과 함께 지내게 되었다. 일본인들은 그들끼리 따로 지냈다. 언덕 기슭에 위치한 이 병영 건물은 전부가 목조로 되어 있었다. 병영 안에는 방이 꽤 많았다. 물을 먹는 우물도 하나 있었고 큰 주방도 있었다. 언덕 아래에는 민가가 한 채 있었고 골짜기 쪽에는 맥주공장이 있었다. 언덕 주위에는 농가도 많았다. 일본인과 우리의 식사는 정춘청과 독일여자 우즈 두 사람이 책임을 졌다.

식사는 아주 간단했다. 빵, 자반, 소시지, 잡곡이 거의 전부였다. 받아온 잡곡(좁쌀, 수수)은 솥에 넣고 끓여 멀건 죽으로 만들고, 자반은 익혀먹었다. 빵은 일인당 한 조각씩이었다. 이게 한 끼 식사의 전부였다. 이곳에서 배급되는 식량은 빵, 당근, 마늘가루, 육류, 어류 할 것 없이 모두 비행장 쪽보다는 많았다. 또 여기에는 나이가 좀 들기는 했지만 의사도 한 명 있었다. 이곳의 날씨는 정말 추웠다. 그나마 이곳에서는 세수를 할 수 있어 다행이었다. 운동장에는 철봉들이 많이 세워져 있었는데, 그 철봉 위에는 작은 철통들이 매달려 있었다. 그 철봉을 위로 올리면 철통에 있던 물이 아래로 쏟아져 내렸다. 그 물로 우리는 세수를 할 수 있었던 것이다. 하지만 물을 먹기 위해서는 언덕 중간쯤에 있는 우물까지 내려가서 직접 길어 와야 했다.

하루는 소장이 우리의 거처로 왔다.

"너희들도 알다시피, 요즘이 추수기이다. 근데 전쟁 통이라 노동력이 부족해. 그래서 너희 중국인들이 집단농장에 가서 며칠 일손을 도와주었으면 좋겠다. 가뜩이나 요 며칠 비가 많이 와서 농작물들이 썩고 난리가 아니야. 너희 여덟 명의 일당은 추수가 다 끝나면 주겠다."

우리 여덟 사람은 잠간의 논의를 거쳐 그의 요구를 받아들이기로 했다. 그때부터 우리는 매일 무장군인 인솔 하에 근처 집단농장에 가서 일을 하게 되었다. 농촌이라 그런지 판잣집도 많았고 토굴 같은 움막들도 많았다. 일하는 노동자의 90%는 여자였다. 우리가 농장에 도착하자, 여자들이 몰려와 우리에게 일본인인지 중국인인지 물었다. 병사가 대신 대답했다.

"중국 사람들이에요."

여자들은 병사에게 왜 중국인을 잡아왔느냐고 물었다. 병사가 양손을 휘저으며 말했다.

"나도 잘 몰라요."

이 여자 인부들은 저마다 한마디씩 거들며 수군대기 시작했다. 순간 어느 뚱뚱한 여자 한 명이 우리에게 다가왔다.

"빠이좀!"

'가자!'라는 뜻이었다. 우리는 그녀를 따라 농장을 빠져나와 다른 곳으로 갔다. 그곳은 넓은 양배추 밭이었다. 그녀는 밭에서 썩어가고 있는 양배추를 손으로 가리키며 통째로 뽑아선 안 된다고 했다. 그리고는 시범을 보이듯 가리키고 있던 양배추를 칼로 잘라냈다. 우리는 맨발로 소련여자들과 함께 밭으로 들어갔다. 우리 손에는 일인당 두 개의 바구니가 들려졌다. 그 안에 잘라낸 양배추를 담으라는 것이다. 우리가 바구니에 양배추를 담으면 우리 뒤쪽에 있는 사람들이 바구니를 거두어 수레에 싣고 어디론가 끌고 갔다. 여기서 우리는 닷새를 일했다.

집단농장의 마당 한가운데에는 5미터 넓이의 큰 원형나무통이 있었다. 나무통 안에선 서너 명의 여자들이 들어가 소금을 뿌려대며 양배추를 절이고 있었다. 밖에 있는 여자들은 절단기를 들고 양배추를 채 썰듯 가늘게 썰고 있었다. 그녀들이 가늘게 썰어 나무통 안에 던지면 나무통 안에 있던 여자들이 그걸 소금에 절이는 식이었다. 이 절인 양배추는 여기서 일하는 인부들에게 배급할 것들이었다. 여기서 닷새를 일하고 다시 감자밭에 가서 나흘을 더 일했다. 그 다음엔 대파 밭에 가서 닷새 동안 파를 뽑았고 또 옥수수 밭에 가서 옥수수를 뽑기도 했다. 어떤 밭이든 가리지 않고 가서 일했다. 오전 내내 일을 하고 점심때쯤 숙소로 돌아올 때는 저마다 얼마간의 농작물을 손에 들고 있었다. 그것들은 전부 주방의 식사꺼리였다. 그 덕분인지 우리의 삶의 질도 조금은 나아지는 것 같았다.

하루는 작물운반 일을 맡아보는 이반이란 소련여인이 우리에게 말했다.

"뭘 가져가도 좋은데, 농장 서기 눈에는 절대 띄지 마. 그랬다가는 내가 벌을 받는단 말이야. 알았어?"

언젠가 한번은 농장 서기가 말을 타고 작업장을 방문했다. 마침 추밍푸는 도랑가에서 열심히 옥수수를 삶고 있는 중이었다. 당황한 이반이 부리나케 추밍푸 쪽으로 달려와서는 다급한 소리를 냈다.

"서기가 왔어. 어서 다 치워!"

추밍푸는 서둘러 삶고 있던 옥수수를 통째로 도랑 속에 던져버리고 불쏘시개 장작들도 마저 발로 차 넣었다. 행인지 불행인지 농장서기는 추밍푸 쪽으로 가지 않고 우리가 일하는 대파 밭쪽으로 왔다. 한참 뒤 그는 옥수수 밭으로 왔다. 마침 우리는 대파 밭의 일을 마치고 옥수수 밭으로 옮겨온 참이었다. 그런데 이번에는 그가 탄 말 뒤로 노파 한 명이 따르고 있었다. 어깨에 밀가루 포대를 멘 채 말이다.

'포대 안에 대체 뭐가 들어있는 거지?

서기가 십장인 이반더러 병사를 불러오라고 했다. 이반은 제자리에서 큰 소리로 병사의 이름을 불렀다. 총을 을러멘 병사가 급히 달려왔다. 서기는 병사에게 몇 마디를 하는가 싶더니, 이내 말을 타고 가버렸다. 노파는 밀가루 포대를 멘 채 꼼짝도 하지 않고 서있었다. 잠시 후, 두발의 총성이 연이어 들렸다. 옥수수 밭에서 일하고 있던 우리는 그 노파가 밀가루포대를 내팽개치고 줄행랑을 치는 것을 보았다. 한 7, 80미터쯤 갔을까? 병사가 소리쳤다.

"스또이!"

멈추라는 뜻이었다. 그렇지만 노파는 말을 듣지 않고 계속 달렸다. 다시 두 번의 총성이 더 울렸다. 그제야 노파는 그 자리에 섰다. 그리고는 밀가루포대가 있던 원래의 자리로 돌아왔다. 휴식시간에 우리는 십장인 이반에게 손짓

발짓 해가며 어떻게 된 거냐고 물었다. 이반의 말을 듣고서야 대강의 사태를 파악할 수 있었다. 말인즉슨, 그 노파가 대파 밭에서 우리가 흘린 대파들을 주워 포대에 담다가 서기한테 발각된 것이었다.

"아니, 땅에 흘린 건 가져가도 되지 않나요?"

이반의 말이 더 가관이었다.

"소련 땅에 있는 것들은 그것이 무엇이든 함부로 주워가면 안 돼. 그건 전체 인민의 것이야. 그 누구라도 주운 것들은 전부 집단농장으로 보내야 돼. 함부로 개인이 가져서는 절대 안 돼. 설사 그게 땅에 떨어져 금방이라도 썩게 된다 하더라도 그걸 함부로 주워가는 건 있을 수 없는 일이야. 그건 범죄야."

그랬다. 공산주의사회에서는 그 누구라도 집단농장 내의 그 어떤 것도 함부로 가져갈 수 없었다. 설사 작물이 밭에 떨어져 썩어문드러질지언정 개인이 임의대로 주워가는 것은 결코 허락되지 않았던 것이다.

내가 물었다.

"그럼, 저 할머니는 형을 얼마나 사는 거요?"

"음. 한 1년 정도!"

만약 내가 귀국하게 되면 중국공산당도 마찬가지일 것이다. 공산주의사회는 어디라도 다 똑같을 테니까. 농장에서 일한 지도 벌써 한 달이 넘었지만 일은 끝나지 않았다.

하루는 소련군 병사 한 명이 우리 중에 넷을 골라 강가로 데려가 버드나무 가지를 채취하도록 했다. 그리고 본인은 밭에 있는 여공들과 수다를 떨고 있었다. 우리도 버드나무가지를 꺾어 대충 줄로 묶어놓고는 강가에 앉아 잠시 바람을 쐬며 쉬었다. 그때였다. 쉰 살가량의 남자 한 명이 우리 쪽으로 다가오더니 중국어로 묻는 것이었다.

"소련에는 어떻게 오게 된 거요?"

"끌려왔습니다."

"그래요? 실은 나도 그렇소."

"그렇군요. 근데 어디 가시는 모양이오?"

"하얼빈에 갑니다."

그의 손엔 호밀 빵 한 조각이 들려 있었다.

"이게 내 하루 양식이오."

그는 자리를 잡고 앉더니만, 스탈린 욕부터 했다.

"그 놈은 정말 사람도 아니요. 한마디로 살인마왕이요, 살인마왕! 생각해보면, 중국에서 살 때가 훨씬 좋았던 것 같아요."

이때 여공들과 있던 병사가 소리를 쳤다.

"자, 이제 다들 돌아가자고."

우리는 꺾어온 버드나무가지를 어깨에 맨 채 병사를 따라 강을 건너 숙소로 돌아왔다. 오자마자, 병사는 우리더러 버드나무가지로 청소할 빗자루를 만들라고 했다. 소련은 청소도구마저 부족했던 것이다. 생활용품은 생산하지 않고 오로지 무기만을 생산하다보니 이런 꼴이 되고 만 것이다.

하루는 중령 한 명이 여자 한 명을 대동하고 수용소로 왔다. 여자는 통역이었다. 그는 이것저것 우리에게 묻기는 했지만 내용은 그저 그런 것이었다. 그런데 놀라운 건 그 통역의 아주 유창한 예현披縣[2] 말투였다.

나는 호기심에 그녀에게 물었다.

"예현 말을 아주 잘 하시네요."

"남편이 예현 사람이에요."

"근데 어떻게 여기 하얼빈에 사시게 됐어요?"

그녀는 질문에는 답하지 않고 이렇게만 말했다.

"이혼했어요."

내가 다시 물었다.

"소련은 어떻게 된 게 매번 우리한테 상투적인 것만 묻는 겁니까? 다른

---

2) 지금의 산동성(山東省) 라이저우(萊州)

새로운 건 없어요?"

그녀는 웃기만 할 뿐 답하지 않았다.

중령은 질문할 내용이 더 이상 없었는지, 대충 관상을 보듯 사람들의 얼굴만 훑어보고는 가버렸다.

어느 날, 낡은 트럭 한 대가 수용소 앞에 멈추었다. 소장은 우리 중국인들에게 짐을 정리해서 차에 타라고 했다.

'또 어디로 가는 것일까? 혹시 우리를 집으로 돌려보내주려는 건 아닐까?'

그동안 정이 들었던 독일여자들과 일본인들이 나와 우리를 전송했다. 트럭은 한 시간 넘게 달렸다. 가는 내내 소련 사람들의 모습은 전혀 보이지 않았다. 트럭은 이내 작은 산골짜기 쪽으로 접어들었다. 군데군데 석탄더미가 쌓여있는 게 보였다. 그랬다. 여기는 탄광지역이었던 것이다.

'왜 우리를 이곳으로 데려온 걸까? 석탄을 캐라는 말인가?'

트럭은 산과 산 사이에 있는 골짜기 도로를 계속 달렸다. 길 양 옆으로는 철조망이 쳐져 있었다. 어느 순간, 차는 철조망 안으로 들어섰다. 길 하나를 사이에 두고 판잣집들이 양쪽으로 즐비하게 늘어서 있었다. 트럭은 대로변 어느 건물 밖에 멈추었다. 우리는 차에서 내려 그 건물 안으로 들어갔다. 건물 안에 있는 사람들은 전부 일본사람들이었다. 그런데 탄광에서 석탄을 캐는 사람들 같아보이지는 않았다.

내가 소련군장교에게 말했다.

"우리는 일본인들과 함께 기거하고 싶지 않습니다."

"그건 내가 어떻게 할 수 없는 일이야. 일단 상부에는 보고하지. 근데 여기 일본사람들은 전부 문관들이라서 괜찮을 거야."

"사는 것도 그렇고 말하는 것도 그렇고 아무튼 우린 일본사람들하고 함께 있는 게 불편합니다."

"알았어. 내가 상부에 보고한다니까!"

하루는 소련군장교가 우리 방에 들렀다가, 취여우청이 밥도 안 먹고 침대에 누워있는 것을 보게 되었다.

"왜 밥을 안 먹는 거야?"

"난 이곳에 있는 한 단식을 할 것이오."

소련군장교는 아무 말도 않고 그냥 나가버렸다.

얼마 후, 장교 여럿이 와서 이것저것 꼬치꼬치 캐물었다.

누군가 말했다.

"그가 병이 났어요."

또 누군가가 거들었다.

"일본사람들과 한 방에 거처하는 게 싫답니다."

소련군장교는 돌아갔다가 이튿날 다시 왔다. 우리더러 산 위에 있는 건물로 거처를 옮기라는 것이었다.

새로운 거처에서는 스스로 밥을 해먹어야 했다. 우리는 매일 창고에 가서 각종 물품들을 받아왔다. 병사는 매번 수량에 맞게 배급했다. 그 병사는 우리에게 특별히 잘 대해주었다. 그는 우리가 원하는 만큼 주었다. 이곳에서는 샤워도 마음대로 할 수 있었다. 샤워장은 소련 측에서 일본포로들이 탄광에서 석탄을 캐고 돌아와 샤워할 수 있도록 설치해준 것이었다. 반면, 일본사람들이 사는 곳은 아주 열악했다. 들리는 말로는 건물에 습기가 많아 발병률도 높고 사망률도 높다고 했다. 우리는 항상 산중턱에서 일본포로 중에 사망자들이 트럭에 실려 매장지로 가는 것을 볼 수 있었다. 일본포로들은 매일 아침 탄광으로 일하러 갈 때면, 대로변에 일렬로 서서 출석을 부르고 다시 작업감독자인 소련군장교에 보고한 후, 일렬로 줄지어 탄광으로 갔다. 저녁에 일을 마치고 돌아올 때에도 아침에 했던 것과 마찬가지로 일렬로 서서 출석을 부른 후 다시 상급자에게 보고한 후, 해산해 각자 자신의 숙소로 돌아가 배식을 기다렸다.

우리가 일본포로들과 함께 샤워를 할 때는 항시 시베리아에서 이곳으로 잡혀왔다고 하는 사람들의 말을 들을 수 있었다.

"시베리아 포로의 90%는 독일포로야. 시베리아는 정말 추운 곳이야. 귀, 코, 손가락, 발가락에 동상이 걸리기 일쑤지. 그렇지만 아무리 추운 날씨라 하더라도 다들 밖에 나가 일을 해야 했어. 그러니 죽는 사람들도 실제로 아주 많아. 물론 사람이 죽어나가는 데에는 영양실조도 한 몫 하지. 옛날에 우리가 소련을 쳐부수러 갔을 때야. 야, 근데 소련군 군비나 장비도 만만치 않더라고. 아니 소련군 장비가 오히려 우리 것보다 훨씬 좋더라고. 게다가 말이야. 소련 사람들은 추운 지역에서 태어나서 그런지 겨울에도 추위를 아주 잘 견디더라고. 특히, 소련군 병사들의 동계장비는 정말 좋았어. 중국이나 일본의 장비는 거기에 대면 정말 아무 것도 아니야."

이건 샤워 중에 그들이 노닥거리는 것을 들은 것이다.

언젠가 한 번은 소련군 분대장이 와서 칫솔 등 일용품을 구매하자며 나를 시장으로 데려갔다. 가는 길에 행인은 많지 않았다. 길 가는 사람들의 옷차림 만 보더라도 옷감이 부족하다는 것을 알 수 있었다. 그건 이곳 경제상황이 얼마나 열악한지를 단적으로 보여주는 것이었다. 시장을 한 시간여 돌아다녔지만 칫솔 등의 물품은 전혀 찾아볼 수 없었다. 다만 농촌의 촌부들이 주로 사는 우유는 비교적 많았다. 그렇지만 그 외의 물품은 거의 없었다. 우리는 빈손으로 돌아올 수밖에 없었다.

아침을 다 먹었을 때였다. 소련군장교가 나를 불러냈다. 나는 그를 따라 어느 사무실 안으로 들어갔다. 그곳에는 중령과 소령이 앉아 있었다. 먼저 소령이 말했다.

"거기 앉아. 이곳에서의 생활은 어떤가?"

그가 베이징어로 말했다.

"다른 수용소보다는 괜찮은 것 같습니다."

"그래? 지내는 게 나은지 그렇지 않은지는 너희들이 나보다 더 잘 알겠지."

이번에는 중령이 물었다.

"너희들은 앞으로 어디로 가고 싶은가?"

"잡혀오기 전에 있었던 곳으로 가야겠지요."

나는 이어서 말했다.

"우리는 소련군이 조선의 38선 이북에 진주해 군사행동을 하는 것에 전혀 방해를 하지 않았습니다. 근데 왜 우리를 잡아온 겁니까?"

중령이 말했다.

"그건 우리도 참 안타깝게 생각해. 사실 나도 정확히는 몰라. 이건 아무튼 스탈린 서기장의 명령이야."

이것으로 그 날의 면담은 끝이 났다.

내가 방으로 돌아오자 모두들 내게 물었다.

"소련군장교가 왜 매번 당신을 불러서 묻는 겁니까?"

"아마도 나한테서 공산주의 냄새가 나나보죠, 뭐."

그 일이 있고 닷새 후, 소련군장교가 우리의 거처로 와서 각자에게 30루블을 주었다. 모두들 주니까 받기는 했지만, 영문을 몰라 어리둥절해 했다.

내가 말했다.

"국제관례에 따라 쌍방이 전쟁을 벌이게 되면, 포로로 잡혀온 사람들 중에서 장군, 영관, 위관 등 장교들에게는 차등적으로 돈을 지급하게 되어 있어요. 계급에 따라 대우가 다른 셈이지요. 포로 중에서 일반병사들은 해당 국가에서 노동을 할 의무가 있어요. 장군과 영관 등 장교들에게는 일체의 생활비와 개인용돈을 주게 되어 있고요. 나중에 전쟁이 끝나고 쌍방이 합의를 이루게 되면, 전승국에서 포로 장교들에게 지급한 돈은 패전국이 갚게 되어 있어요. 일종의 배상금인 셈입니다. 병사들은 송환되어도 어떤 배상금도 없어요. 우리가 받은 30루블은 송환된 후에 국민당이 배상금조로 소련에게 주어야만 하는 겁니다."

물론 이건 내 개인의 얕은 소견에 지나지 않는다. 따라서 정확한지는 알 수 없다.

누군가 말했다.

"말도 안 돼."

내가 말했다.

"그럴지도 모르지요."

아무튼 모두들 돈이 생겼으니 먹을 거나 쓸 것을 살 수 있었다.

(원제 : 我搬家了)

26 하바롭스크 제45호 전범수용소

　이곳 탄광으로 옮겨온 뒤로, 우리는 비교적 독립적으로 생활할 수 있었고 지내기도 전보다 훨씬 수월했다. 게다가 1인당 30루블의 돈도 받을 수 있었다. 그러나 화무십일홍이라 했던가? 좋은 날은 그리 오래가지 않았다.

　30루블을 받은 다음 날, 중위 한 명이 숙소로 와서 우리더러 짐을 챙기라고 하고는 나갔다. 우리는 속으로 이번에야 말로 집에 돌려보낼 모양이라 생각했다. 짐을 꾸려서 산을 내려가자 트럭 한 대가 대기하고 있었다. 차 안에는 두 명의 병사와 위관 한 명이 타고 있었다. 트럭은 탄광지역을 빠져나와 어느 소도시 안으로 접어들었다. 단층집과 다층건물이 뒤섞여 있는 작은 도시였다. 길에는 차도 별로 없었고 행인도 그리 많지 않았다. 자본주의사회 같았으면, 대도시든 소도시든 상관없이 길 양쪽으로 형형색색의 상점과 각양각색 알록달록한 간판들이 즐비했겠지만, 공산주의사회 소련은 그것과는 판이했다. 트럭이 우리를 내려준 곳은 기차역이었다. 우리는 장교 한 명, 병사 두 명과 함께 역 대합실로 들어갔다. 대합실은 크지 않았고 승객도 많지 않았다. 식당이 있기는 했지만 위생상태가 좋아보이지는 않았다. 잠시 후, 열차가 역에 들어섰다. 차에서 내리는 사람은 많지 않았다. 승객들은 저마다 자신의 짐을 머리에 이고 있었다. 역에는 짐꾼도 없었다.

우리는 장교를 따라 플랫폼으로 나가 기차에 올랐다. 기차는 삼분의 이가 객실이었고 나머지 삼분의 일은 통로였다. 소련 기차의 객실이 한쪽으로 모여 있다는 걸 그제야 알았다. 객실마다 삼층으로 된 나무침대가 양쪽으로 나란히 있었다. 우리는 장교와 함께 객실 두 개 반을 사용했다. 듣기로, 이 열차는 블라디보스토크에서 모스크바로 가는 것이라 했다. 우리가 있는 객실 뒤는 죄수들 객실이었다. 블라디보스토크에서 중형을 받은 죄수들은 시베리아로 노동교화를 하러가고 반대로 시베리아 중범죄자들은 블라디보스토크로 노동교화를 보낸다는 것이다. 노동 중에 도망가지 못하도록 양 지역이 상호 맞교환하는 식이었다. 이 때문에 죄수들이 탄 객실 바닥은 철판을 덧대었다. 전에 장거리 열차 안에서 호송되던 죄수들이 객실 바닥에 큰 구멍을 내고 그 밑으로 탈출한 적이 꽤 많았다고 한다. 개중에는 열차에 끌려가다 죽는 이들도 있었고 열차에 부딪혀 죽는 이들도 있었다고 한다. 물론 운 좋게 탈출에 성공해 자유의 몸이 된 이들도 있었다. 출입문도 철문이었다.

기차 안에서는 도박판도 벌어졌다. 삼십대 소련 남자 한 명이 객실과 객실 사이에 있는 통로에 자리를 깔고 앉아 주머니에서 세 개의 작은 그릇과 콩 한 개를 꺼내 좌판 위에 늘어놓고는 지나가는 사람들에게 콩이 어느 그릇에 있는지를 알아맞히도록 유인하고 있었다. 꽤 많은 승객들이 호기심에 모여들기 시작했다. 이윽고 그는 승객들에게 돈을 걸면 건 돈의 두 배를 주마하고 꼬드겼다. 많은 사람들이 돈을 내놓고 자신의 운을 시험했다. 돈이 오가기 시작하면서 더 많은 사람들이 모여들어 저마다의 손덕을 시험하듯 돈을 걸었다. 돈을 딴 사람도 있고 잃은 사람도 생겨났다. 개중에 장교 한 명은 수중의 돈을 몽땅 잃고 말았다. 그는 본전을 회수할 생각에 그 야바위꾼에게 이렇게 말했다.

"돈은 없고 대신 이 시계를 걸겠다."

그는 시계를 끌러 야바위꾼에게 내보였다. 야바위꾼도 손목시계 하나를 꺼내 장교에게 보여주었다. 쌍방은 서로의 시계를 살펴보고는 그걸 내기로 노름을 벌였다. 이제 그들 단 두 사람만의 노름판이 되어버린 것이다. 야바위꾼은 제삼자를 보증인으로 세워 양쪽의 시계를 보관토록 하고 이긴 사람이 그 시계를 다 갖자고 제안했다. 장교도 선뜻 동의했다. 그 소련인 야바위꾼은 소매를 걷어 올린 채 작은 콩을 좌판 위에 놓고 그 세 개의 작은 그릇을 입을 위로 향하게 좌판 위에 놓았다.

"다들 잘 보세요."

먼저 그릇 하나를 들어 좌판에 거꾸로 엎어놓고 두 번째 그릇을 똑같은 방식으로 엎었다. 그리고 마지막 그릇으로 가운데 있는 콩을 덮었다. 그가 상대방에게 말했다.

"똑똑히 보셨습니까?"

장교가 말했다.

"똑똑히 봤어. 콩은 가운데 그릇에 있어."

그가 양손으로 세 개의 그릇을 번갈아가며 이리저리 돌리기 시작했다. 네다섯 차례 돌린 뒤, 야바위꾼이 말했다.

"자, 그럼 거시죠. 어디에 콩이 있죠?"

장교가 손을 뻗어 오른쪽 그릇을 가리키며 말했다.

"여기야."

야바위꾼이 말했다.

"네. 좋습니다."

그는 장교가 가리킨 그릇을 뒤집었다. 그런데 그곳에 콩이 없었다. 나머지 두 개의 그릇을 전부 뒤집었다. 콩은 왼쪽 그릇에 있었다. 야바위꾼이 보증인에게 시계 두 개를 건네받고 엉덩이를 툭툭 털며 그 자리를 떠났다. 시계를 빼앗긴 장교는 어안이 벙벙한 표정으로 우두커니 서 있었다.

블라디보스토크에서 모스크바까지는 기차로 열흘하고도 닷새가 더 걸린다고 한다. 정말 그런지는 나도 잘 모른다. 어떻든 가는 중에 기차역 부근에는 불빛이 드문드문 보이는 것 외에는 온통 끝없는 광야와 산맥들이었다. 며칠 동안 기차를 탔는지 우리 스스로도 분명치 않았지만 드디어 하바롭스크 역에 도착했다. 장교가 우리더러 내리라고 했다. 역에서 한 시간 여 기다렸을까 낡은 트럭 한 대가 왔다. 그 차를 타고 역을 빠져나왔다. 도중에 하바롭스크시의 고층건물과 단층집들이 보였다. 어떤 고층건물의 창문과 베란다에는 햇빛에 말리려고 내건 옷들이 꽤 많았다. 바람에 이리저리 흩날리고 있는 옷들은 그다지 그럴싸해보이지는 않았다. 길가에는 가게나 간판도 거의 보이지 않고 있다 하더라도 거개가 문이 닫혀 있었다. 거리를 오가는 행인도 거의 없었다. 도로를 달리는 차라고는 두 세대의 트럭뿐이었고 승용차는 보이지 않았다. 이런 모습은 자본주의사회와는 전혀 다른 새로운 세계였다.

트럭은 문패에 45호라고 쓰여 있는 어느 건물 앞에 도착했다. 그곳은 매우 높은 담장으로 둘러쳐져 있었고 네 귀퉁이마다 보초를 서는 초소가 있었다. 장교는 차에서 내려 건물의 벨을 눌렀다. 문이 열리자, 트럭은 안으로 들어가 멈추었다. 정문 계단 위에는 중국인인 듯 보이는 사람들이 무리지어 서 있는 것이 보였다. 그 사람들 가운데에서 나는 장징훼이張景惠가 끼어있는 것을 발견했다. 그는 만주괴뢰국의 총리대신이었다. 그곳에 그가 감금되어 있으리라고는 상상도 못했다. 우리가 차에서 내리자 그들이 우리에게 어디에서 왔느냐고 물었다. 우리는 조선에서 왔다고 일러주었다. 우리는 그들과 이층에서 함께 묵게 되었는데, 그때 만주국 '황제'인 푸이와 그의 친동생 푸제, 푸이의 장인인 룽웬榮源, 푸이의 조카들인 위엔毓嵒과 위탕毓嵣, 푸이의 손아래 처남인 룬치潤麒, 매제 완자시萬嘉熙, 푸이의 주치의 황즈정黃子正 그리고 푸이의 시종 리궈슝李國雄 등도 이곳에 있다는 것을 알게 되었다. 푸이는 그의 장인과 한 방을 썼고, 나머지 여섯 명은 다른 방에 함께 기거했다. 만주국 국무총리 장징훼이는 그의 아들을 비롯해 몇몇 대신들과 한 방을 썼다. 또 각 지역 사령관인

싱스젠邢士兼, 리원롱李文龍, 궈러린郭若霖, 조우ㅇ鄒某, 저우ㅇ周某 등 10여 명은 세 개의 방에 나누어 기거했다. 푸이 등은 중국과 조선의 국경선에 위치한 따리즈꺼우大栗子溝에서 끌려온 사람들이었고, 대신들과 각 지역 사령관들은 소련이 동북에 진주한 후 잡혀온 자들이었다.

그럼, 푸이 등은 왜 통화현通化縣 따리즈꺼우大栗子溝에 있었던 것일까?

소련이 일본에 선전포고를 한 지 얼마 후, 관동군사령관 야마다山田는 일본이 항복할 것이라는 것을 이미 예상하고 있었다. 그래서 그는 소련군이 동북에 진주하기 전에 만주국 황궁에 가서 푸이에게 말했다.

"일본군은 동북에서 철수할 것입니다. 황제의 생명과 재산의 안전을 위해 꼭 가져가야 할 것들만 챙겨서 얼른 피신하셔야 합니다. 통화현 따리즈꺼우에 있는 탄광으로 피난하는 게 좋을 듯합니다."

푸이는 그 말을 듣고 너무 놀라 야마다에게 말했다.

"그럴 시간이 되겠소? 너무 늦은 게 아니오?"

매일 같이 푸이 곁을 떠나지 않고 꼭 붙어있던 태상황太上皇 지강吉岡이 야마다에게 말했다.

"그렇게 빨리는 안 됩니다. 황제께서는 가져가셔야 할 것들이 아주 많아요. 가족들 짐도 만만치 않고요. 이건 너무 시간이 촉박합니다."

야마다가 말했다.

"소련이 동북에 진격해오면 우리로서는 이겨낼 도리가 없습니다. 그들은 곧 동북으로 쳐들어올 겁니다. 잠시라도 시간을 지체하면 황제께서는 소련의 포로가 되고 말 것입니다. 황제가 소련 포로가 되어도 괜찮다는 말씀입니까? 포로가 되면 곧바로 국민당에 넘겨질 것입니다."

푸이는 그 말을 듣고 자신의 말로가 걱정되어 급히 지강에게 물었다.

"어찌 했으면 좋겠소?"

이런 위급한 상황에서 야마다와 지강 두 사람은 상의 끝에 이틀 안에 준비를 마치고 일본으로 갈 것을 결정했다. 푸이는 그 말을 듣고 말했다.

"그게 좋겠소."

푸이의 가족과 푸제 등은 집에서 짐을 꾸렸다. 푸이가 가장 믿고 있는 조카 위옌과 위탕은 가장 진귀한 물품을 가죽으로 된 커다란 카메라 가방 안에 넣었다. 위옌은 그 가죽가방 속을 완전히 뜯어내고 그 안에 진귀한 보물들을 숨기고 다시 가죽가방을 원형대로 복원했다. 가져갈 수 있는 것은 모두 챙긴 뒤, 삼일 째 되는 날에 전 가족은 기차를 타고 통화현 따리즈꺼우에 있는 탄광으로 떠났다. 이곳은 푸이가 젊은 시절에 와보았던 곳이다. 따리즈꺼우에 도착해서 푸이는 지강에게 말했다.

"나를 일본으로 보내주는 게 아니었소?"

지강이 말했다.

"우선은 이곳에서 며칠 기다렸다가 상황이 어떻게 되는지를 보는 게 좋을 것 같습니다."

푸이의 시종인 리궈슝이 말했다.

"우리가 따리지꺼우에 온 게 1945년 8월 13일입니다. 그런데 일본천황 히로히토는 8월 15일 무조건항복을 선언했습니다."

그 말을 듣고 지강은 그 자리에서 대성통곡을 했다.

총리대신 장징훼이가 푸이를 만난 것도 이곳에서였다. 이외에도 시치아熙洽, 장스이臧式毅 등도 이곳에서 자신의 황제를 배알했다. 푸이는 그들을 모아 놓고 말했다.

"경들은 먼저 돌아가 국민당 사람들과 국민당 군대를 맞이하도록 하오."

그러나 이후 사태는 그들이 바라는 대로 되어가지 않았다. 그들을 맞이한 것은 동북으로 진주한 소련군과 팔로군이었다. 소련은 관동군사령부에 푸이 등을 선양 비행장으로 보낼 것을 명령했다. 관동군은 어쩔 수 없이 푸이 등을 통화현 따리즈꺼우에서 비행기로 선양 비행장으로 보내 소련군에 인계했다. 장징훼이 등은 소련군과 연락을 취하고자 자신의 아들 장샤오지張紹紀를 통역으로 대동하고 접촉에 나섰다. 그러나 소득은 없었다. 그들은 전부 소련군이 미리 준비해놓은 비행기에 올라야 했다. 비행기는 소련 국경 안의 치타赤塔에 도착했다. 그곳에서 하루를 묵은 후, 이튿날 다시 홍허즈紅河子로 갔다가 마지막으로 지금의 하바롭스크 45호 전범수용소로 끌려온 것이다.

푸이는 떠날 때 푸제와 조카인 위엔, 위탕, 처남 룬치, 매제 완자시, 주치의 왕즈정, 시종 리궈슝만을 대동해야 했다.

두 명의 아내가 푸이에게 물었다.

"우리 둘은 어떻게 합니까?"

"부인들은 일본으로 가시오."

"누가 우리를 일본으로 보내주는 겁니까?"

푸이가 말했다.

"일본사람이."

그녀들은 이후 어떻게 되었을까? 나는 귀국한 후에야 그녀들이 베이징에서 빈궁한 삶을 살고 있다는 것을 알게 되었다. 당시 베이징 시장 펑전彭眞이 그녀들에게 돈을 보내 도와주었다는 말도 들었다.

이상의 상황은 모두 45호 전범수용소와 동북 푸순 전범수용소에서 생활하면서 알게 된 사실의 일부일 뿐이다. 나는 대부분은 잊었고 기억도 잘 나지 않는다.

그들은 이곳에서 같이 지내면서 항상 이렇게 말하곤 했다.

"일본은 만주국을 제2의 조선으로 만들어 일본의 판도 안에 편입시킬 것을 꿈꾸고 있었다. 관동군은 푸이의 정실부인은 아편에 중독되어 아이를 낳지 못하니 일본 황족의 여인을 푸이에게 시집보내 혼혈의 '황태자'를 낳게 해 푸이의 황위를 물려받게 하려했다. 그러나 푸이가 한사코 거부해 더 이상 방법이 없게 되자, 이번엔 만주국 내 각 여고에서 몇 명의 여학생을 뽑아 그녀들의 사진을 푸이 면전에 내보여 사진을 통해 한 명의 여학생을 간택해 궁으로 들여보내 두 번째 부인이 되게 하고 그녀한테서 '황태자'를 낳게 하려 했다. 그런데 하필이면 푸이는 이 사진들 속에서 하얼빈 두부공장 딸인 리위친李玉

琴을 간택해 궁으로 불러들였다. 그녀의 아비가 자신의 딸을 보러 궁에 왔을 때, 푸이는 장인에게 일만 금을 주었다."

푸이는 본처가 아편에 중독되어서 그런지 여성에 대해 별 관심이 없었다. 따라서 결혼생활은 행복하지 않았다. 그와 목욕하면서 그의 '거시기'를 본 적이 있는데 정말 컸다. 그런데 여성에 게 통 관심이 없었다니, 왜일까? 어쨌든 그는 후사가 없었다. 나중에 안 사실이지만, 그는 성기능에 장애가 있었다고 한다.

우리는 목욕할 때 농담 삼아 이렇게 말하곤 했다.

"라오푸老溥, 당신의 '거시기'는 정말 커요. 정말 대단합니다. 여자들이 정말 좋아할 거예요."

그러면 그는 이렇게 말했다.

"쓸데없는 소리 말고 저리 꺼져!"

만주국에서의 푸이의 삶이란 낮에는 밤처럼 잠을 자고, 밤에는 낮처럼 노는 것이었다. 그의 놀이 친구는 조카들과 매제 그리고 푸제 등이었다.

그러나 푸이에게는 나름대로 가법이란 게 있었다. 이를테면, 그의 주변에 있는 사람들끼리는 서로 감시하도록 했고, 가법을 어기고 내막을 알고도 고하지 않는 자에게는 또 다른 가법을 어긴 자를 시켜 직접 형벌을 가하도록 했다. 곤장을 칠 때는 필히 있는 힘껏 쳐야 했다. 만일 대충 곤장을 치면 반대로 맞은 사람을 시켜 힘껏 때리지 않는 사람의 엉덩이를 치게 했다. 이러한 가법은 소련에서도 그대로 실행되었다.

소련에서 푸이의 먹고 마시는 일은 전부 그의 조카인 위옌이 받들었다. 그래야 비로소 푸이는 안심을 했던 것이다.

이러한 일들은 전부 45호 전범수용소 안에서 매일같이 하던 잡담의 일부이다.

우리는 이곳에 와서 이층에 기거했는데, 각자 철제 침대 하나, 담요 한 장, 하얀 침대 시트 한 장, 베게 하나, 작은 빗자루 하나, 의자 하나가 전부였다.

그마저도 전혀 새 것으로 교체해주지 않았다.

이 건물은 본래 사범학교였다고 한다. 식당은 지하실에 있었는데, 어느 뚱뚱한 여인이 관리하고 있었다. 식사준비는 중국인인 리원룽李文龍, 왕즈헝王子衡 두 사람이 맡았는데, 그 뚱뚱한 소련 여인의 지시를 따라야 했다. 각자에게는 매달 현금 30루블과 담배 한 보루가 지급되었고, 매일 제공되는 식사는 끼니마다 거의 동일했다. 개인당 제공되는 하루 배급량은 빵 300그램, 잡곡 300그램이었는데, 빵은 별로 맛이 없었고 잡곡은 좁쌀이나 수수 같은 것이었다. 간혹 가다 쌀이 나오기도 했는데 그 양이 얼마 안 되어 전부 흰죽을 쑤어 먹었다. 반찬도 거의 없었다. 때때로 감자에 양고기 같은 육류가 나오기도 했지만 불과 몇 덩이에 지나지 않았고 그마저도 한 달에 두어 번 정도 볼 수 있었다. 드문드문 자반이 나오는 경우도 있었다. 또 경우에 따라서는 우유 한잔이 나올 때도 있었지만 그건 일 년에 한두 차례가 고작이었고 빵도 집게 손가락 굵기 정도의 얇은 것이라 한두 번 입에 넣으면 그걸로 끝이었다. 좁쌀이나 쌀밥도 숟가락으로 예닐곱 번 떠먹으면 그만이었다. 한마디로 배고프고 굶주린 삶이었다.

매번 창고에 가서 배급을 탈 때마다 소련군 대위가 배급표에 일일이 물품목록을 작성했다. 하지만 우리가 물품을 받으러 창고에 가면 창고를 관리하는 병사는 늘 그것도 없고 그것도 없으니 다음에 다시 오라고 했다. 이게 바로 소련의 횡령과 착복의 전형이다.

푸이는 1년 365일 한 번도 지하실에 와서 밥을 먹은 적이 없었다. 그는 항상 늙은 장인과 함께 방에서 식사를 했다. 조카 위엔이 매일 같이 끼니때마다 지하실에 내려와 2인분의 식사를 타서 방으로 올라갔다. 딴에는 황제로서의 풍모를 지키고 싶었던 모양이다.

사람들은 매달 지급되는 30루블을 어떻게 쓸까? 매주 혹은 몇 주에 한 번 상인들이 건물 밖에 수레를 끌고 와 물건을 팔았다. 그렇다면 그들은 주로 무엇을 팔았을까? 대부분이 술이었고 설탕 따위가 그 다음이었다. 나머지는 거의 소용없는 물건들이었다. 그래서인지 사는 사람도 거의 없었다. 우리는 이곳에서 매일 하는 일 없이 소일했다. 방안이나 큰 나무 아래에서 쉬면서 잡담하거나 장기나 바둑을 두는 게 전부였다. 마작은 주로 대신들이나 장교들이 했다. 그들은 자작나무로 깎은 장기알이나 바둑알을 제일 좋아했다. 이상이 우리가 매일 같이 소일하는 놀이의 전부였다. 마작의 밑천은 담배였다. 담배를 걸고 노름을 하는 것이다.

우리가 사는 방은 푸이가 거하는 방의 바로 맞은편이었다. 그렇지만 여기서 보낸 몇 년 동안 내가 푸이의 방에 가서 이야기를 나눈 것은 겨우 두 번뿐이었다. 내가 본 푸이는 정말로 아무 것도 할 줄 모르는 무능력한 사람이라는 것이었다. 그는 사람 간의 정이라는 것도 모르는 사람이었다. 그래서인지 그는 그 누구와도 이야기하고 싶어 하지 않았다. 그럼에도 황제로서의 허세는 여전히 놓지 않으려 했다. 수용소 측은 푸이의 매제 완자시로 하여금 마르크스·레닌주의 강습회를 열도록 했는데 푸이는 이때만 바깥출입을 했다. 이때에도 그의 조카 위옌이 의자를 가지고 나와 방문 앞에 놓으면 그때야 푸이는 걸어 나와 의자에 앉았다. 그의 매제가 마르크스·레닌주의에 대해 강의를 시작하면 그는 그곳에 앉아 조금의 미동도 없이 꼿꼿이 앉아 들었다. 심지어 고개도 옆으로 돌리지 않았다. 그야말로 법당 안의 불상처럼 말이다. 대신들과 장군들 중에도 지난 5년 동안 그의 방에 들어가 이야기를 나눈 사람은 거의 없었다. 심지어 대신들 중에는 화장실에서 마주쳐도 그에게 다가와 인사를 하지도 않았다. 이것은 내가 친히 목도한 사실이다.

만청의 어느 황제가 이와 같았을까? 한마디로 그는 세상물정 전혀 모르는 우상에 지나지 않았다. 책상 앞에 앉아 책만 들여다보는 멍청한 서생도 이렇지는 않을 것이다.

그는 소련 측에 이런 말을 한 적이 있다.

"나는 중국으로 돌아가지 않을 거요. 난 영원히 소련에서 살 거요."

그렇다면 그는 정말 한심하고 멍청한 인물인가? 그렇지는 않다. 왜냐하면 그는 황제로서의 허세는 내려놓지 않았기 때문이다. 그는 왜 매일매일 300그램의 좁쌀과 수수, 300그램의 빵 그리고 예닐곱 번의 숟가락질이면 없어지고 마는 좁쌀죽에 연연했을까? 결론적으로 말하면, 그는 중국으로 돌아가는 길이 자신의 저승길임을 알고 있었던 것이다. 소련정치위원이 그에게 말했다.

"당신은 정말 모른단 말인가? 세상의 어느 나라 황제가 사회주의적 삶을 원하는가?"

우리는 정말 낙천적인 사람들이었다. 매일매일 담배내기 마작을 하고 바둑과 장기를 두고, 하루의 운세를 점치기도 했다. 이곳에는 마르크스·레닌주의 관련 서적들을 꽤 많이 비치해놓았다. 그렇지만 우리 중에 그것들을 가져다 읽는 이는 거의 없었다.

평소 잡담 중에 국민당이나 공산당 이야기가 나오면 사람들은 백에 백 다 국민당이 중국을 통치하기를 희망했다. 그런데 푸이만은 국민당과 공산당 둘 다 좋아하지 않았다. 푸제는 비록 푸이의 동생이기는 하지만 성격이 푸이와는 전혀 달랐다. 푸제는 온화하고 얌전한 사람이었다. 또한 그는 세상물정에 대해서도 견식이 있었고 다른 사람들과 허물없이 지내는 아주 착하고 서글서글한 사람이었다. 그래서인지 그는 누구와도 말이 잘 통했다.

이곳 사람들은 나와 추밍푸 두 사람에게 창고에 가서 배급품을 타오기를 요구했다. 먼저 사무관한테 가서 배급물품의 종류와 수량이 적힌 명세서를 받는다. 명세서 양식의 남아 있는 빈칸에는 어떤 글자도 쓰여 있지 않았다. 그리고 그들은 별도로 명세서에 마감선을 긋지 않았다. 이것은 나중에 횡령할 물품을 적어놓기 위함이었다. 그러나 우리는 매번 마감선을 그었다. 창고를 관리하는 병사가 추밍푸에게 이건 누가 그린 것이냐고 물었다. 추밍푸가 말했다.

"이건 내가 그린 겁니다."

병사는 우리를 마뜩찮은 눈빛으로 몇 번씩이나 흘겨보았다. 우리는 모른 척 무시해버렸다. 이것은 사무관과 병사 두 사람이 공동으로 횡령하는 수단이었다. 5년 동안 매번 창고에 가서 식품을 수령할 때마다 병사는 추밍푸에게 말했다.

"이건 없어, 이것도 없어. 다음에 다시 와. 그때 봐서 줄 테니까."

나는 전에는 그 사실을 몰랐다. 내가 배급품을 수령하기 시작하면서 매번 그렇게 한다는 것을 알게 되었다. 빠진 물품을 다음에 다시 우리에게 보상해 준 적은 한 번도 없었다. 이것은 틀림없이 횡령한 것이었다. 이러한 암흑의 공산주의사회에서 배급제도는 정말로 수많은 인민들을 굶주림에 시달리게 하고 죽음으로 내모는 것이었다. 그래도 공산주의가 좋다는 말인가?

(원제 : 又搬家)

27 푸이溥儀의 동북조업東北祖業

45호 전범수용소에서 지내는 동안, 난 푸이의 신하들과 비교적 격의 없이 지낼 수 있었다. 특히, 푸이의 시종인 리궈슝과는 서로 못하는 말이 없을 만큼 무척 친했다. 그 덕에 난 리궈슝으로부터 푸이가 동북으로 도주할 당시의 흥미로운 일화들에 대해 소상히 들을 기회가 있었다.

그에게서 들은 이야기를 간단히 옮겨보기로 하겠다.

펑위샹馮玉祥에 의해 황궁에서 내쫓긴 푸이는 상인으로 변장해 쳰먼前門 역에서 기차를 타고 톈진天津으로 도망을 갔다. 톈진에서는 일본조계에 몸을 의탁했다. 일본조계에 가면 가족들의 안전을 보호받을 수 있을 것이라 생각한 것이다. 톈진에 있는 일본 사령관使領館3) 관원들과 관동군 수뇌들의 도움으로 그는 무사히 일본조계에 안착할 수 있었다. 그를 톈진까지 수행한 이들은 정샤오쉬, 시치아 등과 같은 보황파 유신遺臣들이었다. 이들은 푸이에게 하루속

---

3) 대사관·공사관·영사관의 합칭.

히 동북으로 가서 조업祖業을 회복할 것을 간했다. 관동군은 푸이를 위해 탕구滬沽[4] 부둣가에 쾌속정을 준비해둔 채, 푸이가 오기만을 기다렸다. 그런데 문제는 푸이를 부둣가까지 어떻게 데려가느냐 하는 것이었다. 고민 끝에 그들은 낡은 자동차 트렁크에 푸이를 숨겨 조계를 빠져나가기로 했다. 그러나 보통사람보다 키가 컸던 푸이를 트렁크에 밀어 넣는 것도 일이었다. 어찌어찌해서 간신히 그를 트렁크에 구겨 넣다시피 해서 태우기는 했지만, 문제는 또 있었다. '행여 트렁크 안에서 숨을 못 쉬고 질식사라도 하면 어쩌지?' 하는 우려였다. 자동차 보닛을 꽉 닫지 못한 것은 바로 그 때문이었다. 리귀슝의 말로는 트렁크에 구겨진 채 웅크리고 있는 푸이의 모습이 마치 삶은 새우 같았다고 한다. 차를 운전한 사람은 푸이 쪽 사람이었다. 그런데 그는 일이 일인지라 잔뜩 긴장했었던 모양이다. 정문을 빠져나오자마자 실수로 길가 가로수를 들이받았던 것이다. 일행들은 혹시 푸이가 다친 건 아닐까 걱정했지만, 그렇다고 차를 세우고 트렁크를 열어볼 수도 없었다. 만에 하나 발각될 것을 우려했던 것이다. 결국 푸이의 상태를 확인하지도 못한 채 내처 부둣가로 달릴 수밖에 없었다. 부둣가에 도착해 푸이를 트렁크 밖으로 꺼내주면서 사람들이 물었다.

"폐하, 어디 다치신 곳은 없습니까?"

"괜찮네. 다만 너무 놀라서 지금도 심장이 벌렁거리는군."

푸이를 발견한 일본 측 사람들이 급히 달려와 무장한 모터보트에 그를 태웠다. 그리고는 바로 푸이에게 군복으로 갈아입혔다. 배는 잉커우營口[5]를 향해 나아갔다. 해안가에 상륙해서는 바로 차를 타고 탕강즈湯崗子[6]에 있는 일본요릿집으로 갔다. 그곳에서 하루를 묵고 이튿날 다시 차를 갈아타고 뤼순旅順의 야마토호텔로 거처를 옮겼다. 거기서 다시 뒤따라 도착한 장스이, 시치아,

---

4) 톈진 동부에 위치한 항구로 현재는 빈하이신구(濱海新區)의 중심지역이다.
5) 중국 랴오닝성에 위치한 항구도시
6) 랴오닝성에 위치.

정샤오쉬 등과 함께 선양의 야마토호텔로 갔다.

이것이 푸이가 동북으로 가서 조업을 회복하게 된 시작이다.

(원제 : 溥儀向東北逃跑的事)

28 좀도둑으로 몰린 푸이

일본이 무조건 항복을 선언한 이후, 유엔군사령부는 일본 도쿄 국제재판소에서 일본전범 도조 히데키東條英機 등에 대한 재판을 열기로 하고, 소련 측에 푸이를 도쿄로 압송해줄 것을 통지했다.

압송 전날, 수용소 소장 아스니스가 푸이를 만찬에 초대했다. 만찬 메뉴는 서양식 요리였다. 그 자리에서 푸이는 서양요리를 먹을 때의 식사예절 가령, 자리에 앉는 법이나 먹는 방법 따위를 일일이 소장에게서 배웠다고 한다. 하지만 난 그것에 대해서는 리궈슝에게 자세히 묻지 않았다. 별 관심이 없었기 때문이다.

리궈슝은 푸이를 저녁식사자리에 보내놓고는 나를 찾아와 이렇게 말했다.

"난 국제재판소가 폐하를 과연 전범으로 간주할지가 제일 걱정이야. 전범이 되면 그 자리에서 감옥에 갈 거 아니겠나? 여하튼 무사히 돌아오셔야 할 텐데!"

난 푸이가 도쿄에서 일본전범들과 동일한 취급을 당하지는 않을 것이라 생각했다.

"제 생각엔 아마도 죄인 신분으로 가게 될 겁니다."

저녁식사자리에 초대를 받았던 푸이가 돌아왔다. 그런데 그의 표정이 좋지 않았다. 한참을 말이 없던 그의 입에서 나온 첫마디는 이랬다.

"수용소 직원이 나한테 와서 회의실 책상 위에 있던 만년필이 없어졌는데 누가 훔쳐갔는지 봤느냐고 묻더군. 그게 뭘 말하는 것이겠나? 내가 그 만년필을 훔쳐갔다고 의심하는 게 아니냐고? 다들 알다시피, 소련은 좀도둑들 천지야. 근데 어떻게 제일 첫 번째로 나를 범인으로 지목할 수가 있느냐 말이야. 나도 만년필이 있어. 그것도 아주 많이. 다 황금으로 된 만년필이야. 너무 많아서 내 매제인 완자시한테 한 자루 하사하기까지 했어. 그게 나야. 그런데 내가 지네들 걸 훔쳐갔다고? 지 놈들이 훔쳐가 놓고 나한테 덮어씌우려는 게 아니고 뭐겠어? 어떻게 그럴 수가 있어? 괘씸한 놈들!"

이건 리궈슝과의 잡담 속에서 들었던 일화이다. 사실, 내가 이곳에 오기 전에 있었던 일들의 대부분은 그의 입을 통해 들었던 것들이다. 푸제나 푸이의 처남, 매제들은 평소에도 푸이에 대해서는 일절 언급하지 않았다.

(원제 : 溥儀學吃西餐)

29 가난한 공산주의

　홍허즈紅河子에 가서 일할 때였다. 하루는 홍허즈 건너편에서 국민당 군복을 입은 젊은 장교 한 명이 우리 쪽으로 넘어와 이렇게 물었다.

　"푸이가 이곳에 있나요? 우린 푸이를 모셔가려고 온 겁니다."

　우린 수용소로 돌아와 푸이에게 이 사실을 고했지만, 그는 별 대수롭지 않게 생각했다. 그러나 그런 일이 있었다는 게 알려지면서 소련당국은 홍허즈에서 노동하는 것을 금지시켰다.

　'정말 국민당 군인이었을까? 내가 알기론, 국민당군대는 동북에 온 적이 없는데. 설사 국민당 장교가 맞는다고 해도 국민당군대가 어떻게 소련 경내로 진입할 수 있었지?'

　난 도저히 이해가 되지 않았다. 그건 사실상 불가능한 일이었기 때문이다. 그래서 난 푸이의 신하들에게 말했다.

　"아마도 그건 잘못 아신 걸 겁니다."

　위탕이 말했다.

"아니야. 정말로 국민당 사람이었어."

"아니오. 분명히 아닐 겁니다. 그건 필시 공산당 팔로군이었을 거예요."

팔로군이라면 충분히 국경을 넘어 소련에 와 있을 수 있었다. 왜냐하면, 그들은 국민당과의 내전에 필요한 무기를 소련에서 제공받기 위해 수시로 오갔기 때문이다. 게다가 소련은 전 세계 공산주의의 근거지가 아닌가? 이번에는 푸이의 판단이 옳은 것 같다. 그는 신하들과는 달리 그들이 국민당 군대라는 걸 한사코 믿지 않았던 것이다.

어느 날이었다. 전범수용소 소장이 완자시를 불렀다. 완자시는 한참 지난 후에 수용소로 돌아왔다.

"소장 말이 우리더러 곡마단을 도와 공연장을 정리해달랍니다."

"몇 명이나 가야하는 건데요?"

"한 여덟이나 아홉이면 되지 않을까?"

우리는 그러마하고 대답했다.

잠시 후, 총대를 을러멘 소련군 병사 한 명이 우리를 수용소 근처에 있는 곡마단 천막으로 데려갔다. 천막 안에선 이미 여러 사람들이 장내를 청소하고 있었다. 우리도 그들 중간에 끼어 장내정리를 도왔다. 곡마단 남녀단원들은 청소하느라 바빴지만 중간 중간 시시덕거리며 수다를 떨기도 했다. 휴식시간에는 우리에게 다가와, 여기는 언제 왔느냐? 왜 잡혀왔느냐? 등등 꼬치꼬치 캐묻기도 했다. 그런데 어느 순간, 그들의 시선이 한곳에 집중되었다. 바로 완자시가 손목에 차고 있는 시계였다. 그 손목시계는 보통의 시계와는 달리 꽤 여러 가지 기능을 갖추고 있는 고급시계였던 것이다. 시각 외에도 요일이나 날짜도 다 나왔고 시간알림 기능도 있었다. 그들은 그 시계가 너무나 신기했던지 서로 보겠다고 완자시 앞으로 몰려들었다. 그 바람에 장내는 순식간에 아수라장이 되고 말았다. 이 일은 곡마단 단장의 귀에까지 전해졌다. 단장은 단원들 사이를 밀치고 앞으로 나오더니 시계를 요모조모 뜯어보기 시작했다. 그리고는 완자시에게 말했다.

"이거 내게 파쇼."

완자시는 그럴 수 없다고 했지만 단장은 막무가내였다. 어떻게든 그 시계를 손에 넣을 심산인 모양이었다.

우리 중의 누군가가 완자시에게 말했다.

"그냥 팔아버리세요. 우리가 언제 소련을 벗어나 돌아갈 수 있을지도 모르잖아요? 국공내전도 언제 끝날지 모르고."

또 다른 누군가가 나섰다.

"맞아요. 게다가 소련이 저렇게 중공을 지원하고 있는데 이놈의 전쟁이 쉽게 끝나겠어요? 지금 그거 하나 갖고 있다고 해서 무슨 소용이 있겠어요? 안 그래요? 그냥 팔아버리세요. 대신 값이나 많이 쳐달라고 하세요."

"그래? 그럼, 팔아버리지 뭐."

라오완老萬은 이렇게 내뱉고는 바로 단장에게 제안했다.

"8백 루블 주시오. 그러면 팔겠소."

그 말에 단장은 곧바로 800루블을 라오완의 손에 쥐어주었다. 단장은 태어나 한 번도 본 적 없는 귀한 고급시계를 얻었다는 기쁨에 연신 헤헤거리며 단원들에게 자랑을 했다.

나중에 들은 얘기이지만, 푸이는 이런 시계를 세 개나 더 가지고 있었다고 한다.

곡마단 정리가 끝나고 돌아갈 즈음, 완자시가 병사에게 부탁했다.

"가는 길에 시장에 좀 들르세. 달걀을 좀 사야겠어."

병사는 별 말 없이 요구를 들어주었다. 시장에 가는 내내 길에는 행인이 거의 보이지 않았다. 간혹 삼륜차가 지나가기는 했지만 그뿐이었다. 그런데 재미있는 일이 하나 벌어졌다. 일단의 소년들이 달리는 삼륜차의 꼬리를 붙잡고 기어오르려고 하는 것이었다. 요행히 운전수가 그걸 발견하고 차를 세웠다. 운전수가 차에서 내리자마자, 소년들은 부리나케 도망갔다. 화가 난 운전수는 사방으로 흩어져 도망치고 있는 소년들을 향해 고래고래 소리를 지르며 한바탕 욕을 해대고는 이내 차를 몰고 가버렸다. 이런 일은 이곳에서는 늘 있는 일이란다.

시장 입구에 도착하자, 노파 한 명이 바닥에 꿇어앉아 시장을 출입하는 사람들을 상대로 구걸을 하고 있었다.

정춘청이 말했다.

"공산주의사회는 제도적으로 굶는 이들도 없고 거지도 없다고 하지 않았나?"

시장 안에는 노점상들이 꽤 많았지만 먹을거리는 그리 많지 않았다. 완자시가 어느 좌판 앞에 서서 노파에게 물었다.

"달걀 있어요?"

"얼마나 사시게요?"

"50개 주세요."

노파는 자리에서 일어나 자신이 깔고 앉아 있던 상자 안에서 달걀 50개를 꺼냈다. 우리는 그걸 나눠들고 숙소로 돌아왔다. 값이 얼마였는지는 기억이 나지 않는다. 우리는 수용소로 돌아와서 각자 분담해 들고 왔던 달걀을 완자시에게 다시 건네주었다. 그는 그걸 푸이에게 바쳤다.

이튿날 소장이 다시 완자시를 불러냈다. 그런데 그는 한번 불려가서는 영 돌아오지 않았다. 소장이 완자시가 시계를 팔았다는 사실을 병사로부터 전해 들었던 것이다. 그 일로 완자시는 일주일이나 독방에 갇혀있어야 했다. 그가 독방에서 나오고 나서야 우리는 그가 왜 갇혀있어야 했는지 알게 되었다. 소련의 규정에 따르면, 포로가 소련의 민간인들과 교역을 하거나 접촉하는 것이 엄격히 금지되어 있었던 것이다.

(원제 : 溥儀妹夫坐黑屋子)

30 국민당의 패주

완자시는 위만偽滿 즉, 만주괴뢰국의 중령이었다. 그는 보황당 출신의 아버지 덕분인지는 몰라도 푸이의 여동생과 결혼할 수 있었다. 세월이 흘러 어느덧 중년의 나이로 접어들기는 했지만 그는 여전히 총명하고 유능한 사람이었다. 푸이와 함께 소련에 있는 동안, 러시아말도 조금 배워 소련 사람들과 의사소통하는 데에도 별 어려움이 없었다.

그래서였을까? 그는 하바롭스크 군 당국의 눈에 띄게 되었다.

어느 날, 하바롭스크 군사령부에서 그에게 차를 보냈다. 그때까지만 해도 대관절 사령부가 왜 그를 데려갔는지 우리로서는 알 수 없었다. 다만, 푸이만이 그 이유를 알고 있었다. 우리가 대강의 정황이나마 알 수 있었던 건 한참의 시간이 지나서였다.

정황인즉슨 이렇다. 앞서도 잠깐 언급했지만, 얼마 전에 흥허즈에서 팔로군인 듯 보이는 젊은 장교 한 명을 만난 적이 있었다. 소련군 당국은 이들 팔로군 부대를 자신들의 예하에 두고 싶어 했다. 그래서 완자시에게 그들과 접촉해 데려오라는 명령을 내렸던 것이다. 완자시는 그 명령을 받드는 대신에 세 가지 조건을 내걸었다. 첫째, 소련국적을 취득할 수 있도록 해줄 것. 둘째, 대령으로 승진시켜줄 것. 셋째, 아내를 데려다줄 것. 소련 측은 앞의 두 가지 조건은 순순히 받아들였지만, 세 번째 조건은 선뜻 답하지 못했다. 완자시의 요구는 동북에 있는 소련군 위수사령부에 연락해 자신의 황족 부인을 찾아 소련으로 데려와 같이 살게 해달라는 것이었는데, 소련군이 동북 전역을 뒤져 그의 아내를 찾아낸다는 것이 그리 녹록한 일은 아니었기 때문이다. 이 때문에 이번 사안은 차일피일 미루어지다가 어느새 흐지부지되어 버렸다.

우리는 비록 몸은 소련에 있었지만 중국 국내의 소식을 전언을 통해 들어 어느 정도는 파악하고 있었다.

중국공산당은 항일전쟁의 승리와 동시에 농촌을 기반으로 도시를 포위하는 전술을 통해 국민당을 누르고 중국 전역을 공산화시키려고 했다. 특히, 소련의 원조만 있다면 능히 국민당에 승리할 수 있다는 게 공산당의 생각이었다. 따지고 보면, 중국공산당은 항일전쟁 중에 국민당과 합작은 했지만 이건 그들의 본의도 아니었고 진심도 아니었다. 그들에게 있어 항일은 단지 미명에 지나지 않았다. 그래서 그들은 항일전쟁 기간 중에도 소련의 앞잡이가 되어 남몰래 군비를 확충하고 있었던 것이다. 한마디로, 전형적인 통일전선전술이라 할 수 있다. 소련에 있으면서도 우리는 매일같이 이런 얘기를 주고받았다. 우리는 모두 어떻게든 국민당이 중국의 패권을 장악하기를 바랐다. 그러나 푸이만은 생각이 달랐다.

사실, 이곳 사람들은 세 가지 생각을 갖고 있었다. 첫째, 푸이는 귀국을 희망하지 않고 소련에 남기를 바란다. 사실, 그에게 있어 귀국이란 곧 죽음의 길에 다름 아니었다. 그래서 실제로 푸이는 소련당국에 앞으로도 영원히 소련에서 살고 싶다는 의견을 여러 차례 피력한 바 있다. 그것도 모자라 그는 소련에 영주권을 신청하기까지 했다. 무엇보다 그에게 있어 가장 두려운 점은 중국으로 돌아가 책임추궁을 당하고 그에 따른 엄중한 처벌을 받는 것이었다.

둘째, 국민당이 승리하게 되면, 귀국하더라도 최소한 사형은 면할 수 있다는 생각이었다. 셋째, 나처럼 조선에서 온 사람들의 경우에는 국민당이 승리하면 귀국하더라도 길어야 몇 년 수형생활을 하는 것으로 면책될 수 있을 것이란 생각이었다. 그래서 국민당이 승리하기를 바랐던 것이다. 반대로 공산당이 승리할 경우에는 두 가지 길밖에 없으리라 생각했다. 사형 아니면 강제노동.

그렇지만 우리의 희망이 헛된 망상에 지나지 않았음을 확인하는 데에는 그리 오랜 시일이 걸리지 않았다.

국민당군대는 계속해서 남쪽으로 밀려났다. 사실상의 패주였다. 국민당의 패색이 짙어지면서 이곳에서의 우리 생활에도 변화가 일어났다.

우선, 소련당국이 매달 지급해오던 30루블이 끊겼다. 담배도 더 이상 제공되지 않았다. 나머지 생활도 예전에 비해 훨씬 열악해졌다.

결국 국민당은 공산당에 쫓겨 타이완으로 철수했다. 이 소식은 한참이 지난 후에야 들을 수 있었다. 이때부터 소련은 우리에 대한 정책을 달리했다. 포로수용소 소장은 푸이, 푸제 그리고 대신들이나 군사령관 등만을 남겨놓고 전부 노동교화소로 끌고 가 강제노동을 시켰다. 여기에는 푸이의 처남인 룬치, 매제인 완자시, 조카인 위옌, 위탕, 시종인 리귀숭도 예외가 아니었다. 물론, 조선에서 끌려온 우리 같은 사람들도 당연히 포함되었다. 그렇다면, 소련은 왜 이처럼 정책을 바꾼 것일까? 거기에는 이유가 있었다. 소련은 국민당이 전쟁에서 패배한 이상, 지난 몇 년 동안 영관급 이상의 포로들에게 지급해왔던 생활비 등을 돌려받을 수 없을 것이라 생각한 것이다. 그래서 그걸 벌충할 요량으로 우리 같은 졸개들을 노역장으로 끌고 가 강제노동을 시켰던 것이다.

우리가 끌려간 곳은 일본인포로수용소였다. 따라서 우리 말고는 온통 일본인 일색이었다. 그곳에서 우리는 매일 같이 강가에 있는 하적장에 나가 화물 부리는 일을 했다. 일은 너무도 고되었다. 일본인들 말로는, 여기서 죽어나가는 자들이 허다하다는 것이다. 일이 고된 것보다도 더 힘든 것은 일본인포로들이 우리에게 일을 시키려 한다는 것이었다.

'일본 놈들이 감히 우리에게 일을 시켜? 그건 절대 용납할 수 없어!'

이것이 우리 모두의 생각이었다.

이곳 노역장에서 일하는 포로는 천 명 정도였다. 물론 거의 대부분이 일본인포로였다. 그런데 하루 온종일 힘들게 일하고 숙소로 돌아와 저녁을 먹고나면, 곧바로 투쟁대회가 열렸다. 이 투쟁대회는 하루도 빠짐없이 열렸다. 투쟁의 대상은 노동 중에 열심히 일하지 않는 자들이었다. 일본인 열성분자들은 언제나 우리 중국인들을 투쟁의 대상으로 삼았다. 다수결이라는 민주적원칙을 내세웠지만 그건 허울에 지나지 않았다. 수적 우위로 밀어붙여보자는심산 그 이상은 아닌 것이다.

힘든 노동과 일본인들의 갖은 횡포를 견디면서 우리는 이 노역장에서 석달여를 일했다. 그리고 우리는 다시 하바롭스크에 있는 다른 노역장으로 이송되었다. 이곳에는 약 2천 명의 포로가 있었다. 그 중의 70%는 조선인이었고, 나머지 30%는 우리 중국인이었다. 이들은 전부 동북출신이나 내몽골 사람들이었다. 개중에는 학생, 상인, 의사도 있었고 만주국 시절 소련을 위해 일했던간첩들도 있었다. 이 자들은 그저 소련으로부터 돈을 받고 일해 준 죄밖에없는 사람들이었다. 이 사람들 입장에서는 어쩌면 억울할 만도 했을 것이다. 이곳에는 반가운 사람들도 있었다. 예전에 우수리스크 헌병사령부 감옥에 함께 있었던 무린현穆林縣의 마馬 현장 일행을 만난 것이다. 한편, 이곳의 다수를차지하고 있는 조선인들은 대부분 김일성을 반대하다가 잡혀온 사람들이었다.

하루는 마 현장과 통역사인 처車 모라는 사람이 우리를 찾아왔다. 소련정치위원회로부터 중국인 소대를 조직하라는 지시를 받았다는 것이다. 우리는 논의 끝에 소련의 요구를 받아들이기로 했다. 일단, 소대의 통솔을 책임질 소대장으로는 처 씨가 뽑혔다. 처 씨는 하얼빈공대를 졸업한 엔지니어였다. 그가통역을 맡게 된 것은 이곳 수용소에서 거의 유일하게 러시아 말을 할 수 있는사람이었기 때문이다.

매일 아침, 공사장의 민병民兵들이 수용소까지 와서 우리를 공사장으로 데려갔다. 저녁에 돌아올 때에도 그들이 우리를 호송했다. 아침에 공사장에 가면, 공사장책임자가 처 씨를 불러 그날의 공사계획을 설명해주었다. 그러면 다시 처 씨가 우리에게 작업을 지시했다. 우리는 전문적인 기술을 필요로 하는 하수구 축조현장에 파견되기도 했다. 비록 기술자는 아니었지만 우리는 벽돌을 나르라면 나르고, 시멘트를 바르라면 바르고, 벽돌을 쌓으라면 쌓았다. 작업을 잘하든 못하든 그건 우리가 알 바 아니었다. 그저 우리는 시키는 대로 할 뿐이었다.

언젠가 한번은 이런 일도 있었다. 공사장에서 석회를 부수어 벽을 쌓는 일을 하는 노파가 있었다. 그 노파는 매일 같이 자신이 맡은 일을 충실히 해내려고 애썼다. 보름이 지나 결산할 때가 되었다. 그런데 공터우工頭7)는 그녀에게 열흘 치 일당만 계산해서 주었다. 그녀가 하루 노동량을 제대로 채우지 못했다는 게 그 이유였다. 노파는 억울한 마음에 그 자리에 주저앉아 대성통곡을 했다. 그 장면을 보고 있던 처 씨가 안타까웠던지 노파를 대신해 공터우에게 간곡히 사정했다. 그러나 공터우의 대답은 단호했다.

"나도 그녀가 안 됐다는 건 알지만 법에 일한 만큼 일당을 주게 되어 있어."

그러면서 공터우는 작업량 수첩을 처 씨에게 보였다.

"상부의 규정을 지키지 않으면 내가 경을 칠거야. 감옥에 갈지도 모른다고."

공터우가 그렇게까지 말하는데 라오처老車도 더 이상 뭐라 할 수 없었다. 소련에서는 어떠한 일도 모두 일정한 작업량이 있었다.

우리 소대에는 왕여우차이王有財란 노인이 있었다. 무린현 사람이었다. 하루는 그가 자신의 어깨에 총알이 관통한 흔적을 모두에게 보여주었다.

"왜 그렇게 되신 거예요?"

그가 연유를 설명했다. 옛날 무린현에 살 때, 그는 말 한 필을 키우고 있었

---

7) 작업반장에 해당한다.

는데 어느 날 눈을 떠보니 말이 보이지가 않았다. 누군가 훔쳐간 것이다. 그런데 며칠 후, 그는 자기 말이 소련군 부대 정문 밖에 매어 있는 것을 발견했다. 그는 아무 생각 없이 말을 끌고 집으로 돌아가려 했다. 그런데 소련군 병사가 그걸 보고 뒤에서 '스또이!' 즉, '정지!'라고 소리쳤다. 러시아말을 모르는 라오왕老王은 그냥 자신의 말을 끌고 앞으로 나아갔다. 이윽고 총성이 울리더니 총탄이 라오왕의 오른쪽 어깨를 관통했다. 라오왕은 그 자리에 쓰러졌다. 병사는 말과 함께 라오왕을 부대 안으로 끌고 갔다. 얼마 후, 상처가 어느 정도 아물자 소련군은 그를 노동교화소로 보냈다.

누군가 말했다.

"그렇다고 이곳으로 보낸다는 게 말이 되요?"

"나도 내가 왜 끌려왔는지 모르겠어. 내 말을 내가 가져가겠다는데 그게 뭔 죄라고 여기까지 끌고 와서 강제노동을 시키는 거냐고! 이게 말이 돼? 대체 세상 어디에 이런 법이 있어?"

그랬다. 여기선 강권이 곧 진리인 셈이었다.

그의 한탄은 어느새 중국공산당에 대한 욕으로 이어졌다.

"저 놈들은 공산주의하려면 지네 나라에서나 하지, 왜 중국까지 공산화하겠다는 건지 모르겠어. 공산당 놈들도 마찬가지야. 팔로군이나 소련군이나 다 한통속이야, 한통속!"

노역장 부근에는 교양부대敎養部隊라는 이름의 대규모 소년선봉대가 있었다. 부대원들은 대부분 열대여섯 살의 소년들이었다. 난 그곳에서 보일러공으로 일하는 예현掖縣 출신의 중국인으로부터 새로운 소식을 전해 들었다.

"하바롭스크에도 중국인 마을이 있어요. 모르셨죠? 거기 사는 사람들은 러시아혁명 때 미처 중국으로 돌아가지 못한 사람들이에요. 물론 이제는 다들 소련 사람이 되었지만요."

우리가 주로 일하는 공사장의 인부들은 80%가 여성이었다. 그래서 휴식시간이면 으레 그 소련여자들과 스스럼없이 잡담을 하는 게 거의 일상이 되어버렸다. 말은 서로 통하지는 않았지만 중간 중간 라오처가 통역을 해준 덕분에 소통에는 큰 어려움이 없었다.

하루는 공사장 가는 길에 인솔자인 민병이 우리에게 정지신호를 보내 잠시 대기하라는 명령을 내렸다. 가던 걸음을 멈추자, 그는 특별히 나를 불러 판매 조합(공급수매합작사, 供銷社)에 같이 가자고 했다. 난 그다지 내키지는 않았지만 따라나설 수밖에 없었다. 판매조합에는 빵이며 통조림, 소시지, 고기 심지어는 술과 의복까지 있었다. 그렇지만 빵은 대부분 호밀 빵이었고 흰 빵은 없었다. 고기는 주로 소금에 절인 돼지고기였고, 옷은 종류가 그리 많지 않았다. 정작 우리에게 필요한 건 칫솔이나 치약 같은 세면도구였는데 그런 건 아예 보이지 않았다. 이것만 보더라도 무기만 생산하고 일반 생필품은 직접 생산하지 않는 소련의 현실이 어떤지를 알 수 있다. 민병은 그 중에 돼지고기 한 덩이를 집어 들었다. 우리 소대가 있는 쪽으로 돌아오니, 사람들이 내게 몰려들었다. 그들은 판매조합에 어떤 물건들이 있는지 궁금했던 것이다. 난 방금 보았던 물품들을 그들에게 나열하듯 말해주었다.

"가서 보니까 상품진열대는 거의 비어 있고 물건도 거의 없었어요."

민병은 점심시간에 공사장에 있는 나뭇가지를 가져다 불을 피웠다. 방금 전에 샀던 돼지고기를 구워먹을 생각인 모양이다. 고기를 굽던 민병이 라오처에게 물었다.

"돼지고기 먹어본 적 있어? 너희 중국에서는 고기를 먹기 힘들다고 하던데."

그 말을 듣고 라오처는 어이가 없었던지 한참을 웃었다.

"모르긴 몰라도 우리 중국 사람들이 소련 사람들보다는 훨씬 더 돼지고기를 많이 먹을 거요. 중국 농촌에서는 집집마다 돼지를 키워요. 사실, 그것 말고도 중국에는 먹을 게 지천에 널려 있어요. 그래서 사고 싶은 게 있으면 언제든 맘대로 살 수 있어요. 아마도 중국에는 소련 사람들이 태어나 한 번도 먹어보지 못한 수천수만 가지의 음식들이 다 있을 거요. 그걸 보면 눈이 휘둥그레질 걸요?"

공사장 옆에는 철도가 있었다. 모스크바에서 동쪽으로 가는 화물열차가 매일 서너 차례 지나갔다. 기차가 실어 나르는 것은 주로 대포나, 탱크, 대형 트럭 같은 무기류였다. 이런 군수물자는 필시 중국공산당에게 보내지는 것들일 게다.

(원제 : 萬嘉熙要當蘇聯的上校)

31 공산주의의 허울

　하바롭스크시 당국은 홍허즈에 유치원을 짓기로 하고, 그 소임을 우리 소대에 맡겼다. 아마도 소대장인 라오처가 공대를 졸업했다는 것이 크게 작용했을 것이다.

　우린 매일 아침 낡고 지저분한 대형트럭을 타고 홍허즈로 갔다. 갈 때는 우리가 먹을 20인분의 점심을 함께 싣고 갔다. 그래봤자 별 거 없었다. 1인당 100그램의 호밀 빵과 100그램의 잡곡, 자반 한 덩이가 당일 점심의 전부였던 것이다. 차는 큰 강을 끼고 달렸다. 도착한 공사장은 큰 숲이었다. 숲 한가운데에는 넓은 공터가 있었고 주위에는 수목들이 울창했다. 이곳의 겨울날씨는 영하 40도까지 내려갔다. 숲 밖에는 조그마한 마을이 하나 있었다. 군데군데 농가인 듯 보이는 허름한 판잣집들이 보였다. 또 그 옆으로는 꽤 큰 여성 노동교화소가 자리하고 있었다.

　우리가 공사장에 도착하자, 소련 사람 하나가 우리를 기다리고 있었다. 그는 하바롭스크 시에서 나온 직원으로 공사감독이었다. 우리가 차에서 내리자,

200 • 그래도 살아야 했다

공사감독인 그가 우리 쪽으로 다가왔다. 라오처가 그를 따라 공사장을 한번 둘러보고 왔다. 공사감독과 라오처는 도면을 펼쳐놓고 손가락으로 도면 여기 저기를 가리키며 한참을 상의했다. 공사감독은 바로 이 마을에 사는 사람이었 다. 둘 사이에 얘기가 다 끝났는지, 공사감독은 그 자리를 떠났다.

점심준비는 청중셴程忠獻이 맡았다. 식사라고 해봐야 한쪽 구석에 큰 솥 하나 걸어놓고 그 안에 자반과 잡곡을 넣어 일종의 어죽을 끓이는 게 다였다. 마실 물은 강가에서 길어 와야 했다. 혹한의 날씨 탓에 강물은 전부 얼어 있었다. 그래서 물을 얻기 위해서는 사람이 직접 가서 그 단단한 얼음을 깨야 했다. 언젠가 한 번은 물을 길러갔던 청중셴이 돌아왔는데 그의 코끝이 새빨 갛게 얼어 있었다. 그걸 보고 추밍푸가 놀렸다.

"라오청老程, 코가 그게 뭐야? 혹시 술 마신 거 아냐? 꽁꽁 얼어서 얼음이 다 됐어. 손으로 툭 치면 금방이라도 떨어져 나갈 것 같은데? 떨어지지 않게 어서 어서 손으로 받치게."

그 말을 들으니, 예전에 어떤 사람이 한 우스갯소리가 떠올랐다.

"소련에서는 오줌을 쌀 때 꼭 막대기를 가져가야 해. 오줌을 싸면 곧바로 얼어버리거든. 그러니까 오줌 싸면서 계속 막대기로 얼음을 쳐내야 하는 거야."

물론 농담이었을 게다. 하지만 그렇게까지는 아니더라도 실제로 소변이 땅에 떨어지면 곧바로 얼어버리는 건 사실이었다.

하루 작업은 오후 다섯 시까지였다. 일을 마치고 소련군 병사의 인솔 하에 숙소로 돌아오면 하루 일정이 다 끝나는 셈이었다. 일을 마치면 우리는 곧바 로 공사현장부터 깨끗이 정리한다. 그리고 나면 유치원에 함부로 들어가지 못하도록 각 교실마다 나무판대기를 대고 못을 박아 단단히 고정한다. 안팎으 로 얼기설기 목판을 대놓아 모양은 우습지만 그야 우리가 상관할 바는 아니 다. 우리는 시키는 대로 하면 그만인 것이다. 숙소로 돌아올 때는 각자 아침에 가져갔던 건축자재며 연장들을 모두 챙겨서 와야 했다. 연장 중에는 도끼나 해머처럼 무게가 나가는 것도 있었고, 톱이나 장도리, 자, 못 같은 작은 연장들도 있었다.

　하루는 공터우가 우리를 찾아왔다. 강가의 모래를 가져다가 유치원 마당에 깔자는 것이었다. 우리는 하던 일을 잠시 중단하고 트럭을 타고 강가로 나갔다. 현장에는 이미 서너 팀의 사람들이 무리지어 모래를 채취하고 있었다. 개중에는 여자들만으로 구성된 팀도 있었다. 모래채취방법은 이랬다. 우선, 팀별로 오륙십 장丈 간격만큼 떨어져서 해머나 강철봉 등으로 모래바위에 구멍을 내고 그 안에 뇌관을 심는다. 삼사 미터 당 하나의 구멍을 뚫는 셈이다. 구멍의 크기는 대략 15센티미터 정도 되었다. 뇌관을 심는 사람은 전문적으로 따로 있었다. 그들이 구멍 안에 화약을 넣고 화약 줄을 연결하고 나면, 그곳에서 일하던 사람들은 전부 멀찌감치 뒤로 물러난다. 그러면 잠시 후, 쾅 하는 소리와 함께 모래바위가 산산조각이 난다. 이렇게 해서 채취한 모래는 트럭으로 운반해간다. 이처럼 화약을 사용하는 까닭은 날씨 탓이다. 소련의 겨울은 너무 추워서 강 전체가 꽁꽁 언다. 얼음두께만 해도 족히 2미터는 될 것이다. 그래서 화약을 사용하지 않고는 모래를 캐낼 수가 없는 것이다. 우리가 모래 운반을 세 차례하고 더 이상 하지 않은 것도 그 때문이다. 여기서 일하는 사람들은 전부 노동교화를 받고 있는 죄수들이었다.

　건축공사장 근처에는 여성전용 노동교화소가 있었다. 그곳은 철조망으로 둘러쳐진 높은 담장에 가려있어 내부를 들여다볼 수도 없었고 함부로 들어갈 수도 없었다. 그런데 그 안에 있는 여자들 중에 우리는 서른이 조금 넘은 여자 죄수 한 명을 알고 있었다. 그녀는 여성 노동교화소의 전담 물 당번이었다. 매일 혼자 강에 와서 물을 길어 교화소로 가져가는 게 그녀의 일이었기 때문에 강가에서 주로 작업을 하는 우리와도 자연스럽게 인사를 나누게 되었다. 특히, 공터우와는 아주 친하게 지내는 편이라 기회 있을 때마다 공터우를 찾아와 남녀문제를 상의하곤 했다. 소련에서는 남녀관계에 대해 남이 뭐라 간섭하는 경우는 거의 없다. 대부분이 스스로 결정하고 해결하는 게 일반적이었다. 다만, 둘 사이에 그렇고 그런 관계가 되어 아이라도 생기게 되면, 일단 남자 쪽에서 18년간의 양육비를 부담하도록 법률로 규정되어 있었다.

공터우에게는 늘 공사장에 와서 이런저런 얘기를 주고받다 가곤 하는 친구가 하나 있었다. 그런데 그가 올 때마다 외투를 걸치고 온 것을 한 번도 본 적이 없었다.

"왜 코트를 안 입고 다니는 거요?"

내가 물었다.

"살 수가 없어. 사려고 해도 물건이 있어야지?"

난 내가 가지고 있던 일본군 군용외투를 그에게 보여주었다. 그는 그걸 보자마자, 200루블을 주겠으니 팔라고 했다. 난 미련 없이 그에게 팔았다. 저우관난周冠南에게는 안쪽에 검은 털이 달린 모직코트 한 벌이 있었다. 그것에 눈이 꽂힌 여자 한 명이 계속해서 저우관난에게 자신에게 팔라고 졸랐다. 저우관난은 900루블을 주고 그녀에게 팔았다. 그걸 받아든 그녀는 신나서 돌아갔다. 이는 소련의 물자부족 실정을 증명해주는 많은 예 중의 하나이다.

사회주의 소련에서는 인민들의 생필품이 거의 생산되지 않았다. 설사 생산된다 하더라도 배급제 탓에 언제 자신의 손에 들어올지 알 수 없었다. 때문에 생활필수품 부족은 이들에게는 거의 필연적인 현상이었다.

거의 날림이기는 했지만 어쨌든 유치원 공사는 마무리되었다. 하바롭스크에서 돈푼깨나 있는 자들은 거의 다 자기 자식들을 이곳으로 보냈다. 매일 부모의 차로 통원을 하는 이 아이들의 옷차림을 보면, 하나같이 어린 아이에게는 좀 과하다 싶을 정도의 사치스러움과 화려함이 배어 있었다. 유치원 원생은 대략 오륙십 명 정도 되었다. 아이들은 유치원 놀이터에서 깔깔대며 뛰어놀았고 그곳에서 점심을 먹고 우유를 마셨다. 아이들을 돌본답시고 여선생들이 유치원 안팎을 오가며 분주히 뛰어다녔지만 천방지축의 개구쟁이들을 제대로 관리하는 데에는 한계가 있었다. 유치원 철조망 밖에선 여기저기서 모여든 천진난만한 어린 아이들이 부러운 눈길로 안을 들여다보고 있었다. 하나같이 꾀죄죄한 얼굴에 제각기 몸에 맞지 않는 헤진 옷들을 걸치고 있었다. 헝클어진 머리에는 다 떨어진 모자가 대충 얹혀 있었고, 발에는 계절에 맞지 않는 얇은 신발을 신고 있었다. 봄꽃이 만발한 완연한 봄날이기는 했지만 소련의 봄은 그래도 추웠다. 철조망 안에서 맘껏 먹고 마시며 뛰어노는 알록달록한 옷차림의 아이들에 비해 철조망 밖의 아이들은 너무도 초라했다. 양자 간에는 하늘과 땅만큼의 차이가 존재하는 듯했다. 이것이 바로 공산주의 사회의 진짜 모습이다.

하루는 공터우를 따라 식량창고에 가서 식량을 실어 나르는 작업을 했다. 창고는 차를 타고 그대로 들어갈 정도로 어마어마했다. 창고마다 스탈린의 거대한 초상화가 걸려있었다. 여기서는 꽤 많은 노동자들이 일하고 있었다. 식량을 차에 싣고 잠시 쉬고 있는데, 그들 중에 일부가 호기심어린 눈으로 우리에게 다가왔다.

"예쁘니쯔?"

일본인이냐고 묻는 것이었다.

"아니, 중국인이요."

"빠체무?"

스탈린이 왜 중국인을 잡아온 것일까 하는 뜻이었다. 그들 중에 한 명이 손으로 창고 위에 걸린 스탈린 초상화를 가리키더니 이내 손으로 목을 긋는 시늉을 해보였다. 그를 죽여 버리겠다는 표시였다. 우리도 동의한다는 표시로 똑같이 흉내를 냈다.

스탈린 치하에서는 소련 사람들도 개인의 자유가 없는 노예 신세이기는 매한가지였던 것이다.

(원제 : 到紅河子蓋幼稚園)

32 말도 안 되는 소련의 법

　얼마 후, 우리는 또다시 '흐루'라는 곳으로 이송되었다. 큰 강의 지류에 위치해 있는 작은 마을이었다. 이곳엔 꽤 큰 목재소가 하나 있었고 작지만 영화관과 식당도 있었다. 또 규모는 크지 않지만 이곳에도 노동교화소가 있었다. 우리는 바로 이 노동교화소에 배속된 것이다. 교화소의 대부분은 조선인이었고 일본인도 꽤 있었다. 밤이 되면 이곳에서도 어김없이 비판투쟁대회가 열렸다. 우리의 주요 노역장은 앞서 말한 목재소였다. 강가에 가서 원목을 쇠사슬로 끌어올려 목재소로 운반해온 다음 목재소 체인벨트 위에 올려놓는 것까지가 우리 일이었다. 그 다음엔 목재의 길이와 직경을 재는 전문가가 따로 있었다. 그가 치수를 정확히 재고 나면 목재는 체인벨트를 지나 검수대로 이동하고 검수가 끝나면 드디어 원목절단기에 의해 각종 형태의 목재로 만들어져 목재야적장으로 옮겨진다. 야적장에 차곡차곡 쌓인 목재를 외부로 운반하는 것은 기차였다. 검수원이 불량이라고 판단한 원목들은 체인벨트에서 밀려나 별도의 야적장에 쌓아놓는다. 혹여 검수원이 실수로 불량원목을 통과시키면

곧바로 경고장이 날아든다. 검수원의 실수는 두 번까지는 허용되지만 세 번째
는 여지없이 벌금고지서가 발급된다.

앞서 말한 것처럼, 우리 같은 보조는 원목을 체인벨트 위로 굴려 올리는
일까지를 전담했다. 우리 중에 정춘청 같은 경우는 마차를 이용해 원목을 체
인벨트 위로 올리는데 남다른 재주가 있었다. 그러나 나머지는 그러지 못해
그냥 손으로 굴려 올렸다. 마차로 옮기든 손으로 굴리든 그건 상관이 없었고,
결국에는 긴 원목 두 개를 바닥에 철궤 형태로 단단히 고정시키고 그 가운데
로 사람과 말이 지나다니며 체인벨트 위로 운반한다는 점에서는 방법은 유사
하다고 볼 수 있었다.

언젠가 한 번은 검수원으로 일하던 여공이 두 차례 경고장을 받고 세 번째
로 벌금고지서를 받았다. 결국 그녀는 벌금으로 상당한 돈을 월급에서 까여야
했다. 그녀는 억울함에 눈물을 터뜨렸다. 만일 이런 실수가 반복되면 언젠가
는 감옥에 갈지도 모르는 게 당시 소련의 현실이었다.

라오처는 우리가 하루에 얼마나 많은 원목을 운반했는지 그 수량을 계산해
서 노동교화소 측에 매일 보고해야 했다. 하루는 정춘청이 마차를 끌고 원목
을 목재소로 운반하던 중에, 하루 작업의 종료를 알리는 호루라기소리가 울렸
다. 용케 그 소리를 알아들은 말이 제자리에 멈추더니 앞으로 나아갈 생각을
하지 않았다. 정춘청은 마저 일을 마쳐야겠다는 생각에 마차를 전진시키려
했지만 말은 미동도 하지 않았다. 정춘청은 말을 채근하기 위해 말 잔등을
한 대 때렸다. 그래도 말은 움직이지 않았다. 약간 화가 난 정춘청은 말에게
계속 채찍질을 해댔다. 그래도 말은 꼼짝하지 않았다. 이 광경을 본 소련인
작업반장이 그에게 소리쳤다.

"야! 너 호루라기소리 못 들었어? 말을 그냥 풀어주란 말이야!"

할 수 없이 정춘청은 고삐를 놓아주었다. 그러자 말은 나는 듯이 마구간으
로 달려가 아무 일 없다는 듯 점심으로 나온 여물을 먹는 것이었다. 소련에서
는 그것이 어떤 일이든 작업종료를 알리는 호루라기소리만 들리면 바로 그

자리에서 하던 일을 중지하는 게 법 아닌 법이었다.

이 노역장에선 여자들이 최대의 노동력이었다. 그런데 보아하니, 그녀들에게 제공되는 점심이 너무 형편없었다. 호밀 빵 한 조각에 청어 자반 한 덩이, 절인 양배추가 전부였다.

전범수용소 측은 포로들이 목재소에 일하러 갈 때마다 돌아올 때 목재들을 슬쩍 가져오라 시켰다. 무사히 가지고 나오면 다행이지만, 대부분은 가지고 나오다가 목재소 정문을 지키는 경위에게 걸려 치도곤을 당하기 일쑤였다. 경우에 따라서는 아예 포로수용소 장교들이 야간을 틈 타 포로들을 데리고 강가로 가서 원목 채로 훔쳐오기도 했다. 소련에서는 이처럼 남의 물건을 슬쩍 가져오는 일은 흔히 있는 일이었다.

우리가 일을 마치고 돌아와 점심을 먹으면서 대로변을 내다보고 있을 때였다. 소련인 한 명이 목판을 실은 차를 집 앞에 대고 목판을 집안으로 옮기고 있었다. 그런데 갑자기 어디서 나타났는지 삼십 대로 보이는 남자 하나가 나타나 목판을 훔쳐가는 것이었다. 마침 목판주인이 집안에서 나오다가 자신의 목판을 들고 도망가는 남자를 보고 급히 쫓아가 붙들었다.

"왜 내 목판을 가져가는 거야?"

금방이라도 주먹으로 칠 태세였다. 입으로는 연신 욕을 해댔다. 그러자 목판을 훔쳐가던 남자는 찍소리 못하고 줄행랑을 놓았다. 나는 그 광경을 보고 '우리도 저랬었지!' 하는 생각을 했다. 포로수용소에는 수용소 안의 모든 기자재를 관리하는 사람이 따로 있었다. 그는 한 해를 마무리하는 연말이 되면, 으레 창고 안의 기자재에 대한 전수조사를 실시했다. 그 해에도 마찬가지였다. 그런데 공교롭게도 도끼 한 자루가 비었다. 그는 라오처에게 공사장에 가서 도끼를 훔쳐오든지 해서 어떻게든 수량을 맞춰놓으라고 했다. 우린 어쩔 수 없이 공사장 도끼를 훔쳐다가 빠진 수량을 채워야 했다. 소련에서는 모든 물자에 대한 배급제도가 실시되고 있었기 때문에 별도의 구매는 불가능했다. 그래서 이처럼 남의 물건을 도둑질해오는 경우가 비일비재하게 일어났다. 발각되면 그대로 줄행랑을 쳐야 하는 것이고 다행히 발각되지 않으면 우리 소유가 되는 것이었다. 다시 말하지만, 공산주의사회에서 이런 일은 어디서나 벌어질 수 있는 관행 같은 것이었다.

얼마 후, 우리는 목재소에서 원목을 운반하는 임무를 완성하지 못했다는 이유로, 기차역까지 가서 목재를 실어 와야 했다. 차곡차곡 쌓여 있는 목재를 왜건에 실어 운반하는 일이었다. 차에 적재하는 일을 관리하는 사람은 예쁘장하게 생긴 소련 여인이었다. 스무 살 정도 되어 보이는 앳된 그녀는 아주 상냥하고 친절한 처자였다. 우리는 그녀의 지시에 따라 어떤 목재를 실어야 할지를 정했다. 그녀는 휴식시간에도 우리와 함께 앉아 격의 없이 담소를 나누곤 했다. 그럴 때마다 라오처가 나서 통역을 해주었다. 이야기 주제는 경우에 따라 바뀌었지만, 그녀가 제일 관심을 갖고 있는 건 다름 아닌 옷이었다. 그녀는 중국의 비단을 아주 좋아했다. 언젠가 한 번은 그녀가 우리에게 물었다.

"혹시 비단이나 아니면 비단은 아니더라도 그것과 비슷한 옷 같은 거 가지고 계세요?"

내가 말했다.

"옷은 없고 대신 비단으로 된 이불홑청은 있어요."

그녀는 대번에 얼굴에 화색이 돌았다.

"그럼, 그거 내일 좀 저한테 보여줄 수 있어요?"

난 그러마하고 이튿날 비단홑청을 그녀에게 가져다 보여주었다. 그녀는 보자마자 마음에 들었던지 홑청 여기저기를 어루만지며 차마 손에서 놓지 못했다. 이윽고 그녀가 입을 떼었다.

"이거, 저한테 파세요. 얼마면 파시겠어요?"

"글쎄요. 한 300루블 쯤?"

그러자 그녀는 그 자리에서 선뜻 300루블을 내밀었다. 이불홑청을 건네받은 그녀는 연신 마음에 든다며 좋아라했다.

소련에서는 고급장교들의 부인들 외에는 이런 좋은 옷감을 구할 수 없었다.

일반 서민들은 입는 것은 물론 먹고 살기도 힘든 형편이었다.

이곳에서는 왜건 두 대 분량의 목재를 적재하면 하루 작업량을 채우는 것이었다. 우리의 일터는 목재소 말고도 한 곳이 더 있었다. 그곳은 목재를 원료로 알코올을 추출하는 큰 공장이었다. 이곳에서의 일은 오후 두시면 끝이 났는데, 공교롭게도 그 시각쯤 되면 어김없이 수증기 속에 남아있던 톱밥이나 나무부스러기 같은 것들이 폭발하는 것이었다. 마치 땅에 매설한 지뢰처럼 말이다. 그래서 그런 징조가 감지되면 다들 곧장 작업을 중지하고 실내로 뛰어들어 폭발을 피하곤 했다. 그렇지 않으면 공중에서 떨어지는 톱밥을 온 몸에 뒤집어쓰기 일쑤였다. 실내로 몸을 피한 사람들은 대략 10분 정도 지나서 밖으로 나왔다.

우리 수용소는 조선인과 일본인이 대부분이다. 수적으로 많은 것뿐만 아니라 사실상의 수용소 주도권도 그들이 가지고 있었다. 수용소 내 이른바 민주운동이라 하는 것도 대부분 그들이 주도했다. 이곳에서는 매일 밤 투쟁대회가 열렸다. 몇몇 조선인들은 포로수용소 밖에서 이루어지는 노역에 아예 참가하지도 않았다. 그들이 그럴 수 있었던 건 모두 소련정치위원회가 그들의 뒷배가 되어주었기 때문이다. 일본포로 중에 일부 소대의 경우에는 오로지 자신들의 상관이었던 일본군장교를 비판하는 것에 몰두했다. 투쟁대상은 주로 노동 중에 적극적으로 일하지 않는다고 생각되는 포로들이었다. 비판을 받게 된 사람들은 주석단 앞에서 허리를 80도로 구부린 채 머리를 조아리고 있어야 했다. 주석단에 앉아 있는 이들은 이른바 열성분자 혹은 노동실적이 좋다고 평가되는 포로들이었다. 그들은 거만한 자세로 앉아 비판대상으로 지목된 포로들에게 열심히 일하지 않는다는 둥, 일본천황의 추종자나 앞잡이라는 둥 하면서 마구 욕설을 퍼부었다. 당하는 사람들은 그들이 내뱉는 욕설과 폭언을 그대로 듣고 있어야 했다. 이런 비판대회의 주목적은 열심히 일하지 않는 포로들을 공격하는데 있기도 했지만 일본군장교들을 일본천황의 앞잡이로 몰아세우는데 있기도 했다. 회의는 포로들 전체가 이른바 주석이라는 자의 선창에 따라 '일본천황 히로히토를 타도하자!' '인민민주 만세!' 등의 구호를 소리높이 외치는 것으로 끝이 났다. 일본포로들과 조선포로들은 비가 오는 날을 제외하고는 매일같이 이런 투쟁대회를 개최했다.

이런 활동을 주도하는 조선인이나 일본인들은 스스로 민주운동을 하는 것이라 설레발을 치고 있지만, 사실 그것은 가면에 지나지 않았다. 그들은 우리 중국인들에게도 동참을 요구했지만 우리는 단호히 거부했다.

"우리는 당신들이 하는 민주운동이라고 하는 것에 참가하지 않겠습니다."

'우리 중국은 그 자체로 민주국가이다. 그런데 우리가 소련까지 와서 남의 나라 민주운동에 참여할 이유가 뭐 있겠느냐? 소련부터 공산주의 하지 말고 민주주의 하라고 해라. 일본, 너희 놈들도 천황을 타도하고 민주주의를 하자고 하면 이렇게 밖에서 떠들지 말고 일본에 돌아가서 하는 게 옳다. 그게 민주운동이다.'

이게 우리의 솔직한 생각이었다.

어제까지 천황을 위해 죽겠다고 했던 일본인포로들은 오늘은 천황을 타도하고 민주주의를 실행하자고 외치고 있고, 김일성에 반대해서 끌려온 조선인 포로들은 이제 와서는 김일성 만세를 부르짖고 있다. 왜일까? 왜 이렇게 사람들의 생각이 하루아침에 변한 것일까? 이 변화무쌍함을 어떻게 해석해야 할까? 그저 살기 위해, 환경에 적응하기 위해 이런 추태를 백출하고 있는 것일까? 참으로 안타깝고 어이가 없다.

우리가 이곳에 온 지도 벌써 일 년이 넘었다. 때마침 소련의 각 학교는 대학, 중학, 소학 할 것 없이 일제히 여름방학에 들어갔다. 그런데 하루는 수용소에 의외의 방문객이 찾아왔다. 모스크바 동방대학東方大學에서 중국어를 배우는 학생 열두 명이 이곳 '흐루'를 찾아온 것이다. 그들은 수용소에 있는 우리 중국인들에게 중국어를 배울 수 있도록 수용소 측에 부탁했다. 수용소 측은 우리와 상의를 거친 후에 우리의 동의하에 그들의 요구를 받아주었다. 우리는 일인당 한두 명의 학생들을 전담하기로 했다. 학생 중에는 흑인 여학생도 있었다. 매일 저녁식사 후에, 그들은 포로수용소로 와서 자신들이 원하는 중국어교사를 직접 우리 중에서 지정했다. 수업은 팀별로 야외 그늘진 곳에서 이루어졌다. 우리는 서로 중국어로 자유롭게 이야기했다. 내가 맡은 학생은 모두 여학생이었다.

그녀들 중에 한 명이 내게 물었다.

"피아노 칠 때 누르는 걸 뭐라고 하죠?"

나는 순간적으로 생각이 나지 않았다. 잠시 생각을 한 끝에 그녀에게 알려주었다.

"건반"

"아, 맞아요. 그거였죠."

그녀들은 중국어는 물론 중국 민간고사나 역사에 대해서도 폭넓게 알고 있었다. 어쩌면 나보다도 훨씬 더 많이 알고 있는 듯 했다. 소련이 인재양성에 얼마나 공을 들이고 있는지를 알 수 있었다. 좀 전에 내게 질문을 던졌던 여학생이 다시 입을 열었다.

"우리 동방대학에선 세계 각 나라의 언어를 다 가르치고 있어요. 배우는 학생들도 많고요."

그녀 말로는, 중국문화를 가르치는 교수들은 전부 베이징에서 초빙되어왔는데, 모두 이미 소련국적을 취득해 소련국민이 되었다는 것이다. 이번엔 내가 그녀에게 물었다.

"이곳에 중국 사람이 있다는 건 어떻게 알았어요?"

"신문에서 봤어요."

"학생들은 여행이 자유로운가 보지요?"

"아니요, 그렇지 않아요. 여행을 하려면 여행허가증을 신청해서 받아야 해요."

그러면서 그녀는 여행증명서를 내게 보여주었다.

"이 여행증명서가 없으면 어디든 갈 수 없어요."

개학날이 다가오자 그녀들은 떠날 준비를 했다. 그녀들은 이곳을 떠나기 전에 마지막으로 발표회 같은 걸 한 번 열었으면 좋겠다고 제안했다. 우리도 그녀들의 제안에 선뜻 동의했다. 발표회 당일, 네 명의 학생들이 연단에 올라 발표를 했다. 우리 중국인들도 전부 참석했다. 발표하는 학생들의 중국어가 너무 유창해 중국인인 우리로서도 놀랄 정도였다. 만일 소련의 학생들인 줄 모르고 귀로만 그들이 하는 중국어를 들었다면, 필시 베이징 사람이 말하는 것이라고 착각했을 게다.

발표회 다음날 그들은 다시 우리를 찾아왔다. 각자 자신의 담임에게 자신들의 이름을 적은 러시아 책 두 권씩을 선물했다. 그들이 떠나고 이튿날, 포로수용소 관리자 세 명이 우리에게 와 학생들이 어떤 선물을 했냐고 물었다. 우리는 각자 그들이 서명한 책 두 권씩을 꺼내보였다. 그들은 이것 말고 또 없었느냐고 물었다. 우린 없다고 대답했다. 그들은 책을 전부 수거했다. 그래서 내가 개중에 장교인 듯 보이는 사람에게 물었다.

"이건 학생들이 우리한테 기념품으로 준 겁니다. 그리고 이 책들은 공산당에서 출판한 서적들 아닙니까? 그런데 왜 가져가시는 거지요? 공산당이 출판한 책을 가지고 있는 것도 소련공산당 법을 어기는 겁니까?"

그가 말했다.

"이것들은 국경 밖으로 가지고 나갈 수 없는 것들이야."

누군가 중간에 끼어들었다.

"아니, 소련은 공산주의사회 아닙니까? 공산주의사회에서 공산당 책을 가지고 있어도 죄가 된단 말입니까?"

그는 그 질문에는 대답 않고 이 말만 툭 던지고는 가버렸다.

"우리 소련에서는 소련 사람들이 포로들에게 어떤 물건도 주지 못하도록 되어 있어."

(원제 : 搬家)

33 적응과 순응

어느 날, 소련사람들이 우리더러 또 짐을 꾸리라고 했다.

"하바롭스크에서 온 중국인들은 떠날 준비를 해."

이곳에는 원래 우리 외에도 동북에서 잡혀온 중국인이 서른 명 가량 더 있었다. 우리는 라오처 등 그들에게 일일이 악수하며 작별을 고했다.

차를 타고 한 시간여 달리는 동안, 낡은 트럭 몇 대 외에는 일반 행인은 거의 찾아볼 수 없었다. 다만 우리처럼 강제노역을 하는 죄수들이 대로변을 따라 줄지어 가는 것이 보일 뿐이었다. 한마디로, 이들은 소련사회에서 노동하는 기계 그 이상은 아니었다. 단지 일반 기계와 다른 점이 있다면, 말을 할 줄 안다는 것뿐이었다. 그들은 스탈린의 엄혹하고 고압적인 통치하에서 강제노동에 시달리다 어느 순간 소리 없이 죽어 사라져도 아무도 관심을 갖지 않는 그런 존재들이었다.

이런 생각을 하는 동안, 트럭은 어느새 또 다른 수용소에 도착했다. 이곳에는 38선 이북의 북조선에서 김일성의 공산주의노선에 반대하다 잡혀온 조선인들이 2천 명 넘게 수용되어 있었다. 그러나 지금 그들은 날마다 '김일성 만세!'를 외치며 김일성을 찬양하고 있었다. 일본포로들도 사정은 크게 다르지 않았다. 그들은 날마다 일본천황 히로히토를 타도하고 민주주의를 구현하자는 구호를 외쳐댔다. 이곳에서도 밤마다 노동 중에 열심히 일하지 않는 사람들을 비판하는 대회가 어김없이 열렸다. 물론 여기에도 소련 사람들이 있었다. 그 수는 얼마 안 되었지만 대부분 차르시대에 하얼빈에서 살던 사람들이었다.

사람이란 대관절 어떻게 살아야 하는 것일까? 환경에 적응하기 위해서는 자신의 소신과 철학도 언제든 바꿀 수 있는 게 인간인가? 나는 이 근본적인 질문에 아직도 명확한 해답을 내리지 못하겠다. 다만, 살기 위해 자신이 처한 환경과 처지의 변화에 적응하는 사람들이 다수라는 데에는 이론이 없을 것이라 생각된다. 설사 그것이 치욕과 굴종을 강요하는 것이라 할지라도 인간은 대부분 자신의 목숨을 보전하기 위해서는 그것을 기꺼이 감내하며 산다. 그건 일본인도 그렇고 조선인도 마찬가지이다. 그들 역시 살기 위해서, 목숨을 보전하기 위해서 주어진 생존환경에 적응하고 체제에 순응하는 것이리라!

이곳 숙소는 이층침대 구조로 되어 있었다. 그런데 침대가 목재로 된 탓인지 나무 틈을 비집고 기어 나오는 빈대 때문에 날마다 이놈들과 전쟁을 치르는 게 일이었다. 나무 틈 안으로 철사를 쑤셔 넣으면 피가 흥건히 묻어나오는 것만 보더라도 빈대가 얼마나 많은지 가늠할 수 있었다. 특히, 밤이 더 문제였다. 낮에는 일하러 밖으로 나가고 저녁에는 비판대회에 참가하기 때문에 별 문제 없었지만, 비판대회가 끝나고 열한두 시쯤 숙소로 돌아와 잠을 잘라치면, 이놈의 빈대들이 사람들의 피를 빨아먹으려고 꾸역꾸역 기어 나오는 것이었다. 너무 피곤해 솥 안의 돼지고기마냥 세상모르고 잠에 곯아떨어지기 일쑤인데 그럴 때면 우리는 자기도 모르게 빈대의 좋은 먹이거리가 되고 마는 것이다.

어느 날 밤, 조선인들이 우리 숙소를 찾아왔다. 그들 말이, 위엔과 위탕이 소련정치위원회에 불려갔다는 것이다. 열한 시쯤, 숙소로 돌아온 그 두 사람에게 왜 불려갔었느냐고 물었다.

"우리가 소련정치위원회에 불려갔었다고? 말도 안 돼! 아니, 저 조선 놈들이 우리한테 무슨 해코지를 하려고 그런 거짓말을 꾸며낸 거지?"

대충이나마 저간의 사태를 파악한 우리는 너무도 어이가 없었다. 우리 중에 누군가 대뜸 이렇게 말했다.

"앞으로 저 조선 놈들하고는 상종을 하지 맙시다. 찾아와도 다들 모른 척 합시다."

듣고 있던 우리는 그의 말에 공감하고 그러자 다짐했다.

며칠 후, 이곳 노동교화소의 책임자로 있는 조선인이 우리 숙소로 와서는 다짜고짜 우리에게 일하러 가자는 것이었다. 그런데 그 말투가 거의 명령조였다. 우리는 너무 어이가 없어 그에게 따지듯 물었다.

"당신이 뭔데? 당신이 뭔데 우리더러 이래라 저래라 하는 거야? 겨우 소련 놈들 사냥개 노릇이나 하는 주제에! 당신도 우리와 똑같은 포로 아니야? 근데 무슨 자격으로 우리한테 명령하는 건데?"

"난 정치위원회 지시를 받고 하는 거야! 그러니까 잔말 말고 내가 시키는 대로 해!"

우리도 지지 않았다.

"그래? 그럼, 정치위원회에서 직접 오라고 해!"

"좋아, 그렇게 나오겠단 말이지? 다들 각오하는 게 좋을 거야!"

그렇지만 그 뒤로 우리가 특별히 각오해야 할 일은 일어나지 않았다.

조선 신의주영사관 수습영사로 있던 취여우청은 자신이 소련에 끌려왔다는 억울함과 절망감에 줄곧 비관적 생각에 젖어있었다. 그는 늘 소련에서 이렇게 굶주림에 시달리며 살 바에야 차라리 죽는 게 낫다며, 기회 있을 때마다 '인위재이사, 조위식이사(人爲財而死, 鳥爲食而死)'란 말을 되뇌곤 했다. '사람은 재물을 탐내다 죽고, 새는 먹이에 욕심내다 죽는다.'는 뜻이다. 말인즉슨, 소런에서의 우리 삶이 '조위식이사' 신세와 다를 것이 없지 않느냐는 것이다.

세상에서 만일 공산주의노선을 걷고자 하는 국가가 있다면, 그 나라 국민들은 배고픔의 고통을 감내해야만 할 것이다. 다시 말해, 공산주의 통치자 옆에 있다가는 자칫하면 그 하찮은 목숨조차도 제대로 보전치 못할 것이라는 게다. 스탈린 손에 죽어나간 사람이 얼마나 많은가? 세상이 다 아는 일이다. 동지라는 이름으로 마오쩌둥 밑에 있던 사람들의 말로는 또 어떠했는가? 이 또한 말하지 않아도 다 아는 사실이다.

하루는 아침에 일어나보니 취여우청이 보이지 않았다. 모두들 변소에 갔으려니 생각했다. 그런데 한참이 지나도 돌아오지 않는 것이었다. 우리는 숙소 밖으로 나가 찾아보기로 했다. 그는 숙소 밖 기둥에 목을 매 숨져있는 상태로 발견되었다. 끝내 자살하고만 것이다. 우리는 수용소 측에 보고를 했다. 얼마 후, 수용소 측에서 사람이 나와 그를 기둥에서 끌어내리더니 어디론가 신고 갔다. 난 소련당국에 시신을 어떻게 처리할 것이냐고 물었다. 소련당국은 딱히 어떻게 할 것이라고 명확히 말해주지 않았다.

"어떻게 할지 좀 더 생각해보자."

그것이 그들에게 들을 수 있는 유일한 말이었다.

난 탄광에 있을 때가 생각이 났다. 그때에도 일본포로 하나가 죽었는데 소련군은 시신을 트럭에 싣고 가버렸다. 그리고는 어떻게 처리했을까? 알 수 없는 일이다. 관이라도 짜서 묻어주었을까? 아마 그리 하지는 않았을 게다. 필시, 멍석 같은 것에 둘둘 말아 대충 땅을 파고 그냥 묻어버렸을 게다.

취여우청의 시신처리문제에 대해서는 우리도 그 이상 캐물을 수가 없었다. 다만, 우리 사이에선 소련에서 포로가 죽는 건 개나 고양이가 죽는 것과 하등 다를 것이 없을 것이라는 자조 섞인 한탄만이 한동안 떠돌았을 뿐이다. 자본주의사회에서는 자신이 키우던 개나 고양이가 죽어도 작은 관을 짜서 땅에 묻고 비석까지 세워주는 판인데, 여기는 달라도 너무 달랐다. 그래도 자본주의사회가 합리적인 방식으로 인도주의에 부합하고자 노력한다고 하면, 공산주의사회는 이와는 정반대로 매우 비인격적이고 극단적인 사회라고 할 수 있다. 그래서였을까? 취여우청의 죽음을 통해, 우리는 중국공산당이 통치하는 중국의 미래를 능히 예감할 수 있었다.

하루는 소련군장교 두 명이 우리에게 와서 앞으로 어디에 갔으면 좋겠냐고 물었다. 내가 대답했다.

"애초에 소련군이 우리를 잡아왔던 바로 그곳으로 보내주십시오. 그곳이 바로 조선입니다. 우리를 조선으로 보내주세요. 또 동북에서 잡아온 사람들은 동북으로 돌려보내주세요."

제1차 세계대전 당시, 일본은 중국 칭다오靑島에 있던 독일군대를 공격했다. 그때 일본은 포로로 잡힌 독일병사들을 석방할 때, 독일로 돌아가고 싶은 사람은 독일로 송환하고 다른 지역으로 가고자 하는 사람은 그 원하는 지역으로 보내주었다고 한다. 물론, 이것이 사실인지 아닌지는 남한테 들은 이야기라 명확치 않다. 어떻든 이것은 포로들의 의사를 존중한 것이다. 소련도 과연 그럴 수 있을까?

(원제 : 我們又搬家)

34 일본포로 송환

우리는 일본포로들로부터 각종 정보를 전해 들었다. 그 중에 이런 이야기
도 있었다.

"도쿄에 있는 미군사령부가 중국과 38선 이북의 조선에 있는 일본포로들을
전부 송환하라고 소련한테 통지했대요."

이건 사실이었다. 이 소식을 들은 일본포로들은 너무도 기뻐 나머지 서로
를 얼싸안고 환호의 눈물을 흘렸다. 그날부터 그들은 밤낮을 가리지 않고 반
제국주의를 상징하는 백색 깃발들과 스탈린의 초상화 그리고 '스탈린 만세'라
고 쓴 각종 붉은 깃발들을 만들거나 준비하기 시작했다. 귀국하는 날, 그들은
자신들을 태우고 출발할 기차 옆면에 그것들을 빽빽하게 붙여놓았다. 그러나
난 그들의 이런 행동이 진심에서 우러나서 한 것이 아니라는 걸 잘 알고 있었
다. 단지 그들은 마지막까지 소련지도자에게 환심을 삼으로써 만에 하나 있을
불상사를 미연에 방지하고 싶을 뿐이었다. 아마도 그들의 내심이 어떤 것인지
는 하늘만이 알 것이다.

그들은 소련에 있을 때, 그 어느 누구보다도 열성적으로 민주운동을 벌인 자들이었다. 그랬던 자들이 이제 와서 저렇게 행동하는 것을 보니, 우리는 정말로 코웃음이 나오지 않을 수 없었다. 나중에 들은 바로는, 그들은 블라디보스토크에서 내리자마자, 포로들을 데리러온 일본선박에 오르면서 그 깃발들과 표어들을 전부 가지고 탔다고 한다.

그 배에는 일흔이 가까운 일본장군 사카이酒井도 함께 타고 있었다고 한다. 그와는 예전에 비행장에서 일 년여 정도 함께 지낸 적이 있었다. 전언에 따르면, 그는 기차에서 내리자마자 바다를 바라보며 이렇게 외쳤다고 한다.

"내가 살아서 일본해를 보게 되다니! 이것이 꿈인가 생시인가!"

그리고는 바닥에 엎드려 일본천황 쪽을 향해 큰 절을 올렸다고 한다. 그는 원래 고혈압이 있었다. 그 일본사람들은 배에 오를 때 함께 가지고 탔던 각종 표어, 깃발, 스탈린 초상화 등등을 배가 항구를 출발하자마자 바다 속에 전부 내던져버렸다. 그러면서 '일본천황 만세!', '소련공산주의를 타도하자!', '30년 후에는 꼭 복수한다.' 등등의 구호를 소리높이 외쳤다. 물론 이것도 전해들은 말이다. 그 배 위에서 실제로 어떤 상황이 벌어졌는지는 나로서는 알 수 없다. 단지, 내가 말할 수 있는 것은 그들 대부분이 이른바 민주운동의 열성분자들로서 소련정치위원회의 적극적인 후원을 받았다는 사실이다. 그런데 일본으로 돌아가는 배에 오르자마자, 하루아침에 돌변해 '스탈린 타도', '공산주의 멸망', '스탈린은 살인마', '30년 후에 복수' 등등을 소리높이 외쳤다고 하니 왠지 그들이 안쓰럽게 느껴졌다. 만일 소련정치위원회가 이 사실을 알았다면 과연 어떻게 생각했을까? 소련에 있을 때는 그토록 열성적으로 민주운동을 했던 사람들이 소련을 떠나자마자 표변했다는 사실을 스탈린에게 사실대로 보고나 할 수 있었을까? 궁금하다.

우리가 갇혀있던 포로수용소에서 이른바 민주운동에 적극 나섰던 이들은 전부 일본인이나 조선인들이었다. 거기에 끝까지 동참하지 않은 사람들은 다롄의 독일총영사관에서 잡혀온 남자 1명과 여자 3명 그리고 우리 같은 중국인들뿐이었다. 조선인들의 경우에는 본래 김일성에 반대해 잡혀온 사람들이었지만 이곳에서는 오히려 '김일성 만세'를 앞 다투어 부르짖었다. 이것만 보더라도 일본인이나 조선인이 주도하는 이 민주운동이란 게 그 속이 훤히 드러나 보이는 거짓이라는 걸 알 수 있다. 그러면 도대체 이들은 왜 이런 추태를 부리는 것일까? 이유는 단 하나이다. 그건 바로 수용소에 있는 동안, 강제노동을 하지 않고도 배불리 먹을 수 있었기 때문이다. 우리는 그들의 이 추악하고 비겁한 행동을 보면서 웃어야 할지 아니면 울어야 할지 종잡을 수가 없었다. 사람이라면 사람으로서 마땅히 해야 할 도리가 있기 마련이다. 그런데 어찌 이렇게 기회주의적으로 행동할 수 있단 말인가?

수용소 내 식당에는 일반 식탁과는 구별되어 두 개의 테이블이 별도로 마련되어 있었다. 그 테이블 위에는 '노동영웅의 식탁'이라 쓰인 작은 팻말이 놓여 있었다. 이 식탁에서 식사를 할 수 있는 사람들은 그야말로 죽을힘을 다해 열심히 일했거나 노동할 때마다 매번 작업량을 초과달성하는 죄수들이었다. 이 노동영웅은 나름의 규정에 따라 선정된다. 그렇다면 이들은 무엇 때문에 일반죄수들보다 일을 더 열심히, 더 많이 하는 것일까? 이유는 오직 하나. 배불리 먹기 위해서이다. 호밀 빵 한 조각이라도 남보다 더 먹으려면 죽기 살기로 일을 해야 하는 것이다.

(원제 : 蘇聯遣返日本俘虜)

35 45호 수용소로 돌아오다

어느 날, 소련군 장교가 우리더러 다시 짐을 꾸리라고 했다. 이번엔 또 어디로 가는 것이란 말인가? 소련당국은 왜 우리처럼 별 볼일 없는 자들을 이토록 축구공 다루듯 이리 차고 저리 차는 것일까? 이번이 도대체 몇 번째지? 다섯 번째? 아니면 여섯 번째?

그런데 이렇게 여기저기로 끌려 다니다보니, 좋은 점도 있었다. 소련 공산 주의사회에서 살고 있는 사람들의 실상을 속속들이 체험할 수 있고 알 수 있게 되었다는 것이다.

현재 중국은 대륙에서 쫓겨나 타이완으로 패주한 국민당을 대신해 공산당 이 통치하고 있다. 그럼, 이번엔 중국공산당에게 인계되는 것인가? 아니, 혹시 우리도 푸이 일행과 똑같은 역적으로 취급되어 넘겨지는 것일까? 설마 그건 아니겠지? 나는 트럭을 타고 어디론가 가는 동안, 내내 이런 따위의 생각에 젖어 있었다. 생각을 뒤로 하고 잠시 고개를 들어 주변을 살펴보니, 일렬종대 로 도로변을 따라 걸어가는 죄수들이 보였다. 개중에 여자들은 뭐가 그리 즐거운지 시시덕거리며 걷고 있었다.

우리가 도착한 곳은 공교롭게도 전에 있던 하바롭스크의 45호 전범수용소
였다. 짐을 푼 곳은 예전에 있던 바로 그 이층 방이었다. 짐을 풀기 무섭게
푸이, 리원룽을 비롯해 사람들이 우르르 몰려와 이것저것 꼬치꼬치 캐묻기
시작했다. 딴에는 꽤나 궁금했었던 모양이다. 우리는 그들에게 그동안 겪었던
체험뿐만 아니라 직접 보고 들었던 모든 것에 대한 이야기보따리를 풀어냄으
로써 그들의 궁금증을 해소해주었다. 반대로 우리도 그간 이곳에서 일어났던
일들에 대한 새로운 소식을 들을 수 있었다. 가장 충격적인 사실은 푸이의
신복인 조카 위옌이 우리와 함께 떠나게 되면서 푸이의 시중을 대신해왔던
장인 룽웬이 죽었다는 것이었다. 그가 결국 소련에서 세상을 떠났다는 사실은
나에게는 특히나 애석하게 느껴졌다. 생전에 그는 내게 이렇게 말한 적이 있
었다.

"라오왕, 무엇보다 건강해야 하네. 죽더라도 우리는 중국 땅에서 죽어야
하지 않겠나? 이놈의 공산주의 소련 땅에 우리 뼈를 묻을 수야 없지. 안 그런
가? 그러니까 여기 있는 동안은 어쨌든 건강해야 하네."

우리가 돌아오면서 푸이의 삶에도 일정정도 변화가 있었다. 무엇보다 위옌
이 다시 그의 곁으로 돌아오게 되었다는 건 푸이에게 있어서는 더 없이 기뻐
할 일이었다. 위옌이 떠나 있는 동안 누가 과연 푸이를 제대로 보필했겠는가?
그의 장인인 룽웬이 대신했다고는 하지만 위옌만 했겠는가?

아직까지는 소련이 우리를 중국공산당에 인계하겠다는 소식은 들려오지
않았다. 그러나 함께 있던 일본군포로들은 짐을 챙겨 귀국을 준비하고 있었
다. 그런데 이 와중에 사소한 일이 벌어졌다. 소련군장교들이 일본포로들의
짐을 검사하면서, 그들의 짐 일부를 슬쩍 하다가 일본포로들에게 들키고 말았
던 것이다.

일본포로들은 흥분해서 그들에게 대들었다.

"아니, 왜 맘대로 우리 물건에 손을 대는 거요? 이건 엄연히 우리 것이오!

당신들 것이 아니란 말이오!"

　소리가 너무 크다 싶었는지 소련군장교들은 문을 안에서 닫아걸었다. 그 이후 상황이 어떻게 되었는지는 누구도 알 수 없었다. 하지만 우리는 이런 상황이 단지 송환되는 일본포로들에게만 국한되어 일어날 수 있는 일이 아님을 잘 알고 있었다. 만일 우리가 중국으로 송환된다는 발표가 있게 되면, 이런 일은 우리에게도 예외 없이 발생할 것임은 명약관화한 일이다. 그러나 조선에서 끌려온 우리 같은 사람들에게는 훔쳐갈려야 훔쳐갈 물건조차 없었다. 그저 있는 거라곤 양복 몇 벌에 내의 몇 장, 이불 몇 채가 고작이었던 것이다. 문제는 푸이 같은 사람들이었다. 내가 알기로 푸이만 해도 짐이 가죽가방으로 몇 개나 되었다. 물론 그 안에 뭐가 들어있는지는 알 수 없지만, 모르긴 몰라도 우리가 가지고 있는 것과는 차원이 다른 그 무언가가 들어있을 것임은 능히 짐작할 수 있는 일 아니겠는가! 아마도 그때가 되면 소련당국은 푸이의 짐을 두고 쟁탈전이라도 벌일 것이다. 그렇지만 내 생각에 그들은 구태여 훔치지 않아도 될지 모른다. 왜냐하면 푸이 스스로 귀중품들을 그들에게 바칠 것이기 때문이다.

　　　　　　　　　　　(원제 : 又回到四十五號戰犯管理所)

36 장징훼이張景惠

하루는 수용소 소장이 완자시를 불렀다. 완자시는 한참이 지나 숙소로 돌아왔다.

"하바롭스크 시정부에서 의무노동부대를 파견해달라고 요청이 왔다네. 소장은 우리 인원들이 그 일을 맡아주길 원하고 있어."

"무슨 일을 하는 건데요?"

"그건 나도 잘 몰라. 병사가 데리러 온다니까 우린 그냥 따라가면 될 거야."

얼마 후, 우리는 병사를 따라 현장으로 갔다. 도로를 정비하고 포장하는 일이었다. 공사현장에서는 이미 많은 인부들이 나와 일을 하고 있었다. 그런데 우리와 함께 일하는 인부들의 대부분은 여자였다. 남자들은 주로 도로에 아스팔트를 까는 일에 투여되었다. 우리에게 맡겨진 임무는 흙을 트럭에 싣는 일이었다.

소련인 관리자가 완자시에게 지시했다.

"너희들은 트럭에 흙을 실어. 트럭마다 흙을 꽉꽉 채워야 할 거야. 그래야

224 • 그래도 살아야 했다

트럭이 출발하거든. 자, 이건 차량운행표야. 흙을 다 실으면 이걸 기사한테 한 장씩 끊어주면 돼."

차량운행표를 끊어주는 일은 내게 주어졌다. 나는 시키는 대로 트럭 한 대마다 한 장씩 표를 발급해주었다. 그런데 기사들 중에는 흙을 다 싣지도 않았는데 내게 표를 달라고 요구하는 이들이 있었다. 난 흙을 다 실었든 다 싣지 않았든 그들이 요구하는 대로 표를 발급해주었다. 난 그래도 되는 것이라 생각해서 한 일인데 그렇지 않았던 모양이다. 공터우가 트럭에 흙이 제대로 실리지 않은 것을 발견하고 완자시를 불러 지랄을 해댔다. 얼굴이 붉게 상기된 채 돌아온 완자시가 내게 화풀이를 했다.

"트럭기사가 표를 달라고 한다고 무턱대고 그냥 끊어주면 어떡해? 일단은 트럭에 흙이 제대로 찼는지 검사하고 주란 말이야! 흙이 다 차지 않았으면 절대 끊어주지 마, 알았어?"

이때부터 공터우는 트럭기사들을 일일이 감시하기 시작했다. 그런데도 기사들은 흙을 다 싣지 않은 차를 몰고 와 나에게 표를 요구했다. 나는 그들에게 만재되지 않은 차에는 절대로 표를 끊어줄 수 없다고 버텼다. 그렇지만 그들은 막무가내였다. 난 더 이상 버틸 수 없다는 생각이 들면 도리 없이 일일이 공터우를 찾아가 해결을 부탁해야 했다. 그런 일이 반복되자, 이제는 트럭기사들도 어쩔 수 없었던지 고분고분 지시에 따라 움직였다.

도로에 아스팔트를 까는 작업에는 많은 사람이 동원되었다. 그들은 트럭으로 운반해온 흙을 도로에 쏟아 붓고 그 위에 까만 모르타르를 골고루 펴서 바른 다음에 표면을 평평하게 다져나갔다. 도로포장이 끝나자, 소련관리들이 현장에서 검수를 시작했다. 그런데 갑자기 그들 사이에서 큰 소리가 나기 시작했다. 꽤 높은 관리인 듯 보이는 한 사람이 삽을 들고 와 이미 포장을 마친 아스팔트도로를 마구 까뒤집더니 담당책임자를 불러 전부 다 다시 깔라고 호통을 치는 것이었다. 주변에 있던 직원들은 찍 소리 못하고 서로 눈치만 보고 있었다.

이 또한 공산주의사회의 작업 실태를 보여주는 한 단면이라 할 수 있다. 어쨌든 이곳에서 며칠 동안 계속되던 의무노동은 이렇게 끝이 났다.

이곳 45호 전범수용소로 다시 돌아온 뒤로, 나는 우연찮게 만주국 총리를 지낸 장징훼이와 줄곧 같이 지내게 되었다. 이미 여든이 넘은 나이였지만 그는 여전히 건강했다. 그는 나와 이야기할 때면 말끝마다 자신을 무식쟁이라고 했다. 물론 그는 많이 배운 사람은 아니었다. 그렇지만 그가 말하는 것처럼 무식쟁이는 결코 아니었다.

하루는 내가 그에게 물었다.

"총리님께서는 동북에 계실 때, 장줘린張作霖 밑에서 오랫동안 계셨잖아요? 또 그렇게 계시는 동안 많은 훌륭한 일을 하셨고요. 총리님 생각하시기에 그 중에서 제일 보람이 있었던 일을 꼽으라면 어떤 게 있을까요? 기억나시는 대로 말씀해주세요."

"좋은 일은 하나도 기억이 안 나고, 나쁜 일만 기억이 나는군 그래! 자네들은 내가 일본 놈들의 꼭두각시 노릇한 게 좋았겠다고 생각할지 모르지만, 난 그게 내 평생 제일 후회되고 잘못한 일이야! 동북이 일본에 점령되었을 때, 일본 놈들이 나한테 그러더군. 자신들을 위해 일하라고. 만일 그렇게 하지 않는다면 항일분자로 찍혀서 앞으로 살기 힘들어질 거라고. 그런 상황에서 나한테는 두 가지 길밖에 없었어. 매국노가 될 것이냐 아니면 죽을 것이냐. 그때 선택을 정말 잘못한 거야. 겨우 하찮은 목숨 하나 부지하려고 일본 놈들의 꼭두각시가 되었으니까."

그러면서 그는 정샤오쉬의 이야기를 꺼냈다. 그의 말인즉슨 이렇다.

정샤오쉬는 푸이의 측근이었다. 그래서 푸이가 괴뢰집단의 황제가 된 뒤, 몇 년간 국무총리를 지내기도 했다. 일본도 그를 신뢰했다. 그런데 언젠가 한 번 그는 회의석상에서 이렇게 발언한 적이 있었다.

"우리 만주국이 성립된 지도 벌써 십년이 넘었습니다. 이제 더 이상 어린 아이가 아닌 것입니다. 어느덧 훌쩍 커버린 장년이 된 것입니다. 고로 우리도 이제는 우리의 길을 가야하는 것입니다."

공교롭게도 이 말은 일본 측의 오해를 불러왔다. 일본 측에서는 이를 이렇게 해석한 것이다.

'만주국이 건국된 지도 이미 10여년이 되었다. 따라서 응당 자치독립을 해야 한다. 일본은 더 이상 관여해서는 안 된다. 우리는 자주독립 국가이다. 일본은 만주국에서 떠나라.'

이러한 해석은 일주일도 안 돼 삽시간에 퍼져나갔고 정샤오쉬는 쥐도 새도 모르게 죽임을 당했다. 누가 죽였는지는 아무도 몰랐다. 다만 신문지상에는 그가 급병 졸사한 것으로 보도되었다.

장징훼이의 이야기는 에서 끝나지 않았다.

"정샤오쉬가 죽고 나서 태상황이 나를 찾아왔네. 내가 원하기만 한다면 만주국 총리대신을 시켜줄 텐데, 왜 절간에 틀어박혀 하루 종일 목탁만 두드리는 중처럼 그러고 있느냐는 거야. 일본이 태상황에게 뭘 주고 뭘 가져가겠다고 거래를 제안했겠지. 그게 뭔지는 나도 몰라. 하지만 분명한 건 동북 땅을 일본이 차지하겠다는 거 아니겠어? 아무튼 난 그때 가타부타 아무 말도 안 했어. 내가 살면 얼마나 살겠어? 또 저 쪽발이 일본 놈들이 흥하면 그게 얼마나 가겠어? 근데 굳이 목숨까지 내놓으며 총알받이가 될 필요가 뭐 있겠어? 근데 그게 내 맘대로 안 되더군! 그래 결국 이렇게 된 거지. 국민당은 나를 역적 중의 역적이라고 하지. 그래 맞아. 난 역적이고 매국노야. 근데 말이야. 그 사람들은 일본이 통치하는 곳에 있어봤어? 아니, 외려 그곳과는 아주 멀리 떨어져 있는 거 아냐? 그러니까 여기 백성들이 죽든 살든 그 자들하고는 하등 상관이 없는 거야. 하지만 명색이 나라를 이끌어가는 관리들 아닌가! 그렇다면 어찌됐든 백성을 살리고 봐야 할 거 아니냐고? 난 그래도 백성들하고 부대끼며 그들을 위해 살았다고 생각해. 날 비난해도 좋고 빈정거려도 좋아. 실제로 그런 사람들이 대부분이고. 하지만 난 최선을 다했다고 생각해. 만약 국민당 우두머리들이 동북에 살고 있었다고 생각해봐. 그들이 나처럼 총알받이로 앞에 서 있을 수 있었을까?"

"라오장老張, 라오장 말씀이 다 맞아요. 저도 같은 생각이에요. 적들이 총부리를 머리에 겨누고 있는데 어떻게 하겠어요? 죽는 길밖에는 없는 거지요. 그래도 가족들을 생각해서 살려면 그들에게 복종하는 것 외에는 다른 도리가 없는 거죠. 저도 그 말씀에 전적으로 동의해요."

"라오왕, 자고로 높은 자리에 앉아 아래에 대고 뭐라 뭐라 떠드는 자들은 수없이 많은 법이야. 더군다나 그 자들 대부분이 돈도 있고 권세도 있다면 그 영향력이 얼마나 크겠어? 그게 다 중국의 관리들이라면 다 갖고 있는 밑천이고 권리 아니겠어? 그런데 그 밑천을 가지고 적들의 총구 앞에 서 있는 사람들을 비난하고 비아냥거리면 다들 그게 맞는가보다 생각하는 거지, 뭐! 그렇지 않겠어?"

"맞습니다. 그런데 그것 말고 또 기억나는 일 없으세요?"

"라오왕! 자네도 알다시피, 난 무식해. 글자도 잘 모르고. 하지만 난 정말로 성실하게 열심히 일했어. 그래도 장張 원수[8] 밑에서 일할 때가 제일 좋았던 것 같아. 베이징의 돤치루이段祺瑞[9]가 일본에서 무기를 구입한 적이 있었어. 그런데 이 무기들을 인수해갈 부대가 잉커우營口에 잠시 들를 예정이라는 거야. 장 원수가 그 소식을 듣고 나더러 사람을 데리고 잉커우에 가서 무기를 가져오라 시켰지. 난 바로 사람들을 끌고 잉커우로 가서 호텔 하나를 통째로 빌려놓고 부대원들을 맞을 준비를 했어. 기녀들도 대기시켜놓고. 우리는 대대장뿐만 아니라 일반 사병들까지 극진하게 모셨어. 대대장과 함께 하루 온종일 기생들을 옆에 끼고 앉아 실컷 먹고 마셔댔지. 그 이튿날인가 무기를 실은 배가 곧 도착한다는 소식이 왔어. 대대장이 무기를 인수하러 서둘러 부둣가로 나가려고 하는 거야. 그래서 내가 말했지. 서두를 것 없다고. 배가 선착장에

---

8) 장줘린(張作霖)을 말한다.
9) 중화민국 초대 육군총장을 역임했고, 위안스카이(袁世凱) 사후에는 사실상의 북양정권(北洋政權)의 수장으로 정권을 대리했다.

닿으면 우리도 함께 나가 도울 테니 걱정 말라고. 무기를 하역하면 기차에 옮겨 싣고 내일 우리와 함께 가면 된다고 말이야. 그렇게 해서 우리는 다음날 기차에 무기를 싣고 펑톈奉天역으로 갔지. 장 원수가 역까지 참모장을 보냈더 군. 참모장이 그 대대장에게 말했어. '이 편지는 우리 장 원수께서 돤段 총통에 게 올리는 서신입니다. 이 무기들은 장 원수께서 잠시 맡아놓으시겠다고 합니 다. 우리가 주문한 무기들이 도착하면 그때 다시 돌려드리겠습니다.' 대대장 은 절대 안 된다고 펄쩍 뛰었소. 그래서 내가 말했지. '그래봐야 소용없소. 무기상자는 벌써 우리 쪽에서 싣고 갔소. 그러니 당신은 이 편지를 총통에게 보여주기만 하면 되오. 그러면 아무 일 없을 것이오. 방금 우리 참모장이 당신 에게 분명히 나중에 돌려주겠다고 약속하지 않았소? 그러니 안심하고 돌아가 서 그대로 보고하면 되오. 편지에도 그 내용이 그대로 들어가 있으니 돤 총통 도 당신에게 뭐라 하지 않을 것이오.'"

장징훼이는 여기까지 말하고는 한숨을 크게 한 번 내쉬었다.

"진작 죽었어야 하는 건데, 이렇게 구차하게 살고 있으니, 원!"

그의 이야기가 계속될 참에 나는 잠시 그의 말을 끊고 화제를 다른 곳으로 돌렸다.

"일본이 장쭤린을 죽인 게 맞죠?"

"그래, 맞아. 그 얘기하자면 길어. 장 원수가 평화회의에 참석하러 베이징 에 간 적이 있었어. 갈 때, 둘째 마님을 함께 데리고 갔어. 물론 내가 수행했 지. 회의는 각 지역 군벌들이 모여 중국을 어떻게 분할할지 논의하는 자리였 어. 회의가 다 끝나고 우리는 기차로 펑톈에 돌아갈 참이었지. 근데 중간에 황구둔皇姑屯에서 잠시 정차하게 되었어. 기차가 왜 하필이면 거기에 정차하 게 되었는지는 아직도 모르겠어. 아무튼 그때 난 장 원수와 마작을 하고 있었 는데 정차한 김에 변소에나 다녀와야겠다고 생각했지. 그래서 둘째 마님한테 나 대신 마작 상대를 좀 해달라고 부탁했어. 변소에서 똥을 누려고 바지를 막 내렸을 때야. 갑자기 벼락같은 소리가 쾅하고 나는 거야. 순간 나도 정신을 잃고 말았지. 깨어보니 병원 침대였어. 얼굴은 달랑 눈만 빼놓고 전부 붕대로 칭칭 감겨 있었어. 손에도 마찬가지로. 정신이 들자, 가족들이 그러더군. 장 원수와 둘째 마님 둘 다 일본 놈들이 터뜨린 폭탄에 돌아가셨다고. 난 그나마 객실 변소에 있어서 요행히 목숨을 건진 거라고. 자네, 일본 놈들이 왜 장 원수를 죽였는지 아나? 이 얘기도 말하자면 길어. 일본 놈들은 그동안 여러 차례 우리 원수님께 남만주철도南滿鐵路를 확충할 수 있게 땅을 달라고 요구했 었어. 물론, 원수님은 그 놈들의 요구를 들어주지 않았지. 일본 놈들이 볼 때, 동북을 지배하고 있는 우리 장 원수는 항상 눈엣가시였어. 그래서 그 놈들 은 진작부터 우리 원수님을 제거하고 동북을 차지하려고 했었던 거야. 이참에 눈엣가시를 뽑아버려야겠다는 심산이었지. 그래서 죽인 거야. 나도 그때 같이 죽었어야 하는 건데! 그러면 이렇게 소련까지 끌려와서 모진 꼴은 당하지 않 았을 거 아냐? 이제는 고향땅에 묻힐지도 기약을 못할 신세니, 원! 이러다가는 그냥 소련 땅에서 죽고 말거야."

"저희와 함께 돌아가서야죠. 꼭 그렇게 될 겁니다."

우리 둘은 서로를 마주보며 너털웃음을 터뜨렸다.

하루는 하바롭스크 사령부에서 장교 한 명이 찾아와 접견실에서 푸이와 이야기를 나누었다. 둘 사이에 무슨 이야기가 오갔는지는 우리로서는 알 수 없다. 전에 푸이가 소련당국에 자신은 중국으로 돌아가지 않고 소련에서 살고 싶다고 한 적이 있었는데, 혹시 그에 대해서 얘기를 나누었는지도 모를 일이 다. 아무튼 우리로서는 확인할 길이 없었다.

(원제 : 參加義務勞動)

4

중국으로의 귀환

37 우리는 속았다

어느 날, 중국어 표준어를 정확하게 구사하는 통역이 우리 숙소로 왔다.

"모스크바에서 너희들을 중국공산당에 인계하라는 명령이 떨어졌다. 너희는 어디로 가고 싶으냐?"

누군가 대답했다.

"지금 우리 가족들은 대부분 북조선 원산에 있습니다. 우린 북조선으로 돌아가 가족들과 함께 살고 싶습니다."

"가족들이 중국에 있는 사람도 있잖아? 그런 사람들은 바로 중국정부에 인계하면 되는 거냐?"

내가 통역에게 말했다.

"아니, 국제적 관례와 규정에 따라 그대로 조치하면 되지, 왜 자꾸 두 번 세 번 묻는 겁니까?"

"그건 무엇보다 정확성을 기하기 위해서야. 그러니 귀찮더라도 조사에 성실히 임하는 게 좋을 거야."

우리가 조선으로 돌아가 가족들을 만나게 될 줄은 난 정말 꿈에도 생각지 못했다. 그런데 동시에 불길한 생각도 들어 내가 그에게 재차 다짐을 두었다.

"혹시 잘못해서 조선에서 끌려온 우리까지 푸이 일행과 함께 묶여 중국공산당에 인계되는 건 아니겠지요?"

"아마 그럴 일은 없을 거야. 물론 너희들이 타고 갈 기차는 똑같은 거야. 하지만 그 기차는 중국과 조선 다 거치는 거니까 걱정하지 않아도 돼."

그러나 나의 불길한 예감은 틀리지 않았다.

1950년 8월 5일 오전, 아스니스 소장이 이층에 있는 우리 방으로 왔다.

"스탈린 서기장께서 너희들을 모두 중국으로 보낼 것을 명령했다. 그렇다고 크게 걱정할 건 없어. 마오쩌둥은 위대한 공산주의자야. 우리 스탈린 서기장의 오랜 친구이기도 하고, 마오쩌둥 동지도 너희들에게 관대한 정책을 펼칠 테니, 안심해도 될 거야. 모두 준비하고 밖으로 나와. 단, 소련 국경을 통과할 때는 루블화를 휴대하고 있으면 안 돼. 그러니까 가지고 있는 돈은 전부 나한테 주도록! 그러면 내가 그 돈으로 기차 안에서 주전부리할 걸 사줄 테니까."

우리가 가지고 있는 루블화가 다 합해서 얼마나 되는지는 정확히 알 수 없었지만, 우리는 시키는 대로 그에게 모두 바쳤다. 개인적으로 나는 800 루블이 조금 넘는 돈을 바쳤고, 저우관난은 2,000루블을 그에게 주었다. 나머지 사람들도 200루블, 300루블 등 각자 가지고 있는 돈을 전부 반납했다.

우리는 소장에게 말했다.

"우리는 조선에서 잡혀온 사람들입니다. 가족들도 전부 조선에 있고요. 그러니까 북조선으로 돌아가 가족과 함께 살게 해주십시오."

소장이 말했다.

"기차는 다 똑같아. 중국도 가고 조선도 가는 거야."

소장의 말이니만큼 우리는 철석같이 믿었다.

각자의 짐을 꾸려서 아래층으로 내려간 우리는 마지막으로 짐 검사를 받았다. 우리가 짐 검사를 받는 동안, 푸이만은 특별히 소련군대령이 직접 나와 접견실로 데려갔다. 줄지어 짐 검사를 받고 나오는 사람들마다 한두 마디씩 욕지거리를 해댔다. 이유인즉슨, 검사하면서 값나가는 것들은 전부 압수하고 내보낸다는 것이다. 심지어 아예 빈손으로 나오는 사람도 있었다. 난 궁금해서 그들에게 물었다.

"도대체 안에서 누가 검사하는데요?"

"소장이요."

그때, 장샤오지가 창고를 관리하는 병사 이고르에게 뭐라고 불평하는 소리가 들렸다. 자신이 소지한 물건 전부를 압수당했다는 것이다. 옆에 있던 저우관난이 물었다.

"왜? 이유가 뭐래?"

"내가 창고에 가서 물건을 수령할 때마다 수령증 밑에 마감선이 없는 거야. 그래서 내가 수령품목 아래에 꼬박꼬박 마감선을 그려 넣었거든. 그게 저 놈이 보기에 마음에 안 들었던 거야. 마감선이 있으면 저 놈들이 우리가 받아야 할 물품을 꼬불칠 수가 없거든. 그래서 저 놈이 나한테 단단히 벼르고 있었던 것 같아."

이윽고 나도 검사받을 차례가 되어 안으로 들어갔다. 들어가 보니, 몰수된 물품들이 한쪽에 산더미처럼 쌓여있었다. 아스니스 소장은 그 뒤에 앉아 있었고 장샤오지가 그 옆에서 통역을 하고 있었다. 병사 이고르가 내가 들어오는 것을 보고, 묘한 미소를 흘렸다. 마치 '그래, 너 잘 걸렸다!'하는 표정이었다. 그 놈은 아무 말도 않고 다짜고짜 내 가방을 들어 올리더니 몰수된 물건들 위로 휙 던져버리는 것이었다. 가방은 제대로 얹히지 않고 데굴데굴 굴러 떨어져 한쪽에서 나뒹굴고 있었다. 그 병사 놈은 이번엔 내가 입고 있던 양복을 전부 벗게 하고는 그마저도 물건 더미 위로 던져버렸다.

"아니, 옷을 가져가면 나더러 발가벗고 있으란 말이오?"

그러자 병사는 노동자들이 입는 작업복을 내게 던져주었다. 이거라도 주는 걸 감지덕지하라는 식이었다. 나는 장샤오지에게 소장한테 할 말이 있으니 통역을 해달라고 부탁했다.

"도대체 내가 소련의 어떤 법을 어겼기에 내 개인물품을 몰수하는 것이오?"

장샤오지가 막 입을 떼려는 찰나에, 그 병사 놈이 나를 밖으로 끌어내기 시작했다. 나는 끌려나오면서 그들에게 한바탕 욕을 퍼부었다.

"그만 하세요. 소용없어요."

사람들이 나를 말렸다.

짐 검사가 끝나고 모두들 차에 올랐다. 푸이와 장성들도 밖으로 나와 하나둘씩 차를 탔다. 이윽고 트럭이 출발했다. 이제야 지난 5년간 갇혀 있던 수용소를 벗어나게 된 것이다. 트럭이 기차역에 도착하자, 우리는 미리 대기하고 있던 두 량짜리 열차로 갈아탔다. 객실은 삼층 일반석으로 되어 있었다. 소장은 푸이의 기솔들과 같은 객실에 앉았고, 우리는 대신, 군사령관 등과 같은 객실에 앉았다. 객실 안에는 과자봉지들이 몇 개 있었지만, 보초를 서는 병사들 말고는 아무도 그것에 손을 대지 않았다. 우리가 탄 객실 안은 쥐죽은 듯 고요했다. 조선에서 온 우리들만이 간간히 귓속말로 소곤대었을 뿐, 나머지는 하나둘씩 일층과 이층의 나무침대에 자리를 잡고 눕기 시작했다. 그들은 신고 있던 장군용 긴 부츠를 더는 필요가 없다고 생각했는지 기차 밖으로 내던졌다. 몸에 걸치고 있던 군용코트나 망토를 벗어 던지려는 이들도 있었다.

내가 말했다.

"더 이상 필요가 없어도 소련에 버리지는 마세요. 버리려면 중국에 도착해서 버리세요. 그러면 그나마도 우리 농민들이 가져다가 요긴하게 쓸 수 있을 겁니다."

난 망토를 밖으로 던지려던 리원롱에게 말했다.

"그거 입지 않으시려거든 저한테 주세요. 몸이 좀 추워서요."

"그래? 그럼 가져가게!"

그때 마침 난 겨우 얼어 죽지 않을 만큼의 홑옷 하나만 걸치고 있던 상황이었다. 소련 측에서 준 그 작업복 말이다.

푸이가 타고 있는 객실 상황에 대해서는 알 수가 없었다.

기차가 우수리스크 공항을 지나 중소국경의 라즈돌나야강 역에 도착했다. 기차역에는 중공군 부대는 보이지 않고 온통 소련군부대였다. 이유는 잘 모르겠지만 역내에는 일반 민간인들도 전혀 없었다.

얼마 후, 십여 명의 중공군 간부들이 우리를 호송했던 소련군 소장과 함께 객실 안으로 들어왔다. 그들은 객실 안에서 포로인계와 관련한 간단한 수속을 마친 후, 첫 번째로 푸이를 호명했다. 그들은 그 자리에서 푸이의 짐 가방을 일일이 검사한 후에 검사증에 사인을 하고는 다시 푸이에게 돌려주었다. 아스니스 소장 일행은 중공군 간부들과 일일이 악수를 하고는 돌아갔다.

조선에서 온 우리들은 순간 멍해졌다. 소련이 우리를 속인 것이다. 우리를 조선으로 보내주겠다고 했지만 그들은 결국 우리를 중공군에게 넘긴 것이다. 거짓과 기만은 공산주의 소련이 세상에서 가장 잘한다는 것을 우리는 잊고 있었던 것이다. 우리는 이제 더는 방법이 없었다. 그저 반 포기상태에서 모든 걸 운명에 맡기는 수밖에 없었다.

중공군 간부가 우리에게 모두 차에서 내려 중공 측에서 준비해놓은 다른 기차에 오를 것을 명령했다. 우리가 갈아 탄 기차의 객실은 모두 일등석이었다. 푸이와 그 가족들이 앞줄에 앉았고, 우리는 대신 등과 함께 그 뒤에 자리를 잡고 앉았다. 잠시 후, 중공군 간부가 기차에 올라 우리에게 말했다.

"너희들은 과거 중국인민의 적이었다. 그러나 이제 조국의 품으로 돌아오게 되었다. 앞으로는 학습을 통해 너희들의 반인륜적 반동사상을 철저히 개조해 새로운 사람이 되어야 할 것이다."

곧이어 사복 차림을 한 두 명의 중공군 간부가 흰 빵과 따뜻한 물을 가져왔다.

"모두들 배가 고플 테니 일단 이 빵으로 허기를 때워라. 얼마든지 먹어도 된다. 물도 준비해 놓았으니, 필요한 사람은 가져가도 좋다."

푸이 등은 먹지 않았다. 그러나 우리는 너나 할 것 없이 일단 먹고 보자는 생각에 앞뒤 가리지 않고 빵과 물병을 집어 들었다. 푸이는 여전히 눈만 지그시 감은 채 미동도 하지 않았다.

기차는 앞을 향해 빠른 속도로 질주했다. 차창 밖으로 보이는 전신주들이 하나씩 하나씩 시야를 스쳐지나갔다. 객실 안은 쥐죽은 듯 고요했다. 철로 위를 달리는 열차바퀴의 마찰음만이 연신 귀를 간질일 뿐이었다.

(원제 : 該所的翻譯來到我們的住所)

38 중국 귀환

　기차는 조금의 머뭇거림도 없이 전속력으로 앞으로 내달렸다. 차창 밖으로 휙휙 스쳐지나가는 전신주가 연신 눈을 어지럽히는 가운데 객실 안은 쥐죽은 듯 고요했다. 간간히 사복차림의 중공군 장교들이 만약의 사태에 대비해 객실 이곳저곳을 서성대며 돌아다니는 것 말고는 객실 안 정적을 깨는 일은 한동안 일어나지 않았다. 우리 중에 어느 누구도 입을 열지 않았다. 다들 눈을 감은 채 앞으로 자신의 운명이 어떻게 될지 가늠하고 있는 듯했다. 그렇지만 우리 중에 그 누구보다도 가장 마음이 혼란스러운 이는 아마도 푸이가 아니었을까 싶다. 그러나 그가 지나친 걱정에 내내 노심초사하고 있었다는 건 알았지만, 발작까지 일으킬 줄은 아무도 예상하지 못했다. 푸이는 갑자기 자리에서 일어나더니 큰 소리로 고함을 쳤다.

　"누가 스탈린을 죽이려고 하고 있어! 누가 스탈린을 죽이려고 하고 있어!"
　그는 이 말만 되풀이하고 있었다.
　"라오푸老溥, 아니 누가 스탈린을 죽인다는 거예요! 그런 일 없어요. 진정하세요."

푸이를 진정시키려는 우리의 목소리도 같이 높아졌다.

완자시, 푸제, 위엔 등이 급히 자리에서 일어나 푸이 쪽으로 달려왔다.

"폐하, 스탈린은 죽지 않습니다. 아무도 그를 죽이려는 사람은 없어요. 마음을 가라앉히세요."

객실 안을 감시하던 중공군 장교도 놀라 달려왔다. 그가 물었다.

"이전에도 이런 일이 있었나?"

"아니오. 없었어요."

우리가 이구동성으로 대답했다.

푸이의 가족들도 거들고 나섰다.

"이런 일은 처음이에요. 전에는 이러지 않았는데…"

"그래? 그럼 얼른 따뜻한 물이라도 한 잔 먹여봐."

주위에 있던 대신들이나 장성들은 그 광경을 보고 그저 야릇한 미소만 짓고 있었다.

한바탕의 소란은 그렇게 지나가고 어느새 열차는 역으로 들어서고 있었다. 잠시 정차한 사이에 중공군 장교는 빵과 마실 물을 객실 안으로 잔뜩 올려 보냈다.

얼마 후, 기차는 다시 출발해 한 시간 쯤 달리다 다시 어느 역에 정차했다. 차창 밖으로 내다보니, 선양역이란 팻말이 보였다. 그랬다! 우리가 드디어 중국으로 돌아오게 된 것이다.

얼마 지나지 않아 중공군 장교들이 떼거지로 객실 안으로 올라왔다. 그들 손에는 어떤 명부 같은 것이 들려있었다.

"내가 호명하는 사람은 차에서 내린다. 알았나?"

역시나 첫 번째로 이름을 불린 사람은 푸이였다. 그런데 푸이는 자리에서 일어나지 않았다. 이어서 푸제의 이름이 불렸다. 푸제는 자리에서 일어나 "네" 하고 대답했다. 룬치, 위엔, 위탕, 완자시 등이 차례로 불렸고 그들은 저마다

'네' 소리와 함께 자리에서 일어났다.

이름을 호명한 장교가 말했다.

"방금 내가 호명한 사람들은 나를 따라 하차한다."

그런데 여전히 푸이만은 자리에서 일어나지 않았다. 완자시와 위엔이 그를 부축해 일으켰다. 이름을 불린 나머지 사람들도 서둘러 차에서 내렸다. 그들은 기차에서 내리자마자 곧바로 대형버스로 갈아타고 어디론가 사라졌다. 모두들 가타부타 뭐라 하지는 않았지만, 저마다 머릿속으로는 주판알을 튕기고 있었다. 다만 열차 안에 아직도 중공군 장교가 있었기 때문에 내색을 하지 않았을 뿐이다. 푸이는 자신의 이름이 불렀을 때, 그것이 곧 총살형을 의미하는 것이라 생각했다고 한다. 그러나 푸이는 요행히 두 시간쯤 지나 같이 갔던 일행들과 함께 다시 열차로 돌아왔다. 푸이는 끌려갔을 때와는 판이하게 완전히 백팔십도 다른 사람이 되어 돌아왔다. 기차에서 내릴 때가지만 해도 가솔들의 부축을 받던 사람이 기차에 다시 올라왔을 때에는 언제 그랬냐는 듯이 멀쩡한 상태였다. 심지어 얼굴에 미소까지 띄고 있었다. 원래의 자리로 돌아온 푸이는 사람들과 어울려 빵도 먹고 물도 마셨다.

기차가 다시 움직이기 시작했다. 푸이 일행의 말로는, 그들이 중공의 우두머리 중의 한 명인 가오깡高崗을 만나고 왔다 했다. 동북지역의 공산당 주석이었던 가오깡이 만청의 마지막 황제가 과연 어떤 인물인지 보고 싶어 데려갔다는 것이다. 가오깡으로서는 마지막 황제를 만나보는 게 그리 대수로운 일이 아니었을지는 몰라도 푸이의 입장은 달랐다. 그는 거의 죽다 살아난 기분이었다는 게 같이 갔던 일행들의 전언이었다. 그들 말에 따르면, 버스를 타고 간 곳은 동북성 주석궁이었는데, 자신들이 그곳에 왜 가게 되었는지 다시 말해 주석인 가오깡이 마지막 황제의 얼굴을 보고 데려갔다는 사실을 알게 된 것은 주석궁 회의실에 도착해서였다고 한다. 그들은 회의실 대형탁자 위에 간식거리며 과일 등이 수북이 쌓여 있었고, 산파오타이三炮台 담배[1]와 다기茶器 등도 함께 준비되어 있었다고 자랑삼아 얘기했다. 그들의 말은 계속되었다.

"우리가 자리에 앉고 얼마 후에 가오깡이 당 간부들을 대동하고 회의실로 들어오더군. 그러더니 우리한테 간식이며 차, 담배 등을 권하더라고. 담배 한 대 다 피웠을 즈음이었어. 그가 천천히 입을 열었어. '너희들은 지난날 중국의 통치자이기도 했지만 동시에 중국인민의 적이었다. 너희들의 사상은 오늘날 인민들의 요구에 더 이상 맞지 않아. 따라서 이제 조국에 돌아온 이상, 꾸준한 학습을 통해 너희들이 가진 반동사상을 개조할 수 있도록 노력해야 할 거야. 아울러 인민들에게 머리 숙여 사죄하고 그에 따른 처결을 순순히 받아들이도록. 알겠나? 그때 푸이가 가오깡에게 말했어. '우리는 만주국 14년 동안 동북의 인민들에게 크나큰 재난을 드렸습니다. 이는 그야말로 씻을 수 없는 고통입니다. 이에 중국인민들에게 고개 숙여 사죄드립니다.' 그러자 가오깡이 그러더군. '중국공산당은 너희들에게 학습을 통해 반동사상을 개조하고 새 사람이 될 수 있도록 기회를 주겠다.'고."

달리던 기차가 다시 어딘가에 정차했다. 우리는 밖을 내다보고는 이곳이 푸순역이라는 것을 알았다. 중공군 장교가 말했다.

"자, 모두 하차!"

기차에서 내려 버스로 갈아탄 우리가 도착한 곳은 어느 커다란 형무소였다. 이 형무소는 일제시기에 새로 지은 것으로 일명 모범감옥이라 불리는 곳이었다. 감옥은 높다란 담장으로 둘러싸여 있었고, 그 담장 위에는 전기철조망이 쳐져 있었다. 내부는 크게 네 개의 구역으로 나뉘어 있었다. 첫 번째 구역은 현행범을 수용하는 곳이었고, 두 번째 구역은 일본인전범, 세 번째는 국민당 전범 그리고 마지막 네 번째 구역은 푸이와 우리가 갇혀 있는 곳이었다. 각 방마다 10명씩 수용되었고 방과 방 사이에는 나무판자가 벽 구실을 하고 있었다. 복도는 꽤 넓었다. 방마다 커다란 유리창이 복도 쪽으로 나 있어서 복도를 오가며 보초를 서고 있는 중공군들이 방 안에서 벌어지는 일거수일투족을

---

1) 당시 가장 유명했던 담배 이름

낱낱이 감시할 수 있도록 되어 있었다. 감방문은 밖에서 자물쇠로 채워져 있었다. 변소는 야외에 있었다. 그래서 대소변을 보려면 간수에게 일일이 보고하고 가야 했다. 밤에 변소에 가서 용변을 보고 있으면 국민당 포로들이 경극을 구경하며 시끌벅적하게 떠드는 소리를 어김없이 들을 수 있었다.

한번은 소장이 우리에게 이렇게 말했다.

"너희들은 과거에 인민의 적이자 반동분자들이었다. 이제 조국에 돌아왔으니, 정부의 교육과 학습을 통해 너희들의 반동사상을 개조하고 새로운 사람이 되기를 바란다. 자, 그럼 오늘은 구내식당에서 제공하는 식사에 대해 알려줄 테니, 다들 유념하도록. 우선, 푸이와 대신, 장성 등에게는 특식이 제공된다. 그리고 푸제, 완자시, 룬치, 저우관난, 왕용진, 양샤오취엔, 청중셴 등 7인에게는 중급의 식사가 제공된다. 그리고 마지막으로 장원잉, 위옌, 위탕, 정춘청, 무쉬건穆緖根, 추밍푸 등 6인에게는 일반식사가 제공된다."

그러면서 소장은 한 마디 덧붙이는 걸 잊지 않았다.

"너희들에 대한 대우는 나보다도 훨씬 나은 편이야. 이렇게까지 너희들에게 신경을 써주고 매사 세세하게 배려하는 데는 어디에도 없을 거야. 그러니 사상개조에 정진하도록. 알았나?"

우리는 칠년 넘게 고향에 편지 한 장 보내지 못했으니 이제라도 연락할 수 있도록 해달라고 요청했다.

우리는 이곳에서 매일 아침 8시부터 12시까지 동북일보東北日報를 교재로 학습을 했다. 그리고는 점심을 먹고 두 시간 가량 낮잠을 잔 후에 오후에는 운동장에서 가벼운 산보를 하거나 배구를 했다. 겨울에는 운동장이 스케이트장으로 변했다. 푸이는 매일 오후 밖으로 나가 혼자서 산책을 했다. 그 누구도 그에게 가까이 다가가지 않았다. 그는 대신이나 장성들과도 전혀 인사를 나누지 않았다. 난 그를 만날 때마다 항시 이렇게 말하곤 했다.

"라오푸, 사람들하고도 같이 어울려 운동도 하고 그러세요."

그러면 그는 그저 웃기만 할 뿐 가타부타 대답이 없었다.

우리는 이곳에 있으면서 수용소를 참관하러 오는 공산당 간부들을 수없이 보았다. 개중에는 여성간부들도 있었다. 수용소에 올 수 있는 사람들은 대개 고위간부나 고급장교들이었다. 그들은 푸이의 방 밖에서 큰 유리창을 통해 방안에 있는 만청 마지막 황제의 모습을 들여다보곤 했다. 그 중에는 푸이가 무안할 정도로 아주 오랫동안 지켜보는 이들도 있었고 복도에서 한참을 서성대며 슬쩍슬쩍 안을 들여다보는 이들도 있었다.

하루는 운동장에서 산보를 하고 있는데, 저쪽에 푸이가 있는 것이 보였다. 나는 그에게 다가가 말을 걸었다.

"하도 많은 사람들이 들여다봐서 귀찮으시지요?"

"내가 꼭 동물원의 원숭이가 된 꼴이야."

"그럼 우린 새끼 원숭이겠네요. 그래도 라오푸는 사자나 호랑이쯤은 될 거예요."

그 말에 푸이는 뜻 모를 미소를 슬쩍 내비치더니 이내 저쪽으로 가버렸다.

이곳에서는 우리를 위해 종종 영화를 틀어주곤 했다. 우리가 영화를 보고 있는 동안, 일본전범들은 운동장에서 농구를 하거나 다른 운동을 했다. 그들은 어떨 때는 아예 큰 상품을 내걸고 운동회를 열기도 했다. 그럴 때면 가끔씩 우리를 운동회에 초대해 참관토록 하기도 했다. 아무튼 그들은 일본인 고유의 생활방식에 따라 스스로의 삶을 영위했다.

어느 겨울날이었다. 석탄을 실은 트럭 한 대가 수용소 안으로 들어왔다. 그런데 석탄을 실어 나를 사람이 없었던지 소장은 우리더러 석탄을 옮기라고 지시했다. 이 일에는 푸이도 나섰다. 딴에는 사상개조에 진전이 있음을 보여주려고 했던 것 같다. 처음엔 수용소 측에서 허락하지 않았지만 그가 한사코 하겠다는 바람에 더는 말릴 수가 없었다. 아마도 그로서는 태어나 처음으로 하는 일이었을 게다. 우리는 삽으로 석탄을 퍼 담아 보일러실로 옮겼다. 누군가 트럭에 올라가 바닥으로 석탄을 퍼 내리면 또 누군가는 그것을 삽으로 퍼 담아 보일러실 창문 밖에 내려놓고 또 누군가는 그것을 다시 보일러실 안으로 옮겼다. 그런데 재미있는 건, 푸이가 들고 있는 삽은 오륙 세 정도의 어린아이면 충분히 들 수 있는 아주 작은 삽이었다는 것이다. 그걸 보고 누군가 그에게 말했다.

"라오푸, 그냥 계세요. 안 하셔도 돼요. 괜히 옷에 석탄이나 묻히지 마시고 그냥 한쪽에 서 계세요."

앞서도 말했지만, 이건 푸이가 난생 처음으로 하는 노동이었다. 반면에, 대신이나 장군들은 마치 노련한 노동자들처럼 능숙하게 일했다. 우리는 석탄을 다 옮긴 후에 숙소로 돌아가 몸을 씻었다.

(원제 : 溥儀發瘋了)

39 일본전범

일본전범은 소련에서 온 자들이었다.

중국공산당의 전범에 대한 대우는 소련의 그것과는 판이했다. 중국공산당은 일본전범들이 자신들의 생활방식에 따라 자유롭게 생활할 수 있도록 용인했다. 그들에게 배급되는 물품들도 전혀 부족함이 없었다. 심지어는 자체적으로 운동화나 오락 활동을 할 수 있을 정도로 충분한 여가시간을 할애해주기도 했다. 그렇지만 그들에게도 분명 제약은 있었다. 그게 바로 매일 같이 열리는 자아비판대회였다. 각자 중국 각지에서 중국인민들을 대상으로 자행한 강간, 살인, 방화, 약탈 등등에 대해 고백하고 사죄하는 시간이었다. 심지어 문관들까지 동북에서 인민들을 얼마나 잔혹하게 통치했는지 등에 대해 솔직히 그 죄를 인정하고 반성하도록 했다.

어느 날, 일본 국내에 있는 가족들이 그들을 만나러 푸순에 왔다. 중국공산당은 그들을 푸순의 한 양로원에 머물게 하고, 매일 버스로 이곳 수용소까지 데려와 전범들과 면회할 수 있도록 배려했다. 면회소는 전범수용소 대회의실에 마련되었다. 회의실에서는 매일같이 그들이 함께 웃고 떠들고 노래하는 소리가 들려왔다. 일본전범들은 가족들이 일본에서 바리바리 싸들고 온 각종 식품과 통조림 등을 나눠먹으며 영화도 보고 게임도 했다. 그 바람에 각종 포장지며 비닐봉투, 통조림깡통 등이 여기저기 산처럼 쌓였다. 그들은 가족들과 꽤 오랜 시간을 전범수용소에서 함께 지내며 즐거운 시간을 가졌다. 얼마 후, 가족들은 다시 일본으로 돌아갔다.

(원제 : 日本戰犯的家屬來撫順探親)

40 전범재판

1956년 중국공산당이 선양에서 일본전범 등에 관한 재판을 열었을 때, 푸이도 법정에 출석했다. 아무리 증인이라 하더라도 법정에 선다는 건 그리 달가운 일은 아니었다. 푸이는 여러 차례 법정에 불려갔다. 재판에서 일본전범 중의 요시오카吉岡와 다케베武部 등은 무기징역을 언도받았다. 무기징역을 받은 자 중에는 중풍에 걸려 반신불수가 된 이도 있었다. 중국공산당은 인도주의 차원에서 이 중풍환자를 일본에 있는 가족의 품으로 돌려보냈다. 푸이는 단지 증인 신분이었기 때문에 별 일은 없었다.

한국전쟁이 발발하자, 마오쩌둥은 항미원조抗美援朝를 통해 보가위국保家衛國을 하자는 호소문을 발표했다. 전 인민대중은 공산당의 강권적인 억압 속에서 이른바 빅 브라더라고 할 수 있는 소련의 스탈린을 대신해 총알받이로 조선에 가야 했다. 어쩔 수 없는 일이었다.

하루는 관리소장이 우리에게 말했다.

"마오毛 주석은 현재 전국인민에게 항미원조, 보가위국을 호소하고 있는 중이다. 이에 전 인민대중이 분연히 일어나 항미원조, 보가위국을 위해 조선으로 가고 있다. 푸이가 우리 수용소 쪽에 자신도 항미원조전쟁에 참여할 뜻을 전해왔다. 매우 고무적이고 가상한 일이 아닐 수 없다. 하지만 너희들은 개조가 우선임을 명심해야 한다. 우리가 너희한테 원하는 건 바로 그것이다. 조선에 갈 사람은 너희 말고도 많다. 군이 너희들까지 조선에 갈 필요는 없다는 말이다. 다시 말하지만, 너희들에게 무엇보다 중요한 것은 사상개조이다. 우리 중국에는 십년 아니, 이십년 넘게 전쟁에 참여한 경험이 있는 자들이 수없이 많다. 그러니 너희들은 쓸데없는 생각 말고 사상개조에나 힘을 써라."

하루는 운동장에서 산보를 하면서 내가 푸이에게 물었다.

"왜 그런 생각을 하셨어요? 혹시 무슨 다른 생각이 있으신 거예요?"

그가 말했다.

"조선에 가면 기회를 보아 미군에 투항해서 가족들과 일본에 가서 살 수 있을 것 같아서."

난 그 말을 듣고 약간은 어이가 없었다.

"그건 정말 모르시고 하시는 말씀이세요. 공산당은 가난한 하층계급 농민의 자제들만 군대로 불러요. 다른 계급 사람들은 군대를 갈래야 갈 수도 없어요. 그게 공산당 정책이에요. 그렇게 총명하신 분이 어떻게 그걸 모르셨어요? 너무 순진하세요."

(원제 : 中共在沈陽審判日本戰犯)

41 한국전쟁

한국전쟁은 스탈린의 작품이다.

나는 한반도 38선 이북 원산에서 소련군에 체포되어 5년이란 시간을 소련에서 보냈다. 난 그곳에서 많은 것을 몸소 체험했다. 소련사람들은 고압적이고 잔혹한 공포정치 하에서 굶주림에 허덕이고 있었다. 사실상 스탈린이 지배하고 있는 북조선에서도 인민들이 기아선상에서 생사를 가늠할 수 없기는 마찬가지이다. 아마도 소련이나 북조선에서의 이런 폭정은 스탈린이 죽어야 끝이 나지 않을까 싶다. 아니, 어쩌면 스탈린 사후에 공산주의를 전복하고 자본주의의 길로 소련을 이끌 수 있는 누군가가 출현하지 않는다면 결코 끝나지 않을 일인지도 모르겠다. 중국공산당도 예외는 아닐 것이다. 결국 전 세계 모든 공산주의 국가는 하루빨리 노선을 수정해야 할 것이다. 그렇지 않으면 머지않아 인민들의 힘으로 전복될 것이 자명하다. 이건 필연이다. 스탈린은 공산주의를 빙자한 침략자이며 살인귀이고 망나니다. 그는 제2차 세계대전을 통해 많은 이득을 얻었다. 그럼에도 그는 한반도에 대한 야심을 결코 버리지 않았다. 그가 조선 전체를 차지하고자 하는 데에는 이유가 있었다. 발트해에 주둔한 소련해군과 블라디보스토크에 있는 소련군을 동서로 연결해 유라시아 전체를 자신의 손아귀에 넣기 위해서는 우선적으로 조선 전역을 소련의 울타리에 넣어야 했던 것이다. 제2차 세계대전 중에 일본의 패전이 확연해지자, 뒤늦게 일본에 선전포고를 하고 참전하게 된 것도 그 이유이다. 세계대전이 끝나자, 참전국들은 다들 기진맥진한 가운데에서도 저마다 자국의 국내경제를 회복시키느라 여념이 없었다. 그러나 소련의 스탈린만큼은 생각이 달랐다. 그는 다른 나라들이 전후복구에 힘을 쏟고 있는 바로 지금이 자신의 야심을 현실화시킬 수 있는 호기라 생각했던 것이다. 더욱이 조선의 38선 이북은 소련의 통제 하에 있었고, 그곳에는 말을 잘 듣는 자신의 대리인인 김일성이 있었다. 뿐만 아니라 중국 베이징에는 마오쩌둥이란 친한 동생까지 있었으니, 조선 전체를 움켜쥐는 것은 큰 문제가 되지 않았던 것이다. 그는 김일성을 세 차례 넘게 모스크바로 불렀다. 마오쩌둥도 두 차례나 만났다. 마오쩌둥은 처음엔 저우언라이周恩來 등과 함께 모스크바 성지를 순례했고, 두 번째는 육해공군의 수장 전부를 인솔하고 모스크바에 가서 스탈린을 알현했다. 그 자리에서 스탈린은 마오쩌둥에게 참전을 요구했다. 드디어 전쟁이 시작되자, 소련은 한반도 전체를 통일시킬 야욕에 불타고 있는 김일성에게 무기지원으로 화답했다. 그들은 일사천리로 남한의 부산까지 진격했다. 당시 각국은 자국의 전후 경제회복에 매달리고 있어 이 전쟁에 개입할 겨를이 없었다. 이 틈을 타, 소련의 스탈린은 모든 무기를 북조선과 중국대륙의 동북지역으로 전진 배치하는 대담한 계획을 실천했다. 중국인민들은 북조선 군복을 입고 북조선 군인으로 위장했다. 모든 준비가 끝나자, 이들은 서울과 수원의 이남 등지를 일거에 공격해 들어갔다. 미국은 남한의 적화만은 막겠다는 각오로 유엔군을 결성해 인천에 상륙했다. 결국 유엔군은 중공군을 38선 이북으로 내몰고 휴전협정을 맺었다. 계획이 수포로 돌아간 스탈린은 끝내 염라대왕과 마주해야 했다. 뒤를 이어 권좌에 오른 흐루시초프는 집권 내내 마오쩌둥과 사이가 좋지 않았다. 흐루시초프는 마오쩌둥에게 한국전쟁 중에 중국공산당에 제공한 무기에 대한 비용을 갚으라고 독촉했다. 중국인민들은 그 돈을 갚기 위해 한동안 허리띠를 단단히 졸라매지 않을 수 없었다. 당시 그 빚 대신에 동북의 콩을 대량으로 소련에 보내게 되었는데, 소련 측에서 그 콩을 검수한 끝에 불합격처리해 되돌려 보냈다는 우스갯소리를 나도 신문보도를 통해 본 적이 있다. 두 공산주의 형제국가 간에 벌어진 이 웃지 못 할 얘기에서 보듯이, 입만 열면 서로들 형제라고 하지만 실상 중소 양국은 어느새 원수에 가까운 사이가 되어버렸다. 심지어 서로가 서로를 수정주의니 교조주의니 하며 헐뜯고 비난하고 있으니 세상에 과연 영원한 형제가 있을까 싶다. 이건 한국전쟁에 대한 내 개인적 견해이기는 하지만 다분히 사실에 가깝다. 적어도 90%는 확실할 것이다. '이기면 왕이요, 지면 역적'이라는 말은 정말 맞는 말 같다. 흐루시초프는 몇 년 후 스탈린을 만나러 갔고 마오쩌둥도 예외가 아니었다.

(원제 : 朝鮮為什麼會發生戰爭呢?)

42 하얼빈 이감

미군을 중심으로 한 연합군이 인천에 상륙하면서, 영등포 이남과 수원에 집결해 있던 마오쩌둥과 김일성의 부대는 완전히 고립되었다. 그때 붙잡힌 포로 수만 해도 십여만 명이 넘었다고 한다. 물론 이건 소문에 따른 것이다. 결국 마오쩌둥과 김일성의 부대는 할 수 없이 38선 이북으로 후퇴해야 했다. 심지어 미군은 압록강 근처까지 진격해와 안동을 폭격했다.

수용소 소장이 우리에게 이감을 지시했다. 우리는 무작정 기차에 올랐다. 어디로 가는지는 아무도 몰랐다. 기차는 한참을 달려 밤이 되어서야 어느 역에 도착했다. 그곳이 하얼빈이라는 사실은 도착하고 나서야 알았다. 거기서 다시 밴 모양의 화물트럭으로 갈아타고 또 어디론가 갔다. 트럭은 어느 운동장 같은 곳에 우리를 내려주었다. 우리는 운동장을 가로질러 어느 건물 안으로 들어갔다. 이곳은 본래 원형으로 된 대형 감옥이었다. 이곳에 도착하기 전에 기차에서 누군가 이렇게 말했었다.

"아마도 베이징으로 가는 걸 거야."

그러자 또 누군가는 이렇게 말했다.

"아니야. 미국이 안동과 푸순을 폭격하니까, 공산당이 우리 안전을 위해 하얼빈으로 데려가는 걸 거야."

이 원형감옥은 원래 벨로루시 시절에 지은 것으로, 중앙에는 원형의 초소가 있고 그 초소 위에선 보초병이 경비를 서고 있었다. 초소 위에 서면 이층으로 된 감방 안의 죄수들이 뭐하고 있는지 그 일거수일투족을 한눈에 감시할 수 있었다. 심지어 감방 안에서 용변을 보고 물을 내리는 모습까지 낱낱이 볼 수 있을 정도였다. 감방 내부는 철문으로 된 출입구가 있는 앞쪽은 좁았고, 복도와 인접한 뒤쪽은 비교적 넓었다. 그리고 굵은 쇠파이프 기둥들이 일정한 간격으로 서 있었다. 출입문인 철문에는 간신히 출입할 수 있는 개구멍 같은 것이 별도로 나 있었다. 이곳에서는 식사제공에 구분이 없었다. 모두들 똑같은 밥과 반찬을 먹었다.

이곳에 오고 얼마 후에 소련인 한 명이 방문했다. 그는 건물 안팎을 샅샅이 조사하고는 이 형무소에 대한 건물진단을 내렸다. 그의 말에 따르면, 이 형무소는 붕괴가능성이 있어 더 이상 사람이 살 수 없다는 것이었다. 결국 우리는 징차제警察街 앞에 있는 러시아 철도구락부가 사용하던 건물로 거처를 옮길 수밖에 없었다. 우리는 이곳에서 종이필통을 만드는 일을 했다. 이 일에는 푸이도 참여했다. 그가 만든 필통은 사실 풀칠이 엉망이었다. 그도 그럴 것이 그는 태어나면서부터 한 번도 스스로의 사지를 놀려 일해본 적도 없고 세상물정도 전혀 모르는 사람이었다. 그런 사람이 지금에 와 필통에 풀칠을 하자니 오죽했겠는가? 그래도 그런 사람이 만든 것 치고는 봐줄만 했다. 어쨌든 이 일은 그가 태어나 처음으로 해보는 노동임에는 틀림이 없다.

(원제 : 搬家到哈爾濱去)

43 위옌毓嵒

푸이가 얼마나 많은 귀중품을 소지하고 있는지 알고 있는 사람은 푸이 외에
도 한 명이 더 있었다. 바로 위옌이었다. 위옌은 오랫동안 푸이와 함께 한
그의 분신과도 같은 존재였다. 따라서 푸이 개인의 삶도 위옌이 어떻게 그를
모시느냐에 따라 좌우되는 경우가 많았다. 푸이가 따리즈꺼우로 떠날 때, 푸
이의 귀중품들을 일일이 포장해 가방 안에 겹겹이 채워 넣은 이도 다름 아닌
위옌이었다. 소련에서 푸순으로 넘어올 때까지만 해도 이에 대해 아는 사람은
아무도 없었다. 위옌은 하얼빈 징차제警察街 구락부에 도착해서야 푸이 개인
이 소장한 귀중품들을 신고했다. 수용소 측에선 위옌이 귀중품을 신고한 사실
을 푸이를 불러 확인했다. 수용소 소장은 위옌에게 푸이의 짐들을 전부 소장
실로 가져오라고 했다. 이후 수용소 측에서 그 물건들을 어떻게 처리했는지는
알 수 없다. 하루는 수용소 측에서 모두를 불러놓고 공개된 자리에서 위옌을
'세계관이 개선된 전형적인 인물'로 평가했다.

어느 날, 중국공산당 간부가 우리더러 짐을 챙기라고 했다. 또 어디론가

보낼 모양이었다. 우리는 버스를 타고 기차역에 도착했다. 기차에 올라 얼마나 달렸을까? 기차가 서서히 속도를 늦추더니 어느 역으로 들어섰다. 푸순역이었다. 그렇다. 우리는 다시 푸순으로 돌아온 것이다. 그러나 이번에는 지난번의 그 형무소가 아니라 병원건물처럼 보이는 새로운 곳이었다. 이곳에는 의무실도 있었고, 의사와 간호사도 있었다. 우리들 각자에게는 철제 병상이 하나씩 주어졌다. 변소도 수세식이었다. 우리에게 제공되는 식사는 전부 특식이었고 별도의 학습도 없었다.

이즈음 한국전쟁은 휴전회담을 통해 사실상 종식되었다. 어느 누구에게도 이득이 되지 않은 이 전쟁은 도대체 누가 일으킨 걸까? 나는 살인마 스탈린이었다고 감히 주장한다.

(원제 : 毓品檢舉溥儀私藏寶貴物品)

44 자아비판

우리가 하얼빈에서 다시 푸순으로 돌아온 뒤 얼마 후였다. 다수의 중국공산당 간부들이 우리가 있는 곳을 방문했다. 그들은 오자마자 회의를 개최한답시고 우리에게 소집을 통보했다. 자신들이 보기에 아무짝에도 쓸모없는 우리 같은 사람들을 모아놓고 대체 무슨 회의를 한다는 것인지 영문을 몰랐지만 모이라고 하니 모일 수밖에 없었다. 당초 우리는 단순히 회의석상의 빈자리나 메우기 위해 동원되는 것이겠거니 생각했다. 회의장에 들어서 자리에 앉아 있으려니 잠시 후, 중국간부들이 무더기로 연단에 올라 제각기 자리를 찾아 착석했다. 이윽고 개중에 제일 높은 사람처럼 보이는 간부가 다른 간부들의 뜨거운 박수를 받으며 강단 앞에 섰다. 드디어 연설이 시작되었다.

"제군들은 소련에서 조국으로 인계되어 이곳에 왔다. 제군들이 지난 세월 자행했던 모든 행위는 반동적이고 반인민적이었다. 따라서 제군들은 역사의 죄인이고 인민의 적에 다름 아니다. 그러나 제군들은 이제 조국의 품으로 돌아온 이상, 인도주의에 입각한 정부의 교육과 학습을 통해 사상적 개선과 발전을 이룰 수 있도록 열심히 노력해야 할 것이다. 제군들의 반동적 세계관은 그 뿌리가 너무 깊어 부단한 학습을 거치지 않으면 쉽게 고쳐지지 않을 고질 병과도 같은 것이다. 따라서 제군들에게 지금부터 나누어주는 자아비판서 양식에 과거 제군들이 인민에 대해 저지른 죄상을 하나도 빠뜨리지 말고 솔직하게 적어 제출해라. 뿐만 아니라, 제군들 상호간에 알고 있는 죄상을 폭로하고 싶으면 언제든 정부에 신고해라. 오늘 회의야말로 제군들이 그간의 죄를 인정하고 인민에게 사죄하는 마지막 기회가 될 것이다. 따라서 차제에 제군들의 반동사상을 개조할 수 있도록 열심히 정진해주기 바란다.”

연설이 끝나자, 당 간부들의 열화와 같은 박수소리가 쏟아졌다. 하지만 우리는 그저 목석처럼 꼼짝 않고 우두커니 앉아 있었다. 당 간부들은 회의장을 빠져나오는 우리에게 일일이 자아비판서 양식을 나누어주었다. 자아비판 대상에 가장 많이 거론된 사람은 당연히 푸이였다.

나는 1932년 8월 난징외교부에서 일을 시작한 것부터 소련군에 붙잡혀 5년간 소련에 억류되어 있다가 다시 중국공산당에 인계되어 중국에 돌아오기까지의 일련의 정황을 낱낱이 적어 제출했다.

지금에 와 아무리 돌이켜 생각해보아도 지난 36년간 난 중국에 공이 있으면 있었지 죄라고는 전혀 없는 사람이었다. 그렇지만 공산당의 논리에 따르면, 중국국민당을 위해 일을 한 사람은 전부 중국인민의 적인 셈이었다. 이게 바로 공산당 마르크스·레닌주의의 논리인 것이다.

나는 조선 북부 원산영사관 시절에 함흥화교소학에 교사 한 명이 결원이 생겼다고 해서, 안동에서 교원을 초빙해온 적이 있었다. 류劉 선생이란 사람이었다. 그런데 그가 훗날 ‘유언비어 살포죄’로 경찰에 체포되는 일이 있었다. 내가 함흥에 가 경찰 측과 교섭을 시도했지만 때는 이미 늦은 뒤였다. 결국 그는 1년 형을 언도받고 말았다.

그동안 난 이 일을 까맣게 잊고 있었기에 자아비판서를 제출할 때 본의 아니게 이를 누락시켰다. 그런데 영사관 서기로 있던 우란루吳蘭如가 잊지 않고 이 사건을 공산당에 신고해버린 것이다. 난 곧바로 지하실로 끌려갔다. 공산당간부는 나를 마치 죄인 다루듯 심문했다.

"문제가 분명히 있는데도 일부러 말하지 않은 건 반동이야. 이거야말로 아직도 사상개조가 불충실하다는 증거지."

난 영문도 모른 채 문 앞에 보초가 서 있는 지하방에서 나흘간이나 심문을 받아야 했다. 그렇지만 난 정말로 이 일을 까맣게 잊고 있었기 때문에 도대체 왜 심문을 받아야 하는지 그 연유를 전혀 짐작할 수 없었다. 그 간부도 내가 말하기 전까지는 절대로 먼저 얘기하지 않을 심산인 것 같았다.

"만약 문제가 있는데도 제가 말씀드리지 않았다면 그건 정말로 생각이 나지 않아서일 겁니다. 절대 고의로 누락시킨 건 아닙니다. 그러니 상부에 보고하실 때, 꼭 이 점에 대해 잘 좀 말씀해주세요. 정말로 생각이 나지 않은 것이라고. 그리고 자아비판서는 곧 다시 써서 제출하겠습니다."

그러나 막무가내였다.

"내가 분명히 말하는데, 너의 이런 행위는 제대로 된 자아비판이라고 할 수 없어. 알았어?"

"도대체 무슨 일인지 정말 생각이 안 납니다. 그러니 제발 알려주십시오. 제가 어떤 죄를 누락시킨 겁니까?"

나는 하소연하듯 그에게 사정을 했다.

"원산에 있으면서 총 몇 개의 학교를 만들었지? 이래도 짐작을 못하겠어?"

학교 얘기가 나오자, 그제야 난 비로소 어떤 문제였는지 가늠할 수 있었다.

"어떤 건지 이제야 알겠습니다. 혹시 류 교사 일 아닙니까?"

"그래, 이제야 실토를 하는군! 왜 그걸 빠뜨렸지?"

"전 그 사건이 그렇게 심각하고 중요한 것인지 미처 몰랐습니다. 한번만 봐주십시오."

공산주의자들의 심문은 늘 이런 식이었다. 먼저 제 입으로 토설을 할 때까지 절대 미리 알려주지 않는 정말로 피를 말리는 치사한 심문방식이 아닐 수 없었다.

　자아비판은 두 달 넘게 계속되고서야 겨우 끝이 났다.

　나는 이곳에서 7년 넘게 갇혀 있었다. 그러나 그렇다고 여기서의 생활이 전혀 나빴던 것만은 아니었다. 어느 면에서는 좋은 점도 있었다. 특히, 일상생활면에서 그랬다. 중국공산당은 우리에게 항시 특식에 가까운 식사를 제공했다. 이 점에 대해서는 공산당의 배려에 특별히 감사를 드리고 싶었을 정도이다. 또 우리가 고향의 가족들과 편지연락을 취할 수 있게도 해주었다. 답장이 오면 그 즉시 우리에게 전달해주는 건 물론이었다. 그러나 그것도 가족들이 처한 상황에 따라 각기 입장이 달랐다. 적어도 내 경우에는 그랬다. 모두 국민당당원이었던 내 부모는 척결대상으로 내몰려 이미 돌아가셨고, 가산은 전부 몰수되었다. 유일하게 생존한 실명한 우리 큰딸은 이미 어디론가 시집을 가 연락이 닿지 않았다. 물론 이건 모두 고향에 있는 친지들로부터 전해들은 얘기이다.

(원제 : 認罪服法運動)

45 리위친李玉琴, 푸순에 오다

푸이의 아내 리위친李玉琴이 남편을 만나러 푸순감옥에 왔다. 리위친은 푸이가 푸순감옥에 있다는 걸 어떻게 알았을까? 편지를 받은 걸까 아니면 신문 보도에서 소식을 들은 걸까?

수용소 간부의 호출로 불려갔던 푸이가 한참 만에 돌아왔다. 그의 얼굴엔 한가득 웃음꽃이 피어 있었다. 그와 여러 해 같은 방을 쓰던 사람들 중에서도 그동안 그의 웃는 얼굴을 본 이는 없었다. 개중에 한 명이 푸이에게 물었다.

"무슨 좋은 일이 있으세요?"

"오늘 아내를 만났네."

그러면서 사진 한 장을 꺼내 보여주었다. 사진을 본 사람들은 하나같이 리위친이 아름답다고 칭찬했다.

하루는 운동장에서 산책을 하던 중에 내가 푸이에게 말을 건넸다.

"부인께서 뵈러오니 좋으시죠?"

그는 그저 살짝 웃음만 비칠 뿐 답은 하지 않았다.

당시 푸이와 같은 방을 쓰던 이가 내게 했던 말이 기억난다.

"푸이가 따리즈꺼우를 떠난 뒤로는 리위친도 푸이의 행방을 몰랐다는 거야. 그렇게 십년 넘게 죽었는지 살았는지도 모른 채 지낸 거지. 그러다가 그의 생사가 하도 궁금해서 무작정 저우언라이周恩來를 찾아갔대. 물론, 저우언라이를 만나지는 못했지. 대신에 그의 부하가 무슨 일로 왔냐고 묻더래. 그래 푸이가 어디에 있는지 알고 싶다고 했더니 자기도 모른다고 했다는 거야."

이건 리위친이 푸이에게 했다는 말을 전해들은 것이다. 리위친은 이곳에서 여러 차례 푸이를 면회했다. 푸이는 자신의 아내를 만나고 돌아올 때면 늘 만면에 웃음이 가득했다. 그런데 하루는 리위친을 만나러 갔던 푸이가 시무룩한 표정으로 돌아왔다. 같은 방을 쓰던 이들이 물었다.

"무슨 안 좋은 일이 있으세요?"

한참을 머뭇거리던 푸이가 겨우 입을 떼었다.

"오늘 갔더니, 리위친이 나한테 이혼을 요구하더군."

"그래서 뭐라고 하셨어요?"

"그러자 했지."

그 말에 다들 푸이가 안쓰러웠는지 저마다 한마디씩 그에게 위로의 말을 건넸다.

"나중에 석방이 되면 부인께서도 다시 돌아오실 거예요. 너무 심려 마세요."

아마도 그 해가 1957년이었을 게다. 정확한 날짜는 기억이 나지 않는다.

하루는 샤워 중에 내가 푸이에게 농을 걸었다.

"라오푸, 라오푸의 거기는 정말 최고입니다. 여자들이 정말 좋아할 거예요. 어서 나가셔서 후사를 보셔야지요."

"예끼! 쉰 소리 말고 샤워나 하게."

그러면서도 싫지는 않았는지 연신 웃음을 흘렸다.

푸이는 성격이 좀 괴팍하기는 했지만 본래 조용하고 말수가 적은 사람이었다. 그건 그렇고 정말 그가 정력이 셌을까? 그건 그의 아내만이 알 것이다.

(원제 : 李玉琴來所看溥儀)

46 인민공사人民公社

중국공산당이 중국대륙을 차지하게 되면서, 대륙의 모든 영토는 하루아침에 공산당 소유가 되었다. 그렇지만 행인지 불행인지는 몰라도 그들이 중국전체를 완벽하게 통치할 수 있었던 건 아니었다. 홍콩과 마카오는 여전히 영국과 포르투갈의 식민지로 남아 있었다.

중국공산당이 토지를 국유화하기는 했지만, 인민들의 의식주는 기본적으로 풍족했고 삶도 비교적 자유로웠다. 그래서였을까? 중국인민의 대다수를 차지하는 농민들은 중국공산당이 중국대륙을 통치하는 것에 열렬한 지지를 보내고 있었다. 만일 소련처럼 통치했다면 어땠을까? 소련인민들이 헐벗고 굶주리고 있다고 하면 중국인들은 필시 믿으려 들지 않았을 것이다. 그렇지만 난 그 소련 땅에서 장장 5년을 넘게 수형생활을 하면서 직접 보고 듣고 몸소 체험했다. 마오쩌둥이 스탈린처럼 중국을 통치했다면 절대 성공할 수 없었을 것이다. 여하튼 난 중국공산당에 인계되어 7년 동안 수감생활을 했지만 그래도 소련에서의 생활보다는 훨씬 나았다고 생각한다.

나는 1957년 석방되어 고향에 돌아왔다. 그러나 고향에는 아무도 없었다. 고향에서의 삶은 뒤에 상세히 말하도록 하겠다.

어느 날, 푸이 등을 비롯한 우리 일행은 수용소 측에서 준비한 버스에 올랐다. 버스는 수용소를 나와 어딘가를 향해 달렸다. 얼마 후, 우리가 도착한 곳은 100가구도 채 되지 않는 작은 농촌마을이었다. 버스에서 내리자마자, 이른바 '황제'를 보러 나온 마을사람들이 삽시간에 우리를 에워쌌다. 그들도 황제가 과연 어떤 사람이었는지 퍽이나 궁금했던 모양이다. 그도 그럴 것이 그들이 언제 황제의 용안을 지근거리에서 볼 수나 있었겠는가? 아마도 그들에게는 태어나 처음으로 겪는 낯설고 신기한 경험이었을 게다. 우리는 버스에서 내려 넓은 마당을 가로질러 어느 집으로 들어갔다. 집안에는 큰 탁자를 에둘러 여러 개의 의자들이 놓여 있었다. 벽에는 마오쩌둥, 주더朱德2), 저우언라이의 사진과 각종 도표 등이 빼곡히 걸려 있었다.

모두들 자리에 앉자, 당 지부 서기라는 사람이 나와 일장 연설을 시작했다. 연설 내용인즉슨, 일본이 14년간 동북을 통치했을 때의 비참한 삶 그리고 그 비참함 속에서 신음하고 있던 중국인민들이 마오毛 주석의 영도 하에 국가의 주인이 되어 행복한 삶을 살게 되었다는 것이었다. 연설이 끝나자, 우렁찬 박수소리가 이어졌다. 이번엔 푸이가 말할 차례였다. 그는 쭈뼛거리며 자리에서 일어났다.

"저는 지난 14년 동안 만주국을 통치하면서, 수많은 동북의 인민들에게 씻을 수 없는 상처와 고통을 드렸습니다. 이 자리를 빌려 다시 한 번 사죄의 말씀을 드립니다."

두 사람의 연설이 끝난 뒤, 우리는 당 간부의 인솔 하에 서너 명 혹은 네댓 명씩 짝을 이루어 농가를 방문해 농민들의 바뀐 삶을 직접 참관하는 시간을 가졌다. 집안에는 새 이불이 곱게 깔려 있었고, 그 옆에는 보온병도 갖추어져

---

2) 마오쩌둥과 더불어 중국인민해방군과 중화인민공화국 건립에 앞장선 대표적인 공산 당지도자.

있었다. 집밖에는 양계장도 있었다.

집주인이 진지한 표정으로 입을 열었다.

"마오 주석은 정말 위대하신 분입니다. 그 어르신이 우리를 이렇게 해방시
켜주신 겁니다."

그의 말은 필시 듣기 좋으라고 한 감언에 불과한 것일 게다. 그러나 그렇게
라도 하지 않는다면, 그 뒷일은 누구도 감당치 못했을 것이다. 하여간 우리는
중국의 농민들이 국가의 주인이 되는 과정과 그 결과를 참관했다. 적어도 표
면적으로는 그렇게 말할 수 있었다. 그러나 내가 보기에 새 이불과 물병이
생겼다는 것 외에 중국농촌은 여전히 변한 게 하나도 없었다.

(원제 : 所方要我們參觀人民公社)

47 중국공산당 국경절

전범수용소 측에서 통보가 왔다.

"오늘은 10월 1일 국경절이다. 모두 경축식에 참가하라."

우리는 버스를 타고 경축식 무대가 설치된 푸순 시내 어느 건물 앞에 도착했다. 우리 같은 하잘 것 없는 사람들의 좌석은 무대 중앙에서 한참 벗어난 오른쪽 구석에 마련되어 있었다. 누군가 무대 위 연단 앞으로 나와 국경절 경축식 개막을 선포하자, 경축식에 참가한 사람들이 제각각 대오를 이루어 행진을 시작했다. 그들은 무대 중앙을 지날 때면, 어김없이 '마오쩌둥 주석 만세!'를 소리높이 외쳤다. 참가한 사람들은 각 기관 및 단체의 대표자부터 일반시민에 이르기까지 매우 다양했다. 그들 손에는 각종 깃발과 팻말이 들려 있었는데 그 중에서도 특히 마오쩌둥, 주더, 저우언라이 등의 대형사진을 들고 있는 사람들이 제일 많았다. 군중들 중에는 마르크스, 엥겔스, 스탈린 등의 사진을 들고 있는 사람들도 간간히 보였다. 무대 중앙을 통과하며 '마오 주석 만세!'를 외치는 군중들의 소리가 끊이지 않고 계속되었다.

경축식 군중대회를 마치고 돌아온 다음날에도 두 개의 행사가 더 우리를 기다리고 있었다. 오전엔 푸순의 노동자양로원 참관이 있었다. 버스를 타고 양로원에 도착하자, 양로원 원장이란 사람이 우리를 이층으로 안내했다. 그는 우리에게 양로원에 대해 열심히 설명을 했지만, 우리는 그저 주마간산하듯 대충대충 보며 지나갔다. 오후 행사는 노천탄광 견학이었다. 이 탄광은 애초 일본이 통치하던 시절에 개발된 것이었다. 그래서 당시에는 이 탄광과 룽펑龍鳳에 있는 지하탄광에서 채굴된 석탄은 전부 일본으로 가져갔다고 한다. 탄광 근처에 있는 푸순정유공장도 가보았다. 이 정유공장은 원래 러시아인들이 운영하던 곳이라 하는데 지금은 파괴되어 거의 폐허상태였다. 또 룽龍 모某라고 하는 지하탄광에도 들렀다. 이 또한 일본이 중국의 석탄을 수탈하기 위해 개발한 광산이었다고 한다. 그런데 지금은 아예 폐쇄되어 지하에는 들어가 볼 수조차 없었다. 그래서 우리는 단지 지상에 있는 노동자 숙소와 유치원만 구경하고 지나갔다. 난 탄광지대를 참관하면서 이런 생각이 들었다.

'이 탄광들은 전부 중국 영토 안에 있는데 왜 일본인들이 차지하고 있었단 말인가? 이야말로 무력한 만청滿淸 시대에 겪어야 했던 우리 중국의 치욕이 아니겠는가? 그런데 도대체 중국공산당은 이게 무슨 자랑이라고 우리에게 견학까지 시킨단 말인가? 이것들은 한낱 일본제국주의 침략자들이 남겨놓은 침략의 확실한 증좌 그 이상은 아닐 텐데 말이다.'

(원제 : 參觀中共國慶節遊行大會)

48 푸이, 외국의 관심을 끌다

누가 방문하는지 모르겠지만, 갑자기 수용소 소장은 우리에게 대청소를 하라는 지시를 내렸다. 대청소에는 수용소 인원 전원이 총동원되었다. 감방은 물론이고 복도의 유리창과 바닥 심지어 소장 집무실까지 깨끗이 청소를 해야만 했다. 푸이에게도 일을 시켰다. 그러나 그에게 주어진 임무는 오로지 파리를 잡는 일이었다. 모두가 일심동체가 되어 수용소 내 묵은 먼지며 찌든 때를 말끔히 제거했다.

대청소가 끝나자, 소장이 푸이를 불렀다. 그는 불려간 지 한참이 지나서야 돌아왔다.

"대체 왜 불렀답니까?"

모두들 궁금했던 모양이다. 그러나 푸이는 웃기만 할 뿐 별 말을 하지 않았다. 오후에 그는 다시 소장 집무실로 불려갔다. 그런데 이번에 돌아올 때는 혼자가 아니었다. 양코배기 한 명과 소장 일행이 뒤따라왔다. 그들은 감방 이곳저곳을 둘러보았다. 그 양코배기는 마지막으로 야외에서 푸이의 독사진을 찍고는 푸이와 악수를 하고 수용소를 떠났다. 나중에 안 사실이지만, 그 양코배기는 푸이를 취재하러 온 영국인 기자였다. 결국 우리가 대청소를 하게 된 것은 그 영국인 기자의 방문에 대비하기 위함이었던 것이다. 또 푸이가 처음 소장실로 불려간 것도 영국인 기자가 취재하러 왔을 때, 어떻게 대답을 해야 할지를 미리 지시하기 위함이었다.

얼마 후, 수용소 측에서 전처럼 우리에게 다시 대청소를 지시했다. 우리는 외국인 기자가 또 푸이를 취재하러 오는 모양인가보다 짐작했다. 아나나 다를까, 이번에는 오스트레일리아 기자였다. 그 역시 지난번 영국 기자처럼 푸이의 사진을 찍어갔다.

그리고 또 며칠이 지나, 푸이가 세 번째로 소장 집무실로 불려갔다. 그런데 이번에는 대청소 지시가 없었다. 호출되어 갔다가 한참 후에 돌아온 푸이의 얼굴엔 웃음꽃이 활짝 피어 있었다.

"내 영어선생이었던 존스턴이 날 보러 일부러 영국에서 왔어. 신문을 보고 내가 여기에 있다는 걸 알았다는 거야. 그런데 그 친구가 뭐라고 했는지 알아? 자기가 영국에서 작은 섬 하나를 사서 거기다가 집을 한 채 지었다는 거야. 그러니까 내가 출소하면 영국으로 와서 자기와 함께 그곳에서 같이 살자는 거야. 기다리고 있을 테니까 꼭 오라고."

(원제 : 英國記者訪問溥儀)

49 일본전범의 송환

1957년부터 일본전범에 대한 송환이 시작되었다. 푸순의 중국공산당 당국은 재단사를 불러 일본전범들에게 입힐 옷을 짓도록 했다. 재단사는 전범수용소를 직접 방문해 일본전범들의 치수를 일일이 재어갔다. 뿐만 아니라 그들에게 구두까지 맞추어 줄 요량으로, 제화공을 불러 그들의 발 치수를 재어갔다. 심지어 러시아산 담요까지 선물했다. 졸지에 일본전범들은 머리부터 발끝까지 완전히 새롭게 단장하게 되었다. 그렇게 그들은 일본으로 돌아갔다. 과거 일본침략자들은 중국에서 모조리 죽이고 불태우고 빼앗아가는 이른바 삼광정책三光政策 하에서 살인과 약탈, 강간을 자행했다. 그런데 중국공산당은 대관절 무슨 까닭으로 그런 자들을 이렇게 우대한단 말인가? 내 생각엔 그만한 이유가 있었다. 중일전쟁 기간에 일본은 중국공산당이 세력을 확충해 국민당을 전복시킬 수 있는 기회와 빌미를 제공해주었기 때문이다. 결과적으로 어떻게 보면, 일본은 중국공산당의 은인이자 조력자였던 것이다. 실제로 8년 항전 기간 동안에 중국공산당은 전 중국을 통치할 수 있는 대권을 성공적으로 취득

할 수 있는 만반의 준비를 갖출 수 있었다. 공산당이 보기에, 우리는 중국인민의 적이었고, 일본전범은 중국공산당의 은인이었던 셈이다.

(원제 : 遣返日本戰犯)

50 석방 그리고 귀향

1957년 12월 30일, 베이징 최고인민감찰원[3])에서 사람을 파견했다. 그는 저우관난, 왕용진, 추밍푸, 청중셴, 장원잉, 우란루, 무쉬건, 정춘청 그리고 푸이의 두 조카 위옌과 위탕, 시종인 리궈슝 등 총 11명을 불렀다. 불려간 곳에는 네댓 명의 공산당 간부들이 미리 와 있었다. 중앙의 높으신 양반들이 대체 우리 같은 하찮은 인물들에게 무슨 용건이 있어 이렇게 일부러 왕림한 것일까?

간부 중에 제일 높아 보이는 자가 자리에서 일어났다.

"과거 제군들은 인민의 적이었다. 따라서 소련에서 조국으로 돌아온 뒤로 지난 7년 동안 부단히 사상개조에 힘썼다. 그 결과, 제군들의 고질적인 반동 사상을 혁파하는데 일정정도 성과가 있었다고 생각한다. 이에 정부는 제군들에게 관용을 베풀어 오늘부로 석방코자 한다. 이제 제군들은 사회로 돌아가

---
3) 우리의 대검찰청에 해당한다.

노동인민들과 함께 사회주의 건설에 혼신의 힘을 다해주기를 바란다."

드디어 우리가 석방된다고 하니, 나는 불현 듯 고생스럽던 지난 세월이 새삼스럽게 떠오르며 남다른 감회에 젖었다.

5년간 소련에서의 삶은 어땠는가? 그건 그야말로 죽을 수도 그렇다고 살아가기에는 너무나도 힘겨웠던 생활이었다. 지난 7년간의 중국에서의 삶은 또 어땠는가? 공산당 당국은 입만 열면 장밋빛 미래를 열거하기 일쑤였지만, 이 또한 녹록한 삶은 아니었다.

앞서 장황하게 일장연설을 했던 그 공산당간부는 우리들 한명 한명에게 석방증명서를 나누어주고는 회의를 끝마쳤다.

이제 우리는 정말로 고향으로 돌아갈 수 있게 되었다.

수용소 측에서 우리 숙소로 사람을 파견했다.

"우리 수용소는 제군들이 고향으로 돌아가는 데 필요한 차비와 식비를 전액 제공하기로 했다."

차비는 거리에 따라 차등 지급되었다. 같은 현縣 출신인 나와 우란루, 장원잉 세 사람에게는 각기 30위안씩 지급되었다. 이게 석방되는 중국인에 대해 중국공산당이 배려하는 전부였다. 중국인전범과 일본인전범을 대우하는데 왜 이토록 차이가 나는 것일까? 일본전범들이 송환될 때는 머리부터 발끝까지 완전히 새롭게 치장해주고, 정확히 얼마인지는 모르지만 여비까지 챙겨 주었다. 심지어 자기나라로 돌아갈 때는 소련제 담요까지 선물로 주지 않았던가? 일본전범들은 지난 8년 동안 중국을 침략해 들어와 무수한 중국인을 학살한 놈들이다. 그런데 이게 가당키나 한 일인가! 물론, 일본 놈들은 결과적으로 중국공산당에 도움을 준 건 사실이다. 지난 8년 항전 기간 동안, 공산당은 한마음으로 협력해 일본침략자를 물리치자고 했지만, 이는 입에 발린 구호에 지나지 않았다. 실제로 그들은 항일의 기회를 빌미로 자신의 세력을 확충해 국민당을 전복시킬 틈만 엿보고 있었다. 이건 공지의 사실이다. 결국 공산당은 국민당을 타이완으로 내쫓고 전 중국을 통치하게 되었다.

이것이 바로 일본전범은 우대하고 우리 같은 중국인전범은 박대하는 이유인 것이다.

어쨌든 난 고향으로 돌아왔다.

고향마을 입구에 들어서자, 젊은 친구 한 명이 다가와 물었다.

"누굴 찾아오셨어요?"

거의 동시에 뒤따라오던 노인 한 명이 또 물었다.

"누구신가?"

나는 되도록 정중하게 대답했다.

"전 왕용진이라고 합니다."

"누구라고? 왕용진? 아, 그래! 기억나네. 자네가 그 왕용진이야?"

노인이 아는 체를 했다.

"아니, 이게 얼마만인가? 한 50년도 넘었지, 아마? 아니 그런데 어떻게 이제야 오는가? 자네 부모님은 전부 돌아가셨어. 집도 다 없어졌고 말이야."

그렇게 한참을 그 노인과 이야기하고 있는 중에, 이번엔 노파 한 분이 다가왔다. 그녀는 반가운 마음에 대뜸 내 손을 끌고 촌村 지부로 데려갔다. 촌 지부에 도착해 얼마 지나지 않아, 마을사람들이 나를 본답시고 속속 모여들기 시작했다. 마을사람들 중에 내 이름을 알고 있는 이들은 적지 않았지만, 정작 나를 알아보는 이들은 거의 없었다. 그도 그럴 것이 고향을 떠난 뒤로 이번이 첫 번째 귀향이었기 때문이다. 그동안 난 한 번도 고향을 찾지 않았다. 작고하신 아버지가 고향에 십여 채의 건물을 사두었다고 하는데 그것들이 어디에 있는지조차 나는 몰랐다. 설사 찾는다 해도 더는 소용이 없었을 것이다. 이미 다른 사람들이 나누어가졌을 게 뻔했기 때문이다.

지부 서기와 이야기를 나누던 중에, 쉰 살가량의 중년부인이 지부 사무실 안으로 들어왔다.

"용진이가 돌아왔다고? 자네가 그 용진이 맞아?"

그리고는 대뜸 서기에게 말머리를 돌렸다.

"그런데 바오칭寶慶, 용진이가 살 곳이 없잖아? 당분간 한 보름 정도는 우리 집에 있어도 되지만 그 다음엔 어째? 그동안 자네가 방법을 좀 생각해줘."

나이는 나보다 한참 아래인 것 같은데 첫마디부터 내게 반말을 하는 이 여인은 도대체 누굴까? 알고 보니, 이 부인은 아버지의 친척뻘 되는 사람이었다. 그렇지만 그녀는 가난한 촌부에 불과했다. 지금 그녀의 식구들이 살고 있는 곳도 옛날에 내가 살던 그 집이었다. 그녀 집에 머문 지 꼭 보름째 되는 날, 촌 지부의 서기가 앞으로 내가 살 집을 마련해주었다. 어느 몰락한 지주의 집 서쪽 사랑채 두 칸을 얻어준 것이다. 또 촌 지부 차원에서 잡곡 30근과 땔감 300근도 함께 제공해주었다. 이건 추수가 끝나고 내 노동임금에서 제하기로 했다.4) 이상이 촌 지부가 내게 제공하는 최선의 배려였다. 난 처음부터 빈털터리로 왔기 때문에 생활에 필요한 기본적인 필수품 가령, 밥해먹을 수 있는 가마솥이나 밥공기, 접시, 젓가락, 항아리 심지어는 기름이나 소금을 살 돈조차 없었다. 그러나 다행히 집주인인 몰락한 지주가 이 모든 생필품들을 공짜로 제공해준 덕분에 겨우 곤경에서 벗어날 수 있었다. 이 몰락한 지주는 내가 생활하는데 적지 않은 문제를 해결해주었다. 그 노인도 나처럼 혼자 살고 있었다. 그런데 애석하게도 노인은 얼마 안 있어 세상을 떠났다.

(원제 : 共産黨要釋放我們)

---

4) 노동임금은 개인의 노동량을 일당제로 계산해 점수를 매기고 그에 따라 지불하는 임금이다.

51 공분제工分制

공산당이 대륙을 통치하게 되면서, 중국은 농경지뿐만 아니라 농민들이 부리는 노새, 당나귀, 소, 말, 수레까지 전부 국유화하는 이른바 집단화 노선을 걸었다. 이에 따라 자영농을 포함한 자영업자는 이제 더 이상 중국에 존재하지 않게 되었다. 각 농촌에서는 노동력을 연령에 따라 '정整노동력'과 '반半노동력'으로 나누고 그 각각에 경작지의 양과 질에 따라 토지를 골고루 분배했다.

그러나 이러한 노선은 얼마 안 가 인민공사화 노선으로 다시 바뀌었다. 인민공사화 노선은 각 인민공사가 십여 개의 촌락을 관할하는 것을 말한다. 바꿔 말하면, 십여 개의 촌락이 하나의 인민공사를 구성하게 되는 것이다.

인민공사 서기는 성省, 시市, 현縣의 단계적 절차를 거쳐 하달된 중앙정부의 지시를 각 촌락별로 구성된 생산부대를 통해 집행하게 되는데, 파종해야 할 작물의 종류도 바로 그때 결정되었다. 파종계획이 확정되면, 생산부대에 속한 인민들은 지시대로 이행하면 된다. 앞서 말한 것처럼, 생산에 참여하는 노동력은 크게 '정노동력'과 '반노동력'으로 구분된다. '정노동력'은 신체 건장한 젊은이들로 하루에 최고 10점의 공분工分을 받을 수 있다. 따라서 1년 365일로 계산하면 이들은 최고 3650점 즉, 3650의 '노동일勞動日'을 받는 셈이다. 반면, '반노동력'은 최고 9점에서 최하 5점까지를 받을 수 있고 아동은 최고 4점에서 최하 2점을 받는다. 내가 받을 수 있는 공분 즉, 노동점수는 최고 8점이다. 그런데 나는 아침에 노동을 나가지 않고 집에서 직접 밥을 해먹기 때문에 2점이 깎인다. 그렇게 되면 내가 하루에 얻을 수 있는 점수는 고작 6점이다. 따라서 1년 365일을 꼬박 일한다 해도 내가 받을 수 있는 노동점수는 2190점이고 이를 돈으로 환산하면, 하루 5마오毛씩 계산해 1년에 109콰이塊5) 5마오를 버는 셈이다. 그런데 여기에서 다시 360근斤의 식량 값인 80콰이를 제하게 되면 내가 1년에 정작 손에 쥘 수 있는 돈은 불과 29콰이 5마오이다. '정노동력'의 경우에는 최고 10점을 기준으로 365일을 꼬박 일한다고 치면, 받을 수 있는 돈은 182콰이 5마오이다. 그러나 역시 배급식량 값 80콰이를 제하면 102콰이 5마오이다. 이것이 1958년 현재 중국대륙 인민들의 생활수준이다. 언젠가 신문에서 어느 미국인 기자가 중국대륙 농민들의 1년 소득이 200달러라고 보도한 기사를 본 적이 있는데, 이게 무엇을 근거로 산출한 것인지 나로서는 도대체 모르겠다. 내가 알기로 그 어떤 대대大隊도 200달러의 소득을 올리는 곳은 한 군데도 없었다. 이는 필시 공산당 간부가 이끄는 대로 어느 특별한 농촌에 가서 취재한 결과가 아닐까 싶다. 나는 직접 노동에 참여해 그에 따른 보수를 받은 사람이다. 따라서 어느 누구보다도 중국 공산주의 사회의 생활수준을 잘 알고 있다. 공산주의사회는 앞으로 획기적인 정책적 변화가 없다면 그것이 도시이든 농촌이든 상관없이 인민들의 생활은 결코 개선될 수 없을 것이다. 만일 공산당이 대담하게 정책을 바꾸어 개방의 길로 나아간다면 인민들의 삶은 지금보다는 훨씬 나아질 것이라고 확신한다. 그렇지 않고 지금의 정책을 고집한다면 얼마 안 가 인민들의 강력한 저항에 부닥

---

5) 중국의 화폐 단위에서 마오(毛)의 다른 말은 자오(角)이고, 콰이(塊)는 위안(元)에 해당한다.

칠 것이고 종국에는 멸망하게 될 것이다. 이는 소련에서의 삶과 중국대륙에서의 삶을 통해 내가 얻은 결론이다. 내 경험에 따르면, 공산주의사회가 지구상에서 영원히 존재하기란 불가능하다고 생각한다. 그렇다면, 반대로 자본주의는 지고의 선일까? 결코 그렇지 않다. 그 역시 상당한 결점을 안고 있다. 무엇보다도 빈부격차가 크다는 점을 들 수 있다. 나는 구舊사회에서도 살아보았고, 신新사회에서도 살아보았다. 또 농민으로도 살아보았고 관료생활도 해보았다. 그러면서 내가 얻은 최후의 결론이다. 그렇다고 공산주의사회에 빈부격차가 없다는 말은 아니다. 아니, 오히려 공산주의사회의 실상을 보면, 훨씬 더 심한 것 같기도 하다.

(원제 : 中共在全國農村的 勞動日爲 工分制)

52 배급제

나는 마을사람들이 과거 이곳 시골에 주둔해 있던 팔로군에 대해 여담 삼아 하던 이야기를 들은 적이 있다.

일본이 중국을 침략했을 때, 공산당은 항일통일전선을 구축해 일본의 침략을 저지하자고 주장했다. 그러나 그들의 주장 이면에는 다른 속셈이 있었다. 그들은 항일통일전선이란 거창한 구호 하에 실제로는 농촌을 팔로군의 근거지로 삼아 자신들의 세력을 확장하고자 했던 것이다. 어쨌든 국민당은 제2차 국공합작이란 이름 아래 공산당과 공동으로 일본과 맞서 싸우게 되었다. 국민당 유격대는 공산당 팔로군과 함께 일본군에 맞서 일진일퇴의 유격전을 펼쳤다. 그러나 일본군점령지역인 윤함구淪陷區 내에서 국민당 유격대는 일본군뿐만 아니라 팔로군의 주요 공격 대상이기도 했다. 결국 국민당 항일유격대는 양측의 공격을 받아 소리 소문 없이 자취를 감추고 말았다. 팔로군의 항일 목적은 일본군의 무기 탈취에 있었다. 그들은 싸우다가 이길 수 없을 것 같으면 바로 도망을 갔다. 사실 그들이 도주를 했다고 해서 그것이 곧바로 일반

인민들에게 피해로 돌아가지는 않았다. 사실, 그들이 일본에 맞서 싸우든 도망을 가든 백성들에게는 특별히 큰 문제로 다가오지는 않았던 것이다. 일본군은 마을에 진주하기 무섭게 방화, 살인, 강간 등 이른바 삼광정책을 대놓고 자행했다. 산으로 도망간 팔로군은 주로 밤에 활동했다. 그런데 집집마다 개를 기르고 있었기 때문에, 야간에 활동하다보면 개가 짖거나 간혹 사람을 물기까지 해서 여간 불편한 게 아니었다. 이에 시골사람들은 그들이 밤에 활동하기 편하도록 기르던 개를 자발적으로 없애기도 했다. 심지어는 그들에게 손수 신발을 지어 제공하기까지 했다. 당시 농촌마을에는 촌장이 세 명 필요했다. 이를테면, 일본군을 상대하는 촌장, 국민당 유격대를 상대하는 촌장, 공산당 팔로군을 상대하는 촌장이 각각 따로 있었던 것이다. 이것이 일본제국주의가 중국을 침략했을 당시 농촌의 실상이었다.

과거 지주 밑에서 머슴살이를 하던 사람들이 이제는 공산당원이 되어 상전인 지주들과 투쟁했다. 그들이 지주들과 투쟁을 하는 방법은 매우 집요했다. 우선, 지주를 집안에서 몰아내 허름한 초옥에서 살게 하고는 이른바 투쟁대회를 개최한다. 그 다음에는 집안에 있는 모든 동산動産과 물품들을 압수하기 위해 또 다시 투쟁대회를 연다. 그들은 집안에 있는 금은 장신구 등 귀중품들을 어디에 숨겨놓았는지 집요하게 캐물었다. 그래도 지주가 사실을 토설하지 않으면 자백할 때까지 매일 밤 대회를 열었다. 심지어는 커다란 교자상 서너 개를 차곡차곡 위로 쌓아놓고는 지주를 그 위에 올려 사실을 말할 때까지 무릎을 꿇렸다. 그래도 토설하지 않으면, 젊은이들이 밑에서부터 교자상을 하나씩 빼낸다. 교자상을 빼낼 때마다 지주는 상판에 머리를 부딪게 마련이고 종국에는 땅바닥에 머리가 부딪혀 얼굴에 선혈이 낭자하게 되는 것이다. 대개의 지주들은 이를 견디지 못하고 인근마을 친척집 같은 곳에 모피코트나 금은장신구 등을 숨겨놓았다고 자백하기 십상이다. 그러면 그들은 사람을 보내 그 귀중품들을 전부 가져오게 하고 나서야 그 지주를 풀어주었다. 지주들은 외출이라도 할라치면, 반드시 이웃들에게 "지주 모모는 어디어디로 출타합니다."라고 큰 소리로 고하고는 대문 밖을 나와야 했다. 이것은 반드시 지켜야 할 규정이었다. 그뿐이랴! 국민당원의 집 대문에는 검은 색 대련對聯을 붙여놓았다. 물론 내 집에도 어김없이 검은 색 대련이 붙었다. 몰수된 물건들은 모두 마을의 빈농들에게 분배되었다. 가령, 우리 마을에는 빈농으로 분류되는 세대가 열두 집이 있었다. 그래서 지주에게서 빼앗은 것들은 모두 열두 꾸러미로 나누어 담겼다. 각 꾸러미에는 1번부터 12번까지 일련번호가 붙었다. 빈농 열두 세대는 제비뽑기를 해서 해당되는 번호의 꾸러미를 집으로 가져갔다. 지주들 중에는 죽는 한이 있어도 재산을 내놓지 못하겠다고 하는 자들도 있었다. 그러면 진짜로 그는 염라대왕을 만나러 가야했다. 공산당의 기본원칙은 지주가 아닌 부농들과는 투쟁하지 않는 것이었다. 그래서 부농들은 가지고 있는 토지만 헌납하면 되었다. 어찌된 일인지 내 집도 부농으로 구분되어 투쟁대상에서 빠졌다. 그들은 왜 나를 부농으로 구분할 것일까? 아마도 내가 국민당원인데다가 국민당 관리를 지냈기 때문일 것이다.

빈농과 중농의 자녀들은 토지를 받는 대신에 군대에 가야했다. 일본이 항복하자, 중국공산당은 농촌을 거점으로 도시를 포위함으로써 국민당을 섬멸하겠다는 계획을 세웠다. 결국 그들은 국민당과의 내전에서 승리해 공산주의 중국을 건설할 수 있었다. 그렇다면, 빈농과 중농은 팔로군에 참여해 국민당 군대와 싸우기를 원했을까? 필시 아니었을 것이다. 다만 어쩔 수 없는 상황에 내몰려 그리 했을 것이다. 공산당이 최종 승리하게 되면서 지주의 자식들은 전부 시골로 하방下放되어 농사를 지어야 했다. 이상은 내가 고향에 돌아와 일하면서 직접 보고 들어 알게 된 사실이다. 마을사람들에 따르면, 국민당이 패배하게 된 것은 군대의 기율이 엉망이었고 그것이 결국 민중의 민심이반으로 이어졌기 때문이라고 했다.

공산당은 전국적 승리를 획득한 이후, 곧바로 생필품을 비롯한 모든 물자에 대한 배급제를 실시했다. 배급제는 사람 수에 따라 각종 물품을 나누어주는 제도였다. 가령, 식량의 경우에는 1년에 360근에 해당하는 양표糧票를, 옷감의 경우에는 1년에 열한 자尺 반에 해당하는 포표布票를 각각 지급했다. 포표는 열 자, 다섯 자, 다섯 치寸 등으로 나누어 지급하는 게 원칙이었지만, 열한 자 반을 한꺼번에 받아 사용해도 되었다. 돼지고기는 매달 1근씩 12개월로 나누어 육표肉票가 지급되었다. 그런데 달마다 지급되는 육표를 사용하지 않고 모아둔다고 해서 그것을 다음 달에 쓸 수는 없었다. 그달에 사용하지 않으면 그 육표는 자동 폐기되는 것이었다. 대신 남에게 돈을 받고 육표를 팔아버릴 수는 있었다. 이것이 가능했던 것은 고기를 배급하는 사람이 표만 보지 사람을 보는 것은 아니었기 때문이다. 일반 농민들은 항시 식용유가 부족했다. 그래서 간혹 육표를 가지고 고기를 사러가서는 푸줏간 담당자에게 슬쩍 이렇게 눙치는 이도 있었다.

"동지, 죄송한데요. 식용유를 만들어 먹으려고 하니까 비곗살로 좀 썰어주실래요?"

그렇지만 원한다고 다 되는 것은 아니었다. 평소 친분이 없거나 잘 알지 못하는 푸줏간 담당자를 만나면, 알고도 일부러 살코기 부위만 잘라주는 경우가 다반사였다. 반대로 푸줏간 담당자가 잘 아는 친구이거나 친척이라면 일은 술술 풀린다. 일단 푸줏간 문을 밀고 들어가 인사부터 한다.

"어이, 라오장老張 잘 있었나? 요즘도 바쁘지?"

"아이고, 정말 정신없네. 어쩐 일이야? 장보러 온 거야?"

"어. 고기 한 근만 끊어주게. 내 좀 있다 가지러 올 테니까."

그러면서 육표 한 장을 건네고 나간다. 이런 식이면, 비곗살이 반 이상 차지하는 고기를 가지고 집으로 돌아갈 수 있었다.

"라오장, 고마우이!"

"어, 그래. 또 오게나."

이건 내가 고기를 사러 갈 때마다 익히 보아왔던 풍경이었다. 이른바 연줄과 백이 통하는 공산주의 대륙의 모습이라고나 할까? 그러나 난 고기를 사러 가서 이처럼 쓸데없이 아쉬운 소리를 한 적이 한 번도 없다. 그냥 육표를 내밀면서 고기를 달라고 할뿐이었다. 목화솜은 1인당 1년에 한 근을 배급받았다. 그래서 이불 하나를 만들려고 하면 5, 6년은 족히 기다려야 했다. 농민들은 매년 추수가 끝나고 25근의 땅콩을 배급받았다. 그렇지만 껍질을 벗기고 나면 사실상 20근 밖에 되지 않았다. 이 20근의 땅콩을 기름집에 보내 식용유를 짜는데, 내 계산으로는 5, 6근 정도의 기름을 얻었던 것 같다. 이것이 1년 365일 동안 사용해야 할 식용유였던 것이다. 모자란다고 해서 달리 식용유를 살 곳도 없었다. 물론, 연줄이 있는 친구라도 있다면 일은 달라지겠지만.

(원제 : 八路軍在農村)

53 여행제도

공산당은 대륙을 통치하면서 여행제도라는 걸 실시했다. 이 제도는 대륙의 인민 누구에게나 공히 적용되었다. 이에 따라 타 지역으로 가고자 할 시에는 필히 여행증명서와 양표糧票를 휴대해야만 했다. 배급제에 기초한 일종의 식량배급표라고 할 수 있는 양표가 발행되기 시작한 것은 1955년 8월 25일 국무원전체회의 제17차 회의에서 통과되면서부터였다. 양표에는 전국양표, 성급省級양표, 군용軍用양표 이렇게 세 종류가 있었다. 전국양표는 전국 어디에서나 통용되는 것이었고, 성급양표는 해당 성 안에서만 사용되는 것이었다. 가령, 상하이에서 산동으로 올 경우에는 일정정도의 여행경비도 필요하겠지만 무엇보다 산동성의 양표를 반드시 가지고 있어야만 한다. 그래야 밥을 먹을 수 있었던 것이다. 물론, 전국양표를 가지고 있다면 아무런 문제가 없다. 만일 타지로 출장을 가려면 제일 먼저 직장에서 출장증명서를 발급받아야 하고 동시에 자신이 살고 있는 성의 양표를 수령해야 한다. 그런 후에, 지정된 장소에 가서 성급양표를 전국양표로 교환하면 되었다.

그러나 난 여행증명서 없이 외지로 나간 적이 있었다. 지난濟南에 갈 때였다. 그렇지만 이건 파출소에서 지난 경찰국에 가보라고 지시한 것이었기 때문에 극히 예외적인 경우라 할 수 있다. 그때 난 여행증 없이 10근 양표만 들고 지난에 있는 노동교화범관리국에 갔다. 그곳에서 난 열흘 가량 있으면서 양표를 모두 소진했다. 그래서 하는 수 없이 공산당 간부에게 5근 양표를 빌려 먹는 문제를 해결했다. 빌린 양표는 고향에 돌아와 우편으로 보냈다.

당시에 양표는 제2의 돈이라 할 만큼 아주 귀한 것이었다. 실제로 양표를 돈으로 바꿀 수도 있었다. 그러나 반대로 돈으로 양표를 사기란 여간해서는 어려웠다. 당시 대륙의 사람들은 이동이 자유롭지 않았다. 특히나 시골사람들이 지금처럼 도시에 가서 일을 한다거나 하는 경우는 상상할 수조차 없는 일이었다. 그도 그럴 것이 양표와 유표油票는 도시에 사는 사람들에게만 매달 정량 공급되었기 때문에 도시인 거류증이 없으면 이상과 같은 배급표를 아예 받을 수조차 없었던 것이다. 당시 중국은 생산력이 높지 않아 물자공급이 원활하지 못했다. 따라서 배급표를 이용해 구매력을 일정정도 제한함으로써 개개인의 생활을 담보할 필요가 있었다. 배불리 먹지 못해 최소한의 영양소도 섭취할 수 없는 형편이었기 때문에 사람들의 몸에선 저마다 부종현상이 나타났다.

가난한 사람이든 부유한 사람이든 양표 없이는 한 걸음도 밖으로 나갈 수 없기는 매한가지였다. 반대로 양표만 있다면 달걀이나 기타 생필품으로 교환하는 것도 가능했다. 가령, 당시에는 10근 양표로 한 근의 계란을 구입할 수 있었다. 그러나 양표가 있다고 해서 곧바로 필요한 물건과 바꿀 수 있는 것도 아니었다. 원하는 물품을 구하기 위해서는 장시간 줄을 서야 하는 수고와 인내심이 필요했다. 설사 필요로 하는 것을 구했다 하더라도 대개는 한두 군데 하자가 있기 마련이었다. 그렇지만 한가롭게 하자를 들먹이며 불평을 늘어놓는 여유는 사람들에게 없었다.

(원제 : 在大陸的旅行)

54 무덤을 파헤치다

나는 1957년 12월 30일 옷소매 속에 맑은 바람 밖에 없는 빈털터리 신세로 고향에 돌아왔다. 고향에 돌아와 보니, 옛집은 이미 남이 차지한 지 오래였고, 부모님도 세상을 떠난 뒤였다. 남아 있는 가족이라고는 앞을 못 보는 누이뿐이었다. 난 집에 돌아와 제일 먼저 부모님이 잠들어 계신 묘소부터 찾았다. 그런데 부모님의 무덤이 봉분은 사라진 채 완전히 평지가 되어 있는 게 아닌가! 대관절 어떻게 된 건지 묻고 싶었지만 감히 누구에게도 그 연유를 묻지 못했다. 나중에 알게 된 사실이지만, 공산당이 지주들의 분묘를 모조리 파내 평지로 만들고 남아 있는 유골은 여기저기에 아무렇게나 버렸다는 것이다. 그래서일까? 우리는 백주대낮에도 일을 하면서 산이나 밭 이곳저곳에 나뒹구는 해골들을 수없이 볼 수 있었다. 하지만 내 부모 묘지 주변에는 그나마도 없었다. 대관절 어디에 버렸는지 내 부모의 유골은 찾을 수조차 없었다. 비석이야 두 말할 필요도 없었다. 필시 공산당이 그리 했을 것인데 그래도 난 속으로 눈물만 삼킬 뿐 그 어느 누구에게도 감히 물을 수가 없었다. 그래,

공산당은 부모도 없다는 말인가?

나는 또 내가 태어난 곳이기도 하고 조상들의 무덤이 있는 황자좡皇家莊에도 가보았다. 그런데 그곳 역시 마찬가지로 산언덕에 있는 분묘가 전부 파헤쳐져있는 것이 아닌가! 고중조부의 무덤은 말할 것도 없고 조부모의 봉문도 그 흔적을 전혀 찾아볼 수 없었다. 유골이라도 좀 수습해보려고 했지만 현장에는 해골 하나도 없었다. 비처럼 흘러내리는 눈물을 주체할 수 없었지만 그래도 끓어오르는 울분을 속으로만 삭여야 했다. 아무나 붙잡고 이게 대체 어찌된 일이냐고 묻고도 싶었지만 도저히 그럴 수가 없었다. 현지에 사는 질녀를 만났을 때, 그녀에게라도 묻고 싶었다. 하지만 공교롭게도 그녀는 그 마을의 모범노동자勞動模範[6]였다. 그래서 물어볼 수가 없었다. 나는 하는 수 없이 눈물을 머금고 떨어지지 않는 발걸음을 억지로 되돌려 다시 돌아와야 했다.

전국에 산재한 모든 무덤을 없애고 평지로 만들자는 생각은 정말로 중국공산당의 머릿속에서 나온 것인가 아니면 각 농촌별로 당 지부 서기의 재량에 따라 그리 한 것일까? 내 개인적으로는 중국공산당의 통일된 지시에 따른 것이라는 생각이 든다. 당시 공산당은 구사상, 구문화, 구풍속, 구습관을 없애고, 신사상, 신문화, 신풍속, 신습관을 수립하자는 이른바 '파사구破四舊, 입사신立四新'을 주창했다. 나도 여기에 대해서는 찬성이다. 하지만 무턱대고 조상의 분묘를 깡그리 없애는 것에 대해서는 반대이다. 적어도 후손들이 제 손으로 선조의 유골을 수습해 다른 곳에 매장하거나 집안에 모실 수 있게는 해주어야 한다. 이게 사람으로서 최소한의 도리가 아니겠는가? 혹여 연고자가 없는 무덤이 있다면, 공산당 지부 서기가 마을의 당원들을 시켜 유골을 다른 곳에 매장하도록 해주면 안 되는 것인가? 구악舊惡을 없앤답시고 죽은 자의 해골을 온 산과 들에 나뒹굴게 할 필요까지야 있겠는가! 공산당은 대체 무엇 때문에 이 짓을 한단 말인가! 이런 정책이 무슨 의미가 있는 것인지 나로서는

---

6) 당 중앙이나 국무원에서 사회주의건설 사업에 중대한 공헌을 한 자들에게 부여하는 칭호

도저히 이해가 되지 않았다. 공산당은 그동안 힘겨운 고난의 투쟁을 겪어온 집단이라고들 하는데 혹시 죽은 자의 해골이 그러한 투쟁의 결과물이라 생각하는 건 아닐까? 아무리 생각해도 도통 이해가 되지 않았다.

정권을 탈취한 후에 공산당 내부에서는 치열한 반反우파투쟁이 벌어졌다. 마오쩌둥은 자신과 함께 공산주의 중국을 건설한 오랜 혁명동지들을 소리도 없이 흔적도 없이 하나하나 제거해나갔다. 가령, 중국공산주의 혁명의 대표적 지도자였던 류샤오치劉少奇는 마오쩌둥과의 의견차이로 인해 옥사했고[7], 펑더화이彭德懷는 1959년 '루산회의廬山會議'에서 대약진大躍進의 문제점과 폐단을 지적하는 편지를 마오쩌둥에게 보냈다가 '반당집단反黨集團'의 수괴로 몰려 국방부장 등의 모든 직무에서 해임되었고 '문혁'이 시작된 후에는 베이징으로 압송되어 온갖 박해를 당하다가 결국 결장암에 걸려 세상을 떠났다. 린뱌오林彪도 마찬가지였다. 그는 당시 중화인민공화국의 대표적인 개국공신이었지만 비행기를 타고 소련으로 망명하려다가 몽골 초원에서 추락사하고 말았다. 소위 혁명동지들이라고 하는 공산당원들끼리 왜 이처럼 서로 치고받고 싸운 것일까? 공산주의 중국을 건설한 원로간부들이 한낱 종이호랑이가 되어 하나둘 씩 스러져간 것은 과연 무엇 때문일까? 그 이유를 알고 있는 사람은 아마도 마오쩌둥 단 한 명뿐일 것이다. 물론 스탈린의 잔혹한 통치방법은 마오쩌둥의 그것보다 몇 배는 더했다.

물론, 이상의 생각은 내가 직간접적으로 겪었던 개인적 체험에서 비롯된 것이다. 그러나 이에 대해서는 훗날 역사가 증명해줄 것이다.

(원제 : 中國共産黨在農村哇所有舊的墓地)

---

7) 1967년부터 줄곧 가택연금 상태에 있던 류샤오치는 1969년 허난성(河南省) 카이펑(開封)으로 압송되었고 그곳에서 그해 10월 사망했다.

55 농가소득

공산당이 대륙을 통치하게 되면서 농민들에겐 어떤 이득이 있었을까? 농민들은 가구당 허용되는 삼분자류지三分自留地 내에서는 경작하고자 하는 작물을 마음대로 심을 수 있었다. 또한 집집마다 돼지 한 마리를 기를 수 있었다. 돼지에게 먹일 사료가 없을 경우에는 우선 대대大隊에서 배급을 해주고 연말에 결산할 때, 노동소득에서 공제해갔다. 사육하던 돼지를 도살장에 끌고 가는 것도 농민들 임의대로 할 수는 없었다. 일단은 대대 지부 서기에게 통지하면 대대에서 일자를 지정해주었다. 그때가지는 기다려야 했다. 예컨대, 바로 내일 돼지를 도살장으로 보낸다고 해보자. 일단 이 날은 노동을 하지 않기 때문에 공분工分은 없다. 우선, 농민들은 새벽에 일찍 일어나 돼지를 단단히 결박해 손수 도살장으로 끌고 가야 한다. 각 마을에서 돼지를 끌고 온 농민들이 한두 사람이 아니기 때문에 먼저 온 순서대로 번호표를 받고 줄을 서 있으면 도살장 직원들이 나와 일일이 돼지의 무게를 달아 기록한다. 그런 후에 도살자가 돼지를 죽이고 나면 감정사가 와서 돼지별로 1등급에서 3등급까지 하나하나 등급을 매기게 된다. 1등급은 근 당 5마오, 2등급은 근 당 4마오 5편分, 3등급은 근 당 4마오를 받을 수 있다. 1등급에서 3등급까지 근 당 5편씩 차이가 나는 셈이다. 1년 동안 기른 돼지가 1등급이나 2등급을 받게 되면 많게는 10위안 넘게 벌 수 있지만, 3등급을 받게 되면 겨우 사료 값 정도 챙길 수 있게 되는 것이다. 또 집집마다 네다섯 마리의 닭을 키울 수도 있었다. 하지만 매달 국가에 10개의 달걀을 바쳐야 했다. 그리고 남은 것을 장터에 내다팔게 되는 것이다. 달마다 마을의 여성 당 간부들이 집집마다 돌아다니며 달걀을 수집해갔다. 사실, 그들이 거두어가는 달걀 10개는 시장에 내다팔면 6마오나 7마오 정도는 능히 받을 수 있는 양이다. 마을의 여자들은 낮에는 산이나 밭에서 일을 하고 저녁에는 대개 집에 돌아와 꽃무늬 장식 같은 것을 만들어 얼마간의 부수입을 올린다. 이것이 공산주의 중국의 일반가정에서 소득을 올릴 수 있는 유일한 길이었다.

(원제 : 中共統治大陸後農民的收入)

56 산아제한

중국공산당은 산아제한을 위해 한 가정에 두 명 이상의 아이는 낳지 못하게 하는 이른바 이태제二胎制를 실시했다. 중국인구가 이미 10억 명을 넘어섰기 때문에 부득이 이러한 산아제한정책을 실시하지 않을 수 없었던 것이다[8]. 그래서 가정에서는 남자가 정관수술을 하던 여자가 불임수술을 하던 둘 중의 한 명은 뭔가 조치를 취해야 했다. 만일 자식을 둘 낳았다면 곧바로 병원에 가서 수술을 해야 했다. 간혹 병원에서 수술하지 않고 셋째 아이를 낳는 경우도 있었는데 이때는 식량배급이 중단되기도 했다. 그러나 중국인들은 지난 오천년의 역사 속에서 아들을 낳아 대를 이어야 한다는 관념이 뿌리깊이 남아 있었다. 따라서 아들을 낳지 못하면 자식 생산을 포기하지 않는 습관이 있었다. 심지어 어떤 여인은 정부의 말을 듣지 않고 셋째 아이를 낳았는데 공교롭

---

8) 중국인구가 10억을 넘어선 것은 1981년이다. 이때부터 중국정부는 산아제한정책으로 이른바 '한 자녀 낳기'를 실시했다. 따라서 필자가 서술한 이 대목에는 일부 혼동이 있는 것으로 보인다.

게도 그 아이가 딸이자, 아이한테 물을 먹여 죽였다는 말도 안 되는 소문이 나돌기도 했다. 당시 마을의 여성 당 간부들은 어느 집에 아이가 하나만 태어나도 곧바로 그 집에 찾아가 수술을 채근하곤 했다. 개중에는 병원에 가 수술하는 걸 원하지 않는 여자들도 있었는데, 인민공시는 이들을 모아놓고 매일 회의다 학습이다 하며 집에 돌려보내지 않았다. 이렇게 되면 여자들은 집의 아이는 물론, 돼지나 닭 같은 가축들도 제대로 돌볼 수 없어 어쩔 수 없이 수술을 할 수밖에 없었다. 물론 이 역시 남들에게서 들은 소문일 뿐이다.

(원제 : 中共限制生育的規定)

57 공산당원의 결혼규정

　　공산당은 당원의 결혼에 대한 규정을 별도로 마련했다. 우선, 결혼대상은 필히 중하층 빈농 출신이어야 했다. 만일 결혼대상이 국민당 출신이나 지주 혹은 자본가 집안의 자제라면, 당원자격을 상실하거나 심지어는 직장에서 파면되어 험지에서 중노동을 해야 했다. 그렇다면 국민당 당원 혹은 지주나 자본가 출신의 자제들은 결혼을 어떻게 할 수 있었을까? 그들은 그들끼리 결혼을 해야 했다. 가령, 내 고향에 왕슈천王樹琛이란 지주가 있었는데 그의 아들과 딸이 적령기가 되자, 그는 이웃마을에 있는 지주집안의 딸, 아들과 결혼을 시켰다. 한마디로, 겹사돈을 맺은 것이다.

　　다른 공산주의 국가에도 이런 규정이 있을까? 난 들어보지 못했다.

(원제 : 中共黨員結婚規定)

58 공동취사 공동식사, 대과반大鍋飯

내가 고향으로 돌아오고 얼마 후인 1958년 1월, 마오쩌둥은 총노선總路線, 대약진大躍進, 인민공사人民公社로 대표되는 이른바 '삼면홍기三面紅旗'를 발표했다.

총노선이 사회주의경제건설의 기본강령이라고 한다면, 대약진은 그것의 실천과 발전을 가속화하는 것을 뜻하고, 인민공사는 생산관계와 사회제도 상의 대대적인 변혁을 반영하는 것이라 할 수 있다.

총노선의 3대 슬로건은 '고족간경, 역쟁상유, 다쾌호성지건설사회주의(鼓足幹勁, 力爭上游, 多快好省地建設社會主義)'이다. 즉, '최선의 노력을 경주하자. 보다 높은 목표를 향해 매진하자. 보다 많이, 보다 빨리, 보다 훌륭하게, 보다 효율적으로 사회주의 신중국을 건설하자.'는 뜻이다. 이는 역사학자 저우구청周谷城에 의해 처음 제기되었는데, 마오쩌둥이 리푸춘李富春의 건의를 받아들여 다多, 쾌快, 호好 세 글자 뒤에 '성省'이란 글자를 하나 더 추가했다. 대약진은

'토법상마, 대련강철(土法上馬, 大煉鋼鐵)' 즉, 대량의 노동력으로 부족한 기계설비를 대체하고 민간의 각종 철제도구를 모두 끌어 모아 대량의 강철을 제련해냄으로써 영국을 넘어 미국을 따라잡겠다고 하는 것이 요체였다.

당시 위로는 중앙으로부터 아래로는 전 농촌에 이르기까지 전 중국의 인민들이 공산주의사회 건설을 위해 젖 먹던 힘까지 발휘해 분투노력했다. 이 황당무계하기 짝이 없는 구호와 운동은 이른바 유물론이라는 허무맹랑한 관념에 기초한 것이었다. 그러나 노동력에 의존하는 구식의 방식만으로 어찌 제대로 된 강철을 제련해낼 수 있었겠는가? 마오쩌둥의 이 황당무계한 운동은 결국 굶어죽은 시체가 도처에 나뒹굴 정도로 중국의 농민들을 도탄에 빠뜨리고 말았다. 그럼에도 불구하고 난 능력이나 경력에 관계없이 누구나 똑같은 대우를 받자는 취지에서 공동취사, 공동식사를 하는 공산주의의 '대과반大鍋飯9)에 대해서는 대찬성이었다. 배불리 먹든 그렇지 못하든 그것은 사실 두 번째 일이다. 우선은 집에서 끼니때마다 밥을 해야 하는 수고를 덜 수 있었던 것이다. 그래서 마을사람들은 나에게 이렇게 묻곤 했다.

"어르신, 공산주의의 대과반 만큼은 정말 잘한 일 같아요. 그렇지요?"

"그런 것 같아. 그건 아주 잘하는 일 같아."

나도 맞장구를 쳐주었다.

난 아무것도 신경 쓸 필요가 없었다. 정해진 시간이 되면 공동식당에 가서 정해진 양의 밥을 먹으면 되었다.

그러나 기본적으로 오천년의 유구한 역사를 지닌 중국에서 원시적인 공산사회를 건설하겠다고 나섰으니, 공산당에 대한 인민들의 원성이 자자한 것은 당연한 일이었다. 식당에서 밥을 탈 때는 먼저 식구 수를 말해야 한다. 가령,

---

9) 대약진운동 이후, 식량배급은 인민공사나 생산대 등이 관장하게 된다. 이렇게 되면서 집집마다 개별적 취사를 하는 방식(小鍋飯)이 아니라 단웨이(單位)별로 공동식사, 공동취사를 하는 방식(大鍋飯)으로 바뀌게 된다. 훗날 이 말은 분배상의 평균주의를 비유하는 말로 널리 쓰이게 되었다.

강냉이밥을 주는 곳에 가서 식구가 다섯이라고 하면 오인분의 밥을 주는 식이었다. 집집마다 식구가 얼마인지 다 알고 있어 괜히 거짓으로 보고했다가는 크게 경을 치곤했다. 죽을 배급하는 곳에서도 마찬가지였다. 식구가 다섯이라고 하면 오인분의 죽을 나누어주는 것이다. 죽은 1인당 한 주걱씩이었다. 고구마도 그런 식으로 배급받았다. 어쨌든 마을의 각 집집마다 식구 수를 훤히 꿰고 있어서 더 많이 받거나 더 적게 받는 경우는 결코 없었다.

이렇게 지내다보니, 어이없는 일들도 많이 벌어졌다. 가령 이런 일도 있었다.

하루는 식량배급이 다 끝나자, 지부 서기가 간부들을 잔뜩 데리고 집집마다 일일이 순시를 했다. 집안에 있는 물건들을 모두 지부에 바치라고 했는데 그것이 잘 지켜지고 있는지 조사하러 다니는 것이었다. 대부분 잘 지키고 있었는데, 유독 한 집만이 문제가 있었다. 집에 있는 노인이 죽으면 사용하려고 한 관이 발견된 것이다. 당연히 이것은 안 될 일이었다. 그래서 그것을 압수하려고 하니, 집주인이 하소연을 했다.

"이건 제 부모님이 돌아가시면 사용하려고 준비해 놓은 관입니다."

지부 서기가 말했다.

"이제 사람이 죽어도 관을 사용하지 않아. 전부 화장할 거니까. 자, 가져가!"

(원제 : 大煉鋼鐵和吃共産大鍋飯)

59 대약진大躍進

공산주의 대과반 속에서, 마을사람들은 대련강철大煉鋼鐵에 참여할 것을 요구받았다. 노약자와 부녀자들은 주로 석탄을 잘게 부수는 미분 작업과 석탄의 불순물을 제거하는 세탄 작업에 동원되었다. 뿐만 아니라 도로변에 있는 오래된 돌비석들을 뽑아 제철소까지 수레로 실어 나르는 일도 그들의 몫이었다. 제철소로 옮겨진 비석들은 힘센 젊은 사람들이 내려치는 해머에 주먹만 한 크기로 분쇄되었다. 그러면 다시 부녀자들이 그것들을 장도리로 잘게 부수는 일을 했다. 이런 일련의 작업은 모두 철강을 제련하는데 있어 꼭 필요한 석탄을 만드는 일이었다. 즉, 돌덩어리를 고운 가루가 될 때까지 잘게 빻아 고열에 달구면 석탄이 되는 것이다. 이렇듯 온종일 석탄제조에 동원된 부녀자들이 집에 돌아갈 즈음에는 얼굴은 온통 숯검정이 되어 있곤 했다. 젊은 사람들은 직접 광산에 가서 광석을 채굴해 제철소로 운반해오기도 했다.

1959년부터 1960년 사이 즉, 대관반이 사실상 끝나고 난 뒤의 일이다. 당시 나도 '토법상마 · 대련강철(土法上馬 · 大煉鋼鐵)' 행렬의 일원으로 참가했다.

그렇다면, 이른바 대련강철은 어떻게 시작된 것일까?

마오쩌둥이 '토법상마, 대련강철'을 발표하자, 농촌의 공산당 지부 서기는 마을사람 전체를 소집해 회의를 개최했다. 나 역시 참가했다. 당 지부 서기는 회의석상에서 이렇게 선포했다.

"오늘 대회를 개최하게 된 것은 위대하신 영도자 마오쩌둥 주석의 강력한 호소에 적극적으로 부응하기 위함입니다. 마오쩌둥 주석은 우리 전체 인민이 토법상마·대련강철을 기반으로 한 삼면홍기를 통해, 공산주의사회를 건설하는데 분투할 것을 명령하셨습니다. 따라서 우리는 이제부터 이 위대한 호소를 유념하고 보다 많이, 보다 빨리, 보다 훌륭하게, 보다 효율적으로 공산주의사회를 건설하는데 참여해야 할 것입니다. 당장 내일부터 보름 동안 밤낮으로 모든 시간과 정력을 다해 최선을 다해 일 해봅시다. 보름 동안 마을의 젊은이들은 남녀 할 것 없이 모두 침구를 챙겨 산에서 야영하면서 열심히 한번 해봅시다. 우리 공산당원들이 먼저 솔선수범해 마오毛 주석의 위대한 호소에 호응하겠습니다."

그래서 수많은 농민들이 파종과 수확도 뒤로 한 채, 곡괭이와 솥(대과반)을 지고 산으로 올라가 석탄을 캐고 강철을 제련했다. 당시의 그 장관을 빗댄 다음과 같은 노래가 유행하기도 했다.

씨앗은 뿌렸으되 벼 이파리는 말라만 가고
젊은 일손들 쇠붙이 만들러 집을 비우니
추수를 하려도 아녀자들 뿐.

여자들은 자신들의 집에 있던 가마솥을 전부 마을에 있는 공급수매합작사供銷社에 가져다 바쳤다. 그러면 공급수매합작사에선 그것을 일일이 조각조각 부수어 무게를 달아 킬로그램 당 3편分을 주었다. 솥을 헌납하는 데에는 그 누구도 예외가 없었다. 또 집에서 매일 사용하는 맷돌도 공급수매합작사에 바쳐야 했다. 이건 도로포장에 이용되었다. 뿐만 아니라 집에 있는 각종 식량도 전부 공동식당大廚房에 갖다 바쳐야 했다. 집에는 쌀 한 톨도 남겨두어서는 안 되었다. 이외에도 집에 있는 쇠붙이란 쇠붙이는 모두 바쳤다. 이제 더 이상 집에서 밥을 해먹을 필요가 없이 전부 공동식당에 가서 밥을 먹게 되었다. 만약 집에서 밥을 먹고 싶으면 밥을 퍼 담을 그릇을 공동식당으로 가져가서 그곳에 밥을 담아가지고 집에 돌아와서 먹으면 되었다. 식구가 많으면 밥그릇을 많이 준비해가야 했다. 뜨거운 물을 먹고 싶으면 각자 보온병을 가지고 공동식당에 가서 물을 담아왔다. 이처럼 평소에는 밥을 타가지고 오는 것이나 물을 담아가는 것이 문제가 되지 않았다. 그러나 비가 오거나 눈이 내리는 날에는 별별 일들이 많이 일어났다. 설령 우산을 받쳐 쓴다 하더라도 도중에 음식물이 빗물에 젖기 일쑤였고, 특히 겨울에 눈이라도 올라치면 길이 온통 빙판이 되는 바람에 까딱 잘못해서 빙판길에 미끄러져 넘어지기라도 하면 온 식구가 먹을 그날의 양식이 한순간에 전부 눈덩이나 흙덩이로 변하고 말았던 것이다. 그렇지만 사람들은 불만이 있어도 그것을 입 밖으로 토설하는 이는 없었다. 그저 꾹 참을 수밖에 없었던 것이다.

길을 걷다보면, 대로변 풀숲에서 나뒹굴고 있는 광석鑛石들을 종종 볼 수 있었다. 이는 모두 광석을 운반하는 자들의 소행이었다. 등에 지고 가는 광석이 너무 무거워 개중에 일부를 슬쩍 버리고 가는 이들도 있었고, 평소 당국에 갖고 있던 불만을 이참에 해소라도 하듯 일부러 내던지고 가는 이들도 있었던 것이다. 용광로를 만들 때에는 무덤 속에 있는 벽돌을 주로 이용했다. 장정들을 시켜 무덤 속에 파묻혀 있는 벽돌을 전부 캐내 제철소로 가져가면 그것으로 용광로를 만드는 것이다. 그 바람에 무덤들이 온갖 수난을 겪어야 했다. 내 부모와 전처의 묘도 전부 파헤쳐졌다. 그도 그럴 것이 분묘가 모두 단단한 내화벽돌로 만들어져 있었기 때문에 용광로를 만드는 데에는 그야말로 안성맞춤이었던 것이다. 더군다나 당시는 마오쩌둥이 이른바 '파사구破四舊, 입사신立四新'을 열심히 외치고 다니던 때였다. 따라서 봉분을 없애는 것은 마오쩌둥의 방침에 부응하는 일이기도 했다. 무덤을 파헤칠 때에는 공산당 간부가 직접 감독에 나섰다. 그들은 무덤에서 발견된 금붙이나 장신구 혹은 골동품 같은 것들을 전부 수거해 현부縣府로 가져갔다. 모르긴 몰라도 누군가에게 상납하려는 것이리라.

우리는 세 개의 조로 나누어 강철을 제련할 큰 가마를 만들기 위해 땅을 파기도 했다. 정말 밤낮을 가리지 않고 쉼 없이 흙을 퍼 실어 날랐다. 각 조는 네 명의 반노동력자로 구성되어 있었는데, 나는 가마를 만드는 조에 배정되었다. 우리 조에는 나 말고도 십여 명의 노동자들이 더 있었다. 땅을 마구 파헤치는 바람에 땅 속에 있던 땅콩들이 전부 뽑혀나갔고, 무덤 속에서 파낸 내화벽돌이 도처에 산처럼 쌓였다. 우리는 열다섯 자 깊이에 열 자 넓이의 구멍을 둥글게 팠다. 밤에는 침침한 등잔불 하나에 의지해 작업을 해야 했기에 예기치 않은 사고가 수시로 발생하기도 했다. 가령, 곡괭이에 엉덩이를 찍히기도 했고, 삽으로 흙을 퍼낼 때 실수로 손이나 팔을 찍어 다치기도 했다. 정말 위험했다.

앞서도 말했지만, 용광로의 재료는 주로 무덤 안에 있는 내화벽돌이었다. 우리는 총 네 개의 용광로를 만들었는데, 그 모습이 딱 호리병 모양의 이슬람식 탑과 같았다. 그 용광로 위에는 철광석을 밀어 넣는 작은 통로 같은 것이 있었고 용광로 바닥에는 쇳물이 흐를 수 있도록 작은 구멍을 내었다. 그리고 용광로 밑에 소나무가지를 한 자 두께로 고르게 깔고 그 위에 큰 산에서 벌목해온 참나무를 톱으로 토막을 내 올려놓은 다음, 다시 그 위에 석탄을 얹고 또 그 석탄 위에 취사용 가마솥들을 잘게 부순 쇳조각들과 광석들을 차례로 쌓는다. 이건 모두 강철을 제련하기 위한 연료들이라 할 수 있다. 그리고 마지막으로 연료에 불을 붙이고 열 명이 넘는 사람들이 풀무질을 해서 그 안에 바람을 불어넣는 식이었다. 그리하면 연통을 통해 연기가 모락모락 피어오르기 시작하는 것이다. 그렇게 십여 명이 밤낮을 쉬지 않고 용광로 안으로 죽어라고 풀무질을 해대고 조별로 번갈아가며 용광로 밑에 소나무를 깔았다. 하루는 젊은이들이 나한테 다가와 이렇게 물었다.

"왕 어르신, 어르신은 외국에서 4, 50년 사셨잖아요? 일본인가 조선인가에서도 사셨고요. 거기서도 제철소를 많이 보셨을 거 아니에요? 그래서 묻는 건데요. 이렇게 해서 강철을 제련해낼 수 있기는 한 거예요? 정말 궁금해서 묻는 거예요."

솔직히 난 이런 식의 제련방법은 한 번도 본 적이 없었다. 그렇지만 그들에게 있는 그대로 말할 수는 없었다.

"난 제철소 자체를 가 본 적이 없어. 하지만 어쨌든 마오 주석이 이런 재래식 방법으로 강철을 만들 수 있다고 했으니까 믿어야 하지 않겠어? 그 분이 틀린 말씀을 하시지는 않았을 테니까 우리는 믿고 따라야지 뭐! 그러니까 자네들도 좀 더 기다려 봐. 며칠 후면 결판이 나겠지."

풀무질을 해대는 사람들도 내게 똑같은 질문을 했다. 사실, 이들 말고도 나에게 이런 식으로 묻는 사람들이 많았다. 난 그때마다 똑같은 말만 반복했다.

"마오 주석 말씀이니, 틀리지 않을 거야. 외국에는 외국식 방법이 있고 중국에는 중국식 방법이 있다고 하지 않더냐고? 그러니까 우리는 용광로 밑을 잘 살펴보자고. 혹시 알아? 콩알만 한 쇳덩어리들이 마구 쏟아질지."

우리는 그렇게 대엿새를 계속해서 일했다. 하지만 용광로에서는 쇳물이 흘러나오지 않았다. 그전보다 더 열심히 풀무질을 했지만 용광로 안의 강철은 모두 응고되어 결국엔 모든 용광로의 가동이 멈추었다. 하는 수 없이 네 개의 용광로 모두 부수어버리고 다시 새롭게 건조하는 수밖에 없었다. 이번엔 전보다 더 큰 용광로를 만들었다. 용광로 안에서 응고되어버린 쇳덩이들은 모두 마당에 쏟아버렸다. 이를 본 농민들은 너나없이 코웃음을 쳐대며 비아냥거렸다.

"야, 이 큼지막한 쇠구슬은 박물관에 전시하면 딱 좋겠다."

부숴버린 용광로 밑에선 엽총용 탄알처럼 생긴 조그만 쇠구슬들이 많이 발견되었다. 마을사람들은 강철은커녕 쇳가루만이 흩날리는 현장을 둘러보고는 저마다 한마디씩 수군거렸다.

"도대체 쇳물은 왜 나오지 않는 거야?"

"그걸 누가 알겠어? 하느님도 모를 거야!"

그렇지만 왜 강철이 나오지 않는 건지 대놓고 묻거나 따지는 이들은 없었다. 감히 말할 수 없었던 것이다.

얼마 후, 롱청현에서 간부들이 나와 용광로의 가동을 멈추도록 지시했다. 그 바람에 제철소는 순식간에 전쟁터처럼 쑥대밭이 되고 말았다. 쇳덩어리, 장작, 벽돌, 석탄 등이 도처에 어지럽게 나뒹굴고 있을 뿐이었다.

1958년부터 1959년까지 시행된 이른바 대련강철과 공산주의식 대과반 때문에 마을 논밭의 농작물은 전부 훼손되었다. 이것이 마오쩌둥이 그토록 부르짖었던 삼면홍기의 실상이다. 농업을 포기하고 재래식 방법으로 강철을 제련하겠다는 대약진운동은 이처럼 국가의 인력, 물력, 재력의 막대한 낭비를 초래했다. 각처의 지하자원은 거의 고갈되다시피 했고 그 많던 삼림은 남벌로 민둥산이 되어버렸다. 뿐만 아니라 밥 짓는 솥이며 대문에 걸려있던 경첩 따위 등의 쇠붙이란 쇠붙이는 전부 쓸모없는 폐물이 되어버렸다. 또 그것으로 만들어내겠다던 강철은 콩비지 모양의 아무짝에도 쓸데없는 고철덩이에 지나지 않았다. 이렇게 쏟아져 나온 폐철이 무려 300만 톤이 넘었다고 하니, 그야말로 실패도 이런 대실패가 없었던 것이다. 이른바 '3년 환란'은 바로 이렇게 시작된 것이다. 내가 국경을 넘어 탈출을 시도했던 것도 이와 전혀 무관치 않다. 이에 대해서는 후술하기로 하겠다.

3년 환란 기간 동안 농촌에서는 자신들이 기르던 개, 닭, 거위, 오리 등을 전부 잡아먹는 바람에 가축의 씨가 거의 말라버렸다. 달걀조차도 먹을 수 없는 지경이었다.

그래서 농민들은 우스갯소리로 이렇게 말하곤 했다.

"아마도 우리 후손들은 닭, 개, 거위, 오리, 달걀 같은 것들을 박물관에 가서야 볼 수 있을 거야. 아! 옛날엔 이런 것도 있었구나 하고 말이야."

또 길을 걷다보면 분필로 쓴 이런 낙서들을 거리 곳곳에서 볼 수 있었다.

"공산당을 타도하자! 살인마 마오쩌둥을 죽이자!"

개중에는 이런 낙서도 있었다.

"진시황은 분서갱유랍시고 책 몇 권 불태우고, 사람 몇 명 죽였을 뿐이다. 그런데 마오쩌둥은 어떤가? 그는 진시황보다도 훨씬 악독한 놈이다."

'3년 환란' 시기에, 대륙 전체에서 굶어죽는 이들이 기하급수적으로 늘었다. 들리는 말로는, 기아와 영양실조로 천만 넘는 사람들이 죽었다고 한다. 이는 결코 과장된 것이 아닐 것이다. 당시 나는 룽청현 형무소에 수감되어 있었지만, 매일 같이 들어오는 죄수들의 입을 통해 사람들이 초근목피로 겨우겨우 목숨을 부지하고 있다는 사실을 듣고 있었다. 사실, 감옥의 상황은 더 처참했다. 매일은 아니지만 적어도 사오일에 한 번은 죽어서 밖으로 실려 나가는 죄수들의 시신을 볼 수 있었다. 나도 변소 한 번 가려면 간신히 벽을 짚고 일어나 겨우겨우 발을 떼야할 만큼 기력이 없었다. 그렇게 힘들게 변소에 가더라도 매일 같이 조개껍질 따위나 먹다보니 변비에 걸려 똥도 제대로 눌 수 없었다. 나와 함께 잡혀온 취스징曲士敬 부부는 결국 룽청현 감옥에서 굶어죽고 말았다. 그들은 내가 두 번째로 탈출을 시도했을 때 함께 했던 사람들이었다. 정부 측은 그들이 굶어죽을 지경인데도 전혀 손을 쓸 생각을 하지 않았다. 오히려 그들이 죽었을 때, 그 사실을 숨기고 덮는 데에만 급급했다.

그렇다고 중국공산당이 비축해놓은 식량이 없는 것도 아니었다. 심지어 그들은 아프리카 난민을 돕는답시고 대량의 식량을 지원해주기까지 했다. 그런데 어찌된 일인지 정작 굶어죽어 나가는 중국인민들은 도외시하고 있었던 것이다. 사회에서 초근목피로 근근이 연명하다 죄를 짓고 감옥에 들어온 이른바 생계사범들의 말에 따르면, 농촌사람들의 70%는 부종을 앓고 있다는 것이다. 그러나 이는 감옥도 예외는 아니었다. 잡혀 들어오는 죄수들은 이런 말도 했다.

"소련 있잖아요? 왜, 얘네들이 큰형님으로 모시는 걔네들 말이에요. 걔네들 신문에 뭐라고 났는지 아세요? 중국은 대과반을 실시하고 있는데, 국에 건더기가 없어 멀건 국물만 마신다고. 또 달걀은 박물관에나 가야 볼 수 있다고.

그렇게 났어요."

물론 멀건 국물만 마신다는 건 사실이 아니다. 얼마간의 고구마 줄거리 정도는 담겨있었다. 이런 보도가 있었다면 그건 필시 흐루시초프가 한국전쟁 때 마오쩌둥에게 주기로 했던 무기를 주지 않아 서로 간에 얼굴을 붉히고 관계가 틀어지는 바람에 그 영향에서 비롯된 것일 게다[10]. 사실, 당시 소련의 상황도 크게 다르지 않았다. 그들 역시 지난 5년 동안 힘든 고난의 세월을 겪었다. 이렇게 보면, 소련이나 중국이나 누가 더 낫다고 할 수 없는 도긴개긴의 처지였다. 그 놈이 그 놈인 상황에서 서로들 치고받고 하는 게 나로선 참으로 한심해보였다. 소련은 또 이렇게 말했다고 한다.

"중국에서는 부부 둘이서 바지 하나를 같이 입는다. 그래서 남자가 외출하면 여자는 집에서 아랫도리가 벌거숭이인 채로 있어야 하고, 여자가 밖에 나가면 반대로 남자가 똑같은 꼴로 집에 있어야 한다."

이 역시 전혀 근거가 없는 거짓이다.

나는 1957년 대륙에서 노동개조 생활을 하고 있었다. 그때는 정말 생계를 잇기 힘들 정도로 빈곤했다. 당시 공산당은 대륙을 통치하면서 모든 일을 소련공산주의방식을 그대로 모방해 처리했다. 그러니 만약 중국의 마오쩌둥 치하의 사람들이 둘이서 바지 하나를 같이 입었다면, 그것은 소련의 스탈린 치하의 사람들이 그리 했기 때문에 똑같이 따라한 것일 게다. 그렇지 않겠는가? 형님이 하는 대로 동생이 그대로 따라하지 않았겠는가? 나는 소련에서 5년 동안 소련사람들과 함께 노동교화를 받았다. 그렇지만 두 사람이 바지 하나를 같이 입는 경우는 본 적이 없다. 물론 중국 농촌에서도 그런 경우는 전혀 없었다. 나는 농촌에서도 가장 가난한 사람 축에 꼈다. 그래도 바지는 세 벌이나 갖고 있었다. 공산당이 대륙을 통치하면서 사람들이 배불리 먹지 못한 것도 사실이고, 모든 물자를 배급을 통해 받았다는 것 또한 사실이다. 그러나

---

10) 한국전쟁 때 중국에 무기제공을 약속한 것은 스탈린이며, 실제로 많은 무기가 유상으로 제공되었다.

이건 모두 큰 형님인 소련에서 그대로 배워온 제도이다. 그러니 소련이 동생인 중국을 욕한다는 건 정말 말도 안 되는 짓이다. 다시 말하지만, 이건 똑같은 것들이 서로 잘 났다고 싸우는 한낱 개싸움에 지나지 않는다. 소련의 스탈린이나 흐루시초프 혹은 그 다음 계승자들은 언젠가는 소련인민들에 의해 죽임을 당하고 공산주의체제 역시 전복되고 말 것이다. 중국공산당의 통치자 역시 똑같은 최후를 맞이할 것이다. 인민의 삶에 부합되지 않는 사회제도를 강요하는 국가통치자들은 결국에는 모두 망하게 될 것이다. 다만 그 순서만이 다를 뿐이다. 또한 그들은 죽어서도 그 더러운 이름을 대대로 남기게 될 것이다.

(원제 : 土法上馬大煉鋼鐵〈大躍進〉)

60 문화대혁명

    마오쩌둥은 '토법상마·대련강철'이 대실패로 끝나자, 이어서 문화대혁명을 주창하고 나섰다. 그러나 그가 문화대혁명을 들고 나온 속셈은 자신의 오랜 혁명동지이자 자신을 대신해 새롭게 국가주석이 된 류사오치劉少奇를 필두로 한 이른바 우파분자들을 제거하기 위함이었다.

    1959년 루산회의廬山會議에서 펑더화이彭德懷 등은 마오쩌둥의 대련강철이 잘못된 노선임을 지적하며 '3년 환란'에 대한 책임을 지고 물러날 것을 주장했다[11]. 이에 마오쩌둥이 국가주석 직을 사임하고 류사오치가 새로운 국가주석이 되었던 것이다[12]. 그러나 마오쩌둥은 곧바로 우경기회주의자에 대한 대대적인 반격에 나서 결국 그들에게 잔혹하고도 치명적인 타격을 가했다. 위로부

---

11) 루산회의에서 대약진운동의 문제가 제기된 것은 맞지만 정작 마오쩌둥의 퇴진 주장은 없었다.
12) 류샤오치의 국가주석 등극은 1958년에 이미 내정되었고, 1959년 2기 전국인민대표대회에서 최종 결정되었다. 따라서 실제로 대약진운동과는 직접적인 인과관계가 있다고 볼 수 없다.

터 시작된 공산당 내 권력투쟁 속에서 진실과 고언을 아끼지 않던 간부들은 모조리 숙청되었다. 그럼에도 불구하고 언론에서는 평소와 다름없이 대약진의 실패가 아닌 성공을 부르짖고 있었고 혼란을 태평으로 포장하는 후안무치한 작태를 보이고 있었다.

마오쩌둥은 어쩔 수 없이 국가주석 자리에서 물러나기는 했지만 그렇다고 모든 권력을 포기할 생각은 처음부터 없었다. 따라서 그가 문화대혁명을 일으킨 것은 전적으로 류사오치, 펑더화이 등을 겨냥한 것이라 볼 수 있다[13]. 결국 문화대혁명을 통해 마오쩌둥에 복종하지 않는 자들은 설령 그들이 오랜 혁명동지들이었다 할지라도 하나도 남김없이 축출되어 사라졌다. 문화대혁명이 시작되면서 전국의 모든 학교들은 문을 닫았고 중앙이든 지방이든 할 것 없이 각 기관들에선 온갖 황당무계한 언설들이 쏟아져 나왔다. 특히, 마오쩌둥이 "아는 것은 가감 없이 모두 말하라. 말하는 자는 죄가 없고 듣는 자가 새겨서 들으면 된다.(知無不言, 言無不盡 ; 言者無罪, 聞者足戒)"라는 방침을 제시하면서, 이러한 언설들은 봇물처럼 쏟아져 나오기 시작했다[14]. 전국의 모든 기관, 점포, 공장 등에선 이른바 주자파走資派에 대한 비판과 권력투쟁이 들불처럼 일어났다. 문화대혁명 기간 중에 류사오치, 펑더화이, 린뱌오林彪, 덩샤오핑鄧小平, 펑전彭眞 등의 모습은 더 이상 눈앞에서 보이지 않았다. 이제 중국은 전국 방방곡곡을 헤집고 다니는 이른바 홍위병紅衛兵들의 세상이 되었다. 마오쩌둥 주석을 지지하는 전국 각지의 홍위병들은 직접 그를 만나러 베이징으로 상경했다. 마오쩌둥을 알현하기 위해 톈안먼天安門 광장에 집결하는 홍위병들은 마치 뒤 물결이 앞 물결을 밀어내듯 끊임없이 이어졌다. 드디어 마오쩌둥이 톈안먼 광장에 모습을 드러냈다. 그는 푸른 군복에 홍위병 완장을 차고 톈안먼 광장 성루 위에 서서 전국 각지에서 몰려든 어린 홍위병들을 직접

---

13) 문화대혁명은 류샤오치와는 관계가 있지만, 펑더화이와는 관계가 없다. 펑더화이는 이미 루산회의 이후 숙청되었다.

14) 이 슬로건은 마오쩌둥이 반우파투쟁 때 언급한 것이다.

맞이함으로써 홍위병운동에 대한 지지를 간접적으로 밝혔다. 당시 톈안먼 광장에는 헤아릴 수 없이 많은 인파들이 집결했다. 심지어 광장 남쪽 끝에 위치한 치엔먼前門과 베이징을 동서로 관통하는 창안제長安街까지 인산인해를 이루었다. 그들이 외치는 우렁찬 구호 소리는 베이징 전체를 들썩이게 했다.

홍위병은 구성이 다양하기는 했지만 주로 어린 친구들이었다. 이 젊디젊은 홍위병들이 줄곧 마오쩌둥의 '파사구, 입사신'을 실천한답시고 역사유적이나 사당 혹은 각종 불상이나 동상 등을 파괴하고 다녔다. 그들은 자는 거며 먹는 것 심지어 차를 타는 것도 모두 공짜였다. 뿐만 아니라 가는 곳마다 당 지부 서기가 직접 출영을 나와 그들을 맞이하고 접대해야 했다. 이는 당 중앙의 명령이었기 때문에 각지 당 지부 서기도 그대로 따르지 않을 수 없었다. 마오쩌둥의 지시인데 누가 감히 거스르겠는가? 홍위병들은 가가호호 찾아다니며 오천년 동안 모시고 있던 수십 대代에 걸친 감실神龕[15]이나 족보를 전부 불태워버렸다. 또한 과거의 낡은 관습을 혁파한다는 의미로 집집마다 마오쩌둥의 초상화나 사진을 걸게 했다. 이들은 마오쩌둥이 말한 것처럼 "아는 것은 가감 없이 모두 말하라. 말하는 자는 죄가 없고 듣는 자가 새겨서 들으면 된다."는 방침을 그대로 따라 허무맹랑하고 황당무계한 말들로 중앙정부를 끊임없이 비판했다. 만일 마오쩌둥이 그런 말을 하지 않았다면 누가 감히 당 중앙을 그렇게 비판할 수 있었겠는가? 결국 마오쩌둥의 호소가 먹혔던지 류사오치는 옥사했고, 펑더화이는 숙청되었다. 또한 린뱌오는 큰 형님격인 스탈린에게 도망가려다가 몽골 초원에서 비행기사고로 죽었다[16]. 나머지 10대 원수元帥들도 하나하나 사라졌다[17]. 덩샤오핑도 보이지 않게 되었다. 들리는 말로는

---

15) 신상(神象)이나 위패(位牌) 등을 모셔두는 곳.
16) 린뱌오가 소련으로의 망명을 시도할 당시, 스탈린은 이미 사망한 상태였다. 당시 소련의 지도자는 브레즈네프였다.
17) 린뱌오 이후, 마오쩌둥이 군에 대한 일상적 문제를 맡긴 이는 예젠잉(葉劍英)이었다. 예젠잉도 10대 원수 중의 한 명이었다. 따라서 10대 원수가 모두 사라졌다는 것은 필자의 과장이라 볼 수 있다.

연금되었다고 한다. 또 텔레비전에서는 펑전을 비롯한 다른 고위간부들이 광장에서 네다섯 명씩 줄을 서서 목에 커다란 비판대회 팻말을 걸고 60도로 허리를 굽히고 있는 모습이 보였다. 이외에도 이른바 우파분자나 주자파로 분류된 수천수만의 당 간부들이 죽임을 당하거나 옥에 갇혔다. 혹은 57간부학교五七幹校[18]의 '고급간부노동교화소'로 보내지는 이들도 있었다. 일반 간부들 중에 이른바 우파분자들은 총살형을 당하거나 아니면 각 농촌으로 하방下放되어 노동을 했다.

우리 마을에도 두 명의 우파분자들이 왔다. 이른바 우파는 사회주의에 찬성하지 않고 자본주의를 추구하는 사람들이다. 우리는 매일 그들과 함께 일을 했지만 쉬는 시간이라도 전혀 말을 섞지는 못했다. 나는 몇 번 그들에게 말을 걸려고 시도해보았지만, 그럴 때마다 그들은 손사래를 치거나 애써 외면했다. 간혹 내가 그들에게 다가가 '동지, 이리 와서 좀 앉아보세요.' 해도 그들은 그저 웃을 뿐 아무 말도 없이 서둘러 그 자리를 떠나곤 했다.

농촌에서 감독개조監督改造의 장단점은 촌 지부대회에서 결정된다. 기한은 정해져 있지 않았다. 공산주의사회에서는 공산당 우두머리가 하는 말은 반드시 지켰다. 공산당 내부에서의 투쟁은 날마다 계속되었다. 이른바 상호투쟁의 논리이다. 마오쩌둥은 왜 펑전을 옥에 가두었을까? 들리는 말로는 그가 덩샤오핑의 사람이었기 때문이란다. 내가 동북 푸순감옥에 있을 때, 푸이의 여자 리위친은 푸이에게 자신들이 베이징에서 어렵게 살아가고 있는데 당시 펑전 시장이 그녀들에게 구제금을 보내주었다는 말을 했다. 우리는 그 소식을 듣고 펑전의 사람됨에 대해 칭찬을 한 적이 있었다.

문화대혁명 기간 중에, 베이징 시위원회 교육부장으로 있다가 우파분자로 몰려 고초를 겪었던 랴오모사廖沫沙가 인민일보에 발표한 '소품문小品文[19]'을

---

18) 중국문화대혁명시기에 마오쩌둥의 이른바 '오칠지시(五七指示)'의 관철과 당 간부들의 재교육을 위해 당정(黨政) 기관의 간부, 과학기술자, 대학교수 등을 농촌으로 하방(下放)시켜 빈하중농(貧下中農)의 노동을 경험하도록 했던 곳.

읽은 적이 있다. 글의 제목은 '건망증'이었는데, 내용은 대강 이렇다.

어느 날, 늙은 농부가 일을 끝내고 집으로 돌아가는 길이었다. 그는 도중에 길가 수풀 속에서 달걀 하나를 주워 기쁜 마음으로 집에 돌아왔다. 집안으로 들어서자마자 아내에게 말했다.
"이제 우리는 부자야."
아내가 말했다.
"당신 같은 빈털터리 가난뱅이가 무슨 수로 부자가 되었단 말이에요?"
농부가 말했다.
"내가 오늘 길 숲에서 달걀 하나를 주었거든."
그러면서 품속에서 달걀 하나를 꺼내 아내에게 건넸다.
"겨우 달걀 하나 주운 게 무슨 대수라고 그래요?"
"내 말 들어봐. 이 달걀을 부화시키면 병아리가 될 테고, 병아리가 자라 닭이 되면 알을 낳을 거 아냐? 그것도 아주 많이. 또 그것들이 나중에 닭이 되어 알을 낳을 테고. 계속 그렇게 해봐. 조만간 암소 한 마리 살 돈이 생길 거라고, 안 그래? 또 그 소가 다시 소를 낳고 그렇게 계속 낳아봐. 그러면 우린 조만간 큰 부자가 되지 않겠어?"
아내가 말했다.
"그럼, 그렇게 부자가 되면 또 뭘 할 건데요?"
농부가 말했다.
"그럼, 그 다음에는 작은 마누라를 하나 봐야지."
그 말을 들은 아내는 냅다 그의 따귀를 갈겼다.
"지금 당장 작은 마누라 하나 얻어서 나가버려!"
그리고는 가져온 달걀을 바닥에 던져 깨버렸다.

랴오모샤는 이 '소품문'을 발표하고 바로 종적도 없이 사라졌다. 어디로 갔을까? 나중에 안 사실이지만, 그는 장기간 감금되어 있었다고 한다.

스탈린은 사람을 죽이고도 눈 하나 깜빡하지 않는 세상에서 가장 악독한 살인마이다. 그렇다면, 마오쩌둥은 어떨까? 중국공산당 헌법에는 자본주의사

---

19) 비교적 자유롭고 간명하게 쓴 글로, 지금의 칼럼에 해당한다고 볼 수 있다.

회의 헌법과 마찬가지로 '인민은 모두 자유로울 권리가 있다.'라고 되어 있다. 그러나 애석하게도 그것은 모두 공수표에 불과하다. 이는 중국 사람이라면 아는 사람은 다 아는 공지의 사실이다.

나는 고향에 돌아오기는 했지만 머릿속으로는 항시 발해渤海를 건너 한국 인천으로 밀항할 생각만 하고 있었다. 그곳에는 꿈에도 그리는 내 가족이 살고 있었기 때문이다. 만일 밀항에 성공해 인천에 가게 된다면 일단은 당국의 조사를 받아야 할 것이다. 그러나 조사를 무사히 마치고 나면 가족을 찾을 수 있을 것이고 그렇게 되면 가족을 데리고 다시 타이완에 있는 당국黨國 즉, 국민당 품에 안길 생각이었다.

나에게는 취스징曲士敬이라고 하는 친척이 한 명 있었다. 그는 옌둔자오춘 烟墩角村에 사는 어부였다. 그의 부부는 내 가족이 조선에 있다는 것을 알고 있었다. 그 부부는 여러 번 나에게 조선으로 가 가족을 찾으라고 권했다. 그들은 마오쩌둥이 실시한 공산주의 대과반 이후 그의 모든 정책을 극렬히 반대했다.

결국 나와 취스징은 조선에 가는 일을 두고 본격적으로 논의를 시작했다.

"10년 전에도 조선에 가서 가족을 찾으려고 해봤어. 근데 당시는 조선에 갈 수 있는 배가 없었네."

"제가 조선으로 가는 배 하나를 구해볼게요."

"그렇게만 된다면, 우리 함께 인천으로 가세. 인천을 거쳐 다시 타이완으로 가는 거야."

취스징은 집에 돌아가 아내와 상의해보고 결정해서 알려주겠다고 했다. 며칠이 지나 그의 아들 취더산曲德山이 나를 찾아왔다.

"아버지가 드릴 말씀이 있다고 모셔오라고 합니다."

"그래? 내일 가보마."

이튿날 옌둔자오춘에 있는 취스징의 집에 갔다.

그가 말했다.

"저희 가족은 죽든 살든 이놈의 공산당 통치에서 벗어나기로 결정했습니다.

함께 발해를 건너 인천으로 가시지요. 그 다음에 타이완으로 가는 걸로 해요. 10월 1일에 떠나시지요. 그날 구산쥐즈崮山咀子에서 배를 준비해놓고 기다리고 있을 게요. 거기서 만나요."

"아무쪼록 준비에 만전을 기해주게. 매사 조심하고 신중해야 되네. 만에 하나 실패하면 그땐 우린 다 죽은 목숨이야. 명심하시게."

"걱정 마세요. 공산주의 통치 하에서 사는 건 산 송장이나 매한가지예요. 그렇게 사느니 차라리 죽는 게 나아요. 설사 성공하지 못하더라도 후회는 없어요. 시도해보기라도 한다는 게 어디예요? 전 여한이 없어요. 밀항하다 잡히면 그게 제 운명이라 생각할 게요."

"괜히 짐 싼다고 수고하지 말게. 몸은 최대한 가벼워야 돼. 바람 때만 잘 맞으면 10시간 정도면 인천에 닿을 수 있을 걸세."

나는 떠나기 전에 푸순 전범관리소 최고인민검찰원에서 발급해준 석방증서를 불태워버렸다. 그리고 10월 1일 당일에는 맨 몸에 성냥과 종이만 달랑 가지고 구산쥐즈로 갔다.

결론부터 말하면, 우리의 탈출은 실패했다. 취스징이 배를 훔치려다가 해군부대 초병한테 걸려 체포되고 만 것이다. 구산쥐즈에서 배를 기다리고 있던 나도 덩달아 초병에게 체포되어 룽청현 감옥으로 끌려왔다. 이때가 바로 대련 강철과 대과반이 실패하고 그 후과로 아사지경의 이른바 고난의 삼년이 시작되던 시기였다. 나는 취스징과 함께 손에 수갑을 찬 채 취조를 받고 조서를 작성한 다음 그 위에 손도장을 찍은 후 수감되었다. 나의 죄수번호는 50번이었다.

감방 안에는 죄수들이 상상 이상으로 많았다. 그 중에 형사범이 90%였고 나머지 10%는 이른바 반혁명사범이었다. 감옥은 열 칸 길이의 감방들이 동서로 나란히 정렬되어 있었다. 감옥 맨 동쪽 끝의 방은 여감방이었다. 감방과 감방 사이는 통나무로 칸막이 되어 있었고, 복도에는 총을 멘 경비원들이 왔다 갔다 하며 죄수들의 동태를 감시했다. 감방 바닥에는 서너 치 두께의 모래

위에 한두 치 두께의 볏짚이 깔려 있었다. 죄수들은 그 위에 5열 횡대 혹은 6열 횡대로 앉아 있었다. 함부로 돌아다니거나 떠드는 건 결코 허락되지 않았다. 심지어 모기나 파리가 얼굴이나 손을 물거나 간질여도 그걸 때려잡기 위해서는 상부에 반드시 보고해야 했다. 이렇게 말이다.

"보고합니다. 저는 얼굴에 앉은 모기를 때려잡으려고 합니다. 허락해주십시오."

마음씨 착한 경비원은 그러라고 하지만 간혹 고약한 경비원을 만나면 아예 본체만체 하거나 심지어는 오히려 조금이라도 움직이면 가만두지 않겠다고 으름장을 놓는 이도 있었다. 만일 손이나 머리를 조금이라도 움직이면 난간 밖에서 '몇 번' 하고 소리치며 왜 소란을 떠느냐고 되레 난리를 피우는 경우도 있었다. 그렇게 한 차례 욕을 먹고 지나가면 다행이지만 간혹 어떤 경비원은 벌을 세운답시고 한 시간이나 서 있게 하기도 했다. 죄수들에게 산보나 화장실에 갈 수 있는 시간은 하루에 세 번 정도 주어졌다. 대소변은 운동장 한쪽 구석에 있는 야외화장실에서 보아야 했다. 간혹 밤에 소등이 된 뒤에 대소변을 보아야 할 때도 있는데, 그럴 때면 가라고 허락하는 경비원도 있지만, 상부에 보고해야 하니 기다리라고 하는 경비원도 있었다. 개중에 보고할 사항을 많이 만드는 이들은 경비원들에게 찍혀 두 시간 동안 서 있는 벌을 받기도 했다. 그런데 그렇게 벌을 세워놓고 그냥 퇴근해버리는 경비원도 있었다. 그렇게 한참을 서 있다 보면, 교대해서 출근한 경비원이 와서 말한다.

"앉아."

그제야 그 일은 마무리되었다.

밤에 소변이 마려우면 어떻게 할까? 자신이 깔고 누운 볏짚을 몰래 들추고 그 밑에 깔린 모래 위에 작은 구멍을 파고 자지를 꺼내 그 구멍에 대고 오줌을 누웠다. 자칫했다간 오줌소리 때문에 제대로 볼 일을 보지 못하는 경우도 있었다. 대변도 그렇게 보았다. 그러나 남들 하는 대로 그렇게 소변을 보다가 소리 때문에 경비원에게 들키는 경우도 있었다.

"누구야? 누가 안에서 오줌을 싸는 거야? 나와!"

경비원은 네다섯 차례 큰 소리로 같은 말을 반복했다. 그러나 돌아오는 대답은 없었다. 그가 마지막으로 말했다.

"좋아! 안 나온다 이거지? 그럼 내일 조사해서 걸린 놈은 단단히 경을 칠 줄 알아!"

그러나 다음날은 아무 일도 일어나지 않았다.

이른바 3년 환란 때문에 감옥에 들어온 사람이 아주 많았다. 그런데 이 죄수들 가운데 열 중 여덟은 부종에 걸려 고생하고 있었다. 이곳 감옥은 돼지우리나 진배없었다. 만일 설사병이 나서 당장 변소에 가야할 상황이라 하더라도 자기 마음대로 갈 수 없었다. 낮이든 밤이든 일일이 상부에 보고하는 절차를 밟아야 했던 것이다.

하루는 우리 중의 누군가가 경비원에게 이렇게 요구했다.

"저, 배가 아파서 변소에 좀 가야겠습니다."

그런데 그날은 공교롭게도 심성 고약한 경비원이 근무를 서고 있었다. 그놈 대답이 이랬다.

"그냥 바지에다 싸!"

그 죄수는 결국 참다못해 바지에다 그냥 싸버렸다. 얼마 후, 교대근무를 하게 된 마음씨 착한 경비원이 그 상황을 알고 이렇게 말했다.

"아니 왜 변소에 가겠다고 상부에 보고하지 않았나?"

"진작 보고를 드렸는데, 가타부타 아무 연락이 없었습니다. 그냥 시간이 되어 퇴근해버렸나 봅니다."

"그래? 알았어. 일단 어서 변소에 가서 좀 씻고 다른 옷으로 갈아입게."

그런데 이놈의 감방은 출입문이 아주 비좁아서 다들 이를 두고 개구멍이라고 했다. 어쨌든 그는 그 좁은 출입문을 지나 변소에 가서 몸을 씻고 옷을 갈아입고 돌아왔다. 이런 일은 1년 365일 이곳에서 생활하는 죄수들이라면 늘 겪는 일이었고 그래서 피할 수도 없는 일이었다. 물론 나 역시 그런 경험에서 예외가 아니었다. 나도 설사병을 앓은 적이 있었다. 하루는 배가 아파 당장이라도 설사가 나올 것 같으니 변소에 다녀오는 것을 허락해달라고 상부에 보고했다. 그런데 내가 세 차례나 사정을 해대니 오히려 경비원이 화가 났던지 버럭 소리를 쳤다.

"그냥 바지에다 싸, 새끼야!"

어쩔 수 없이 난 그날 그냥 바지에 일을 봐야만 했다.

난 지금도 그 경비원의 모습을 생생하게 기억하고 있다. 얼굴은 길쭉한 말상에 키는 아주 큰 놈이었다.

감옥에서는 사람이 죽는 일도 있었다. 여기서 먹는 거라곤 미역줄기에 옥수수 빵 조금 뿐이라 대부분 영양실조였다. 사회에 있을 때는 초근목피로 연명했고, 감옥에서 먹는 거라곤 고작해야 미역줄기 같은 해조류뿐이었으니 대부분은 변비나 복통에 시달렸다. 그렇다고 변변한 의사가 있는 것도 아니었다. 수감되는 사람은 많고 출옥하는 이는 적었다. 1년 365일 제대로 씻지도 못했다. 목욕은 고사하고 세수조차 힘들었다. 심지어 양치질도 못할 정도였다. 그 바람에 머리에 이가 바글바글한 죄수들도 꽤 많았다. 죄수 중에는 채 열 살도 되지 않은 어린아이도 끼어 있었다.

공산당의 심문방식은 매우 독특했다. 매일 밤 소등되고 열한 시나 열두 시쯤 되면, 밖에서 '몇 번'하고 소리를 친다. 간혹 비명소리 같은 것이 들리기도 했는데, 그럴 때면 다들 고문이 자행되고 있음을 보지 않고도 능히 알 수 있었다. 고문에는 죄질의 경중에 따라 차이가 있었다. 중범죄를 저지른 자들에게는 세 가지의 고문이 행해졌다. 열 근은 족히 되어 보이는 족쇄를 발에 차고 있거나 손에 쇠고랑을 채우기도 했고, 양팔을 뒤로 해서 포승줄로 단단히 묶기도 했다. 그리고는 사정없이 두들겨 패는 것이었다. 비교적 죄질이 가벼운 자들은 수갑을 채우기도 했고 양팔을 포승줄로 묶었다.

이상한 건 왜 심문은 매번 밤에 이루어지는가 하는 것이다. 나에 대한 심문은 세 차례 행해졌다. 그런데 취조실 안에는 철사 몇 가닥이 처져 있었고 그 위에는 백지들이 걸려 있었다. 그 백지는 내가 밀항을 할 때, 불쏘시개용으로 준비한 것이었다. 그런데 심문하는 사람은 그렇게 생각하지 않는 것 같았다. 내가 백반을 녹인 명반수를 이용해 겉으로 드러나지 않게 종이에 공산당의 기밀사항을 적어놓은 게 아닌지 의심하는 눈치였다. 내가 그동안 몸소 체험한 일들은 다행히 전부 잊히지 않고 내 머리 속에 그대로 남아 있었다. 특히, 동북 전범수용소에서 있었던 일들은 모두 근거가 확실하고 충분히 증명할 수 있는 진실들이었다. 그래서일까? 그들은 내게 서너 차례 심문을 하고는 더 이상 묻지 않았다. 그러나 앞서도 말했지만, 심문에는 대개 고문을 동반하기 마련이었다. 내게 행해진 고문의 방법은 아주 간단했다. 양팔을 묶은 줄을 약간만 힘을 줘 조이는 식이었다. 그렇지만 보기와는 달리 그 고문은 아무리 철인이라도 버틸 재간이 없을 정도로 가혹한 것이었다. 이런 고문을 심하게 받은 죄수들은 평생 양팔을 제대로 움직이지 못하는 장애자 신세가 되곤 한다는 게 사람들의 말이었다. 다른 방식의 고문도 있었다. 내가 있는 감옥에는 맷돌 방이란 게 있었다. 이 방에서는 매일 같이 십여 명의 죄수들이 하루 종일 맷돌만 간다. 현縣 정부의 간부들에게 바칠 옥수수가루, 콩가루, 밀가루를 맷돌로 가는 것이다. 죄수들은 네 명이 한조가 되어 교대로 맷돌을 갈았다. 매일아침 식사 후에, 당 간부가 감옥에 와서 감방 안에 있는 우리들 중에 몇몇을 손가락으로 가리키며, '너 나와!' 하면 지적된 사람은 무조건 그 놈의 개구멍을 엉금엉금 기어 나와 맷돌 방에 가서 맷돌을 갈아야 하는 것이다. 그렇게 온종일 맷돌질을 했다. 만일 심문을 하는데 사건경위에 대해 제대로 답하지 않는 죄수가 있다면, 자백할 의지가 없는 것으로 간주하고 바로 간수에게 인계해 맷돌 방으로 보내지기도 했다. 물론 간수는 그가 왜 맷돌 방으로 왔는지 그 내막을 다 알고 있다. 간수는 비교적 체력이 좋고 젊은 죄수 여섯을 골라 집중적으로 일을 시킨다. 그들은 세 명씩 번갈아가며 맷돌을 돌리는데, 거의 뜀박질하듯 쉴 사이 없이 맷돌을 돌리게 한다.

이보다 더한 형벌도 있다. 여섯 명이 아니라 단 세 명만으로 맷돌을 돌리게 하는 것이다. 이 맷돌은 한 사람이 돌려서는 절대 끄떡도 하지 않는 무겁고 큰 맷돌이다. 그런 맷돌을 셋이서 쉬지 않고 돌려야 하는 것이다. 맷돌 방으로 보내진 죄수들이 맷돌을 돌리다가 도저히 힘에 부쳐 더는 돌릴 수 없게 되면, 간수가 말한다.

"야, 쟤 빼!"

그러면 나머지 사람들이 지쳐 쓰러진 그를 한쪽으로 밀어내고 다시 다른 사람을 부친다. 맷돌 위에 놓인 곡식들을 다 빻아야 다른 조로 교대해준다.

나도 한번은 맷돌 방으로 끌려간 적이 있었다. 그전까지는 맷돌질을 한 적이 한 번도 없었다. 십여 바퀴를 돌았을까 결국 나도 모르게 구토를 했다. 정말 정신이 혼미했다. 보고 있던 간수가 안 되겠다 싶었는지 맷돌에서 내려오라고 했다. 우리는 그게 콩이든 옥수수든 밀이든 가리지 않고 맷돌로 갈았다. 죄수들은 맷돌질을 하면서도 눈으로는 끊임없이 간수의 눈치를 살폈다. 간수가 잠시 다른 곳을 볼라치면 죄수들은 그 틈을 타 갈던 곡식을 한 움큼 집어 입안으로 가져갔다. 그렇게 몰래 몰래 씹으면서 허기를 달랬던 것이다. 그러다가 간수의 눈에 띄기라도 하면, 간수는 바로 맷돌질을 멈추게 하고는 곡식을 훔쳐 먹은 죄수의 입을 벌려 안에 있는 것을 모두 뱉어내게 했다. 그리고는 대번에 호통을 친다.

"이 새끼가! 너 이게 어떤 건지 알아? 이건 다 국가의 것이라고. 근데 네가 감히 그걸 훔쳐 먹어?"

"죄송합니다. 너무 배가 고파서…"

"너만 배고파? 남들도 다 배가 고파."

그 말에 훔쳐 먹은 죄수는 아무 말도 하지 못했다.

"너, 저쪽으로 가서 서 있어."

죄수들이 맷돌질을 하다가 곡식을 몰래 훔쳐 먹는 일은 사실 드문 일이 아니었다. 늘 있는 일이었다. 개중에는 날콩을 그대로 삼키는 이들도 있었다. 다들 알겠지만, 날콩은 비릿한 게 그리 맛있지가 않다. 그런데 나도 맷돌질

중에 콩을 몰래 먹어보았는데 그때만큼 맛있던 적이 없었다. 그만큼 모두들 배가 고팠던 것이다. 살기 위해서는 그것이 무엇이든 허기만 때울 수 있다면 모든 게 다 맛있었던 것이다. 배가 고픈데 찬밥 더운밥 가릴 형편이었겠는가? 형무소 운동장에는 우물 하나가 있었다. 너무도 배가 고파 금방이라도 죽을 것만 같은 죄수들에게 그 우물은 사막의 오아시스와도 같은 존재였다. 그래서 산보 시간만 되면 죄수들은 우물가로 모여들어 허겁지겁 물을 들이켰다. 산보 시간마다 매번 그런 일이 벌어지자, 다음부터는 간수들이 우물가를 지키고 서서 죄수들의 접근을 막았다.

감옥의 죄수들 중에 십여 명은 매일 해변에 있는 염전에 가서 일했다. 그런데 염전에 가서 일하는 죄수들에게는 점심식사가 잘 나왔다. 그래서 공산당 간부가 염전에 가서 일할 사람을 뽑을 때면 죄수들은 너나 할 것 없이 자신이 가겠다고 "저요!" "제가 가겠습니다."하며 손을 들고 아우성을 쳐댔다. 조금이라도 더 허기를 채우기 위해서였고 살기 위함이었다. 그렇다고 염전의 점심식사가 다른 곳보다 훨씬 더 나은 것도 아니었다. 그저 두세 개의 옥수수 빵이 더 나오는 것 정도였다. 그런데도 죄수들은 그거라도 더 먹어보겠다고 염전 일을 자청하는 것이었다. 이게 바로 마오쩌둥이 초래한 '3년 환란'의 슬픈 자화상이다.

하루는 염전에 가서 일할 사람들이 운동장에서 대기하고 있는데, 밖에서 중년 나이의 죄수 한 명이 압송되어왔다. 공산당 간부는 그에게 함께 염전에 가서 일하라고 했다. 그러자 그 죄수가 사정을 했다.

"저는 온몸에 부종이 있어 일할 수 있는 형편이 아닙니다."

간부가 말했다.

"잔말 말고 가라면 가!"

그래도 그는 한사코 거부했다.

"저는 정말 갈 수가 없습니다."

그러자 간부는 옆에 있던 다른 죄수에게 이렇게 지시했다.

"야! 저 새끼 외발수레에 묶어서 같이 데리고 가!"

그런데 남아 있던 죄수들이 한창 산책을 하고 있는데, 수레를 밀고 갔던 죄수가 그 환자를 다시 데리고 돌아왔다. 수레를 미는 그 죄수가 말했다.

"보고합니다. 사람이 죽었습니다."

"왜 죽은 거야?"

간부가 말하며 다가가 살펴보았다.

"저쪽에 대충 묻어버려!"

3년 환란! 그 참담한 실상은 오로지 하느님만이 알 것이다.

얼마 후, 이른바 반혁명분자들은 별도의 작은 감방에 따로 수감되었다. 그 바람에 나는 취스징 부부와 떨어지게 되었다. 그리고 그들의 자식들은 염전으로 보내졌다.

공산당 간부는 내게 마지막으로 물었다.

"몰래 국경을 넘어 탈출하려고 한 목적이 무엇이지?"

"한국에 가서 십여 년 넘게 떨어져 있던 가족을 찾아 타이완으로 갈 생각이었습니다."

"국민당은 반인민적인 반동파라는 것을 모르나?"

"국민당은 국부이신 쑨중산 선생의 삼민주의 당입니다. 저는 그 국민당 당원이니까 타이완으로 가는 게 당연하다고 생각합니다. 저는 공산당이 소련식 공산제를 실현하는 것에 반대합니다. 저는 소련에서 5년을 지내는 동안 소련 인민의 빈곤한 생활을 직접 목도했습니다. 의식주는 물론 행동이나 언론에 전혀 자유가 없었습니다. 따라서 사람들에게 공산주의를 억지로 강요해서는 안 된다고 생각합니다. 그리고 이번 탈출은 저 혼자 계획한 일입니다. 취스징 부부와는 무관합니다. 그러니 그 부부를 풀어주십시오."

"인민정부는 동북에서 너에게 최고의 대우를 해주었다. 그런데 너는 7년의 개조를 거쳤으면서도 전혀 반성의 기미가 없다. 반동사상이 전혀 바뀌지 않았어. 넌 정말로 골통이야."

"맞습니다. 소련에서 5년을 지내는 동안 저는 공산주의사회가 어떤 것인지 알게 되었습니다. 이건 중국인민에게 맞지도 않고 전 인류에게도 적합하지 않습니다. 이 제도는 조만간 인민들에 의해 전복될 것이라 믿습니다."

"너는 동북 포로수용소에서 석방될 때, 최고인민검찰원이 발급한 석방문건을 가지고 있지?"

"탈출할 때, 불태워버렸습니다."

"너는 국민당에 귀순한다면서 왜 석방문건을 불태워버린 거지? 그걸 가지고 가면 확실한 증거가 될 텐데."

그의 말이 맞다. 석방문건을 가지고 가면 국민당도 나를 확실히 인정할 것이다. 그러나 난 국민당이 나를 인정해도 좋고 인정하지 않아도 괜찮다는 생각이었다. 난 그저 공산주의가 싫을 뿐이었다. 국민당이 나를 인정하고 안 하고는 국민당 당국이 판단할 일이다. 나는 타이완에 가서 몇 년은 그냥 국민당이 나를 어떻게 대하는지 보고 그때 가서 떠날지 남을지를 결정할 생각이었다. 나는 중국공산당 치하에서 31년을 살았다. 마르크스·레닌주의에 관한 공부도 적지 않게 했다. 하지만 내 머릿속에 남은 건 아무 것도 없었다. 공산주의사회는 원시사회만도 못하다는 게 내 생각이다. 시간은 어느덧 21세기를 지향하고 있는데, 인류에게 원시사회로 돌아가 살라는 것은 정말 말도 안 되는 일이다. 역사는 끊임없이 발전하는 것이다. 역사에 후퇴란 있을 수 없다.

룽청에 3년 넘게 갇혀 있는 동안, 나는 전혀 심문을 받지 않았다. 이대로 영원히 이 감옥에 갇혀있는 게 되는 것일까? 이 천한 목숨은 감옥에서 그 생을 마감할 것 같다. 나는 근무 중인 간수에게 물어본 적이 있다.

"50호, 보고합니다. 상부에서는 왜 저를 3년 넘게 가두어만 놓고 심문은 하지 않는 겁니까? 하루속히 심문을 해서 판결을 내려주시기를 바랍니다."

간수가 말했다.

"알았으니, 기다려!"

그리고 다시 한 달 여가 지났다. 여전히 아무런 소식이 없었다. 그러던 어느 날, 간수가 나를 호출했다. 나는 그를 따라 법원처럼 생긴 어느 방으로 들어갔다. 그 방에는 세 사람이 앉아 있었다. 그 좌우 양쪽으로는 농민인 것처럼 보이는 두 명의 배심원이 있었다. 이 두 사람은 명목상 '배심원'이기는 했지만 마치 꼭두각시처럼 아무 말도 하지 않고 있었다. 세 사람 중에 제일 왼쪽에 있던 검찰원 검찰관이 기소인이었다. 잠시 후, 간수가 동일 사건에 연루된 취스징 부부와 그 자녀를 끌고 들어왔다. 우리 다섯은 나란히 자리에 앉았다. 제일 가운데 앉아 있던 사람이 입을 열었다.

"재판을 시작한다."

제일 왼쪽에 있던 사람이 자리에서 일어나 기소장을 읽어 내려갔다. 그리고는 나와 취스징 부부 세 사람의 이름을 하나하나 호명하더니 말했다.

"왕용진은 국민당 반동정권의 외교부에서 재직했고, 1937년부터는 국민당 반동정부 주조선영사관에서 다년간 근무하다가 소련에서의 수형생활을 거쳐 조국으로 압송된 바 있다. 우리 정부는 각별히 그에게 진심어린 배려와 특별 대우를 통해(이는 사실이다. 이에 대해서는 나도 정말 감사하게 생각한다.) 지난 7년간 인도주의사상을 교육함으로써 사상개조를 진행했지만, 결코 반성과 뉘우침이 없었고 향후에도 전혀 개전의 정이 없는 것으로 사료된다. 왕용진은 여전히 국민당 반동파의 입장을 견지하고 있고 끝까지 인민의 적으로 죽기를 포기하지 않는 그야말로 회개를 모르는 고집불통이며 역당과 결탁한 반동분자이다. 취스징은 이러한 반혁명분자 왕용진과 공모해 가족 전부를 데리고 국경을 넘어 탈출을 시도했다. 이는 프롤레타리아계급을 배반하고 적에게 투항해 부귀영화를 도모한 것으로 그 죄가 심히 중하다 하지 않을 수 없다. 이에 취스징의 당적을 박탈함과 동시에 중벌로 다스려야 한다."(대강 이런 의미였던 것으로 기억한다.)

검찰원이 기소장을 다 읽고 나자, 가운데 앉아 있던 사람이 나에게 과거 행적과 귀국 후의 행적 그리고 국경을 넘어 탈출을 시도하게 된 배경 등에 대해 물었다. 그리고 한국에 가서 가족을 찾으면 왜 한국에 살지 않고 타이완으로 갈 생각이었는지도 물었다.

내가 말했다.

"저는 국부의 삼민주의 신봉자입니다. 따라서 국민당의 품으로 돌아가는 건 당연한 일이라 생각됩니다."

그가 또 물었다.

"너는 국민당을 배반하고 왕징웨이 정권에 투항하지 않았나?"

"그때는 전국이 항일전쟁 중이었습니다. 우리는 적국의 수중에서 적들의 총칼 아래 핍박을 당하고 있었습니다. 그래서 당시 총영사였던 매국노 판한셩의 지시를 잠시 따를 수밖에 없었습니다. 하지만 항전에서 승리하게 되면 국민당에게 죄를 자인하고 처벌을 요청할 생각이었습니다. 이번 탈출사건은 제 개인적 행동이었고 취스징과는 무관합니다. 그러니 이들 부부를 방면하시어 고향으로 돌려보내주시기를 청합니다."

바로 맞은편에 앉아 있던 그 사람은 이에 대해서는 가타부타 아무 말도 하지 않고, 좌우에 앉아 있던 그 꼭두각시 배심원들에게 물었다.

"그대들은 할 말이 없나?"

그 꼭두각시들이 말했다.

"없습니다."

법관인 듯 보이는 그 사람은 그날은 판결을 내리지 않고 그냥 휴정을 해버렸다. 나는 생각했다. 아마도 며칠 안에는 선고를 하겠지. 그날은 그렇게 끝나고 우리는 다시 감방으로 돌아왔다. 나와 같은 감방에 함께 수감되어 있던 반혁명분자 중에 비즈허畢子和라는 사람이 있었다. 그는 상인으로, 국민당과 내통한 혐의로 체포된 반혁명분자였다. 그는 의복을 포함해 소지품이 많았다. 그는 그것들을 주방에서 취사를 담당하고 있던 죄수에게 주었다. 그 죄수는 본래 농촌 간부였다. 그는 매번 감방 개구멍 앞에서 식사를 나누어줄 때 자신에게 옷을 준 비즈허에게만은 특별히 밥을 더 주었다. 중국에는 "돈만 있으면 귀신도 부릴 수 있다."는 속담이 있다. 그런데 대륙의 형무소에서는 돈보다도 더 소중한 것이 바로 옷이었다. 그러니 옷을 준 사람에게 밥을 더 퍼주는 것은 어쩌면 당연한 인지상정이었다.

나는 그렇게 반년을 넘게 기다렸지만 판결 소식은 들려오지 않았다. 나는 점점 초조해졌다. 정말로 죽으면 끝이니 하루라도 빨리 죽여주었으면 하는 생각까지 했다. 그래서 나는 될 대로 되라는 식으로 양팔을 묶고 있던 포승줄을 임의로 풀어버렸다. 간수가 그것을 발견하고 이번엔 양손에 수갑을 채웠다. 그렇게 또 두세 달이 지났다. 나는 왼쪽 손가락을 물어뜯어 돗자리에 혈서를 썼다.

"왜 이렇게 가두어두기만 하는 겁니까? 왜 듣지도 묻지도 않는 겁니까? 심문을 하던 벌을 주던 하십시오. 왜 판결을 내리지 않는 겁니까? 그냥 이렇게 가두어두기만 하는 건 사람의 도리가 아닙니다. 명명백백한 판결을 내려주십시오. 죽일지 살릴지 하루속히 결단을 내려주십시오."

나는 이 혈서를 상부에 전해달라고 간수에게 청했다. 그러나 아무런 회신이 없었다.

어느 날, 변소에서 우연히 동향사람을 만났다. 그는 식량을 훔치다가 잡혀 들어온 사람이었다. 그가 말했다.

"취스징의 아들이 내 집에 와서 말하기를 자기 아버지와 어머니가 모두 감옥에서 죽었다는 거야."

훗날 나는 고향에 돌아가서 그의 아들 취더산을 만나 사실을 확인할 수 있었다.

나는 취스징 부부의 죽음에 대해 진심으로 애도를 표했다.

처음에 공산당정부가 괜한 허세를 부리며 시작했던 일이 백성들에게 이토록 처참한 상황을 초래한 것이다.

(원제 : 毛澤東發動全國文化大革命)

61 자유를 갈망한 죄

1959년 11월 4일, 중국공산당은 결국 나에게 무기징역을 선고했다. 혐의는 밀출국에 따른 반혁명죄反革命罪였다.

당일 바로 공안公安들이 감옥에 들이닥쳐 나를 호출했다. 개구멍을 통해 밖으로 빠져나온 난 그들이 타고 온 트럭을 타고 어디론가 끌려갔다. 트럭에 타고 있는 공안은 간부인 듯 보이는 한 사람과 두 명의 무장경찰 외에는 아무도 없었다. 정황상, 나를 총살시키려고 데려가는 것은 아닌 듯했다.

트럭은 내 고향이 있는 쪽으로 방향을 틀어잡고 있었다. 트럭이 도착한 곳은 고향마을 동쪽 인근에 있는 마다오허馬道河라는 촌락이었다. 마을에 진입한 트럭은 탈곡장 앞에 나를 내려주었다. 차에서 내리자마자, 나는 공안들에 의해 어느 작은 민가에 구금되었다.

마다오허는 바로 옆 마을이라서 이곳에서 종종 심판대회審判大會가 열린다는 걸 나도 익히 들어 알고 있었다. 심판대회가 열리면, 인근 마을들에서 당간부는 물론 어린 학생들까지 구경하러 몰려들었다. 난 이 마을에서 심판대회가 열리는 게 내게는 차라리 낫다는 생각을 했다.

드디어 심판대회가 열리는 날이 되었다. 대회는 어김없이 밤에 열렸다. 대회장소인 탈곡장에 가스등이 내걸리고 잠시 후, 공산당 간부가 앞으로 나와 개회를 선언했다.

"오늘은 국민당반동분자에 대한 심판대회를 열도록 하겠습니다. 반혁명분자 왕용진은 당국의 허락 없이 몰래 국경을 넘다 체포되었습니다. 이는 용서할 수 없는 반동행위입니다. 반혁명분자 왕용진을 단상 위로 올리겠습니다."

이윽고 경찰 두 명이 나를 끌어다 심판대 위에 세웠다. 내 뒤로는 이른바 심판관이라는 자들이 대여섯 명 앉아 있었다. 모여든 구경꾼들은 대부분 어린 소학교 학생들이었다. 언뜻 봐도 수백 명은 족히 되었다. 농민들도 오륙십 명은 되어보였다.

곧이어 예의 그 당 간부가 군중들에게 말했다.

"이 반혁명분자 왕용진에 대해 비판하고자 하는 분들은 기탄없이 의견을 발표해주십시오."

내가 그동안 고향에 살지 않았던 탓에 내 얼굴을 직접 대면한 이는 드물었지만, 각 인근마을의 나이든 사람들 중에 내 이름 석 자를 모르는 이는 아무도 없었다. 더군다나 난 예전부터 고향에 큰 난리나 재해가 발생할 때면 꼬박꼬박 구호성금을 보냈기 때문에 이웃마을 노인들이라면 백이면 백 모두 내 이름을 들어 알고 있었다.

중국공산당이 내 고향마을이 아니라 하필이면 이곳 이웃마을에서 나에 대한 심판대회를 열게 된 데에는 나름의 이유가 있었다. 우선은 공산당의 위엄을 널리 알리기 위함이었고, 둘째는 나를 모르는 사람이 많으면 일벌백계하는 것이 보다 쉬울 거라 생각했던 것이다.

공산당 간부의 말이 다시 이어졌다.

"반혁명분자 왕용진은 국민당 반동파의 앞잡이입니다. 그가 소련에서 조국으로 돌아왔을 때, 우리 정부는 그에게 7년 넘게 최상의 삶과 함께 사상개조를 할 수 있는 충분한 기회를 제공해왔습니다. 그럼에도 불구하고 그는 시종 국민당의 반동적 입장을 포기하지 않고 죽을 때까지 중국인민의 적으로 남기를 원했습니다. 우리 공산당은 그동안 프롤레타리아 독재를 유지, 발전시키기 위해 여기 있는 왕용진과 같은 반혁명분자들을 꾸준히 소탕해왔고 앞으로도 그럴 것입니다. 이에 선고하는 바입니다. 반혁명분자 왕용진, 무기징역! 반혁명분자 왕용진은 본 판결에 불복 시, 3일 안에 상소할 수 있다."

마지막으로 내게도 발언할 기회가 주어졌다.

"저는 국민당 당원입니다. 오늘 중국공산당은 저에게 무기징역을 언도했습니다. 무기징역이든 사형이든 처분에 맡기겠습니다. 공산당이 통치하는 이 중국에서 제가 아무리 항변을 한들 그게 무슨 소용이 있겠습니까? 무엇이 바뀌겠습니까? 따라서 전 상소하지 않겠습니다. 마음대로 하십시오."

현장에는 수많은 군중들이 모여 있었지만, 나서서 구호를 외치거나 내게 욕을 하는 사람은 단 한 사람만 제외하고는 아무도 없었다. 그 한 사람은 내 고향사람으로 별명이 '쇠갈퀴'라고 하는 자였다. 그가 외쳤다.

"반혁명분자 왕용진을 타도하자!"

대회는 그렇게 끝이 났다.

이튿날 아침, 난 원래 있던 감옥으로 돌아왔지만 감방 안에는 들어가 보지도 못한 채 곧바로 다른 죄수들 다섯 명과 함께 버스에 태워졌다. 버스에 오르기 전, 처#모라고 하는 당 간부에게 조선에 있는 내 가족들이 보내준 사진을 돌려달라고 요구했다. 그런데 그 작자는 돌려주지 않았다.

"아니, 왜 돌려주지 않는 겁니까? 공산당 치하에서는 개인의 가족사진을 가지고 있는 것도 죄가 된단 말입니까?"

그렇게 한참을 실랑이하고 있는데 경찰 두 명이 달려와 강제로 나를 차에 태웠다. 나는 차안에서도 하소연 겸 항의를 계속했다. 차에는 나 말고도 여러 명의 죄수들이 타고 있었다.

"공산당 통치하에서는 해외에서 보내온 가족사진을 소지하고 있는 것도 범법행위란 말입니까? 여러분, 제 말 좀 들어보세요. 공산당 간부가 제 가족사진을 돌려주지 않아요. 공산당 통치하에서는 가족사진도 불법물이란 말입니까?"

차에 타고 있는 죄수들이 나를 말렸다.

"이제 그만 하세요. 그래봐야 소용없어요."

경찰들도 내가 더 이상 말하지 못하도록 제지하고 나섰다.

"왜 말을 못하게 하는 거요? 공산당은 말하는 것도 죄라고 생각하는 거예요?"

버스를 같이 타고 가는 죄수들이 한사코 말렸다.

"이제 그만해요."

우리 다섯 명의 일행 가운데 나만이 무기징역이었고, 여자 한 명은 7년 그리고 나머지는 모두 10년형을 받았다. 그들은 단지 먹고 살기 위해 죄를 저지른 사람들이었다. 나는 분이 영 풀리지 않아 또 다시 경찰에게 물었다.

"공산당 헌법에 해외에서 보내온 사진도 범법물이라는 규정이 있습니까?"

경찰들은 단지 이 말만 했다.

"이제 그만해!"

버스가 대로변에 정차했다. 경찰이 말했다.

"자, 다들 내려!"

우리는 정문을 지나 운동장 구령대 앞에 멈추었다. 경찰 한 명이 앞에 있는 팻말에 종이 한 장을 붙였다. 종이에는 '교도관管敎股'이라고 쓰여 있었다. 잠시 후, 교도관이 밖으로 나오자, 우리를 데리고 온 경찰들은 우리 손에 채워져 있던 수갑과 몸을 묶은 포승을 풀어주고는 그에게 인계했다. 우리는 교도관의 지시에 따라 한 명 한 명 안으로 들어가면서 명부에 등록을 했다.

이곳은 옌타이煙台 노동개조대勞改隊 예하의 라이양萊陽 대대大隊였다. 물론, 여자들은 여자들만 수용되는 별도의 여성중대로 보내졌다. 우리는 대대 내 각 중대에 분산 배치되었다. 나는 제2중대에 배속되었다. 2중대는 농사를 전담하는 이른바 채원대菜園隊였다. 같이 온 나머지 죄수들도 3중대, 4중대에 골고루 배치되었다. 라이양 대대 전체로 따지면, 약 2천 명의 죄수들이 수용되어 있었다.

여성중대는 수화조(繡花組, 자수), 봉인조(縫紉組, 재봉), 과원대(果園隊, 과수
재배), 양돈대(養豚隊), 소요대(燒窯隊, 요업), 양계대(養鷄隊) 등의 분대小組로
구성되어 있었다. 양계, 과원, 양돈 이상 3개 분대는 범법행위로 실형을 언도
받은 공산당원이 분대장小組長을 맡았다. 각 분대에는 적게는 10여명 많게는
20여명의 대원들이 있었다. 과원대나 소요대는 반혁명사범과 형사사범 중에
죄가 중한 자들로 구성되었다. 분대장은 형사범이 맡았다.

의무실도 있었는데 진료와 치료는 의사 출신의 죄수가 맡았고 공산당 당원
인 의사가 의무실 관리와 감독을 했다. 환자들은 아주 많았다. 그중에서도
부종환자가 80% 이상을 차지했다. 사실, 이곳 죄수들은 그놈의 부종 때문에
제대로 일을 할 수 없는 지경이었다. 기력도 없었고 거동도 불편했던 것이다.
이런 일도 있었다. 하루는 부대 뒷산에 급수탑을 만든답시고, 죄수들을 동원
해 산 아래에서 산 정상까지 벽돌을 운반하도록 했다. 그런데 죄수들 중에
몇몇은 벽돌을 산 위로 옮길 힘이 없었다. 그래도 간부들은 계속 채근했다.

"너희들도 벽돌을 나를 수 있을 만큼은 날라야 돼. 좀 더 힘을 내보라고!"

일부 죄수들은 벽돌 두세 장을 나르는 데에도 도중에 서너 차례는 쉬어야
했다.

이것이 바로 마오쩌둥의 토법상마·대련강철, 공산당 대과반이 초래한 이
른바 '3년 환란'의 실상이다.

채원은 대채원과 소채원으로 나뉘었다. 대채원은 대대 밖에서 채소를 가꾸
는 것이고, 소채원은 대대 뜰 안에 채소를 심는 것을 말한다. 내가 일한 곳은
소채원이었다. 우리 분대는 열두 명밖에 없었다. 간부들은 매일 같이 우리 조
를 소채원으로 데려다만 놓고는 그냥 가버렸다. 나머지는 모두 우리 몫이었다.

이곳에서의 생활은 과연 어땠을까? 옥수수, 땅콩, 고구마 등을 방아로 곱게
찧어 가루로 만든 다음, 이걸 다시 주먹만 한 크기의 찐빵으로 만들어 끼니때
마다 야채 한 접시와 함께 제공되었다. 야채는 소채원에서 직접 재배한 것으

로, 자연산 산나물보다 훨씬 맛이 있었다. 대대에 속한 노동개조범들은 식기를 모두 스스로 준비해야 했다. 그래서 저마다 식기가 천태만상이었다. 그걸 보고 있자니, 정말 웃지도 못하겠고, 그렇다고 울 수도 없었다. 개중에는 자신이 직접 가져온 것도 있었고, 친척이 보내준 것도 있었다. 또 어떤 것은 사기로 된 큰 대접이었고 또 어떤 건 작은 질그릇 혹은 작은 깡통이었다. 심지어는 통조림깡통을 식기로 대용하는 이들도 있었다. 어떤 죄수는 깨진 요강을 깨끗하게 씻어 식기로 사용하기도 했다. 대체 그 요강은 어디에서 구한 것일까? 아마도 공산당간부의 가족들이 사용하던 오줌통 중에 깨져서 사용하지 못하는 걸 간부 숙소의 변소청소를 하러갔다가 가지고 온 것일 게다. 그걸 가져다 깨끗이 씻어 그럴싸한 식기로 이용하는 것이다. 나는 식기가 없었다. 그래서 할 수 없이 식기를 두 개 가지고 있는 죄수에게 하나를 빌렸다.

식당에 줄을 서서 배식할 때면, 제일 먼저 찐빵 배식구 앞으로 간다. 손을 뻗어 빵을 달라는 신호를 하면, 안에 있던 사람이 찐빵 한 개를 건네준다. 그 다음에는 야채 배식구 앞으로 가서 접시나 사발을 배식구 앞에 놓으면 안에 있는 죄수가 한 주걱 떠준다. 그걸 가지고 자기 자리로 돌아와 먹는 것이다. 어떤 죄수는 배급받은 찐빵에 뜨거운 물을 잔뜩 부어 대충 휘저어 먹는다. 그러면 금방 배가 불러왔다. 식기가 아예 없는 사람도 적지 않았다. 그 사람들은 간부에게 부탁해 밖에 나가 식기를 사달라고 부탁했다. 그러면 간부는 이렇게 말한다.

"밖에 나가도 팔지 않아."

나도 언젠가 간부에게 부탁을 했다. 요행히 그 간부는 마음씨가 좋았다.

"밖에 작은 질그릇을 파는 데가 있는데, 하나에 5마오래."

그렇지만 내게 돈이 있을 리 만무했다. 그래서 나는 이웃마을 출신의 라오리老李한테 5마오를 빌려 그 간부에게 하나 사다 달라고 부탁했다. 그렇게 산 식기는 노동개조대에 있는 동안 유일한 내 재산이었다. 식기는 그렇게 해결했지만 문제는 젓가락이었다. 하지만 그건 큰 문제가 되지 않았다. 도처에 널린 게 나뭇가지였다. 나는 그걸 젓가락으로 사용했다. 매일 식사시간이 되면, 공산당 의무대에서 나온 사람이 각 중대를 돌아다니며 죄수들의 식기를 검사했다. 검사의 목적은 뜨거운 물을 얼마나 사용했는지의 여부였다. 만일 식기에 지나치게 많은 물이 있는 것이 발견되면, 그 의무대원이 식기를 가지고 밖으로 나가 운동장에 쏟아 부은 다음에 한바탕 욕을 해댔다. 이유인즉슨, 죄수들이 물로 배를 채우게 되면 부종환자들이 늘게 된다는 것이었다. 정말 그런지 안 그런지는 나도 잘 모른다.

이곳에서는 저녁식사가 끝나면 하루도 빠짐없이 학습이란 걸 진행했다. 여기에는 대대장은 물론 간부나 직원들도 예외 없이 참석해야 했다. 학습은 대개 분대별로 이루어지는데, 분대장이 주도하는 학습이 과연 잘 진행되는지 감시하고 감독하는 간부들이 하나씩 배치되었다. 분대장은 대대장이 직접 임명하는데, 나 같은 반혁명분자는 아예 분대장이 될 자격이 없었다.

학습이 시작되면, 대원들은 각자 자기 자리에 앉아 한사람씩 돌아가면서 『마오쩌둥어록毛澤東語錄』이나 『마오쩌둥선집毛澤東選集』을 읽는다. 물론 그 책들은 스스로 사야했다. 그게 끝나면 분대장이 교육계教育股에서 하달한 학습주제를 제시하며 대원들 간의 상호토론을 진행하게 된다. 가령, 그날의 학습주제가 '미국은 과연 강대한가?'라고 해보자. 그러면 죄수들은 발언하기에 앞서 일단 그에 부합된다고 생각되는 부분을 『마오쩌둥어록』에서 찾아내 읽는다. 그리고 본격적인 토론을 시작한다.

만일, 토론 중에 내가 발언을 하고자 한다면 먼저 손을 들어 발언신청을 해야 한다.

"제가 발표하겠습니다."

그러면 분대장이 말한다.

"좋습니다. 왕 동지 말씀하세요."

그러면 난 『마오쩌둥어록』 중에 해당되는 부분을 암기한 다음에 발언을 시작한다.

"위대하신 지도자 마오쩌둥 주석은 이렇게 말씀하셨습니다. 미 제국주의는 겉으로는 강해보이지만 실제로는 나약하기 그지없다. 처음 보면 굉장히 두려운 존재 같지만 사실 종이호랑이에 불과하다. 한번 부딪히면 곧바로 무너질 것이다."

그렇게 『어록』을 암송한 다음, 미국이 얼마나 나쁜지, 다른 국가를 얼마나 많이 침략했는지 등등 가차 없는 비판을 가하게 된다. 비판은 강하면 강할수록 좋았다. 이건 개조학습을 얼마나 잘 받았는지, 혹은 노동을 통해 얼마나 개조되었는지 등등을 확인하는 잣대가 되기 때문이다. 만일 마오쩌둥의 어록을 제대로 외우지 못했거나 두서없이 할 말 못할 말 함부로 지껄이기라도 할라치면, 곧바로 대대장이나 간부들이 제지에 나선다.

"지금 너의 발언은 주제를 벗어나도 한참 벗어난 거야! 도대체 그동안 뭘 학습한 거야?"

그러고 나면 분대장이 다시 다음 사람을 지목하고 토론을 계속한다.

제대로 발언을 하지 못하는 죄수에 대한 대대장의 비판은 늘 똑같았다.

"너는 아직도 개조하려면 한참 멀었어. 아직도 반인민적 입장을 바꾸지 못하고 있는 거야. 1년 365일 일요일을 제외하고 매일 같이 저녁식사 후에 두 시간씩 학습을 하는데 그 정도 밖에 못한다는 게 말이 돼?"

간혹 대대장이 지목한 죄수가 『마오쩌둥어록』을 술술 외우면, 대대장은 발표를 잘 하지 못한 죄수에게 보란 듯이 핀잔을 준다.

"너 지금 잘 들었지? 다른 사람은 저렇게 잘 외우는데 너는 대체 뭐하는 거야?"

이런 학습방식은 전국에 있는 모든 노동개조대에서 똑같이 이루어졌다. 아니, 이건 중앙은 물론이고 전국 농촌 혹은 각 단위單位20)에서 통일적으로 진행되는 일종의 공산당 기율이었다.

---

20) 기관, 단체 혹은 그에 속한 부서 등을 말한다.

노동개조대에 수용된 죄수들은 개조 중에 작은 잘못이라도 하면 각 분대별로 공개비판을 당하거나 자아비판을 해야 했다.

"비판을 잘하고 못하고는 전적으로 대대장인 내가 판단하고 결정한다."

대대장은 항상 이렇게 말하곤 했다.

만일 자아비판을 제대로 하지 못하면 분대가 아닌 중대 차원에서 비판대회가 열리기도 했고, 그보다 더 큰 잘못을 저질렀다면, 곧바로 대대 전체 차원에서 운동장에 사람들을 모아놓고 대대적인 비판대회가 열리기도 했다. 그날은 전원이 일을 나가지 않고 운동장에 모여야 했다. 대회가 열리면, 각 중대의 죄수들은 각자 자기가 앉을 나무걸상이나 혹은 그것이 없으면 널빤지나 거적 등이라도 가지고 나와야 했다. 새로 수감된 죄수들의 경우에는 그걸 잘 몰라 그냥 바닥에 주저앉기도 했다. 만일 비나 눈이라도 오는 날이면, 땅바닥이 온통 진창이라 앉을 수도 없었다. 그렇다고 맘대로 서 있을 수도 없었다. 어찌 되었든 앉아야 했던 것이다. 이는 새로 온 죄수들이 비판대회에서 겪는 가장 고통스런 일 중의 하나였다. 나중에 죄수들은 갖가지 방법으로 대회장에서 앉을 수 있는 도구들을 챙겨오기도 했다.

노동개조범들이 가장 싫어하는 건 겨울에 대회가 개최되거나 영화를 보는 일이었다. 겨울날씨는 정말 참을 수 없을 만큼 추웠다. 비판대회가 열리면, 공산당간부가 누구누구가 공산당의 정책을 비판하는 반혁명적 발언을 했다고 그를 지목해 불러올린다. 그러면 단상 아래에 앉아 있는 죄수들 중에는 자신이 얼마나 개조에 적극적으로 임했는지를 알리기 위해 발언을 자청하는 이들도 있었다. 물론 그는 어김없이 정부의 정책을 적극적으로 옹호하는 발언을 했다. 뿐만 아니라 사령대司令臺 앞까지 달려 나와 큰 잘못을 저지른 죄수를 향해 삿대질까지 해가며 욕을 하는 이들도 있었다. 심지어 그에게 주먹질이나 발길질을 해대는 이도 있었다. 그러면 죄수들 중에 열의 아홉은 뒤에서 아니꼽거나 못마땅해서 콧방귀를 뀌기 마련이었다. 죄가 무거운 죄수는 가중처벌을 받거나 심하면 사형을 당하기도 했다. 내 개인적으로는 총부리 앞에서는 절대 계란으로 바위치기를 해서는 안 된다는 생각이다.

총 열두 명으로 구성된 우리 분대는 주로 대대 안에서 작업을 했다. 여름에는 몇몇 계절채소를 심었지만 겨울에는 그것을 전부 갈아엎고 그 위에 비닐하우스를 만들어 채소를 재배했다.

하루는 대대장이 아주 젊은 청년 한 명을 데리고 왔다.

"이 친구도 함께 데리고 일해."

그 젊은이는 옌타이 출신의 신新반혁명분자였다. 당시에는 소위 공산당의 젖을 먹고 자랐음에도 불구하고 반혁명의 죄를 저지른 자들을 일컬어 신반혁명분자라 했다.

"함께 일하게 되어 반갑습니다."

그 친구가 우리 분대에 들어와 처음이자 마지막으로 했던 유일한 말이었다. 불과 스무 살 남짓 되어 보이는 그는 이 말 외에는 아무 말도 하지 않았다. 아무리 물어도 항상 묵묵부답이었다.

우리는 밭에 대는 물을 보통 우물가에 가서 길어왔다. 이때는 일반적으로 네 명이 한 조가 되어 움직였다. 그 젊은 친구도 그 조에 포함되어 일했다. 그런데 날이 갈수록 밭일 할 때 사용하는 농기구들이 하나씩 하나씩 없어지기 시작했다. 예전에는 그런 일이 없었는데, 공교롭게도 그 친구가 온 뒤로 이런 일이 발생하게 된 것이다. 그러한 사실은 결국 대대장의 귀에도 들어가게 되었다.

대대장은 우리에게 주의를 주었다.

"저 친구 동태를 잘 감시해."

그렇지만 그 청년은 우리와는 전혀 말을 섞지 않았다. 게다가 학습 중에도 그는 일절 발언을 하지 않았다. 설사 신반혁명분자라 해도 학습 중에 발언을 하지 않을 권리는 그 누구에게도 없었다. 그래도 대대장은 그에게 뭐라 하지 않았다. 이런 상황이니 우리로서도 대대장에게 그에 대해 따져 물을 수도 없었다. 그저 우리 안에서는 이 친구가 필시 공산당 고위간부의 자식일 것이란 추측만 무성하게 돌아다닐 뿐이었다.

어느 날이었다. 그 날도 네 명이 한 조가 되어 우물가로 물을 길러갔다. 그런데 돌아온 사람은 세 명뿐이었다. 그 젊은 친구만을 우물가에 내버려둔 채 셋 만 돌아온 것이다. 이유인즉슨 이렇다. 성이 왕王씨인 그 친구가 창고에서 가져간 호미 세 자루를 우물 안에 슬쩍 던져버리는 것을 분대장이 보았고, 분대장은 바로 대대장에게 가서 보고했다. 대대장은 우물가로 달려와 다른 사람을 시켜 우물 안에 내려가 건져오게 했다. 그런데 내려가 보니 그것뿐만이 아니라 갈고리며 곡괭이며 다른 농기구 십여 개가 더 있었다. 그런데 이상한 건 대대장의 사후조치였다. 대대장은 아무 말 없이 그를 데려갔다가 작업이 끝날 때쯤 아무 일 없었다는 듯 다시 우리 쪽으로 돌려보낸 것이다.

"오늘 밤 분대별 학습시간에 자아비판대상은 샤오왕小王이 되겠구만 그래."

대원들은 다들 그렇게 생각을 했다. 그런데 정작 학습시간이 되었지만, 대대장은 샤오왕에게 자아비판을 시키지도 않았고, 남들의 비판대상으로 세우지도 않았다. 너무도 의외라 다들 대대장만 멀뚱멀뚱 쳐다보았다.

대대장이 말했다.

"분대장, 왜 학습을 시작하지 않는 거야?"

그 말에 놀랐던지 분대장이 서둘러 학습 시작을 알렸다.

"누구 발언할 사람?"

그날 밤의 학습은 그렇게 평소와 다름없이 진행되다가 끝이 났다. 필시 대대장도 사람들의 불만 섞인 표정을 알아챘을 게 틀림없다. 그렇지만 애써 무시하는 것 같았다. 만약 이 일을 다른 사람이 저질렀다면 분명히 중대 차원에서 아니 어쩌면 전체 대대 차원에서 비판대회가 열렸을 것이다. 그런데 왜 유독 샤오왕 만큼은 예외인 것인지 도통 이해가 되지 않았다.

대대장은 우리에게 이 말만 하고 자리를 떴다.

"샤오왕에 대해 좀 더 주의를 기울이도록!"

며칠 후, 여느 때와 다름없이 우물가로 물을 길러 간 사람들이 돌아왔다.

분대장이 말했다.

"십분 간 휴식!"

샤오왕은 그 말이 떨어지기가 무섭게 오줌이 마려웠는지 변소로 달려갔다. 그런데 그가 돌아오고 난 뒤, 변소에 간 분대장이 붉은 화장실 벽돌담장에 하얀 분필로 '마오쩌둥 타도! 장 위원장 만세!'라고 쓰인 낙서를 발견했다. 그 즉시, 분대장은 대대장에게 보고했다. 잠시 후, 간부들 다수가 몰려와 샤오왕을 데려갔고, 사진사는 변소 벽에 쓰인 낙서를 찍어갔다. 다들 이번만큼은 샤오왕이 비판대회를 피해갈 수 없을 것이라 생각했다.

우리가 일을 마치고 숙소로 돌아왔을 때, 샤오왕의 자리는 비어있었다. 떠난 것이다. 그렇지만 그가 어디로 갔는지는 누구도 알 길이 없었다. 만일 라이양법원으로 보내졌다면, 형량과는 별도로 샤오왕을 우리가 있는 노동개조대로 돌려보내 비판대회를 열도록 함으로써 일벌백계했을 게 틀림없다. 그런데 2년이 다 되도록 법원에서 샤오왕에 대해 어떤 조치를 취했다는 소식은 들려오지 않았다. 가중처벌이든 사형이든 분명한 선고를 내림과 동시에 노동개조대에 있는 죄수들에게 본때를 보이는 게 법원이 그간에 해왔던 관례였는데도 말이다. 하여튼 이번 사안은 정말로 특이했다. 그렇다면, 법원으로 송치되지 않고 원래 있던 옌타이로 돌아간 것일까? 그것도 모를 일이다. 아무튼 이 일은 대놓고 말은 못하지만 죄수들 사이에선 초미의 관심사가 되어 있었다.

"도대체 공산당 젖을 먹고 자란 놈이 어떻게 장 위원장의 함자를 알고 있었을까?"

"장 위원장이야 중국 사람이라면 대대손손 기억해야 할 분 아니겠어? 결코 잊을 수도 없고 잊히지도 않을 거야."

이렇듯 다들 궁금해 했다. 그러나 소식조차 끊긴 마당에 샤오왕을 직접 만나 물어볼 수도 없는 일이었다. 적어도 우리에게 이번 사건은 매우 흥미로운 그러나 영원한 미제로 남게 되었다.

노동개조범 중엔 역시 옌타이에서 온 우累씨 성을 가진 이도 있었다. 그는 원래 일반 형사범으로 들어왔는데 나중에 반혁명분자로 분류되어 제3중대에 배치되었다. 그가 형사범에서 반혁명분자로 바뀌게 된 연유는 무엇일까? 그는 사회에 있을 때, 옌타이에서 좌판을 벌여놓고 글자 새겨주는 일로 생계를 삼던 사람이었다. 특히, 학교 근처에서 학생들에게 글자를 새겨주고 돈도 쏠쏠하게 벌었다고 한다. 그런데 하루는 공산당이 그더러 집체경영조직에 참여해 일하라고 했는데 거부하는 바람에 체포되어 5년 노역형을 언도받았다는 것이다. 공산주의사회에서는 자본주의 방식의 개인 경영은 결코 허락되지 않는다. 그것이 큰 사업이든 작은 사업이든지 간에 전부 합작방식을 택해야 하는 것이다. 그의 죄는 바로 그것을 거부했다는 것이다. 그렇지만 그는 자신이 죄를 지었다고는 전혀 생각지 않았다. 그래서 기회 있을 때마다 중국공산당과 마오쩌둥을 욕하는 걸 서슴지 않았다.

"중국 역사에서 가장 포악한 군주하면 진시황을 떠올리잖아? 그런데 아니야. 마오쩌둥이라고, 마오쩌둥! 그 놈은 사람을 죽여도 정말 피 한 방울 나지 않게 죽이는 놈이야! 정말 악랄하고 나쁜 놈이라고!"

이상이 그가 반혁명분자로 몰려 라이양노동개조대로 오게 된 이유의 대강이다. 그는 분대별 모임에서 발언하지 않기로 유명했다. 하루는 대대장이 그에게 발언을 해보라고 했다. 그러자 그는 이렇게 말했다.

"내가 입을 열면 그건 다 공산당 욕하는 소리요. 난 중국 사람이 아니오, 아냐."

"중국 사람이 아니면 도대체 어느 나라 사람인데?"

"나요? 나 캐나다 사람이요, 캐나다 사람!"

그때부터 그는 죄수들 사이에서 '캐나다인'이란 별명으로 유명인사가 되었다. 그는 분대 내에서도 수없이 비판받았고, 여러 차례 그를 비판하는 대회도 열렸지만, 여전히 요지부동이었다. 결국 그는 라이양법원으로 보내졌고 얼마 후, 그를 비판하는 대회가 노동개조대에서 열렸다. 전 대대원들은 그날만큼은 모든 작업을 중단하고 대회에 참가했다. 중대별로 모여 연병장에 앉아있으려니 잠시 후, 정문을 통해 두 대의 대형 트럭이 들어왔다. 트럭에는 무장한 여러 명의 경찰들 사이로 포승줄에 단단히 묶인 채 등 뒤에는 망명패(亡命牌)[21]가 꽂혀 있는 죄수 한 명이 서 있었다. 한눈에 보아도 그가 '캐나디안'이란 걸 대번에 알 수 있었다. 그의 입에는 재갈이 물려 있었다. 트럭은 우리 주위를 천천히 한 바퀴 돌았다. 이윽고 스피커를 통해 누군가의 목소리가 들려왔다.

"반혁명분자 우○○는 반동적 입장을 견지한 채 개전의 정이 전혀 없는 바, 총살에 처한다."

비록 입에 재갈이 물려 있기는 했지만 우○○는 뭔가를 계속해서 중얼거리고 있었다. 멀리 뒤쪽에 있어 또렷하게 들을 수는 없었지만, '국민당만세!'라고 하는 것 같았다. 경찰은 그를 우리 앞으로 끌어내려 총살시켰다.

이외에도 한 명이 더 있었다. 그는 지주의 아들로 나와는 같은 마을사람이었다. 그는 일찍이 도시로 나갔다가 고향으로 끌려와 감독개조를 받고 있었다. 그 역시 마오쩌둥과 공산당을 비난한 죄로 이곳에 수감되어 매일 밤 비판투쟁을 당하다가 결국 라이양법원으로 송치되었다. 우리는 그 또한 우씨와 똑같은 전철을 밟을 것이란 걸 짐작하고 있었다. 아니나 다를까, 대대로부터 비판대회를 열 예정이니, 작업을 쉰다는 통보가 왔다. 당일 전원이 연병장에 소집되었고 잠시 후, 두 대의 트럭이 대대 안으로 들어왔다. 법원 차량이 먼저 들어왔고 그 뒤로 죄수들을 실은 트럭이 들어왔다. 죄수들은 하나같이 포승줄에 묶여 있었고 등 뒤에는 망명기(亡命旗)를 꽂고 있었으며 입에는 재갈이 물려 있었다. 물론 그 중에 그 지주의 아들도 포함되어 있었다. 트럭은 연병장에 모인 죄수들 주위를 한 바퀴 선회했다. 이윽고 법관이 지주의 아들에게 총살형을 선고하자, 지주의 아들은 '국민당만세!', '장 위원장 만세!', '공산당을 타도하자!'라고 외쳤다. 목소리는 크지 않았지만 가까이에 있는 죄수들은 모두

---

21) 망명기(亡命旗)라고도 하는데, 옛날 군중(軍中)에서 명령을 내릴 때 사용하는 영전(令箭) 모양으로, 보통 흰 종이를 붙이고 꼭대기는 뾰족하게 되어 있다. 깃발에는 죄수의 이름이 적혀 있고, 이름 위에는 빨간 작살 같은 것이 그려져 있다.

들을 수 있었다. 대회가 끝나고 그는 다시 끌려갔다.

당시는 먹을 식량이 없어 모두들 기아에 허덕이던 시절이었다. 따라서 도처에서 죽어나가는 사람을 보는 게 아주 흔한 일이었다. 당시에 대한 나의 기억은 매우 또렷하다.

공산당을 비난하고 마오쩌둥을 욕한다고 해서 사형을 당한다는 건 보통사람들은 이해하지 못할 일일 것이다. 세계 어느 나라의 지도자도 국민 전부를 만족시킬 수 있는 사람은 없다. 따라서 국민들이 지도자를 욕하는 건 세계 어느 나라든 늘 있는 일이다. 다만 그 정도의 차이만 있을 뿐이다. 당연히 중국에도 공산당과 마오쩌둥을 욕하는 이들은 많았다. 나와 함께 개조를 받았던 공산당 수의관獸醫官이 내게 했던 말을 간단히 적어보겠다.

그는 광시성廣西省 소수민족 출신의 천陳씨 성을 가진 공산당 당원이었다. 그는 하이양현海陽縣22)에 있는 부대에서 수의사로 복무했다. 계급은 중위였다. 공산당은 진작부터 소수민족 중에 어린 친구들을 공산당원으로 교육시켜왔다. 그가 바로 그 경우였다. 그는 하이양현에서 여러 해 동안 수의사로 근무해오다가 이른바 '3년 환란' 시절에 휴가를 얻어 오랜만에 고향으로 돌아가 어머니와 아내를 만났다. 토법상마·대련강철과 대괴반 시절, 중국대륙의 인민들이 기아선상에서 허덕이던 상황에서 공산당의 젖을 먹고 자란 천 수의관은 광시성 고향으로 돌아가 노모와 아내가 어떻게 지내는지 보려고 했던 것이다.

그가 내게 말했다.

"고향에 돌아가는 중에 광대한 노동인민의 비참하고 궁핍한 삶을 볼 수 있었어요. 그때 마오쩌둥의 노선이 잘못되었다는 걸 깨달았지요. 어린 아이들의 모습에선 해맑고 활기찬 모습을 찾아볼 수 없었고, 노인들의 얼굴엔 수심만이 가득했어요."

그는 부대로 돌아온 뒤에 바로 마오쩌둥의 노선이 잘못되었고 그에 반대한

---

22) 산동성 옌타이시 소재.

다는 의견을 공개적으로 피력했다.

"나는 마오쩌둥에 반대하는 것이지, 중국공산당에 반대하는 것이 아니다."

이 일로 그는 신반혁명분자로 찍혀 라이양노동개조대로 보내졌고, 우리 분대에 배속되어 개조를 받고 노동을 하게 된 것이다.

이 인정 많고 사려 깊은 사람은 우리와도 허물없이 지냈다. 그는 분대 내에서도 가장 적극적으로 발언하는 사람이었다. 그런데 그가 발언만 하면 대대장은 곧바로 제지했다.

"너의 발언은 반동적이다."

"제 발언은 중국공산당에 반대하는 것이 아닙니다. 다만 마오쩌둥의 잘못된 노선에 반대하는 것입니다."

"그래서 문제야. 네 발언은 마오 주석 말씀에 반대하는 것이니 난 절대 용인할 수 없어. 앞으로 넌 발언하지 마!"

"공산당 헌법에 언론의 자유가 명문화되어 있습니다."

"아무튼 난 마오 주석을 반대하는 발언은 절대 용납할 수 없어. 앞으로도 네가 조직 내에서 함부로 지껄이거나 쓸데없는 말을 하고 다니면 가만두지 않겠어."

비판대회에서 천 수의관의 생각에 동조하는 사람들은 꽤 많았다. 그러나 그들은 감히 입 밖으로 발설하지는 못했다. 반면, 여전히 앞으로 나가 적극적으로 천 수의관을 욕하고 비난하는 사람들도 있었다. 이런 아첨행위는 노동개조대에서는 부지기수로 행해지는 흔히 있는 일이었다. 이런 사람들이야말로 몰염치하고 치사한 자들이었다. 후에 천 수의관은 옌타이로 송환되었다. 나중에 옌타이에서 죄수들이 오면, 천 수의관의 행방에 대해 묻곤 했다. 결국 수소문 끝에 그가 총살을 당했다는 소식을 듣게 되었다. 천 수의관의 죽음, 남겨진 노모와 아내…서글픈 종말….

(원제 : 投奔自由罪)

62 국민당의 반공대륙反攻大陸

내 기억으로 1962년인가 1963년인가의 일이었다. 달도 3월인지 4월인지 정확치는 않다. 어쨌든 그 즈음, 인민일보에 '국민당 반동파'라는 기사가 실렸다. 반공대륙反攻大陸을 꿈꾸는 국민당의 특파공작원들이 하이양현海陽縣 등지에 상륙을 시도하다 전원 체포되었다는 내용의 기사였다. 이 사건은 뉴스기록영화로도 만들어져 노동개조대에 수용되어 있던 우리 같은 죄수들에게도 보여주었다. 영화에는 특파공작원들이 휴대하고 있던 각종 무기들과 통신장비들이 해안가에 정박한 고무보트에 그대로 남아 있는 장면도 있었고, 20명이 넘는 포로들이 베이징 시내를 유람하는 장면들도 있었다. 그러나 우리 죄수들 대부분은 뒤에서 코웃음을 쳤다.

국민당과 공산당 간에 내전을 벌이던 시절에, 국민당군대의 행위는 분명히 민중의 신뢰를 잃었다. 국민당이 실패하게 된 원인 중에 가장 큰 요인이었다.

그러던 국민당이 지금은 연일 반공대륙을 외치고 있다. 하지만 지난 수년 동안 똑같은 외침만 있었지, 그 외침을 실행에 옮겼다는 소식은 듣지 못했다.

우리 중에 누군가 말했다.

"조선전쟁 때 미군이 참전했을 때가 가장 좋은 기회였어. 대련철강과 대과반 시절에도 반공대륙을 할 수 있는 좋은 기회가 있었고 말이야."

그랬다. 국민당은 타이완으로 도망가 자신들만의 안락과 안위에 도취되어 그 기회를 잃어버리고 만 것이다.

그뿐만이 아니었다. 국민당은 공산당과 목숨을 건 사투를 벌였던 동지전사들을 치지도외해버렸다. 그들이 포로가 되어 20년 넘게 강제노동에 시달리다 겨우 석방되었을 때, 그에 걸맞은 대우와 처리를 했어야 마땅했다. 더군다나 특사로 석방된 수백 명의 노병들 중에 열 명은 가족들이 타이완에 살고 있었다. 공산당은 이 열 명의 군인들이 타이완에 가 가족들과 함께 살 수 있도록 허락했고, 충분한 여비는 물론 간부들을 시켜 홍콩까지 호송할 수 있도록 배려해주었다. 그러나 국민당은 이 열 명의 군인들이 타이완으로 가 30년 넘게 떨어져 있던 가족들과 함께 사는 걸 허락하지 않았다. 이건 국민당이 이른바 토사구팽을 일삼는 당이라는 걸 말해준다.

내 경우는 어떤가? 무엇보다 난 국민당 당원이다. 1932년 8월에는 구웨이쥔을 돕다가 구사일생으로 살아난 사람이기도 했다. 그 덕에 당시 구웨이쥔 선생 소개로 외교부차장 류총제를 만나 외교부 서무과 말단직원인 서기로 일할 수 있었다. 그로부터 5년 후인 1937년 3월에는 중국주조선한성총영사관에 파견되어 1945년 원산영사관에서 소련군에 체포되어 소련으로 압송될 때까지 줄곧 조선에서 근무했다. 소련에서 5년 넘게 수형생활을 했던 나는 1950년 만주국 황제 푸이 등과 함께 중국공산당에 인계되어 고국으로 돌아올 수 있었다. 그러나 1975년 12월 16일 석방될 때까지 태반을 수용소에서 죄수로 살아야 했다. 그렇게 보면, 난 공산주의 소련과 중국에서 거의 30년 넘게 수형생활을 한 셈이었다.

이후, 난 그동안 떨어져 살던 가족들을 찾기 시작했고, 가족들이 타이완과 한국에 흩어져 산다는 사실을 알게 되었다. 특히, 아내가 둘째딸과 함께 타이완에 살고 있었기 때문에 공산당은 내가 타이완으로 가는 걸 허가했던 것이다.

그런데 난 홍콩에 도착했을 때, 맘속으로 국민당이 전례에 따라 나의 타이완 입경을 허락하지 않을지도 모른다는 불길한 생각을 하게 되었다. 하지만 다행히 타이완에 있는 둘째딸이 평소 잘 알고 지내던 타이완 입법위원 왕웨성王月昇, 두(杜)○○ 등의 도움을 받아 홍콩구제총서香港救濟總署를 통해 한 장의 항공권을 내게 보내준 덕분에 1980년 5월 10일 타이완에 올 수 있었다. 당시 타이완의 청년일보와 상업일보에서는 나를 취재해 신문에 보도하기도 했다.

나는 거의 빈털터리 신세로 타이완에 와 둘째딸에 의탁해 10년 넘게 살았다. 그런데 그동안 국민당은 내게 전혀 관심을 보이지 않았다. 국민당 비서장 송추위宋楚瑜가 설春節에 사람을 시켜 타이완 돈 1만 위안이 든 금일봉을 보내온 것 외에는 없었다. 나는 그때 송추위에게 등기우편을 보내 직접 뵙고 지난 36년의 나의 고생담을 들어줄 것을 요청했지만, 묵묵부답, 감감무소식이었다.

그 후, 동쥔董鈞선생이 입법위원 한궈위韓國瑜에게 나에 대한 자초지종을 보고했고 한궈위 위원이 애써준 덕분에 1993년 7월 5일 외교부장 첸푸錢復에게 서신을 보낼 수 있었다. 회신은 같은 해 10월 2일에 왔다. 내용은 사건의 경위를 조사할 근거자료가 없다는 것이었다. 사실 난 옛날 위임장이나 관련문서 등을 전부 소련군에 빼앗겨 가지고 있는 게 아무 것도 없었다. 남아 있는 거라곤, 아내가 도피 중에 몸에 지니고 있던 사진뿐이었다. 그 사진은 북조선에서 남조선으로 월남할 때 가지고 나온 것으로, 거기에는 내가 외교부에서 근무할 때 옷에 청천백일기가 새겨진 외교부 직원용 동그란 배지를 달고 찍은 모습이 나온다. 물론, 중국공산당이 나를 재판한 서류와 석방문건 등도 일부 가지고 있기는 했다. 이외에도 나의 과거 이력과 신분을 증명해 줄 사람도 만났다. 그는 외교부에서 근무하다 퇴직한 왕웨이王偉란 인물이었는데, 내가 조선한성총영사관에 있을 때 왕징웨이 정권에서 파견한 신입외교관이었다. 그렇게 보면 과거의 동료였던 셈인 것이다.

그러나 결론적으로 말하면, 이 모든 게 별무소용이었다.

(원제 : 國民黨反攻大陸)

63 교양대教養隊

공산당 기관지에 '국민당 팔고특무八股特務가 하이양현에 상륙한 이후'란 보도가 실리고 얼마 뒤의 일이었다.

하루는 공산당간부가 모든 죄수들을 연병장에 소집했다. 그는 손에 인명부 하나를 들고 있었다.

"이름을 부르면 바로 나와 저쪽에 서 있어."

이름이 호명된 죄수들은 총 사십여 명이었다. 물론 나도 그 안에 끼어 있었다. 호명된 이들은 숙소로 돌아가 각자 짐을 챙겨 나왔다. 그런데 그 간부의 말이, 가는 도중에 차가 멈추지 않기 때문에 소변이 마려운 사람은 스스로 알아서 해결해야 한다는 것이었다. 그 말에 우리는 각기 소변기를 준비해야 했다.

우리는 다섯 대의 트럭에 나누어 탔다. 그때 우리는 어디로 끌려가는 것인지 아무도 몰랐다. 트럭에 탄 죄수들은 모두 반혁명분자들이었다. 트럭을 타고 가는 동안 보이는 것이라곤 밭이나 산에서 일하는 농부들뿐이었다.

차가 도착한 곳은 자오웬현招遠縣에 있는 링룽금광玲瓏金鑛이었다.

죄수들 중에는, 이미 폐광이 되어버린 이곳 금광까지 끌고 온 것은 필시 동굴 안에 우리를 밀어 넣고 기관총으로 '탕탕' 쏘아죽인 다음, 귀신도 모르게 감쪽같이 탄광을 폐쇄해버리겠다는 심산이 아니겠냐고 절망 섞인 한숨을 내뱉는 이들이 대부분이었다. 반면, 그건 절대 아닐 것이라며 내심 희망 섞인 기대를 하는 일부 죄수들도 있었다. 이들의 생각은, 우리 같은 반혁명분자를 해변에서 멀리 떨어진 이곳으로 보내 만에 하나 탈출할 것을 미연에 방지하기 위함이라는 것이었다.

이 금광은 만청 시기에 건설된 것이지만 그리 널리 알려진 곳은 아니었다. 그러나 일본제국주의는 지난濟南을 침략한 뒤, 신형의 채굴 장비를 대량으로 도입해 본격적으로 금광을 개발하기 시작했다. 뿐만 아니라 일본에서 직접 광부와 그 가족들까지 데려와 아예 하나의 일본인 마을을 형성해놓았다. 그래서였는지 숙소는 물론, 각종 가구며 집기들은 전부 현대적이었다. 산꼭대기에는 파수를 보는 무장초소도 있었다.

우리는 이 금광에 끌려온 뒤로 하루도 쉬지 않고 일을 해야 했다. 나이가 좀 젊은 사람들은 금광 안으로 직접 들어가 원석을 캐는 일을 했고, 연배가 있는 노인들은 광석장에서 황금이 함유된 돌덩어리들을 주웠다. 그러면 전문 기술자들이 원석과 돌덩어리들에 함유된 황금 함량을 체크했다.

여기서의 생활은 라이양노동개조대보다 훨씬 나았다.

이곳에는 기름을 짜는 유방油坊도 있었다. 그도 그럴 것이 자오웬은 본래 산동의 대표적인 기름산지로 유명한 곳이었다. 그런데 지금은 모든 기름이 우리 죄수들의 힘으로 생산되고 있었다. 하지만 우리가 땅콩에서 채취한 기름은 모조리 정부당국에 바쳐야 했고 대신에 기름을 짜고 남은 땅콩깻묵만이 우리 몫으로 돌아왔다. 우리는 그 땅콩깻묵에 고구마가루를 섞어 찐빵을 만들어 먹었는데, 보기보다는 그 맛이 꽤 괜찮았다. 거기에다 야채 한 접시와 쌀밥 한 사발까지 곁들이면 누구 부럽지 않을 만큼 충분히 배불리 먹을 수 있었다.

죄수들에겐 매달 용돈조로 1인당 2위안이 지급되었다. 우리는 그 돈을 대부분 담뱃값으로 사용했다.

이곳에서는 영화상영이나 경극공연 등 문화여가활동도 정기적으로 진행되었다. 무엇보다 반가운 일은 비판투쟁대회가 없었다는 것이다. 대신, 학습은 매일 해야 했다. 학습은 주로 분대장 주도 하에 이루어지는데, 다행히도 공산당간부들의 직접 참관이 이루어지지 않아 부담이 훨씬 적었다. 공산당간부들은 단지 학습 자료만을 제공할 뿐이었다.

이렇게 보면 전에 있던 곳보다는 훨씬 자유로운 생활이었다고 할 수 있다.

우리와 함께 끌려온 여자들은 재봉일이나 땅콩 줍는 일 따위를 주로 했다.

이곳의 특이한 점은 교양대敎養隊라는 별도의 조직이 있었다는 것이다. 교양대는 약 백여 명으로 꾸려졌는데, 주로 공산당 내부투쟁에서 밀린 정치범들이 다수였고, 이외에도 건달이나 부랑자들도 일부 끼어 있었다. 그렇지만 이들은 실형을 사는 것은 아니었고 단지 일정기간 노동과 교양학습만을 받고 석방되는 식이었다. 그러나 석방 여부는 교양대를 책임지는 당 간부의 재량에 전적으로 달려 있었기에, 석방되어 집으로 돌아가는 데에는 짧으면 1년 길면 수년이 걸리기도 했다. 심지어 어떤 이들은 석방되기까지 8년, 9년이 걸리기도 했다. 우리는 이곳에서 2년을 넘게 있었다.

(원제 : 敎養隊)

64 공산당의 공功

내 기억에 1964년의 일이었던 것 같다.

하루는 공산당간부가 우리의 숙소로 왔다.

"라이양에서 온 죄수들은 전부 짐을 챙겨서 나와."

"에이! 또 어디로 끌고 가려고 그러는 거야."

"이거 완전히 걸어 다니는 고깃덩이 신세일세, 그려!"

"가라면 가고 오라면 와야지 뭐! 별 수 있어?"

"어디에 또 죄수들이 부족한 데가 있나보지 뭐. 우리를 모셔가는 게!"

여기저기서 불만 섞인 푸념들이 들려왔다.

우리는 당 간부와 무장경호원들이 호송하는 세 대의 트럭에 나누어 탔다. 삼십 분 넘게 고속도로 위를 질주하던 트럭은 어느새 끝없이 펼쳐진 대평원을 지나 목적지인 듯 보이는 어딘가로 접어들었다. 오후 다섯 시가 조금 넘은 시각이었다. 가로수도 보였고 건물들도 보였다. 트럭은 소련에서 보았던 집단 농장 같은 곳에 우리를 내려주었다. 소련의 그것과 다른 점이 있다면, 높다란 토성土城이 외부를 둘러싸고 있다는 것일 게다. 토성 안으로 들어서니, 옛날 기와집들이 여기저기에 그대로 남아 있었다. 물론, 회의실이나 식당, 의무실 등으로 사용되는 신식건물들도 군데군데 보였다.

성곽의 높이는 족히 10미터는 넘어 보였고, 그 위에는 망루가 네 개 있었다. 넓이는 동서로는 4, 5백 미터 정도 되었고, 남북으로는 3, 4백 미터 가량 되었다. 내 추측이지만, 동서남북 네 곳에는 필시 초소가 있을 게 틀림없었다.

인적은커녕 황량하기 짝이 없는 바닷가에 위치한 이곳은 산동성 노동개조관리국 소속의 광라오현廣饒縣 노동개조대라는 곳이었다.

무엇보다 이곳에는 유전이 있었다. 우리가 이곳에 와서 제일 처음 본 것도 바로 이 유전이었다. 유전은 한 눈에 다 담을 수 없을 정도로 광대했다. 유전 곳곳에선 석유를 빨아올리는 채유펌프가 쉴 없이 돌아가고 있었고 또 한쪽에선 유정을 시추하느라 여념이 없었다.

그 옛날 이곳은 인적 없는 황량한 해안지대였다. 그런데 만청이든, 군벌이든, 국민당이든 자신들이 중국을 통치하던 시절에 왜 이 드넓은 처녀지를 개척하지 않고 그대로 놔두던 것일까? 참으로 이상하고 이해 못할 일이 아닐 수 없다. 중국공산당이 대륙을 통치하면서 수많은 잘못을 저질렀다고는 하지만 그래도 이 황량한 염전지대에 57사단을 파견해 유전을 개발하고 광대한 농토를 개간했다는 것만큼은 인정해 주어야 하지 않을까 싶다. 그들은 이 황폐한 땅에 황하의 물을 끌어들여 최대한 염분을 줄이고 각종 채소와 면화 등을 재배함으로써 광대한 옥토를 개간했다. 또한 새로운 간척지에 마을을 건설하고 양어장, 양마장養馬場, 양계장, 양돈장, 채마전 등을 만들었다. 57사단은 이 드넓은 염전지대를 성공적으로 개발한 뒤에는 산동성 노동개조관리국에 전부 이관하고 다시 동북지방을 개간하러 떠났다.

이뿐이랴! 덩샤오핑 시대에 중국공산당은 그동안의 쇄국정책의 빗장을 풀고 과감하게 개혁개방의 길로 나아갔다. 이로 인해 사람들의 생활은 전보다 훨씬 나아졌고 국가적으로도 급속한 발전을 이룩할 수 있었다. 이 모두가 공산당의 업적임은 누구도 부인할 수 없을 것이다. 그러는 동안 국민당은 우리를 위해 뭘 했을까?

광라오현 노동개조대는 총 7개의 분대로 편제되어 있었고, 나는 그 중에서 제6분대 소채원에 배속되었다.

이곳에서의 생활은 여느 노동개조대와 크게 다를 바 없었다. 옷은 동복과 하복 각각 한 벌씩이 제공되었는데 헤지면 바로 교체해주었다. 의무실도 있었다. 진료와 치료는 의사 출신의 노동개조범이 맡았고, 그를 감독하는 간부가 한 명 있었다. 식사는 체력과 연령에 따라 등급이 있었다. 가령, 체력이 좋고 젊은 사람에게는 1등급의 식사가 제공되었고, 나머지는 순서대로 2등급, 3등급의 식사가 제공되었다. 4등급도 있었는데, 주로 환자들이 그에 속했다. 식사 등급은 중대장이 결정했다. 사람들은 식사할 때, 자신의 등급과 이름이 적힌 명패를 걸고 밥을 먹어야 했다. 나는 2등급의 식사를 제공받았다. 그렇다고 등급별로 크게 차이가 나는 것은 아니었다. 내 기억에 겨우 '한 주걱' 정도의 차이 밖에는 나지 않았던 것 같다. 사실, 당시 죄수들은 얼마나 차이가 나는지 정확히 알지 못했다. 아마도 그것은 밥을 퍼주는 죄수들 정도나 알 수 있었을 것이다. 야채나 채소는 직접 재배해서 먹었다. 야채나 매주 일요일에 한 번씩 나오는 만두는 등급에 관계없이 똑같은 양이 제공되었다. 식사시간이 다가오면, 모든 죄수들은 식당에서 종소리가 울리기만을 기다렸다가 종소리가 나기 무섭게 부리나케 식당으로 달려가 중대별로 줄을 선다. 드디어 배식이 시작되면, 순서대로 각자 들고 온 식기를 배식구 안으로 밀어 넣는다. 그러면 식기에는 찐빵, 야채 등이 차곡차곡 쌓이게 된다. 그걸 받아들고 자기 자리로 돌아와 식사를 하게 되는 것이다.

여기서도 매달 2위안의 돈이 지급되었는데 이 역시 대부분은 담뱃값으로 써버렸다.

아마도 중국대륙의 노동개조대 생활은 대개 이러했을 것이다.

그래도 이곳에서의 생활은 전보다는 훨씬 개선된 것이었다. 그렇지만 여기도 탈옥하려는 죄수들은 있었다. 대개가 며칠 못 가 다시 잡혀오기는 했지만 말이다. 사실 탈옥한다고 해서 마땅히 갈 곳도 없었다. 고향집으로 돌아간다고 해도 가족들이 그대로 받아줄 리 만무한 일이 아니겠는가? 외려 가족들은 그를 설득해 다시 노동개조대로 보내는 게 보통이었다. 그렇다고 집으로 가지 않고 밖으로 피신해 돌아다니려니 당장 밥 먹을 양표 한 장 없으니 굶어죽기 딱 십상이었다.

이곳에서 행해지는 학습은 그리 녹록치 않았지만, 매년 한 차례 정기적으로 열리는 상벌대회 말고는 비판투쟁대회가 거의 없었다는 점에서는 심리적 부담이 훨씬 덜했다. 상벌대회에서는 가중 처벌되는 이도 있었고 감형되거나 석방되는 이도 있었다. 어쨌든 공산당은 이러한 상벌대회를 통해, 노동개조범들을 효율적으로 관리하고자 했던 것이다.

(원제 : 中共幹部要我收拾行李)

65 국민당의 전단 살포

국민당은 기회 있을 때마다 중국대륙 상공에 풍선을 띄워 각종 전단을 살포했다. 당시 시골에 있던 나도 저 멀리 동해 쪽에서 날아오는 풍선들을 종종 보곤 했다. 풍선 밑에는 각종 전단과 물품들이 매달려 있었다. 해안부대나 당 지부 등에선 이미 오래전부터 사람들에게 이에 대해 계도하는 통지문을 발송했다. 그런데 통지문의 내용이 참으로 괴이했다.

"국민당이 하늘에서 투하하는 풍선과 물품에는 모두 독이 들어있다. 따라서 그것들을 발견하는 즉시 인근 지부에 신고해 중독의 위험을 미연에 방지해야 할 것이다."

해안부대에서는 동해상에서 날아오는 풍선을 발견하면 그 즉시 각 촌 당 지부에 전화를 걸어 풍선이 떨어지는 방향을 알려주었다. 만일 발견하고도 신고하지 않거나 사사로이 돌려보는 사람들이 있다면 반혁명죄로 처벌을 받았다. 내가 있는 광라오현廣饒縣 노동개조대에서도 국민당이 하늘에서 뿌려대는 유인물들이 발견되었다. 그러면 우리는 그것을 주워 몰래 돌려보고는 대대에 가져다주었다. 가을걷이철에는 밭에서도 수두룩이 떨어진 전단지를 볼 수 있었다.

하루는 우리 조원들이 밀을 수확하고 있었다. 밀을 수확할 때에는 분대 전체가 열을 지어 앞으로 나아가면서 낫질을 하는 방식으로 진행되었다. 마침 내 왼쪽에는 류취엔劉權이 있었고, 오른쪽에는 리슈쩐李樹珍이 있었다. 한참 밀을 베어나가고 있는 중에 류취엔이 자기 앞에 떨어져 있는 국민당 전단을 발견하고는 남이 볼세라 재빨리 제 바지주머니에 찔러 넣었다. 나는 그에게 잠깐 보여 달라고 했다. 그는 안 된다고 했다. 혹시나 공산당 간부나 병사에게 걸리면 압수되는 건 고사하고 단단히 경을 칠 텐데 어떻게 그러겠느냐는 것이 었다. 난 할 수 없이 참아야 했다. 그가 그 전단을 어떻게 처리했는지는 알 수 없다.

그러나 하늘은 무심하지 않았다. 며칠 후, 밀밭에서 추수를 하다가 국민당 이 뿌린 유인물을 발견하게 된 것이다. 나는 재빠르게 주위를 살피고는 그것 을 바지춤에 감추었다. 사실 밀밭 추수는 대부분 트랙터가 하기 때문에 우리 같은 죄수들이 할 일은 거의 없었다. 그렇지만 밭에서는 도저히 꺼내볼 용기 가 나지 않았고 그렇다고 여럿이 함께 생활하는 숙소에서 본다는 건 더더욱 불가능했다. 그래서 난 바쁜 밀 수확 철이 다 끝나고 소채원에 돌아와 일을 할 때에야 비로소 용기를 내 이 진귀한 자료를 꺼내보았다. 우선, 난 전단지의 종이 재질이 아주 좋았다는 것에 놀랐다. 아무리 강한 비바람이 불어도 이 정도 재질이라면 능히 견딜 만 했다. 전단에는 중국공산당 전투기를 몰고 자 유중국으로 귀순한 사람이 기자회견을 하는 사진이 박혀 있었다. 이런 소식은 중국 인민일보에서는 전혀 볼 수 없던 것이다. 그러니 중국대륙의 인민들로서 는 알 리가 만무했다. 또 전단에는 가오슝高雄 조선소에서 45만 톤급 대형 선박을 건조하는 사진도 있었다. 그 유인물을 다 읽고 나서 바로 들었던 생각 은 내가 과연 타이완으로 갈 수 있을까 하는 것이었다.

예전 신문지상에 타이완 비행기 한 대가 대륙으로 넘어왔다는 기사가 실린

적이 있었다. 당시 중국의 거의 모든 언론이 이를 대서특필했다. 그런데 이 기사를 접한 우리 죄수들 사이에선 이에 대해 의견이 분분했다.

"아마도 마누라가 딴 남자와 간통을 했거나 아니면 노름빚에 쫓겨 도망쳤을 거야."

"아니야, 원래부터 공산주의 사상을 가지고 있었을 거야."

"아니 아무리 그렇더라도 비행사면 봉급도 아주 많을 거 아냐? 게다가 타이완은 자유로운 사회 아니야? 그걸 다 포기하고 공산당이 통치하는 이 대륙에 왔다는 게 말이 돼?"

"혹시 뭔가 큰 걸 바라고 온 거 아냐?"

등등.

(원제 : 國民黨向大陸空投氣球)

5

가족의 품으로

66 특별사면

1975년 12월, 중국공산당 기관지 인민일보는 두위밍杜聿明[1])을 비롯한 소위 국민당 전범들에 대한 특별사면을 실시한다는 소식을 보도했다.

"타이완에 가족이 있는 사람은 타이완에서 가족들과 함께 살아도 좋다. 이를 위해 당은 여비 등 각종 편의를 제공할 용의가 있다. 만일 타이완에 갔다가 다시 돌아오기를 원하는 사람이 있다면 다시 돌아와도 좋다. 우리는 언제든 환영한다. 돌아온 후에 또 다시 타이완으로 돌아가고 싶으면 언제든 다시 갈 수도 있다."

이것이 국민당 전범에 대한 특별사면의 주요 내용이었다.

특별사면 된 전범 중에 열 명의 장성들은 타이완에 가족이 있었다. 이들은 가족을 만나러 타이완에 가기를 원했다. 중국공산당이 특파한 고급간부 다수가 이들을 홍콩까지 호송했다. 이들 열 명의 전범 중에 아홉 명은 중화여행사

---

1) 두위밍(杜聿明)은 1978년 제5기 전국인민대표대회 대표 겸 전국정협 제5기 상무위원으로 당선되었고 문사자료연구위원회 군사조(軍事組)부조장이 되었다.

中華旅行社 내에 묵었고, 나머지 한 명은 다른 여관에 묵었다. 후에 인민일보는 이에 대해 다음과 같이 보도했다.

"중국공산당이 특별 사면한 열 명의 국민당 전범이 홍콩에 도착했다. 이들은 모두 타이완에 가 가족들과 함께 살기를 원했다. 그런데 반동파 국민당은 이들이 국민당 전범임에도 불구하고 이들의 입경을 허락하지 않았다. 그래서 장성 한 명은 타이완으로 갈 수 없어 할 수 없이 미국으로 갔고, 또 다른 한 명은 국민당 특수요원에 의해 살해되었다. 그 장성의 이름은 밝혀지지 않았다. 또 한 명의 장성은 타이완에 거주하고 있는 아들과 홍콩에서 만났는데 줄곧 특수요원의 감시를 받아야 했다. 그래서 그들 부자는 깊은 얘기는 나누지도 못한 채 곧바로 헤어져야 했다."

결국 두 명을 제외한 나머지 여덟 명의 장성들은 전부 베이징으로 귀환했다. 중국공산당은 이 노병들을 모두 정치협상회의 의원으로 위촉했다. 이 소식이 알려지자, 대륙의 전 인민들은 국민당과 장제스를 비난했다.

장제스는 자신을 따르던 국민당 군 대부분이 공산당과 인민들의 공격을 받아 오도 가도 못하는 신세가 되자, 자신만의 안위를 위해 그들을 모두 버려둔 채 일부 패잔병들만 데리고 타이완으로 도망을 갔다. 아직도 많은 국민당 군이 대륙에 남아 공산당에 맞서 끝까지 목숨을 건 사투를 벌이고 있었는데도 말이다. 마오쩌둥은 일찍이 자신의 저작에서, 두위밍에게 하루속히 무기를 버리고 투항할 것을 촉구하는 서신을 보낸 바 있음을 밝혔다. 그러나 두위밍은 이를 거부하고 끝까지 공산당과 싸웠다. 두위밍은 1949년 1월 10일 화이하이전투淮海戰役에서 패하고 허난성河南省 용청현永城縣 천관정陳官莊에서 포로가 되었다. 그는 결국 20년 노역형을 선고받고 공더린功德林 전범관리소2)로 보내져 노동개조를 받았다. 두위밍 말고도 이와 유사한 사례는 더 있다. 가령, 장링푸張靈甫 장군3) 같은 경우에는 멍량구孟良崮4)를 끝끝내 사수하려 했지만

---

2) 베이징 더성먼(德勝門) 외곽 공더린에 위치.
3) 국민당 고위 장성으로 멍량구에서 전사. 당시 나이는 44세.

결국 본인과 병사 한 명만 남게 되자, 총으로 자살하고 말았다. 국민당정부는 그 두 사람의 처자식이 어떻게 되었는지 알고는 있을까? 이러한 예는 대륙 각 곳의 전장에서 수없이 많았다. 타이완으로 도주한 국민당 패잔병들은 자신들이 편하게 지내는 동안, 국민당을 위해 대륙에서 죽어간 수많은 장병들에 대해 생각이나 하고는 있을까? 또 돈 한 푼 없이 해외에서 고통의 나날을 보냈던 수많은 외교관들에 대해 걱정은 하고 있었을까? 그들은 해외주재원들에게 철수하라는 명령조차 내리지 않았다.

나는 소련군에 체포되어 소련에서 5년을 보냈고, 이후에는 중국공산당에 인계되어 중국에서 31년을 갇혀 지내다시피 했다. 도합 36년이란 세월 동안 중소 두 나라의 공산당 치하에서 지내야 했던 것이다.

1980년 5월 중국공산당은 나를 석방했다. 그들은 한발 더 나아가 내가 타이완으로 가는 것도 허락해주었다. 1980년 5월 10일, 난 홍콩구재총서香港救災總署의 도움으로 타이완으로 가는 비행기 표 한 장을 손에 쥘 수 있었다.

타이완에 도착했을 당시, 난 완전히 빈털터리 신세였다. 처음에는 청년일보 등 타이완언론에서 나에 대해 관심을 보여 취재도 하고 했지만 그게 사실상 처음이자 마지막이었다. 이후 타이완에서 보낸 14년의 세월 동안, 국민당정부는 내게 이렇다 할 관심을 보이지 않았다. 다만, 국민당당원이었던 구치顧琪 동지가 당 비서장 송추위宋楚瑜에게, 내가 생계에 곤란함을 겪고 있으니 도움을 주었으면 좋겠다고 건의했고 사정을 이해한 비서장이 사람을 시켜 타이완 돈 1만 위안을 보내온 게 고작이었다.

나는 1932년 외교부에서 처음 일을 시작했고 얼마 후, 중국주조선총영사관에 파견되어 1945년까지 조선에서 근무했다. 해방이 되던 그해, 원산영사관에 있던 나는 소련군에 체포되어 소련 하바롭스크 45호 전범수용소에서 위만(偽滿, 만주국)의 황제 푸이 등과 5년 동안 갇혀 지냈다. 1950년 8월 소련은 푸이

---

4) 산동성 린이시(臨沂市)에 있는 산.

일행은 물론 조선에서 온 우리까지 모두 중국공산당에 인계했다. 이후 나는 31년 동안 중국의 노동개조대에서 생활했고 1980년 5월 10일 석방되어 타이완으로 건너왔다.

현재 내 나이 이미 아혼한 살이다. 나의 내자도 여든을 훌쩍 넘어섰다. 게다가 아내는 반신불수 환자였다. 우리 두 노인네는 타이완에서 생활하는 동안 당과 정부의 보살핌을 전혀 받지 못했다. 이런 상황에서 우리 부부는 더 이상 타이완에서 생활하기가 곤란했다. 하는 수 없이 우리는 타이완을 떠나 한국에 있는 자식들에 의지해 얼마 남지 않은 여생을 보내기로 했다. 물론 내 아내는 처음에는 타이완을 떠나는 걸 원치 않았다. 나는 아내에게 우리가 처한 곤란한 상황과 열악한 환경을 이해시키고 설득한 끝에 한국행을 결행하게 되었다. 그러나 비록 타이완을 떠나 한국으로 가게 되었지만 국부께서 주창하신 삼민주의는 내가 살아 있는 동안은 내 머리와 가슴 속에 영원히 남아 있을 것이다.

그런데 현재 타이완의 현실은 어떤가? 타이완의 국민당정부는 정권을 내주었고 지금은 타이완 독립파들이 타이완을 통치하고 있다.

(원제 : 中共特赦國民黨戰犯)

67 석방 이후

　중국공산당은 1975년 12월 중순, 인민일보에 국민당 단급團級5) 이상의 간부들에 대한 대대적인 석방을 실시한다고 발표했다.

　"국민당 단급 이상의 간부들 가운데 가족이 타이완에 있는 자들은 타이완에서 가족들과 함께 살아도 좋다. 이를 원하는 자들에게는 여비를 비롯해 각종 편의를 제공할 예정이다. 타이완으로 갔다가 다시 돌아오기를 원하는 자들은 다시 돌아와도 좋다. 언제든 환영한다. 돌아온 후에 또 다시 돌아가고 싶은 자들은 다시 돌아가도 좋다.…"

　이상의 발표가 있자, 국민당 단급 이상의 간부들은 해당 성省 관할기관에 신고하고 수속을 밟았다. 산동성에서 이에 해당하는 자들은 전부 웨이팡시濰坊市와 즈보시淄博市에 집중되어 있었다. 나는 관할기관인 웨이팡시 초대소로 갔다. 그곳에는 이미 2백여 명의 사람들이 모여 있었다. 우리들 각자에게는

---

5) 우리의 연대장 급에 해당한다.

인민폐人民幣[6] 2백 위안 외에도 이불 한 세트가 지급되었다. 이밖에도 모자, 의복, 속옷, 신발, 양말 등 머리부터 발끝까지 완전히 새로운 것이 제공되었다. 이번에 석방된 사람들은 크게 두 부류로 나뉘었다. 즉, 웨이팡초대소에 모인 사람들은 이번에 새로 석방된 자들이었고, 즈보시 왕춘王村초대소에 모인 사람들은 이전에 이미 만기 석방된 자들이었다. 그런데 이들은 아직까지 공민증公民證과 호구증戶口證을 발급받지 못한 사람들이었다. 그래서 이번 참에 그들에게 일괄적으로 공민증과 호구증을 발급하기 위해 즈보시 왕춘초대소로 불러 모은 것이다. 이제 갓 석방되어 돌아갈 집이 없는 서른 명 남짓의 사람들은 웨이팡초대소에 머물렀다. 이곳에서는 매일 회의가 열렸고 훈화교육이나 영화감상 등을 했다. 고향에 친척이 있는 사람들은 각 현에서 파견된 간부들을 따라 고향으로 돌아갔고 현에서는 이들을 각 촌 지부에 인계했다.

당시 나는 감기에 걸려 병원에 있었는데, 롱청현에서 파견된 간부들이 내 병실을 찾아와 롱청현으로 데려가려고 했다. 나는 그들에게 말했다.

"전 집이 없습니다. 부모님 두 분도 이미 돌아가셨습니다. 고향집도 이미 남의 손에 넘어갔고요. 돌아갈 곳이 없습니다. 이곳이 제 집입니다."

사실, 고향으로 돌아간다고 해서 별 뾰족한 수가 없었다. 당장 생계마저 막막한 상황이었다. 몸을 의탁할 사람도 없었고 먹고 잘 집 한 칸 없었던 것이다. 공산당 간부가 말했다.

"촌 지부가 자네의 생계 일체를 책임져 줄 거야."

"됐습니다."

이전에 동북 푸순에서 석방되어 고향에 돌아갔을 때에도, 촌 지부는 의식주 어느 것 하나 제대로 보살펴주지 않았다. 뿐만 아니라 매일 같이 일만 시켰다. 난 더 이상 공산당의 말을 믿을 수가 없었다. 그래서 끝끝내 돌아가지 않겠다고 버텼다.

---

6) 중국의 화폐

그들이 말했다.

"일단 알았네. 자네 병이 다 나으면 그때 다시 얘기하세."

그리고 그들은 돌아갔다.

나는 병원에서 열흘 넘게 입원해 있다가 웨이팡초대소로 돌아갔다. 나는 푸순 전범수용소에 있을 때, 공산당이 하는 온갖 감언이설들을 들은 적이 있었다. 나는 부득이 고향으로 돌아갈 수밖에 없었지만 고향에는 기거할 집 한 칸 없었고 부쳐 먹을 땅 한 평 없었다. 밥해먹을 가재도구는 당연히 없었다. 그래서 되는 대로 어느 집 사랑채 두 칸을 빌려 살았다. 당시로는 좋고 나쁘고 가릴 형편이 아니었다. 촌 지부는 내게 양식과 식용유, 땔감 등을 배급해주었지만, 가재도구도 없는 마당에 별 소용이 없었다. 생활이 거의 불가능했다. 의지가지없는 고향에 돌아와 받았던 고통과 어려움은 정말 말로는 다할 수 없을 지경이었다. 결국 난 공산당의 말은 믿을 게 못 된다는 걸 그때 깨달았다. 나중에 몰락한 지주인 왕 노인의 도움으로 생활하는데 필요한 기본적인 가재도구들을 얻을 수 있어 그것으로 일상생활의 큰 문제는 해결했다. 이때부터 노동과 혼자만의 생활이 시작되었다. 솔직히 말해, 공산주의 농촌에서의 생활은 정말 힘들었다. 이것이 내가 국경을 넘어 탈출한 이유 중의 하나이기도 하다.

(원제 : 中共第二批寬大釋放國民黨團級以上的人員)

68 가족상봉

웨이팡초대소로 돌아오고 얼마 후, 산동성 고등법원 간부들이 초대소를 방문했다. 그들은 초대소 식당에 성대한 주연을 마련하고 석방된 사람들을 초대했다.

간부들 중의 한 명이 술자리에서 일장연설을 했다.

"여기 모인 제군들은 모두 과거에 국민당 반동파를 위해 일을 했던 사람들이다. 그런 점에서 제군들은 인민의 적이라고 할 수 있다. 그러나 지금은 우리 공산당의 다년간에 걸친 교육에 힘입어 제군들의 반동사상은 상당부분 제거되었다고 생각한다. 이에 우리 위대하신 영도자 마오쩌둥 주석은 제군들에게 넓은 아량을 베풀어 오늘날 이렇게 석방하게 된 것이다. 따라서 제군들은 전국 인민들과 마찬가지로 스스로의 역량을 최대한 발휘해 사회주의 건설에 이바지할 수 있기를 바란다."

누군가 이에 대해 답사를 했던 것 같은데, 그가 누구였는지는 기억이 나지 않는다. 어쨌든 그의 답사가 끝남과 동시에 연회는 시작되었다. 식탁에 놓인 술과 안주는 모두 여간해서는 보기 힘든 진귀한 것들이었다. 그래서였는지 모두들 거나하게 취했다.

그날의 연회가 끝나고 며칠 후, 이번에는 극장에서 대회가 열렸다. 이 대회에는 석방자 전원이 참석했다. 석방자들이 자리에 앉자, 무대 위에 설치된 일자형 장탁자 앞에 공산당 간부들이 나란히 착석했다. 그 중에 간부 하나가 일어나 강단 앞에 섰다.

"오늘 정부는 제군들에게 석방증서와 공민증, 거류증 등을 발급할 예정이다. 호명된 자들은 앞으로 나와 증서를 수령하라."

증서 수령이 끝나자 곧바로 영화상영이 시작되었고, 영화가 끝난 후에는 각 현에서 파견 나온 간부들이 가족이 있는 석방자들을 하나하나 데려갔다. 그리고도 스무 명 정도가 남았다. 이들은 모두 고향에 연고가 없거나 돌아갈 집이나 같이 살 가족이 없는 사람들이었다. 물론 나도 그 안에 포함되어 있었다.

듣자하니, 우리 같은 사람들은 모두 지난濟南에 있는 제6농장으로 보낼 예정이라고 했다. 우리 중에 왕王 노인이란 분이 계셨는데, 이 분은 현에서 데리러 온 사람이 아무도 없었다. 그래서 일단 제6농장으로 이송되었다가 고향에 있는 두 아들과 전화연락이 되면 그때 고향으로 데려간다고 했다.

얼마 후, 우리는 트럭을 타고 제6농장을 향해 출발했다. 그런데 가는 도중에 트럭이 갑자기 방향을 바꾸더니 즈보의 왕춘 전자공장 초대소로 가는 게 아닌가? 왜 행선지를 바꾼 것일까? 우리 중에 그 이유를 아는 이는 아무도 없었다.

어쨌든 우린 즈보시 왕춘 전자공장 초대소에 도착했다. 그곳에서 갈 곳 없는 사람들끼리 함께 모여 기거했다. 우리 중에는 할머니도 한 분 계셨는데, 국민대회대표國大代表7)를 지낸 분이었다. 또 네 명이 더 있었는데 이들은 모두 베이징, 상하이, 톈진 출신이었다. 그런데 중국공산당 규정에 베이징, 상하이,

---

7) 국민대회는 장제스 난징국민정부시기, 의회의 역할을 한 기관이다. 따라서 그 대표라 함은 지금의 국회의원에 해당한다.

텐진 등의 도시는 전출은 할 수 있으나 전입은 불가하다는 조항이 있었다. 그래서 이상 네 사람은 가족방문은 허락되었으나 정착해 살 수는 없었다.

생각지도 못했던 뜻밖의 일이 내게 일어났다.

제6농장의 대장隊長과 정치위원政委이 찾아와 나를 옌타이양로원으로 보내기로 했다고 통보했다. 난 예전에 푸순에 있는 양로원을 가본 적이 있었다. 그 양로원은 이름만 양로원이지 너무도 보잘 것이 없었다. 그래서 난 양로원에는 절대 가고 싶지 않았다. 하지만 대장과 정치위원은 한사코 나더러 옌타이 양로원으로 가라는 것이었다.

훗날 이 일은 내 평생 잊을 수 없는 대사건이 되고 말았다.

사실, 공산당 통치 하에서는 어디에 가서 살든 지내는 건 별반 차이가 없었다. 그래서 난 순순히 그들의 지시를 따라 양로원 행을 받아들이기로 했다.

며칠 후, 룽청현에서 간부들이 나왔다. 그 중에 나이가 좀 든 간부가 내게 말했다.

"우리가 어르신을 옌타이로 모셔가려고 왔습니다."

그런데 의문이 드는 한 가지가 있었다. 날 옌타이양로원으로 데려갈 심산이었으면 왜 양로원 간부들이 직접 오지 않고, 룽청현 간부들이 대신 찾아왔는지 하는 것이었다.

제6농장 대장의 말에서 난 그 해답의 단초를 발견했다.

"자네 아들 중에 왕칭더王淸德라고 있지? 그 사람이 자네 앞으로 2만 엔짜리 일본어음을 보내왔어. 그래서 자네를 옌타이로 데려가는 거야."

자세한 정황은 모르겠지만, 이것이 바로 나를 옌타이로 데려가려는 이유라는 생각이 들었다.

이튿날 예의 그 룽청현 간부가 내게 15위안과 5일치 양표를 건네주었다. 그날 밤, 난 그 간부와 또 한 사람의 간부를 따라 기차에 올랐다. 열차 안은 발 디딜 틈도 없이 승객들로 꽉 들어차 있었다. 나이 든 그 간부가 젖 먹던 힘까지 다해 승객들 사이를 비집고 들어가 반 자尺 정도의 작은 공간을 만들었다. 간부는 나더러 자기 짐 위에 앉으라고 했다.

　우리는 옌타이에 도착해 여관 하나를 잡았다. 옌타이에 왔으면 곧바로 양
로원으로 데려가지 왜 이 여관에 투숙한 걸까?

　이튿날 새벽, 그 간부가 동행한 젊은 간부에게 말했다.

　"난 일이 있어 잠깐 나갔다 올게."

　그 간부는 점심때가 다 되어서야 돌아왔다. 그의 말이, 이곳 양로원의 시설
이 별로 안 좋으니 원등文登 양로원으로 가자는 것이었다. 그곳 양로원이 옌타
이보다는 훨씬 좋다는 것이다. 난 그때 거의 모든 걸 체념한 상태였다.

　'나야 뭐, 이왕 아무 짝에도 쓸모없는 산송장이나 다름없는데 너희들 하고
싶은 대로 해라!'

　"좋을 대로 하시구려. 어딜 가든 매한가지 아니겠소?"

　우리 셋은 또 다시 버스를 타고 원등현으로 떠났다. 도착한 곳은 원등현
공안국公安局 정문 앞이었다.

　그들이 내게 말했다.

　"어르신께선 여기서 잠깐 기다리고 계십시오. 우리가 먼저 들어가서 일을
처리하고 오겠습니다."

　나는 그들이 밖으로 나올 때까지 정문 앞에서 혼자 기다리고 있었다. 꽤
많은 사람들이 공안국을 들고 나는 게 보였다. 난 개중에 한 삼사십 세 정도
되어 보이는 사람에게 물었다.

　"동지, 혹시 원등현 양로원이 어디에 있는지 아시오?"

　"글쎄요. 전 원등현에서 나고 자란 사람이지만, 한 번도 여기에 양로원이
있다는 말을 들어본 적이 없는데요. 장애인 시설이 하나 있기는 한데…."

　"네. 그렇군요. 고마워요."

　잠시 후, 공안국에 들어갔던 간부들이 밖으로 나왔다. 그런데 이번엔 간부
하나가 더 따라 나왔다.

　역시 그 나이든 간부가 내게 말했다.

"어르신, 짐을 이 친구한테 맡기세요. 잘 보관해드릴 겁니다."

짐을 맡기고 난 그들을 따라 공안국 안으로 들어갔다. 간부들 말이 일단은 이곳에서 며칠 지내자는 것이었다.

이곳에서의 식사는 모두 구내식당에서 해결했다. 식당에 갈 때는 각자 자신의 양표를 들고 가야했다. 내가 가진 오근짜리 양표로는 닷새는 먹을 수 있었지만 그 이상은 안 되었다. 그런데 우리는 그곳에서 닷새를 넘게 머물렀다.

결국 난 닷새째 되는 날, 그 노 간부에게 사정을 했다.

"양표가 다 떨어졌는데 어떻게 하지요? 내게 돈은 조금 있는데…."

간부가 말했다.

"그럼, 제가 제 양표를 좀 드리지요."

이렇게 해서 난 일주일을 더 그곳에서 버텼다.

그러던 어느 날, 다시 그 간부가 나를 찾아왔다.

"여기 양로원도 별로 안 좋네요. 아무래도 룽청현으로 가셔야 할 것 같아요."

그때에도 난 그저 "마음대로 하세요."라는 말밖에는 아무 대답도 하지 않았다. 그렇지만 솔직히 이 상황이 썩 내키지는 않았다.

'공산당이 나처럼 이렇게 하잘 것 없는 국민당 졸개 하나한테 좋은 거처를 마련해준답시고 이리저리 옮겨 다닌다고? 그리고 이제는 가족 하나 없는 고향으로 돌려보낸다고? 설마 룽청현 린춘지林村集가 내가 묻힐 곳은 아니겠지?'

우리 셋은 다시 버스를 타고 룽청현 초대소로 갔다.

초대소에 도착하니, 통전부장統戰部長 등 당 간부들이 대거 나와 있었다.

"고향마을에 가면 어르신이 사실 집과 일용할 양식은 전부 저희가 준비해놓겠습니다."

룽청 통전부의 옌閻부장이라는 사람의 말이었다.

내가 대답했다.

"부장님, 중국은 세계에서 가장 큰 나라입니다. 그런데 공산당간부께서 일개 노인인 저를 위해 이렇게 직접 나오셔서 세심하게 배려해주시니 정말 감사

드립니다. 그런데 고향이라고는 하지만 그곳은 의지가지없는 사고무친의 곳입니다. 지금으로서는 그곳에 가 생활할 자신이 없을 것 같네요. 고향마을로 돌아가느니 차라리 공장 같은 데로 보내주십시오. 거기서 밥 먹을 때 밥 먹고, 일할 때 일하는 게 외려 더 편할 것 같습니다."

옌 부장은 잠시 고민이 되는 듯했다.

"그건 저희가 돌아가서 좀 더 상의해보고 다시 말씀드리지요."

이튿날 그들이 다시 초대소로 찾아왔다.

"어르신 말씀도 있고 해서, 저희는 어르신을 인민공사 양종장糧種場으로 보내드리기로 결정했습니다. 그곳은 집단생활을 하는 곳입니다. 그리고 매달 생활비조로 7위안을 보조해드릴 예정이고, 식량은 어르신 고향마을 대대에서 배급해드릴 겁니다. 노동일勞動日도 그 대대에서 산정해줄 겁니다."

'국민당포로 중에 개조를 거친 사람에게는 매달 18위안의 생활비를 지급하는 걸로 알고 있는데, 왜 나한테는 7원만 주겠다는 거지?'

사실, 난 이해가 잘 되지 않았지만 꼬치꼬치 따지기도 뭐해서 그냥 알겠다고 대답해버렸다.

이튿날, 이곳으로 날 데려왔던 그 노 간부를 따라 난 어느 깊은 두메산골로 들어갔다. 알고 보니, 그는 이곳 룽청현 교도소 소장이었다. 산골에는 서른 채 남짓 되는 가옥들이 있었는데, 이곳이 바로 양종장이었던 것이다.

다음날 오후 6시경이었다. 고향에 사는 내 외손자가 날 찾아왔다.

"외할아버지, 리다오진俚島鎭 파출소 순경이 그러는데 할아버지는 내일 지난성공안국으로 가셔야 한데요."

'죄 지은 것도 없는데 도대체 왜 경찰서에 가야한다는 거야? 게다가 여기 온 지도 겨우 하루하고 반나절 밖에 안됐는데.'

영문을 몰라 내내 궁금하기는 했지만, 어쨌든 다음날 오후 버스를 타고 옌타이로 가 지난으로 가는 차표 한 장을 샀다. 지난에 도착한 것은 그 이튿날 아침이었다. 지난은 내가 열여섯 살 때 살았던 곳이라 길이며 건물 등이 대충 눈에 익었다. 70여 년이 지났다고는 하지만 별반 크게 달라진 게 없어보였다.

나는 내처 공안국 경비실로 갔다. 좀 일찍 도착해서인지 직원들은 보이지 않았다. 한참을 그렇게 앉아 기다리고 있으려니, 사람들이 하나둘 씩 출근하는 게 보였다. 개중에 한 명이 내게 다가와 누굴 찾느냐고 물었다.

"저는 누굴 찾는 게 아닙니다. 리다오진파출소에서 저더러 지난성공안국으로 가보라고 해서 왔습니다."

당직자인지 경비원인지는 모르겠지만 그가 말했다.

"그럼, 이 길을 따라 죽 가시다가 사거리가 나오면 왼쪽으로 가세요. 그러면 정문에 '산동성 노동개조관리국勞改管理局'이란 간판이 보일 겁니다. 바로 거깁니다."

그의 말대로 따라가 보니 그곳에도 경비실이 따로 있었다. 난 경비실에 찾아온 연유를 설명했다.

얼마 후, 간부 한 명이 밖으로 나왔다.

"짐은 따로 없으세요?"

"리다오진파출소에서 짐을 챙겨가라는 말은 없었는데요."

"아, 그래요? 알겠습니다. 그럼, 절 따라오시지요."

이 간부는 어딘지 낯이 익다 싶었는데, 이전에 광라오현 노동개조대에 있을 때, 연말 상벌대회에 참석했던 사람이었다. 그러고 보니, 웨이팡초대소에서 열린 대회에도 온 것 같았다. 여하튼 난 그를 따라 맞은편에 있는 산동성 고급간부초대소로 갔다.

"여기서 며칠 묵고 계시면 국장님이 찾아뵐 겁니다."

그리고는 나를 어느 큰 방으로 안내했다. 그 방에는 나 말고도 이미 두 명이 더 묵고 있었다. 나중에 알게 된 사실이지만, 한 명은 국민당 사단장 출신으로 아내가 다른 사람에게 재가하는 바람에 집에 돌아갈 수 없어 잠시 이곳에 머물고 있는 사람이었고, 다른 한 명은 군의관 출신으로 신장新疆에서 석방되어 온 사람이었다. 그 역시 집안사정으로 고향에 돌아갈 수 없었다고 한다. 대신 그는 자식들이 자주 찾아왔다. 내가 들어오고 나중에 또 한 명이 들어왔는데, 그는 웨이팡초대소에 있다가 나와 함께 제6농장으로 갔던 바로 그 왕 노인이었다. 공교롭게도 그를 이곳에서 다시 만나게 된 것이다.

그가 먼저 물었다.

"라오왕, 어떻게 이곳에 오시게 된 거예요?"

"공안국에서 가라고 해서 왔어요. 근데 어떻게 댁으로 가시지 않고 이곳에 오시게 된 거예요?"

"농장에 있을 때, 그곳 간부가 내 아들한테 전화를 해서 날 데려가라고 한 모양이에요. 근데 아들놈 둘 다 집안형편이 어려워 도저히 날 모실 수가 없다고 했나 봐요. 그래서 할 수 없이 날 이곳으로 보낸 거예요. 일단 이곳에서 기다리고 있으면 농장 책임자가 다시 날 데려갈 거랍니다."

아니나 다를까? 사흘 후, 제6농장 책임자가 지프차를 타고 왕 노인을 찾아왔다.

"모셔가려고 왔으니 어서 짐을 챙겨 내려오세요."

왕 노인은 그렇게 짐을 챙겨서 떠났다.

'그렇다면, 나를 이쪽으로 데려온 것도 결국엔 다시 제6농장으로 보내려는 것인가?'

그렇지만 그런 일은 일어나지 않았다. 나는 이곳에서 일주일을 더 묵었다. 여기서는 보통사람들이 먹는 일반 식사를 했다. 끼니마다 식사비로 4마오 내지 5마오가 들었다.

하루는 이층 복도에서 즈보시 왕춘초대소에서 같이 지냈던 과거 국민대표를 지냈다고 하는 노부인을 만났다.

그녀도 놀랐는지 대뜸 내게 이렇게 물었다.

"왜 여기에 있어요?"

"여기 공안국 개조관리국에서 가라고 해서 왔어요."

"이유가 뭐래요?"

"저도 잘 모르겠어요. 국장이 찾아온다고 했는데 아직 안 오네요."

이번엔 내가 물었다.

"그런데 부인께서는 어떻게 오셨어요?"

"공산당간부 한 명을 만나러 왔어요. 즈보에 있을 때, 그 공산당간부가 나한테 지난양로원이 얼마나 좋은지 설득에 설득을 하더라고요. 그래 난 정말로 그 말을 믿고 지난양로원으로 갔어요. 근데 양로원엔 장애인들만 잔뜩 있더라고요. 생활조건도 너무 안 좋고요. 그들이 날 속인 거예요. 그래서 오늘 그 간부를 찾아왔어요. 양로원을 나와 외손녀 집에나 가서 살려고요. 아무래도 양로원보다는 낫지 않겠어요? 나도 참 믿을 걸 믿어야지, 공산당 말을 믿다니, 원! 앞으로 공산당이 콩으로 메주를 쓴다고 해도 내 만나 봐라! 절대 안 믿어요, 안 믿어!"

"저도 마찬가지예요. 공산당간부가 처음엔 옌타이양로원으로 보내겠다고 했다가 무슨 일인지 보내지는 않고 여기저기 끌고만 다니는 거예요. 그러다가 결국엔 이렇게 여기까지 오게 된 거예요. 여기가 고향이기는 하지만 별 연고도 없고…. 죽어 묻히기에는 딱 좋은 곳이기는 하죠, 하하!"

며칠 후, 공산당간부가 날 밖으로 불러냈다. 국장이 찾는다는 것이었다. 그 공산당간부를 따라 2층 국장실 옆 회의실로 올라가 기다리고 있으려니, 국장이란 사람이 정치위원 한 명과 같이 들어왔다.

국장이 내 왼편에 앉고 맞은편에는 정치위원이라고 하는 취曲 서기書記가 자리를 잡고 앉았다. 취 서기의 손에는 나의 셋째아들인 왕칭더가 아버지를 찾겠다며 일본을 통해 고향마을 촌 지부 서기에게 보내온 편지가 들려 있었다. 난 전에도 이 정치위원 서기를 몇 번 본 적이 있었다. 광라오현 노동개조대에서도 몇 차례 만났고, 웨이팡초대소에서도 그를 보았다.

먼저 국장이 내게 물었다.

"그래, 양종장에서 지내시는 게 어떤가요?"

그가 묻는 말에 내가 곧바로 대답을 못하고 우물쭈물하는 기색을 보이자,

372 • 그래도 살아야 했다

그 취 서기가 날 대신해 냉큼 대답하는 것이었다.

"양종장은 생활여건이 아주 좋습니다. 봉급도 있고요. 그렇지요?"

그렇지만 내가 양종장에서 생활한 건 겨우 하루하고도 반나절 밖에는 되지 않았다. 그러니 이곳에서의 생활이 어떤지, 봉급은 있기나 한 건지, 있다면 얼마나 되는지 등등에 대해 나로서는 알 길이 없었다. 사실, 난 솔직히 '잘 모르겠습니다.'라고 대답하고 싶었다. 하지만 이 빌어먹을 정치위원 서기라는 작자가 중간에 나서 제 마음대로 지껄이는 바람에 국장에게 대답할 기회를 놓치고 말았다.

이 사소한 일 하나만 두고 보더라도 공산당 간부라는 작자들이 평소 일을 처리하는데 얼마나 독단적으로 전횡을 일삼는지를 능히 짐작할 수 있다. 더욱 이 공산당 서기쯤 되면 그 특권이 대단했다. 그가 가진 능력과 품행이 어떻든 상관없이 일단 공산당 서기가 되면 그가 휘두를 수 있는 패권과 특권은 가히 하늘을 찌를 만했다. 사실, 공산당이 통치하는 국가들이라면 이러한 독재와 전횡을 일삼는 이들은 비일비재했다.

어쨌든 국장은 더 이상 내게 아무 것도 묻지 않았고 나도 딱히 할 말이 없었다. 그날 만남은 이렇게 해서 대충 마무리되었다. 그렇지만 난 초대소에 돌아와서도 분이 풀리지 않았다. 생각하면 할수록 화가 치밀어 올랐다. 그 취모라는 빌어먹을 작자가 도대체 어떤 놈이건대 나를 이렇게 함부로 대한다는 말인가? 공산주의사회에서 모든 일은 당 서기의 뜻에 따라 움직인다. 한마디로 독재사회인 것이다.

며칠 후, 여기서 처음 만났던 그 간부가 내게 차표 한 장을 건넸다. 그걸 받아들고 난 다시 양종장으로 돌아왔다. 두메산골에 자리한 이 양종장에는 남녀 합해서 총 열두 명이 있었고 서기가 한 명 더 있었다. 여기서 먹는 밥은 30%가 쌀이었고, 70%는 잡곡이었다. 생활비조로 매달 1인당 12위안이 나왔는데 이건 인민공사에서 지급하는 것이었다. 노동자들의 공분工分은 각 대대가 연말에 결산했다. 이곳에서 일하는 사람들은 딱히 열성당원이라고까지는 할 수 없었지만, 그래도 대개는 인민공사가 적극적이고 능력도 있는 자들이라고 인정한 자들이었다. 적어도 그 정도의 자격은 있어야 이곳에서 일할 수가 있었던 것이다.

내가 이곳에 왔을 때, 현에서는 내게 매달 7위안의 생활비를 지급했다. 다른 사람들보다 5위안이 적었던 것이다. 결국 나중에 양종장 회계가 현에 가서 5위안을 더 달라고 해서 12위안의 생활비를 맞추어 주기는 했다.

이곳 양종장에서는 소나 돼지 같은 가축도 사육했지만, 무엇보다 옥수수와 밀 재배가 전문이라고 할 수 있었다. 내게 떨어진 일은 양종장 관리였다. 그런데 관리자가 나 혼자이다 보니, 매주 노동자들이 집에 돌아가 가족과 함께 지낼 때에도 난 이 두메산골에 홀로 남아 양종장을 지켜야 했다.

여기서 기르는 소나 돼지 중에 병이 들어 도태시켜야 할 것들은 서기의 허락을 받고 우리가 먹었다.

난 석방된 뒤로, 지난 36년간 생이별 상태에 있는 가족들의 소식이 무엇보다 궁금했다. 대관절 살아있기는 한 건지, 살아 있다면 어디에 살고 있는 건지 정말 궁금했다. 막내이자 셋째아들인 칭더清德가 편지와 얼마간의 돈을 보내오기는 했지만, 주소가 없어 연락할 방법이 없었다. 결국 난 수소문 끝에 이웃 마을 룽더안龍德安의 중개로 둘째딸 칭란清蘭과 어렵사리 연락이 닿게 되었다. 딸애가 보내온 소식에 따르면, 자신이 타이완에서 어머니(나의 아내)를 모시고 있고 둘째아들 칭둥清東도 타이완에 살고 있다는 것이었다. 또 맏아들 칭취엔清權과 셋째아들은 아직도 한국에 있다고 했다. 내가 없는 지난 36년 동안 우리 가족은 타이완과 한국에 뿔뿔이 흩어져 살고 있었던 것이다.

한국에 있는 맏아들 칭취엔으로부터 서신연락이 왔다. 홍콩의 허가만 받을 수 있으면 홍콩에 있는 차이리창蔡力强 선생이 타이완에 갈 수 있도록 도와줄 거라는 내용이었다. 그래서 나는 차이리창 선생에게 연락을 취했고 그의 답장을 받은 연후에야, 홍콩을 경유해 타이완에 갈 수 있겠다는 믿음이 생겼다.

난 중국공산당 중앙통전부장 우란푸烏蘭夫에게 편지를 띄웠다.

"저는 왕용진이라는 사람입니다. 일찍이 중화민국 외교부에서 근무했고, 1937년부터 1945년까지는 조선에 파견되어 영사업무를 보았습니다. 해방 후, 소련군에 체포되어 5년간 소련 수용소에 있다가 1950년 위만주伪滿洲 황제 푸이 등과 함께 중국공산당에 인계되어 푸순감옥으로 압송되어 왔습니다. … 저는 과거 국민당당원으로서 조국에 많은 잘못을 저질렀지만 지금은 공산당의 관대한 처분에 힘입어 특별히 석방된 상태입니다. 그렇지만 저는 지금껏 해외에 있는 가족과 36년을 떨어져 살고 있습니다. 그러다 우연한 기회에 가족들이 타이완에 정착해 살고 있다는 소식을 듣게 되었습니다. 이에 저는 타이완으로 건너가 가족과 함께 살며 남은 생을 마감하고자 합니다. 부장님께서 저를 가엾이 여기시어 저의 타이완 행을 허락해주신다면 진정 감읍할 따름입니다."

얼마 후, 드디어 옌타이 통전부에서 양종장으로 나를 찾아왔다. 그런데 마침 그때는 내가 리다오진里島鎭 샤오단촌小疃村에 있을 즈음이었다. 고맙게도 그들은 그곳까지 손수 차를 몰고 와 나를 찾았다. 나는 대대부大隊部로 가서 그들을 만났다. 그들은 모두 네 명이었는데 전부 간부들이었다.

그들이 먼저 내게 물었다.

"홍콩으로 가는데 무엇이 필요한지 말씀해보십시오. 가능한 한 저희가 최선의 도움을 드리도록 하겠습니다."

"말씀은 고맙습니다만, 전 아무 것도 필요 없습니다."

"그럼, 언제쯤 떠날 생각이십니까? 혹시 떠나시게 되면, 미리 저희 현縣 통전부에 전화를 주십시오. 그럼, 저희가 차를 내드리겠습니다."

"말씀만이라도 정말 감사합니다. 고맙습니다."

결국 난 1979년 2월 9일을 D-day로 잡고, 전날 현 통전부에 전화를 걸었다.

"내일 떠날까 합니다. 준비는 다 되었습니다."

사실, 난 특별히 준비할 게 없었다. 동북 푸순의 최고인민검찰원에서 발급해준 석방증서는 이미 불태워버린 지 오래였고, 법원의 판결서류나 석방문건은 공산당이 진작 내 딸애에게 우편으로 전달한 상태였다. 나머지는 딱히 가져갈 게 없었다.

떠나기 전날 밤, 나는 곰곰이 생각을 해보았다.

'중국공산당이 내가 홍콩으로 가는 것을 승인하기는 했지만 과연 타이완으로 갈 수 있을까? 지난 번 석방된 장성 열 명이 홍콩으로 갔지만 국민당이 그들의 타이완 입경을 거부하지 않았던가! 더군다나 난 이름도 없는 하찮은 졸개에 지나지 않는데 타이완으로 가는 게 과연 가능할까? 국민당이 허락할까?

난 고민과 걱정에 밤잠을 이루지 못했다. 타이완에 있는 둘째딸이 동분서주하며 지인들에게 도움을 청하고 있다고 하니, 거기에 희망을 걸어볼 밖에 다른 도리는 없었다.

'공산주의사회에 살다보면, 많건 적건 빨갱이 사상에 물들지 않을 수 없다. 하지만 난 그렇지 않다. 나에겐 빨갱이 사상이라곤 전혀 없다. 오히려 난 공산주의가 결코 인류의 삶에 적합하지 않다고 생각하는 사람이다. 이런 사회는 천만 년 이전의 원시사회와 다름없다.'

이게 나의 생각이고 신념이다.

이튿날 아침 여덟시 정각에 통전부에서 차를 보내왔다. 차를 가져온 사람은 왕 선생이라는 사람이었다.

"준비 다 되셨습니까?"

나는 얼른 그를 맞이하며 말했다.

"네, 준비되었습니다. 손가방 하나 밖에는 다른 건 없어요."

왕 선생이 말했다.

"그럼, 가시지요."

집을 나와 차를 타려는데, 마을사람들 전체가 나와 떠나는 나를 축하해주었다. 정말 고마웠다.

차는 일단 룽칭현 통전부 초대소를 향해 출발했다. 통전부장이 나와 오찬을 함께 하자고 했다는 것이다. 난 식사가 끝난 다음에는 이산가족이 상봉하는 영화를 보았다. 또 저녁에는 별도로 해삼이나 상어지느러미 같은 최고급 안주가 곁들인 술자리 연회까지 마련해주었다. 지난 36년 동안 한 번도 맛보지 못한 최고의 요리와 술이었다. 통전부장은 내게 하루속히 가족들과 만날 수 있기를 기원하겠다면서 이런 말도 했다.

"우리는 선생께 그 어떤 임무나 당부도 하지 않을 것입니다."

그때 문득 이런 생각이 들었다.

'임무? 임무라니. 아니 그럼, 원래는 내게 어떤 임무라도 줄 생각이었다는 건가?'

설사 저들이 나한테 어떤 임무를 준다하더라도 나로서는 인류사회에 저촉되는 그 어떤 임무도 행할 생각이 없었다. 더욱이 공산당을 위해 내가 할 일은 없었다. 그동안 중국과 소련의 공산당 치하에서 지옥 같은 36년을 살면서 내가 깨달았던 것은 '공산주의는 결코 안 된다'는 이것 하나뿐이었다. 비록 항일전쟁 중에 국민당 충칭정부가 조선총영사관의 경비도 대주지 않았고 그곳에서 일하는 해외주재원의 봉급도 한 푼 주지 않았지만 그래도 난 여전히 국민당당원이다.

다음날 아침, 왕 선생이 차를 가져와 나를 옌타이 통전부가 관리하는 어느 호텔로 데려갔다. 그곳에도 나를 위한 만찬이 준비되어 있었다. 그날 밤 옌타이 통전부에서 파견된 리李 선생이란 자가 지난 역까지 나를 호송했다. 지난 통전부 리샤오치 선생이 역까지 마중을 나왔다. 그날은 화교초대소에서 묵었다.

이튿날 리샤오치 선생이 나를 데리고 공장견학을 시켜주었다. 저녁에는 통전부장이 마련한 연회에 참석했다. 연회에는 나를 포함해 여덟 명이 초대되었다. 부장은 특별한 말이 없었다.

그 다음날에는 리샤오치 선생, 공안국 장張 선생과 함께 기차를 타고 상하이 역으로 갔다. 상하이 통전부 간부가 역까지 마중을 나와 우리 일행을 호텔로 안내했다. 이튿날에는 비행기를 타고 광저우廣州 공항으로 갔다. 그 날은 광저우 통전부의 배려로 화교빌딩華僑大廈에 묵게 되었다. 내가 들어간 방에는 쿤밍昆明 노동개조대에서 석방된 리딩화李鼎華 선생이 먼저 와 있었다. 본래 국민당 헌병대원 출신인 그 역시 이곳에서 홍콩으로 갈 날을 기다리고 있는 중이었다. 또 한 명이 더 있었다. 그는 안훼이성安徽省에서 온 해관원海關員이었다. 그 또한 홍콩으로 가서 딸을 만날 예정이었다. 얼마 있으면 춘절春節이라 리샤오치 선생은 진작 돌아갔고, 장 선생만이 나와 함께 있었다. 장 선생은 내게 인민폐 200위안을 주며 외투와 구두, 바지 등을 사 입으라고 했다.

같은 방을 쓰게 된 리딩화 선생은 홍콩에 있는 가족과 이미 전화연락을 하고 있었다. 그래서 난 이참에 그에게 부탁을 하나 하고 싶었다.

"리 선생, 선생의 부인께 차이리창이란 사람을 찾아달라고 부탁을 드리면 안 될까요? 차이리창을 찾으면 대륙의 친구 왕용진이 광저우에 와서 소식을 기다리고 있다고 전해주시면 정말 고맙겠습니다."

그리고 며칠 후, 난 결국 차이리창의 부인으로부터 연락을 받게 되었다. 그런데 안타깝게도 좋은 소식이 아니었다. 그녀에 따르면, 차이리창은 이미 석 달 전에 소식이 끊겨 자신도 그가 어디에 있는지 모른다는 것이었다. 나는 이 소식을 듣고 깊은 고민에 빠졌다. 그야말로 진퇴양난이었다. 장 선생은 내가 혹시 나쁜 생각을 할까봐 위로를 했다.

"홍콩에는 그 사람 말고 달리 의지할 만한 친구가 또 없습니까?"

"없습니다."

그의 말이 홍콩에 의지할 친구가 없으면 정부는 의지가지없는 나를 번잡한 홍콩으로 가게 하지 않을 것이라는 얘기였다. 만에 하나 거리를 헤매는 비렁뱅이라도 되면 큰일이기 때문이라는 것이다.

내가 말했다.

"그럼, 내 사위가 지금 미국에 있는데 그한테 전보를 쳐서 미국으로 갈 수 있는지를 알아볼까요?"

장 선생이 말했다.

"그게 좋겠습니다."

그래서 난 영어를 할 줄 아는 사람을 수소문해서 그에게 50위안을 줄 테니 전문電文을 써달라고 부탁했다. 그러나 아무리 기다려도 감감무소식이었다. 같은 방 동료인 리 선생의 홍콩행이 결정되었다. 광저우 통전부는 호텔에서 그의 환송연을 열었다. 그 자리엔 나도 참석했다. 일희일비의 상황 속에서 나는 깊은 고민에 빠져 있었다. 장 선생이 내게 말했다.

"무작정 여기서 기다리고 있는 건 방법이 아닌 것 같습니다."

그래서 나는 그와 상의 끝에 고향으로 되돌아가 가족들과 다시 연락을 취한 후에 재차 오기로 결정했다. 그간 중국공산당이 내게 보여준 인도주의적 배려는 영원히 잊을 수 없을 것이다. 나는 장 선생과 함께 왔던 길을 되돌아 다시 지난 역에 도착했다. 역에는 또 리샤오치 선생이 우리를 마중 나와 있었다. 지난에서 사흘째 묵고 있던 날, 옌타이 통전부에서 간부 한 명이 파견 나왔다. 나는 그를 따라 곧바로 룽청현으로 돌아갔다.

리샤오치 선생이 내게 말했다.

"가족과 연락을 취해본 후에 다시 가시지요."

"네, 그러는 게 좋겠습니다. 아무튼 이렇게 도와주셔서 정말 감사합니다."

나는 그와 헤어졌다.

다시 룽청현으로 돌아왔을 때, 룽청현 통전부는 내게 매달 18위안의 생활비를 지급해주었다.

'웬 일일까? 전에는 7위안밖에 안 주었는데.'

나는 원래 있던 따리자촌大李家村의 양종장에 다시 배치되었다. 그곳에서의 생활이 조금씩 안정되면서 나는 일본 오사카에 사는 룽더안과 연락을 시도했다. 그는 동향 사람이었다. 드디어 둘째딸 칭란으로부터 연락이 왔다. 편지 내용은 이랬다.

"스더화史德華 선생이 장즈중張執中 선생에게 부탁을 드려 홍콩에 있는 친구 궈자샹郭家祥 선생이 아버지가 홍콩에 오는데 필요한 모든 절차를 전담하시기로 했어요."

나는 이 편지를 받고 즉시 궈자샹이란 사람에게 연락을 취했다. 얼마 후, 궈자샹으로부터 회신이 왔다.

"당신이 홍콩으로 오는데 필요한 모든 절차는 제가 책임지고 처리하도록 하겠습니다."

나는 이 편지를 지난 통전부의 리샤오치 선생에게 우편으로 전달하고 다시 홍콩으로 가겠다고 말했다. 곧이어 리샤오치 선생으로부터 답장이 도착했다.

"지금은 날씨가 좋지 않은 것 같습니다. 추운 날씨에 혹시 병이라도 나시면 큰일입니다. 춘절이 지나고 날씨가 조금 풀리면 그때 다시 가시는 게 제일 좋을 듯합니다."

정월이 지나 나는 현 통전부에 다시 연락을 했다.

"저는 정월 16일에 떠나고 싶습니다."

얼마 후, 왕 선생이 샤오단까지 와서 나를 룽청현으로 데려갔다. 전에 탔던 그 차를 타고 우리는 곧장 옌타이 통전부로 갔다. 왕 선생은 돌아가고 대신 옌타이 통전부에서 파견한 또 다른 직원이 나를 지난으로 데려갔다. 역에서 나를 맞이한 것은 역시 리샤오치 선생이었다. 그는 나를 화교초대소로 데려갔다. 그가 내가 홍콩으로 가는데 필요한 모든 수속을 대신 처리해주었다.

이튿날 나는 리샤오치 선생을 따라 전에 갔던 그 길을 따라 광저우로 갔고 광저우에서는 전에 묵었던 그 호텔에 묵었다. 호텔에 도착하자마자 나는 곧바로 궈자샹 선생에게 전화를 해서, 리딩화 선생에게 기차역까지 나를 마중 나와 달라고 연락해줄 것을 부탁했다.

다음날, 나는 광저우 통전부 간부와 함께 차를 타고 기차역으로 갔다. 기차역까지는 리샤오치 선생도 함께 동행해주었다. 리샤오치 선생은 그동안 내게 수없이 많은 도움을 주신 분이라 떠나는 마당에 감사의 말이라도 전하는 게 최소한의 도리라 생각했다. 나는 그에게 감사의 말과 함께 이별의 악수를 건넸다. 우리는 그렇게 헤어졌다. 나는 광저우 통전부 간부를 따라 기차에 올랐다. 기차가 선전深圳 역에 도착했을 때, 광저우 통전부 간부가 내게 말했다.

"자, 여기 1,000위안 홍콩달러입니다. 이건 정부가 선생께 드리는 홍콩에서의 생활비입니다."

나는 돈을 받았다는 영수증을 그에게 써주고 감사를 표했다. 이렇듯 세심하게 신경을 써주는 중국공산당에 진심으로 고마움을 느꼈다. 통전부 간부하고는 이곳에서 헤어졌다. 여기가 바로 국경이었기 때문이다. 선전 역까지 나를 마중 나온 이는 신화사新華社 직원이었다. 나는 내 가방을 들고 앞서 가는 그를 따라 역을 빠져나왔다. 역 주변은 엄청난 인파로 북적였다. 개중에는 아예 자리를 깔고 누워 자는 사람도 있었고 옹기종기 모여앉아 잡담을 나누는 무리들도 있었다. 또 입경수속을 밟느라 길게 줄을 서서 기다리는 이들도 꽤 많았다. 나는 문득 이런 생각이 들었다.

'만일 중국이 과거에 잃어버린 홍콩을 다시 되찾을 수 있다면, 이런 번거로운 절차를 거치지 않고 자유롭게 왕래할 수 있었을 텐데.'

아니, 사실 홍콩뿐만 아니라 마카오도 반드시 되찾아야 하는 우리 중국의 땅이다. 그렇게 되면 이 땅의 모든 제국주의 세력은 자취도 없이 사라지게 될 것이고 자신의 영토 안에서 이런 입경수속 같은 말도 안 되는 일은 더 이상 벌어지지 않게 될 것이다. 과연 그런 날이 올 것인가? 이런 생각에 빠져 있는 나를 깨운 건 신화사 간부의 '자, 이제 갑시다.'하는 소리였다. 그는 내 가방을 손에 든 채, 군중들 틈을 비집고 들어가 검사대 앞에 도착했다. 그는 나더러 잠시 밖에서 기다리라 하고는 안으로 들어갔다. 그는 잠시 후 다시 밖으로 나와 수화물검사대 쪽으로 발걸음을 옮겼다. 그런데 정작 검사대를 통과해야 할 내 손가방은 그의 손에 들려있지 않았다. 나는 아무 말도 못한 채 그를 따라 세관을 빠져나왔다. 신화사 간부가 말했다.

"기차는 벌써 떠났어요. 하지만 다음 기차가 곧 올 거예요. 그때까지 식당에 가서 간단히 요기나 하시지요."

식당에서 커피 한 잔을 시켜놓고 기다리고 있자니, 얼마 후에 기차가 도착했다. 우리는 기차에 올랐다. 객실 칸에는 승객이 거의 없었다. 차가 출발하고 얼마 안 있어 쥬룽九龍 역에 도착했다. 눈 깜짝할 시간이었다. 기차에서 내려 그를 따라 역으로 나오니 리딩화와 궈자샹이 마중을 나와 있었다. 서로들 간단히 인사를 주고받고 함께 역을 빠져나왔다. 도착한 곳은 신화사였다. 신화사 안으로 들어가니, 나와 동행했던 그 신화사 간부가 직원에게 왕 선생의 가방을 가져오라고 시켰다.

'아니, 어떻게 가방이 나보다 먼저 도착한 거지?'

궈자샹 선생이 내 가방을 받아들고는 말했다.

"가시지요."

나는 함께 동행해주었던 그 간부에게 감사의 인사를 전하고는 그들을 따라 미리 예약해놓은 호텔로 갔다. 궈자샹이 타이베이에 있는 장즈중 선생에게 전화를 걸어 내가 홍콩에 도착했다는 사실을 내 딸에게 전해달라고 했다. 내가 정말 타이완에 갈 수 있는 것일까? 나는 아직도 믿기지가 않았다. 왜냐하면 예전에 국민당 장군 열 명이 타이완에 가고 싶다고 신청했을 때, 타이완정부가 허가해주지 않은 전례가 있었기 때문이다. 그래서 그들은 할 수 없이 다시 대륙으로 돌아가야 했다. 국민당은 대륙에서 석방된 이 열 명의 국민당 장군들이 타이완에 가는 것을 왜 불허했을까? 혹여 그들이 공산당과 싸운 게 잘못되었다고 생각하는 것일까? 아니면 그들이 포로가 되어 20년 넘는 노동개조를 통해 빨갱이 사상에 물들어서 타이완에 빨갱이사상을 퍼뜨릴까봐 두려웠던 것일까? 그것도 아니라면 도대체 왜 힘들게 고생하고 공적도 높은 이 장군들의 타이완 입경을 불허한 것일까? 이유가 무엇일까? 오히려 세상에 공표해 자랑해야 할 일이 아닐까? 그렇지만 난 그들처럼 유명하지도 않은 한낱 범인에 불과하다. 그것도 군인도 아닌 해외주재 외교관 말단이 아닌가? 비록 소련과 중국의 공산당 치하에서 36년을 살았다고는 하지만 겉옷에 약간의 빨간색이 묻어있다는 것 말고는 몸속까지 빨간 사람은 아니었다. 아니 오히려 그 누구보다도 공산당을 혐오하는 사람이다. 물론 난 중국공산당에 대해 '감사할 점도 있고 찬동하는 지점도 있다.'고 생각한다. 설사 그렇더라도 국민당이 고관이든 졸개든 가리지 않고 모두 타이완 입경을 불허한다는 게 말이 되는가? 나는 믿는다. 타이완 국민당정부가 결코 그렇게까지는 하지 않으리라는 것을. 만에 하나 타이완에 갈 수 없게 된다면 나는 필시 홍콩을 떠돌아다니며 구걸하는 거지신세를 면치 못하게 될 것이다. 그래서 나는 서둘러 타이완에 사는 둘째딸 집에 전화를 걸었다. 전화를 받은 사람은 지난 36년 동안 떨어져 살던 내 아내였다. 나는 아내에게 물었다.

"내가 타이완에 갈 수 있기는 한 거요?"

"걱정 말아요. 딸애가 지금 동분서주하며 여기저기 도움을 청하고 있는 중이에요. 입법원立法院8)까지 가서 도움을 청하고 있다고 들었어요. 그러니까 아무 걱정 말고 기다리세요. 수속절차가 다 마무리되면 당신을 데리러 갈 거예요."

나는 36년간 공산치하에서 살면서 한 가지 배운 게 있다. 인간은 언제나 아름다운 사회, 아름다운 삶을 추구하고 동경한다는 점이다. 소련과 중국에서의 삶이 나에게 역으로 그것을 가르쳐주었다. 중국속담에 '근주자적, 근묵자흑(近朱者赤, 近墨者黑)'이란 말이 있다. 인주를 가까이 하면 붉게 되고, 먹을 가까이 하면 검게 된다는 말이다. 물론 이 말은 사물의 경우를 두고 한 말이다. 나 개인적으로는 이 속담이 인간에게는 잘 들어맞지 않는다고 생각한다. 나는 소련에서 5년을 살았고, 중국대륙에서 31년을 살았다. 그렇지만 난 빨갱이사상에 물들지 않았다. 오히려 난 공산당을 누구보다도 싫어한다. 아마 죽을 때까지도 이 생각은 변치 않을 것이다. 한마디로, 인류사회에서 공산주의는 결코 용납되어서도 안 되며 용납될 수도 없는 것이다.

딸에게서 전화가 왔다. 나를 만나러 홍콩에 온다는 것이었다.

그래 내가 물었다.

"내가 타이완으로 가는 걸 국민당이 허락했대?"

---

8) 우리의 국회에 해당한다.

"제가 친구한테 부탁해서 지금 처리 중에 있어요."

나는 딸을 마중하러 궈자샹 선생과 함께 공항으로 나갔다.

'내가 딸 칭란을 마지막으로 본 게 언제였나? 그때는 겨우 열한 살의 어린 꼬마였는데 지금은 마흔일곱의 어엿한 중년부인이 되어 있겠지? 딸애를 보면 알아볼 수나 있을까?'

공항에 도착했을 때는, 비행기는 이미 착륙을 마친 상태였다. 우리는 입국장 앞에 가서 기다렸다. 나는 딸애의 모습이 기억나지 않았다. 그러나 딸애는 입국장으로 나오자마자 곧바로 나를 알아보고 "아버지!"하고 소리치며 달려왔다. 당시의 심정이란 참 …! 순간 눈물이 앞을 가렸다. 그랬다! 내 딸 칭란이 바로 내 앞에 서 있었던 것이다. 36년만의 만남이었다. 딸은 이미 세 아이의 엄마가 되어 있었다.

우리 세 사람은 공항을 빠져나와 예약된 호텔로 갔다. 호텔은 코즈웨이 베이(Causeway Bay, 銅鑼灣) 패터슨 스트리트(Paterson Street, 百德華街) 57번지號 A동座 12층이었다. 호텔을 나가면 바로 근처에 공원이 있었다. 나는 호텔에 묵는 동안 딱히 할 일이 없어 무척 따분했다. 아침 일찍 일어나 공원을 산보하거나 호텔 맞은편 언덕 위 주택가에 걸려있는 청천백일기를 온종일 멍하니 바라보는 걸로 소일할 뿐이었다. 청천백일기는 쑨중산 선생이 건국한 중화민국의 국기이다. 나는 그것을 36년 만에 처음으로 보았을 때, 나도 모르게 세 번씩이나 허리를 굽혀 절을 했다. 그때 난 40년 전에 중화민국주조선한 성총영사관에 있었을 때가 생각이 났다. 당시 일본헌병들과 일본헌병으로 위장한 조선인 세 명이 함부로 청천백일기를 내리려는 것에 맞서 그들과 심한 몸싸움을 벌였다. 그 와중에 나는 머리를 얻어맞아 크게 다치기도 했다. 이제 그 청천백일기를 다시 바라보고 있노라니 지난 36년간의 비참했던 고통의 기억이 새삼 떠올라 주체할 수 없는 눈물이 마구 흘러내렸다. 참혹했던 나의 지난 세월에 대해 그 누구도 묻지 않았고 지금의 내 처지에 대해 조금의 관심이나마 보이는 이들 역시 아무도 없다. 난 나에게 질문을 하고 관심을 기울여야 할 곳은 오로지 중화민국정부라고 생각한다. 난 아직도 국민당정부가 나를 찾아오기를 애타게 기다리고 있다.

중화민국 69년 즉, 1980년 5월 10일, 내 며느리가 홍콩에 도착했다. 홍콩구제총서로부터 전화가 와서 나더러 비행기 표를 줄 테니 받아가라는 것이었다. 난 그제야 타이완정부가 나의 타이완행을 허락했다는 것을 알게 되었다.

며느리와 함께 홍콩구제총서로 가 비행기 표를 받아들고 곧장 공항으로 나갔다. 막상 비행기에 오르니 만감이 교차했다. 지난 36년간의 지옥과도 같았던 공산당통치를 벗어나 꿈에도 그리던 중화민국으로 가게 되었다고 생각하니 새삼스레 가슴이 먹먹해왔다.

1980년 5월 10일, 난 드디어 중화민국의 관문인 타이완 중정中正공항에 발을 내딛었다.

공항에는 나의 두 딸과 둘째아들 그리고 스더화 부부가 마중을 나와 있었다. 당시의 그 감회와 감격이란 … 그야말로 말로는 도저히 형용할 수 없는 그 어떤 것이었다. 이날부로 난 그동안 36년을 떨어져 살았던 아내와 함께 살게 되었다.

(원제 : 山東省高級法院釋放國民黨以上人員大會)

69 타이완에서 한국으로

　나는 1980년 5월 10일, 꿈에도 그리던 타이완 땅을 밟게 되었다. 타이베이 중정공항에 첫발을 내딛었을 때, 무엇보다 공항의 그 웅대함에 놀랐고 동시에 공항을 오가는 그 수많은 인파에 눈이 휘둥그레졌다.

　'그래, 바로 이게 자유사회의 모습이지!'

　입국장을 빠져나오자, 지난 36년간 헤어져 살던 가족들과 지인들이 나를 기다리고 있었다. 그때의 그 기쁨이란 이루 말할 수 없었다. 공항 밖에 대기하고 있던 차를 타고 곧게 뻗은 고속도로 위를 달리고 있자니, 쏜살같이 지나가는 수많은 차량들이 계속해서 눈을 어지럽혔다.

　'이것이야말로 타이완의 자유와 번영을 상징하는 것이 아니겠는가!'

　이렇게 난 중국과 소련에서의 지옥 같던 삶에서 벗어나 자유의 땅에 첫발을 내딛게 되었다. 더는 떠올리고 싶지 않은 기억이지만, 지난 소련에서의 5년, 중국에서의 31년의 고통스런 삶이 주마등처럼 뇌리를 스쳐지나가는 것은 어쩔 수 없었다. 그곳에서의 삶과 타이완에서의 삶은 그야말로 천양지차였다.

이건 조금의 과장도 없는 진실이다.

그런데 내가 느끼기에 타이완 사람들은 자신들이 얼마나 행복한 생활을 누리고 있는지를 잘 모르는 것 같았다. 게다가 타이완에는 이른바 벼락부자나 졸부들이 너무나 많았다. 그래서인지 대체로 낭비벽도 심한 편이었다. 뿐만 아니라 지식인을 비롯한 일부 타이완 사람들이 국민당정부에 대해 불만을 품고 있거나 심지어 적대시하고 있다는 소리도 들었다. 난 국민당정부가 정부에 불만을 갖고 있는 그런 사람들을 대륙에 보내 대륙의 삶을 직접 체험할 수 있도록 대폭적으로 문호를 개방해야 한다고 생각한다. 그것이 친척방문이든 정치인 간의 교류이든 아니 단순한 관광이어도 상관없을 것 같다. 직접 가서 생활해봐야 무엇이 옳고 그른지 어디가 좋고 나쁜지를 분명히 깨달을 수 있을 것이라 생각한다. 또 간혹 정치색이 강한 국회의원(입법의원)들이 걸핏하면 의회석상에서 함부로 지껄이는 모습을 종종 보게 된다. 그들은 실정을 제대로 알지도 못하면서 자신들의 견해와 주장에 들어맞지 않으면 무턱대고 욕을 해대고 소리를 친다. 그뿐이랴! 개중에는 의회 기물을 파손하거나 심하면 난투극도 불사해 의회 전체를 아수라장으로 만드는 이들도 있다. 심지어 술자리에서 국회의장(입법원장)의 뺨을 때린 의원도 있다고 들었다.

'이게 정말 타이완에서 말하는 민주주의인가? 이게 진정한 민주적 권한행사이고 모범적 민주제도인가? 이런 사이비 민주인사들이야말로 세상의 웃음거리가 아니고 무엇이겠는가!'

국가가 정한 법률을 위배할 경우에는 누구나 평등하게 법에 따라 처벌을 받아야 한다. 여기에는 총통도 결코 예외가 될 수 없다. 이것이 바로 국가가 강성해질 수 있는 길이고 이것이 곧 민주주의사회이다.

나는 타이완에서 14년을 살았다. 그러나 그동안 국민당은 나에게 아무런 관심을 보이지 않았다. 국민당당원인 구치가 국민당 비서장 송추위에게 내 처지를 설명하고 간곡히 사정하고 호소한 끝에 겨우 현금 1만 위안을 받은 게 국민당이 내게 베푼 유일한 은전이었다. 나도 지난 36년간 내가 직접 겪었던 고통의 삶과 현재의 곤경을 설명하고 싶어서 송朱 비서장에게 편지를 보낸 적이 있었다. 그러나 아무리 기다리고 기다려도 그로부터 회신은 없었다. 나는 이제 아흔의 나이가 되었다. 내자도 벌써 팔순이다. 우리는 정말로 타이완을 떠나고 싶지 않았다. 그러나 더는 여기서 버틸 힘이 없었다. 정말 원하지 않았지만 어쩔 수 없이 우리 노부부는 자식에 의지해 말년을 보내야만 했고 그래서 한국으로 왔다.

나는 1932년부터 난징외교부에서 근무했고, 1937년에는 조선한성총영사관에 파견되어 1945년 원산영사관에서 소련군에 체포되어 소련으로 압송될 때까지 줄곧 국민당을 위해 일을 했다. 이후 소련에서의 5년, 중국에서의 31년의 고통스러운 생활 역시도 오로지 국민당과 국가를 사랑하는 한결같은 마음으로 버텼다. 그런데 그 삶의 결과가 과연 무엇인가? 이제 내 나이 아흔, 서서히 삶을 정리할 때이다.

(원제 : 來到台灣的感受)

70 아내 리샤오쩐李筱貞의 아픈 기억

나는 1945년 12월 12일, 조선 삼팔선 이북의 원산 중국영사관에서 소련군에 체포되었다. 이후 소련의 하바롭스크 45호 전범수용소로 끌려가 그곳에서 푸이 등과 함께 수형생활을 했다. 아내와 네 명의 어린 자녀 그리고 8개월 된 태아를 원산영사관에 그대로 남겨둔 채였다.

당시 전란으로 인해 혼란이 극에 달해 있던 북조선의 상황 속에서 우리는 은행예금은 고사하고 집안에 있던 약간의 현금이나 각종 귀중품들까지 군대 기강이라곤 전혀 없던 소련군에 모조리 빼앗겨버렸다.

소련군이 미군용 대형트럭을 몰고 가 조선은행을 약탈하게 되자, 조선 사람들은 자신들의 예금을 되찾기 위해 조선은행 정문 앞을 막아선 채 돈을 달라고 요구했다. 우리 중국 사람들도 예외는 아니었다.

그러나 그 이후에 어떻게 되었는지 나는 잘 모른다. 이에 내 내자의 기억을 통해 당시 상황을 그려보고자 한다. 다음은 내 내자의 구술이다.

당신이 소련군에 끌려가고 집에는 네 아이와 뱃속에 있는 태아 밖에는 없었어요. 은행에 예금한 돈은 벌써 소련군이 빼앗아갔고요. 집에다 몰래 삼백 원銀元을 숨겨놓고 있었는데 어떻게 알았는지 그마저도 소련군 놈들이 다 가져갔어요. 당신이 모아놓은 문서들도 다 압수해갔고요. 애들은 아직 어리지, 당신은 어디로 갔는지 행방불명이지, 수중엔 돈 한 푼 없지, 뱃속 아이는 곧 나오려고 하지, 정말 그때 어려웠던 건 이루 말할 수가 없어요. 생각만 해도 끔찍해요. 그뿐이겠어요? 그 소련군 놈들이 영사관에 있는 문이며 창문이며 전부 떼어가 버렸지 뭐예요. 아니, 실어갈 수 있는 건 모조리 쓸어가 버렸어요. 그러니 당장 애들하고 같이 살 집도 없는 거예요. 할수 없이 산꼭대기에 사는 청程 부인한테 부탁해서 함께 살았어요. 그나마 남아 있던 얼마 안 되는 옷가지는 상자에 싸서 창고에 꽁꽁 숨겨놓았었는데, 가보니까 자물쇠가 뜯겨져 있는 거예요. 당연히 상자들은 모조리 없어졌고요. 누가 훔쳐갔는지 알 수가 있어야지요. 아이 낳고 1년을 더 거기서 살았는데 앞으로 살아갈 길이 정말 막막한 거예요. 그래 할 수 없이 몇몇 사람들하고 같이 한성으로 도망을 가기로 했어요. 그때가 1947년일 거예요. 추운 겨울이었어요. 일단 기차를 타고 해주로 가서 거기 사는 조선인 노인한테 달구지 하나 빌려달라고 했지요. 그런데 그 노인이 그러는 거예요. 어느 강을 건널 거냐고. 그래 그랬지요.

"강이요? 강을 건너야 하는 거예요?"

그랬더니 그 노인 말이 한성으로 가는 사람들이 하도 많아서 기차로는 갈수 없고 거의가 배를 타고 강을 건너갔다는 거예요. 수심이 얕아서 몰래 강을 건너가기가 쉽다는 거였어요. 그런데 강을 건널 때는 절대 큰 소리를 내면 안 된다고 신신당부를 했어요. 산 위에 있는 소련군이나 김일성군의 보초병들한테 들키면 바로 총을 쏠 거라고. 그래서 나도 아이들한테 절대 소리 내지 말라고 단단히 주의를 줬어요. 그런데 걱정은 칭더였어요. 갓난아이가 울기라도 하면 어째요? 그래서 아이를 이불로 꼭꼭 싸매서 그 노인 지게 위에 올려놓았어요. 혹시라도 애가 숨을 못 쉴까봐 숨 쉴 수 있는 틈만 조금 남겨놓고. 노인이 앞에서 걷고 우리는 그 뒤를 따라갔어요. 나는 칭동의 손을 잡고, 칭롄淸蓮하고 칭란은 칭취엔이 데리고 갔어요. 날씨가 추워서 그런지 칭동이 벌벌 떠는 거예요. 우리는 그렇게 그 노인 뒤를 줄지어 따라갔어요. 강을 건너는데 물이 얼마나 차갑던지 원! 수심이 깊은 곳은 배꼽까지 올라왔고, 얕은 곳은 허벅지까지 물이 찼어요. 그렇게 노인을 따라서 서로 손을 잡고 강을 건넜어요. 다 건너서는 바로 애들 옷을 갈아입혔어요. 얼지 않게. 그리고 그곳에서 그 조선인 노인하고는 작별을 했어요. 노인이

가면서 그러더라고요.

"댁들은 그래도 남쪽으로 갈 수 있어서 좋겠소. 나는 선대부터 대대로 여기 해주에서 살았소. 그러니 가족들을 데리고 남쪽으로 간다는 건 상상도 못하지. 그렇다고 소련군하고 김일성이 통치하는 이곳에서 산다는 것도 여간 힘든 게 아니고. 우린 이러지도 저러지도 못하는 신세야. 저 놈들은 정말 사람의 도리라고는 전혀 모르는 작자들이더라고. 그래도 어떻게 하겠어? 운명을 하늘에 맡기는 수밖에…"

그래서 내가 그랬어요.

"할아버지, 이건 제가 갖고 있던 소련군 군표인데 전부 가지세요."

그런데 노인은 한사코 안 받겠다는 거예요. 그래서 말했어요.

"이 군표는 남조선에 가면 써먹을 수 없어요. 그러니까 가져가세요. 북조선은 김일성과 소련군이 관할하는 지역이니까 사용할 수 있을 거예요. 나중에 김일성정권이 수립되면 돈으로 환전할 수 있을 거예요. 받아두세요."

우리는 거기서 다시 달구지를 빌려 기차역으로 갔어요. 차표를 사고 기차에 오르자 얼마 있다가 차가 출발하더라고요. 한성 역에 도착해서는 각자 의탁할 수 있는 친척이나 친구를 찾아서 뿔뿔이 흩어졌어요. 나는 애들을 데리고 무작정 딩웬간丁元幹 회장 집으로 찾아갔어요. 그렇지만 언제까지 회장님 신세만 지며 살 수 있겠어요? 나도 애들하고 살려면 뭐든 해야 했어요. 그래서 남의 집 빨래를 해주며 근근이 살았지요. 그런데 가뜩이나 생활이 어려운 판에 전쟁까지 나버린 거예요. 북조선이 남조선을 침공한 거죠. 말로는 많은 나라들이 남조선을 도우러 왔대요. 난 대포소리, 비행기 폭격 소리를 들어가며 아이 다섯을 데리고 부산으로 피난을 갔어요. 차도 없어서 그냥 걸어서요. 그렇게 피난민들을 따라 걸어서 부산으로 간 거예요. 가는 중에 얼마나 힘들었는지 몰라요. 이루 말할 수가 없어요. 하늘에선 폭격기가 날아다니지, 여기저기서 폭탄 터지는 소리가 들리지 게다가 피난민들의 아우성치는 소리, 노약자나 부녀자들의 신음소리, 부모나 자식을 잃어버린 사람들의 울음소리. 정말 비참하고 처참했어요. 폭탄에 맞아 다치거나 죽는 사람도 정말 부지기수였어요. 그렇게 남쪽으로, 남쪽으로 피난을 갔던 거예요. 죽어서 널브러져 있는 시체들을 넘어가며 이를 악물고 피난을 갔어요. 날이 저물면 마을부터 찾아야 했어요. 마을에 가면 피난을 떠난 빈집에 들어가 쌀독부터 뒤져서 일단 애들한테 밥부터 해먹였어요. 애들이 밥 먹는 동안 잠시 쉴라치면 어깨고 가슴이고 아파오기 시작하는 거예요. 하루 종일 칭더를 업고 다녔으니까. 그렇게 하루를 그 집에서 보내고 다음날 다시 애들 다섯을 데리고 피난길을 재촉하는 거예요. 칭더를 업고 가는 게 너무 힘들어서 하루는 바닥에 내려놓고 형이랑 누나랑 같이 걸어가자고 어르고 달래고 해보기도 했어요. 그런데 녀석이 한사코 싫다는 거예요. 얼마나 고집이 세던지 하도 화가 나서 그냥 내려놓고 우리끼리 먼저 갔어요. 녀석이 바닥에 주저앉아 울면서 우리가 가는 걸 마냥 쳐다보고 있는 것예요. 그 자리에서 꼼짝도 하지 않고요. 그래 할 수 있어요? 내가 다시 가서 그를 업고 오는 수밖에. 그렇게 스무닷새를 계속 걸어갔어요. 칭동은 신발이 다 떨어질 정도였어요. 그래도 어찌어찌해서 애들 다섯을 데리고 무사히 부산에 도착했어요. 전에 있던 영사관은 피난민수용소가 되어버렸더라고요. 나는 애들을 데리고 무작정 거기로 갔어요. 수용소 책임자가 내게 한국 돈 30만원을 주더군요. 전에 우리가 영사관에 살 때 쓰던 집 뒤에 부엌이 있었잖아요? 그 옆에 천막을 치고 살았어요. 그래도 잘 곳이 있다는 게 얼마나 안심이 되던지…. 우리가 옛날에 살던 집은 운전수였던 라오장老張이 살고 있었어요. 한동안 거기에서 살았어요. 나중에 정부와 미군 측이 교섭을 해서 부산 영주동 11번지에 판잣집 여러 채를 지었어요. 갈 곳 없는 화교들은 다들 거기에서 살았어요. 하루는 누가 나더러 제비를 뽑으라는 거예요. 나는 칠팔 평 크기의 2층 슬라브 집을 뽑았어요. 그래서 그리로 들어갔어요. 그게 우리 가족이 살 집이 된 셈이죠. 그곳에 작은 마을이 생기게 된 거예요. 마을을 전원前院, 중원中院, 상원上院으로 나누어 총 60 세대가 살았어요. 마을 이름도 지었어요. '충효촌忠孝村'이라고.

나중에 칭롄, 칭란, 칭취엔, 칭동, 칭더 다섯 명이 차례로 결혼을 했어요. 나는 타이완에 있는 칭란 집에서 아이를 돌보게 되었고요. 칭란은 각지를 돌아다니며 사업을 해요. 36년 동안 이제나 저제나 당신이 돌아오기만을 기다렸는데, 이제야 돌아왔네요. 칭취엔과 칭더는 한국에 있고, 칭동과 칭롄은 타이완에서 사업을 해요. 이제야 가족 전체가 다 모이게 되었네요.

(원제 : 遺留在元山王李筱貞口述經過)

부록

관련 문건

山东省高級人民法院刑事裁定书

四东法刑劳字第 3 9 6 号

劳改犯王承晋，男，6 2岁，山东省荣成县人。因犯偷越国境罪，于 1 9 5 9月 1 1月 2 4日经荣成县人民法院判处无期徒刑。现由山东省公安厅参送本院减刑。

本院组成合议庭，审理认为：该犯在劳改中，经过教育，认罪服法，学习较好；积极劳动，能完成任务。佼照中华人民共和国劳动改造条例第六十八条的规定，可予减刑。据此，裁定如下：

准予劳改犯王承晋减为有期徒刑 1 8 年。

1 9 6

山东省高級人民法院刑事审判庭

审　判　长　方　　庆

审　判　員　徐　灵　模

审　判　員　張　克　成

本件与原本核对无異　　　1 9 6 6年5月 5日

书　記　員　许　美　球

산동성 고급인민법원 형사재판 판결문

(85)東法刑勞字第396號

　노동개조범 왕용진, 남, 62세, 산동성 롱청현 출생. 밀출국의 죄로 1959년 11월 24일 롱청현 인민법원에서 무기징역의 판결을 받았다. 현재 산동성 공안청에서 본원으로 이송된 바 감형을 선고한다.

　본원은 합의부를 구성해 심리한 결과, 본 죄인이 노동개조와 교육을 통해 자신의 죄를 인정하였고, 학습도 양호하고 노동에도 적극적으로 참여해 맡은 바 임무를 성실히 완수했다. 이에 중화인민공화국 노동개조 조례 제68조 규정에 의거해 감형을 선고하는 바이다. 이에 아래와 같이 판결한다.

　노동개조범 왕용진에게 유기징역 18년을 언도한다.

산동성 고급인민법원형사심판정

심판장　　方　慶

심판원　　徐良謀

심판원　　張克成

1966년　5월　5일

서기　　許美球

山东省高级人民法院
裁 定 书

一九七五年度刑他字第七十三号

　　王永晋, 男, 七十岁, 漢族, 山东省(市)
荣城县(市)人。因反革命偷越国境罪于一九六六年
被山东省高级人民法院判处有期徒刑十八年,
在服刑期间, 有悔改表现, 现决定宽大释放, 并
予以公民权。

一九七五年十二月十六日

번역문

산동성 고급인민법원
판 결 문

왕용진, 남, 70세, 한족, 산동성 룽청현 출생. 밀출국에 따른 반혁명죄로 1966년 산동성 고급인민법원에 의해 유기징역 18년을 언도받음. 복역기간 중에 개전의 정이 있어 관대히 석방하고 아울러 공민권을 부여하는 바임.

1975년 12월 16일

부록 - 관련 문건 • 397

자료 03

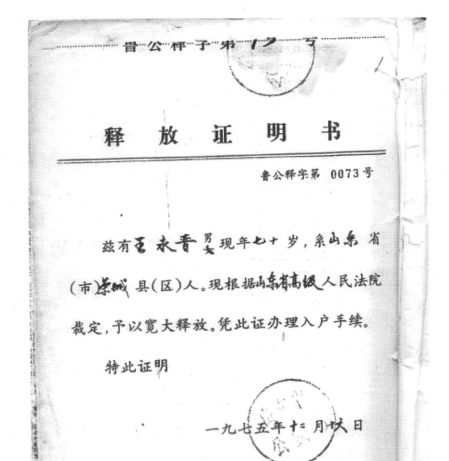

釋 放 証 明 书

鲁公释字第 0073号

兹有玉永晋男現年七十岁,系山东省
女
(市)荣城县(区)人。现根据山东省高级人民法院
裁定,予以宽大释放。凭此证办理入户手续。

特此证明

一九七五年十二月十八日

석방증명서

魯公釋字第0073號

왕용진, 남, 70세, 산동성 룽청현 출생. 현재 산동성 고급인민법원의 판결에 의거해 관대히 석방하는 바이다. 이 증명서에 따라 호적등록에 관한 수속을 이행하도록 한다.

이에 특별히 증명하는 바이다.

1975년 12월 16일

자료 04

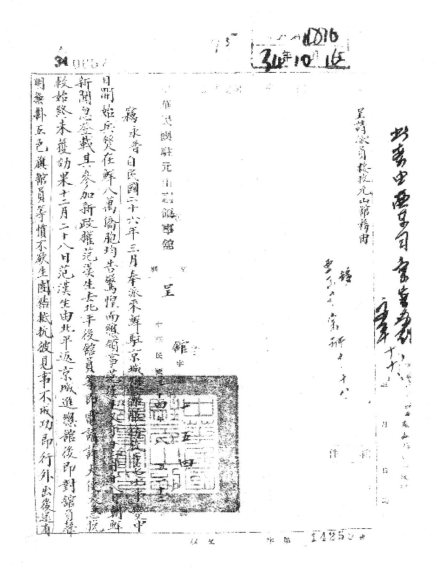

日本憲兵三十輩到館即行將館員等拘捕扣押該憲兵隊十餘日後經索城

中華商會理事人間慎九司于明等向范漢生聲援求情允許館員聽其支配

方始陸續把憲兵隊釋放回籍從此開始在暴日鐵蹄下與僑民力謀安居樂業

竊查永晉在鮮八載奉為保僑起見藏筆金鮮造今謀長元難創懷有祖國

但營救各地固政治業破拘押之僑民已達七十餘人皆非开有案可稽似僑

民的竊于難慶此承吉國人在暴日鐵蹄下領導華僑堅盼望我政府早

日得到最後之勝利重見天日水晉因環境關係引起當局注目誌為見

同條行為到死在監視之下的盡保僑之天職兩欲引退只以僑民苦無所從未年

四月起今經覺悟羅難待館為深僑員在所在決盡私衷以候勝利過

不得已待罪至今欣悉暴日降伏韓內萬餘僑民為慶祝勝利共于進交即

國府還都之日舉行慶祝大會並宣降募集戰後建設金水晉待兼候伏乞

鈞會念各義導叩懇速予派員來元接收館務以安僑心過匪筆某勝命之至謹呈

部長
次長

中華民國駐元山副領事館王永晉

번역문

왕용진王永晉 삼가 올립니다.

본인이 민국26년(1937년) 3월, 주조선경성총영사관에 파견되어 근무해오던 차에 곧바로 7·7사변이 개시되었습니다. 중일 간의 전쟁이 갈수록 치열해짐에 따라 조선에 있는 8만의 우리 교포들은 모두 불안과 두려움에 떨고 있었습니다. 더군다나 12월 18일에는 조선 신문에 총영사 판한성范漢生이 신新정권에 참여한다는 기사까지 실리게 되었습니다. 판한성이 베이징으로 떠난 뒤, 우리 영사관원들은 쉬許 대사에게 전보를 보내 도움을 요청하였지만, 그로부터는 가타부타 아무런 연락이 없었습니다. 12월 28일 판한성은 베이징에서 돌아오자마자, 경성총영사관에 오색기五色旗를 달 것을 명령하였습니다. 분노가 극에 달한 우리 관원들은 일치단결하여 그의 명령에 저항하였습니다. 판한성은 일이 여의치 않다고 생각했는지 곧바로 영사관을 빠져나가 일본헌병에게 지원을 요청하였습니다. 곧이어 일본헌병들이 세 대의 트럭에 나눠 타고 영사관으로 들이닥쳐 다짜고짜 관원들을 체포해 헌병대로 끌고 갔습니다. 우리는 헌병대에서 열흘 넘게 갇혀 있다가 경성중화상회 이사인 저우선쥬周愼九, 스즈밍司子明 등의 주선으로 석방되었습니다. 석방의 조건은 앞으로는 더 이상 판한성의 지시를 거부하지 않는다는 것이었습니다. 이때부터 우리 관원들은 일본의 흉포하고 잔혹한 통치를 받게 되었습니다. 그럼에도 불구하고 우리 관원들은 교민들의 안정된 삶과 생업을 위해 부단한 노력을 경주해왔습니다.

본인은 그동안 원산영사관 영사로서 조국을 배신했다는 자괴감에 시달려왔습니다. 그래서 지난 8년 반 동안 더욱 더 교민을 보호하겠다는 일념으로 조선 각지를 열심히 돌아다녔습니다. 그리하여 정치적 사건으로 인해 구금된 70여 명의 교민을 석방시키기도 하였습니다. 이에 대해서는 입증할만한 기록들이 남아 있고 당시 교민들도 하나같이 저에게 고마움을 표한 바 있습니다.

그동안 일본의 폭압적인 통치 하에 있었음에도 불구하고 교민을 보호하고 영도하겠다는 저의 마음은 추호의 변함이 없었습니다. 아울러 우리 정부가 하루속히 일본에 승리하여 다시금 광명의 그 날을 볼 수 있기를 진심으로 바래왔습니다. 그래서인지 본인은 여러 가지 이유로 일본당국의 요주의 대상에 올라 있었고, 심지어 그들은 본인을 간첩행위자로 간주해 줄곧 감시해왔습니다. 당시에는 당장이라도 그만두고 물러날까도 생각했지만 혹시라도 고통 속에 있는 교민들이 의지할 수 있는 대상이 사라질 것이 저어되어 교민보호를 천직으로 생각하고 지금껏 그 직을 유지하고 있습니다. 그런데 금년 4월부터 현재까지 정부로부터 영사관 경비가 전혀 도착하지 않고 있어 사실상 영사관 업무가 마비되어 있는 상황입니다. 그래서 교민보호의 책임을 지고 있는 저로서는 사재를 털어 영사관 운영을 유지하고 있습니다. 제가 지은 죄에 대해서는 훗날 우리가 일본에 승리하는 날 모든 걸 속죄하도록 하겠습니다. 잔혹한 일본이 항복했다는 기쁜 소식이 들리는 날, 본인의 관할 하에 있는 모든 교민은 정부가 환도還都하는 쌍십절雙十節에 승리를 경축하는 대회를 거행하기로 하였습니다. 아울러 전후복구를 위한 기금을 모집할 것도 다짐하였습니다. 그때 본인은 정부의 처분에 따라 죄를 달게 받겠습니다. 부디 세심히 검토하시어 속히 인원을 파견하여 주신다면 교민들은 안심하고 생업에 종사할 수 있을 것입니다. 시일을 다투는 일이고 해서 정부의 처분을 기다리기에 앞서 감히 이렇게 먼저 보고를 드리는 바입니다.

中華民國駐元山副領事館　王永晉

竊查永晉於民二十六年三月奉派來朝鮮京城總領事館服務

旋因七七事變環境逼迫行動不得自由不得不在偽組織與敵

人鐵蹄壓迫之下苟全性命一面保護僑民維護商權為職志待

罪迄今八載有餘由京城輾轉仁川釜山鎮南浦以至鎮長元館除七

七事變以來之經過詳情另備回境辨呈報外並將日蘇開戰日本

投降聯合軍入鮮以來所過困難情形臚陳大概查元館管轄區號

南北二道及江原道轄內僑民共有一萬三千餘人其間以咸北

清津羅南等處為較最多約占七成此次蘇軍入鮮清津首當其 曹寧

衝因事出驟然均未能逃避備受炮火爭亂之災當有多數死

亡流離復因交通阻斷領館不但無從着手救濟更不得調查其

真相如何比至八月十五日日本發表接受聯合國共同宣言後蘇軍即

於八月二十日由元山港登陸又將一切交通電信設施一概切斷。永晉案

於八月廿吾日装說前阜驕委備戌司令　請其保護領舘及僑民俾以在

鮮現有領舘爲前南京所派堅不承認　永晉亦非不如此種立場之

困難以固僑民苦無所依復爲僑民甚全計不得不昌眛請承雜便永

晉吿敕唇集終扼扯絕扵是僑民甚危如懸空際此永晉所以日後引

爲不安者也再者元舘經費自本年四月份起至今之個月分文未

發上下職員與當維持舘務逈莫理言就嗣後舘務若非從連派

員擔收勢難持本擬馳電呈報格扵時勢終未得成在此内外

交迫之下忽扵九月七日茶昤中央廣播稱美草盟邦扵九月八日由

仁川港登陸内有我國通訊記者隨從而來云永晉聞及至爲喜

悅即扵九日伺京戚出發中途火車不通徒步筒走十四日始逹　即往朝

鮮飯店以僑民資格晤曾記者恩波先生面述一切芽讀文辭呈

鑒察并懇指目派員接收以解倒懸而慰僑衆無任瀝懇待命

之至、謹呈

部長
次長

中華民國駐元山副領事館

王晉

번역문

왕용진王永晉 삼가 올립니다.

 본인은 민국 26년 3월 조선경성총영사관에 파견을 명받아 근무해오던 차, 곧바로 7·7사변이 발발함에 따라 행동함에 있어 많은 제약을 받게 되었습니다. 이에 어쩔 수 없이 괴뢰조직과 적들의 잔혹한 억압 하에서 구차하게 목숨을 부지하고 있는 처지입니다. 단지 교민과 상권商權을 보호 유지코자 하는 사명감만으로 지금껏 8년 넘게 직분에 충실히 임하고 있으며 그에 따른 모든 책임은 훗날 정부의 처분에 일임토록 하겠습니다.

 7·7사변 이후, 경성을 비롯해 인천, 부산, 진남포 그리고 미욱한 제가 장長으로 있는 원산영사관에 대한 상세한 정황은 별도의 회고록을 통해 보고드릴 것이며, 여기서는 일본의 항복으로 연합군이 조선에 들어오게 되면서 겪었던 곤경에 대해서만 대강의 경과를 보고 드리겠습니다.

 현재, 원산영사관 관할인 함경남도, 함경북도, 강원도에만 13,000여 명의 교민이 거주하고 있습니다. 그중에서도 특히, 함경북도 회령, 청진, 나남 등에 거주하는 교민이 가장 많아 약 70%에 달합니다. 그런데 이번에 소련군이 조선에 진주하게 되면서 피해가 가장 컸던 곳은 청진이었습니다. 너무도 급작스럽게 일어난 일이라 미처 피할 새도 없이 포탄공격과 공습으로 인해 다수의 사망자가 발생하게 된 것입니다. 더구나 교통마저 차단되는 바람에 영사관으로서는 구제에 착수할 수도 없었을 뿐만 아니라 진상을 제대로 조사할 수조차 없었습니다. 8월 15일 일본이 연합군의 공동선언을 받아들이게 되면서 곧바로 8월 21일 소련군이 원산에 상륙하였습니다. 그들은 진주하자마자, 바로 교통 및 전신설비를 모조리 차단하였습니다. 그래서 본인은 8월 25일 소련군 위수사령부를 방문해 영사관원 및 교민에 대한 보호를 요청하였습니다. 그런데 그들은 현재 조선에 있는 우리 영사관이 난징南京정부 소속이었다 하여

한사코 인정하려 들지 않았습니다. 본인 또한 이러한 곤란한 입장을 모르는 바 아니었습니다. 그렇지만 의지할 곳 없이 고통을 받고 있는 교민들을 위해서는 비록 주제 넘는 짓이기는 하나 계속해서 사정을 하지 않을 수 없었습니다. 그러나 입이 닳도록 사정하고 또 사정했지만 끝내 거절을 당하고 말았습니다. 이로 말미암아 교민들의 안위는 그야말로 백척간두에 걸려 있는 것처럼 장담할 수 없는 지경에 이르게 되었습니다. 이에 본인은 너무도 걱정이 되어 잠을 이룰 수도 없는 지경입니다. 뿐만 아니라 원산영사관은 금년 4월부터 현재까지 6개월 동안 한 푼의 경비도 지급받지 못하고 있고, 관원들은 모두 전당을 잡혀 겨우겨우 생계를 유지하고 있는 상황입니다. 이처럼 영사관은 말로는 도저히 형용할 수 없을 만큼 매우 궁핍한 상황입니다. 앞으로도 관원을 추가로 급파해주지 않는다면 더 이상 버텨낼 수가 없을 것 같아 신속히 전화를 통해 보고를 드리고자 했지만 시세가 여의치 않은 탓인지 지금껏 연락이 이루어지지 않고 있습니다.

이렇듯 안팎으로 어려운 상황 하에서, 9월 7일 우연히 중앙방송을 듣다가 9월 8일 미군이 인천에 상륙하는데, 그 안에 우리나라 통신사 기자가 포함되어 있다는 소식을 접하게 되었습니다. 이에 본인은 너무도 기쁜 나머지 곧바로 다음날 9일 경성으로 출발하였습니다. 중간에 기차가 끊겨 나머지는 도보로 가야 했습니다. 드디어 14일 경성에 도착하였고, 내처 조선호텔로 향했습니다. 교민의 자격으로 그 정언보曾恩波라고 하는 기자를 만나 이곳의 사정을 낱낱이 설명하였습니다. 아울러 미리 준비해 간 본 문건을 그를 통해 전달하는 바입니다. 재삼 청컨대, 하루속히 관원을 추가로 파견함으로써 모든 교민을 위무하고 그들의 불안을 해소해주시기를 간곡히 부탁드리며 이에 대한 빠른 조치를 기다리고 있겠습니다. 이에 삼가 보고 드립니다.

中華民國 駐元山副領事館 王永晉

지은이 ▌ **왕용진**王永晉

　1905년 중국 산동성山東省 롱청현榮成縣에서 태어나 1932년부터 중화민국 난징국민정부南京國民政府 외교부에서 근무했다. 1937년 주경성총영사관駐京城總領事館 주사로 조선에 파견되었고, 1943년부터 1945년까지 원산영사관 영사를 역임했다. 1945년 해방 이후, 소련 하바롭스크 전범수용소로 압송되어 5년간 수용소 생활을 하다가 1950년 중화인민공화국에 인계되어 랴오닝성遼寧省 푸순撫順에 있는 전범수용소에서 7년간 노동교화를 받았다. 1957년 석방되어 귀향했지만, 이듬해 타이완에 갈 목적으로 한국으로 밀항을 시도하다가 체포되어 무기징역을 언도받고 형무소에 재수감되었다. 1977년 국민당전범에 대한 중화인민공화국의 특사조치로 석방될 때까지 20년간 수형생활을 하면서 대약진大躍進, 문화대혁명文化大革命 등의 격변의 시기를 몸소 체험했다. 1980년 5월 10일 그토록 갈망하던 타이완으로 왔지만, 타이완 국민당정부의 무관심과 홀대를 견디다 못해 1993년 한국으로 귀환해 말년을 보냈다. 2006년 6월 18일 사망했다.

옮긴이 ▌ **송승석**宋承錫

　1966년 인천에서 태어나 연세대학교 중문과를 졸업하고 동대학원에서 박사학위를 받았다. 현재, 인천대학교 중국학술원 교수로 재직 중이다. 주로 타이완문학과 화교문화를 연구하고 있다. 『인천에 잠든 중국인들』을 비롯한 다수의 저역서가 있다.

감수 ▌ **왕칭더**王清德

　1946년 함경남도 원산에서 태어났다. 1975년 인천화교소학仁川華僑小學 임시교사를 시작으로, 정식교사가 된 1978년부터 2014년 정년퇴임할 때까지 줄곧 인천화교소학과 인천화교중산중학仁川華僑中山中學에서 교편을 잡았다. 슬하에 아들 둘이 있다. 현재는 인천차이나타운에서 부인과 함께 아담한 만두가게를 운영 중이다.

중국관행자료총서 08

그래도 살아야 했다 [悲慘回憶]

초판 1쇄 인쇄 2017년 1월 26일
초판 1쇄 발행 2017년 2월 3일

중국관행연구총서 · 중국관행자료총서 편찬위원회

위 원 장 | 장정아
부위원장 | 안치영
위   원 | 김지환 · 박경석 · 송승석 · 이정희 · 조형진

지 은 이 | 왕용진
옮 긴 이 | 송승석
감   수 | 왕칭더
펴 낸 이 | 하운근
펴 낸 곳 | 學古房

주   소 | 경기도 고양시 덕양구 통일로 140 삼송테크노밸리 A동 B224
전   화 | (02)353-9908 편집부(02)356-9903
팩   스 | (02)6959-8234
홈페이지 | http://hakgobang.co.kr/
전자우편 | hakgobang@naver.com,   hakgobang@chol.com
등록번호 | 제311-1994-000001호

ISBN   978-89-6071-642-1   94910
          978-89-6071-320-8   (세트)

값 : 32,000원

■ 파본은 교환해 드립니다.